構造デザインの現場

多田脩二
山田憲明
小西泰孝
満田衛資
大野博史
萩生田秀之
三原悠子＋荒木美香
村田龍馬
小澤雄樹（解説）

Shuji Tada
Yasutaka Konishi
Hirohumi Ohno
Yuko Mihara + Mika Araki
Yuki Ozawa
Noriaki Yamada
Eisuke Mitsuda
Hideyuki Hagiuda
Ryoma Murata

JN119468

X1
X2
X3
1820
相欠 30t
引きボルト M12（化粧ナット）
余長150㎜
100
断熱 100t
斜材 120×180（+30）
継手位置
四周切削 15t
引きボルト M12
座金 60×60×6t
【D-2】
120×240(±0)
斜材 120×180（-30）
引きボルト M12
座金 60×60×6t
小胴付 30t
【D-3】
BT1-M12
120×240（+60）
105×240（+67.5）
105×240（-67.5）
飼木 30×120（±0）
120×240（+60）
通柱 240×240（±0）
斜材：上下線対称
300
PL-9×75×900（埋込24㎜）
パネリード鋼@100（二列）
2-引きボルト M16
座金 80×80×9t
【D-4】
BT1-M16
240×240(±0)
1905
1110
180
930
120
7905
2490
1710
6000
660
120
240
900
斜材 120×180
120×180（-150）

目次

構造デザインの現在

―「構造家」という生き方―

小澤雄樹

「構造設計」という仕事

構造家とは、いうまでもなく、建築の構造設計を仕事とする人々のことである。では、構造設計とは何か。日本の構造家像を形づくった3人の構造家の言葉を紹介したい。

「建築の美しさは構造的合理性の近傍にある。」

——坪井善勝（１９０７-１９９０）

「構造設計とは、構造に関するあらゆる知識、感性、経験を駆使して行う、全人格的な創作活動である。」*1

——川口衞（１９３２-２０１９）

「『設計とは欠陥だらけの材料を用いて、欠陥だらけの人間が集まって、欠陥だらけの規準に則って、なんとか欠陥の少ない、できるだけ完全に近い構造物を造るべく努力する』ことなのである。」*2

——木村俊彦（１９２６-２００９）

坪井の言葉はあまりに有名で頻繁に引用されるが、日本の空間構造を国際的な水準までほぼ独力で引き上げた並外れた存在感とその厳格なイメージから、われわれはこの『構造的合理性の近傍』をつい〝急峻な山の山頂付近〟としてイメージしがちである。だが、本当にそうだろうか。この言葉の意味するところをもう少し掘り下げてみたい。

坪井がどのような考えで「構造的合理性」という言葉を使ったかは正確にはわからないが、丹下健三とともに数々の名作を実現した１９５０～６０年代当時は、鉄やコンクリートなどの材料費が高く、材料の使用量が建設費を左右していた。この頃、坪井はこの言葉を、より少ない材料で大空間を形成すること、いわゆる「材料効率」に近い意味で使っていたと考えられる。ただし、あえて「○○性」という定性的な言葉を選んだことから、坪井の考える合理性は局所的な「点」ではなく、一定の広がりをもった「領域」を示しているのだろう。さらに、「近傍」という捉え方に幅のある表現をそこに重ねていることから、坪井のいう「構造的合理性の近傍」は、〝なだらかな丘の上方近辺〟（しかもその丘は多くの場合、複数存在する）という程度の、かなり融通性の高い言葉として捉えることが可能である。

坪井自身の中でもおそらく「構造的合理性の近傍」の領域は年を追うごとに拡大しており、最初期の代表作「愛媛県民会館」（１９５３）では「材料効率」的にきわめて合理的な球形シェルを採用したが、自身が構造家 兼 建築家としてかかわった「下関市体育館」（１９６３）の材料効率的には決して合理的とはいえない遊び心のあるデザインからそのことが見てとれる。

次に川口である。「全人格」とは、技術や知識はもとより、人格・感性・経験などを含む「その人が内的にもつものすべて」というような意味であろうか。実際、川口は「大阪万博お祭り広場」（１９７０）や「富士グループパビリオン」（1970）を含む一連の空気膜構造の開発や、パンタドーム構法の提案と実作への適用（「ワールド記念ホール」（1988）など）、さらには、長さ100mの「ジャンボ鯉のぼり」（1988）の実現など、前例のない困難なプロジェクトに全身全霊で取り組み、すべて成功させた（川口の言葉を借りれば、「失敗したことはない」という）。

ただし、川口はプライベートもなく人生のすべてを仕事に注がなければならない、とはいっていない。実際、川口は福井大学時代の恩師の吉田宏彦から人生を楽しむことを教えられ、民謡に没頭するなど、仕事以外のことでも全力で楽しんだ。川口がいいたいのは、余暇等の時間も含めて、常に自身を内的に磨き上げる努力をし続けるべきで、そしていざ仕事に取りかかるときは、その「もてるすべて」を駆使して全力で取り組まなければならない、そしてその作品には構造家の全人格が反映されるものである、ということであろうか。

坪井・川口の言葉の重さとは対照的に、木村の言葉には不完全な人間に対する愛情とユーモアが溢れている。構造設計というと、「建物の安全性を担い、人の命を預かっている」「決して間違いは許されない」など重苦しい言葉ばかり連想されるが、木村のいうとおり、われわれ人間は欠陥だらけである。まずはそのことを知り、そこに立脚すべきであろう。木村は構造設計者に必要なのは「知性」よりも「蛮勇」（「向こう見ずの勇気」の意）だ、ともいっている。コンピュータをいち早く取り入れ、抜群の数学的才能を生かして構造解析を武器に縦横無尽に活躍した木村があえて「蛮勇」という言葉を使わなければならないほど、武器とする材料は不完全であり、相手とする自然は計り知れないものなのである。

木村は川口との対談の中で、アトリエ的な構造家には組織設計のような〃鯛の切り身〃のような仕事は来ず、〃鯛のおかしらをつつく〃ような仕事ばかり依頼が来る、と自虐的に語っているが、実はそこにこそ構造設計の妙味があるのだ、ともいっている。

これら日本の構造家像を形づくった3人の言葉に共通して感じるのは、「構造設計」という仕事の奥深さと、それは人生をかけるに足る困難かつやりがいのある仕事である、ということである。彼らの言葉には「構造計算」や「構造解析」という表現は一切出てこない。微塵も「構造設計＝構造計算」とは思っておらず、誰がやっても同じ結果になるような代物でもない。そこには遊び心のようなものが実は多く隠されていて、設計者の考え方の違いや感性が入り込む余地のある懐の深い仕事なのだよ、ということを伝えてくれている。

構造家の拡大―第一世代～第三世代

1990年代、「構造家」はいまほど市民権を得ておらず、当時学生だった筆者自身もその存在を知ったのは、大学四年目の冬に本屋でたまたま見かけた《建築文化》の特集を通してであった。この雑誌は残念ながら2004年をもって休刊となったが、毎回特徴的なテーマを掲げてそれを深く掘り下げた特集を組むことで知られていた。

1997年1月号の特集「モダン・ストラクチュアの冒険」[*3]では、斎藤公男（1938－）、渡辺邦夫（1939－2021）、佐々木睦朗（1946－）といった当時第一線で活躍する錚々たる構造家たちが執筆陣に名を連ね、現在の構造デザインに影響を与えた重要な作品について語っていた。大学で習う構造力学や鉄骨造などの授業では、「死んだ」ように動きがなく重苦しく見えた「構造」が、写真や図版、構造家による熱い解説文を通して活き活きと躍動しているように見えたのである。

　横山不学（１９０２－１９８９）、坪井善勝、岡本剛（１９１５－１９９４）、松井源吾（１９２０－１９９６）ら「構造家の概念」を形づくったのが構造家第一世代、青木繁（１９２５－）、木村俊彦、川口衞ら「構造家の地位」を確立させた世代が第二世代とすれば、斎藤公男、渡辺邦夫、新谷眞人（１９４３－２０２０）、梅沢良三（１９４４－）、金田勝徳（１９４４－）、佐々木睦朗、今川憲英（１９４７－）、金箱温春（１９５３－）ら第三世代の構造家たちが世に出た時期はバブル経済による好景気とも重なり、「構造家の存在感」が急速に高まった発展期にあたる。槇文彦に「野武士」とも称された建築家たち（安藤忠雄や伊東豊雄、石山修武など）と同世代にあたり、まさに野武士のような血気盛んな構造家たちが、「幕張メッセ」（１９８９）、「出雲ドーム」（１９９２）、「東京国際フォーラム」（１９９７）、「京都駅ビル」（１９９７）、「せんだいメディアテーク」（２０００）といったビッグプロジェクトを通して研ぎ澄まされた個性を競い合い、彼らが同じ場所にいるといまにも喧嘩がはじまりそうな緊張感があった。

構造デザインの大衆化――第四世代以後

　さて、第四世代である。本書で紹介される構造家たちはまさにこの世代である。第二世代・第三世代に憧れその門戸を叩いた彼らが社会に出たのは、バブルが弾け、失われた20年がはじまった頃。この世代の構造家たちは、触れるだけで切れそうな上の世代と比べれば一見おとなしくも見えるが、構造家の裾野を広げ、建築家にとって不可欠な存在として認知させたのは間違いなくこの世代の功績である。戦後の復興期や高度経済成長、バブルといった上昇気流をまったく経験せずに仕事をはじめたこの世代は、ときには醒めて見えるほどに冷静に時代と自分の立ち位置を見極め、上の世代とは違う自分の武器は何かを模索し続けた。景気後退、人口減少、耐震強度偽装事件、そして東日本大震災といった構造家が存在感を発揮する場面としては非常に不利な、いくつもの荒波を乗り越え、現在は自在に活躍しているように見える。では、その突破口はどこにあったのか。

　ひとつは構造デザインの「小規模化と多様化」である。公共工事などの大規模なプロジェクトが減り、住宅や地域の公民館など小規模物件に目を向けざるを得なくなった若手構造家たちは、20世紀の大規模建築に見られるような威風堂々たる構造の組み方ではなく、空間に寄り添い、ときには溶け込むような、より身近な構造デザインの在り方を模索しはじめた。

　このいいかえれば「構造デザインの大衆化」ともいえる現象は、もちろん建築家による「建築デザインの大衆化」に牽引される形で進んだわけだが、１９９０年代にアトリエ構造設計界に足を踏み入れた彼ら（人によっては就職難のためやむなく）が２０００年以後続々と独立をしはじめ、若手建築家たちの要望に実力的にも人材の厚み的にも十分に応えられる状況にあったことが大きい。

　もうひとつは、「木造建築の復権と普及」である。よく知られるように、１９５９年の伊勢湾台風で木造建築が甚大な被害を受けて以後、長らく建築界では住宅を除いて木造でつくるのが難しい暗黒の時代が続いたが、１９８０年代末頃より「小国ドーム」（１９８８）や「海の博物館」（１９９２）などの成功を契機として、再び木造建築が注目を集めはじめる。ただし、この頃に木造を積極的に手がけた第三世代の構造家はほんの一握りで、大多数は距離を置いていた。2000年以後、住宅など身近な構造デザインに活路を見出した第四世代の構造家たちが（住宅の多くが木造で計画されていたことから、場合によっては否応なく）木造を扱いはじめ、それまでは鉄やコンクリートに比べて不均質で変形・クリープが大きく扱いにくいとされていた木材の取り扱いに徐々に習熟していった。そして2010年に施行された「公共建築物等木材利用促進法」（木促法）により木造ブームに再び火が付き、それまで何度か訪れては勢いを失った以前のブームとは次元の違う広がりを見せる中、その普及を支えたのである。せっかく木造でやるのであれば「架構を見せたい（見たい）」と思うのが、日本人の性である（海外では必ずしも見せることにこだわらないらしい）。構造を美しく見せるためには、建築家と構造家のより密接なコラボレーションが求められる。

こうして、かつては建築家が特殊な構造を手がけるときに協力を依頼する一専門家とみなされていた構造家は、建築家にとって不可欠でより身近な存在となった。数々の危機を乗り越えつつ構造デザインの裾野を広げ、十分な足場固めをした第四世代、彼らのふるまいに学び、より柔軟な活動を見せる第五世代の構造家たちは、現在、自信をもって自在な活躍をはじめている。

日本の構造家

よく知られるように、日本の大学における建築教育は海外と比べるときわめて独特なカリキュラム構成となっている。海外では構造エンジニアは工学系学部のCivil Engineeringの学科を卒業する場合がほとんどで、建築学科でデザインや建築計画、建築史を集中的に学ぶArchitectとは受けている教育がまったく異なる。対して日本の構造家は、ほぼ全員が建築学科を卒業しており、基本的に建築家とまったく同じ教育的バックグラウンドをもっている。この建築家と構造家の距離感の近さが日本の建築文化の強みであり、近年、建築とエンジニアリングが融合したデザインとして評価され、国際的にプレゼンスを向上させている日本建築の土台となっていることは間違いがないであろう。

このような独自の立ち位置を確立した日本の構造家であるが、筆者は一方でCivil Engineering的視座、つまりは市民や社会のための技術を提供しようという視線をもつことも重要だと考えている。「クリスタル・パレス」、「エッフェル塔」、RCシェルの原点である「イエナのプラネタリウム」、マイヤールの一連のアーチ橋……。建築の発展史にインパクトを与えその概念を拡大してきたこれらの作品はすべてエンジニアによる市民のための仕事である。産業革命以降、建築家がいまだ貴族や一部の富裕層のための仕事に邁進する中、社会と直接結びつき市民のための作品をつくり続けていたのむしろエンジニアの方であった。構造家もまた国際社会におけるエンジニアの一員である以上、本来見つめるべきは建築家ではなく社会そのものであることをもう一度意識することも必要であろう。本書で紹介される構造家たちはそのような奥行きのある視野をもった方ばかりなので、自分の視線を見つめ直すヒントになると思う。

今日における「構造家」と呼ばれる日本の構造エンジニアたちの多様性と層の厚さは、世界的に見ても類を見ない。頼りがいのある個性的な構造家たちが身近にいる環境は、建築家にとっても非常に幸福なことであろう。

参考文献

※1『空間構造 第8巻』坪井善勝記念講演会実行委員会、2000

※2『構造設計とは』木村俊彦、鹿島出版会、1981

※3《建築文化》1997年1月号特集「モダン・ストラクチュアの冒険」、彰国社、1997

小澤雄樹（おざわ・ゆうき）

1974年生まれ
1998年 京都大学工学部建築学科卒業
2000年 東京大学大学院工学系研究科建築学専攻修士課程修了
2000年〜2004年 TIS&Partners
2004年〜2009年 立命館大学理工学部建築都市デザイン学科 講師
2008年 エス・キューブ・アソシエイツ共同設立
2011年 芝浦工業大学工学部建築学科准教授
現在、芝浦工業大学建築学部教授

1

多田脩二

Shuji Tada

多田脩二（ただ・しゅうじ）
1969年生まれ
1992年　日本大学理工学部建築学科卒業
1995年　日本大学大学院理工学研究科建築学専攻博士前期課程修了
1995年〜2003年　佐々木睦朗構造計画研究所
2004年　多田脩二構造設計事務所 設立
2012年　千葉工業大学建築学科 准教授
現在、千葉工業大学創造工学部建築学科 教授

工学院大学 弓道場

小断面木材による繊細な格子フレーム

建築設計：福島加津也＋冨永祥子建築設計事務所
構造設計：多田脩二構造設計事務所

和小屋（江川家住宅）の小屋組み

概要

「工学院大学 弓道場」は学生のための施設として、大学側から木造およびローコストによってつくられることが求められた。建築家のコンセプトは、切妻屋根の山形形状による構成とし、手のひらに入るような小断面の材料によって、女性ひとりでも簡単に運べ、組み立てられる木造建築の可能性であった。

しかし木材の最適な利用方法を考えた場合、材料としての不確定要素が多く、また時間とともに一定の荷重の状態でも変形の進むクリープを考えると、本来はある程度の大きさの断面の採用が木材においては有効である。ここでは、多くの部材数を用いて集積し、冗長性を高めるシステムの提案を行った。

和小屋から学ぶ

日本の建築の歴史は木造建築の歴史でもある。日本民家の代表格である「江川家住宅」の屋根は、柱間に小屋梁を渡し、その上に束と小屋貫（つなぎ材）を配し、最上部に垂木を架けている。力学的には、「単純梁」による曲げモーメントを主体とする構造方式であり、日本の伝統建築の特徴でもある。

一方、「弓道場」では小断面の部材による屋根架構システムの可能性として、「山形アーチ」を基本とした軸力抵抗システムを採用した。部材に生じる応力が軸力抵抗となることにより断面を小さくすることが可能となる反面、接合部の設計が重要となる。

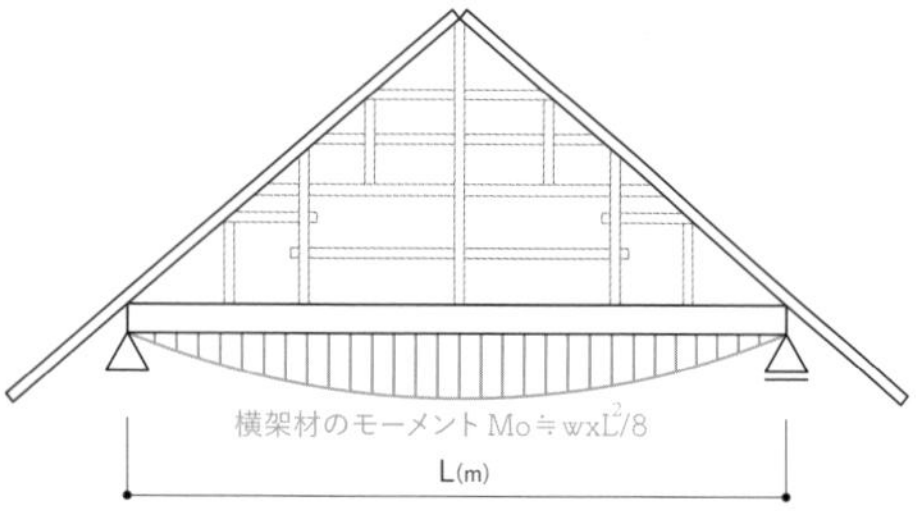
横架材のモーメント $M_0 \fallingdotseq wxL^2/8$
L(m)

横架材の単純梁
（小屋梁による曲げモーメント抵抗）

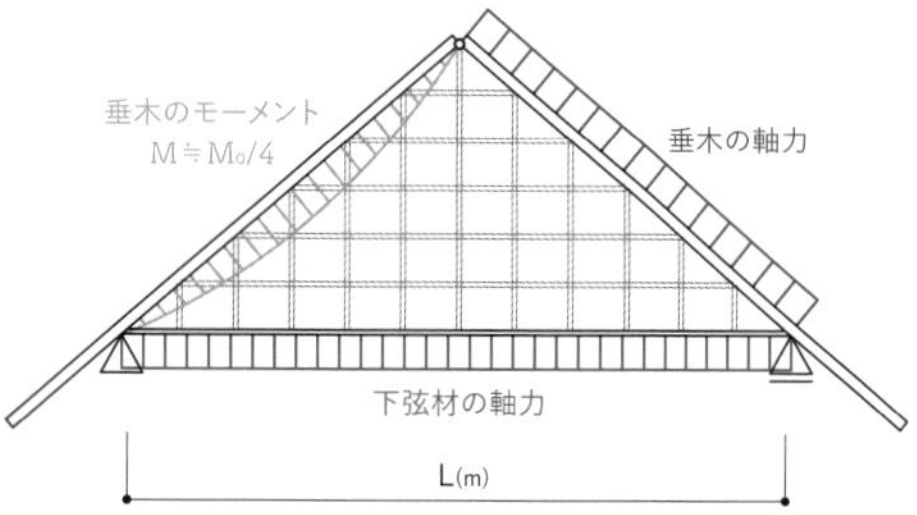
垂木のモーメント
$M \fallingdotseq M_0/4$
垂木の軸力
下弦材の軸力
L(m)

山形アーチの軸力抵抗

接合部

木造建築の断面を選定する場合は、接合部の納まりを考慮した設計が重要である。しかも小断面を用いるとさらに使用できる接合金物は限定されるため、設計の難易度はさらに高くなる。また応力に合った接合部の設計のみでは、ガタやめり込みによるクリープ変形を考慮することは困難であり、非常に悩ましい問題でもある。

「弓道場」の格子部分の接合部は、回転可能なピン構造ではなく風荷重時の変形制御のために、木ビスと4本の垂直材を6㎜欠き込むことによってめり込みを考慮した半剛接としている。

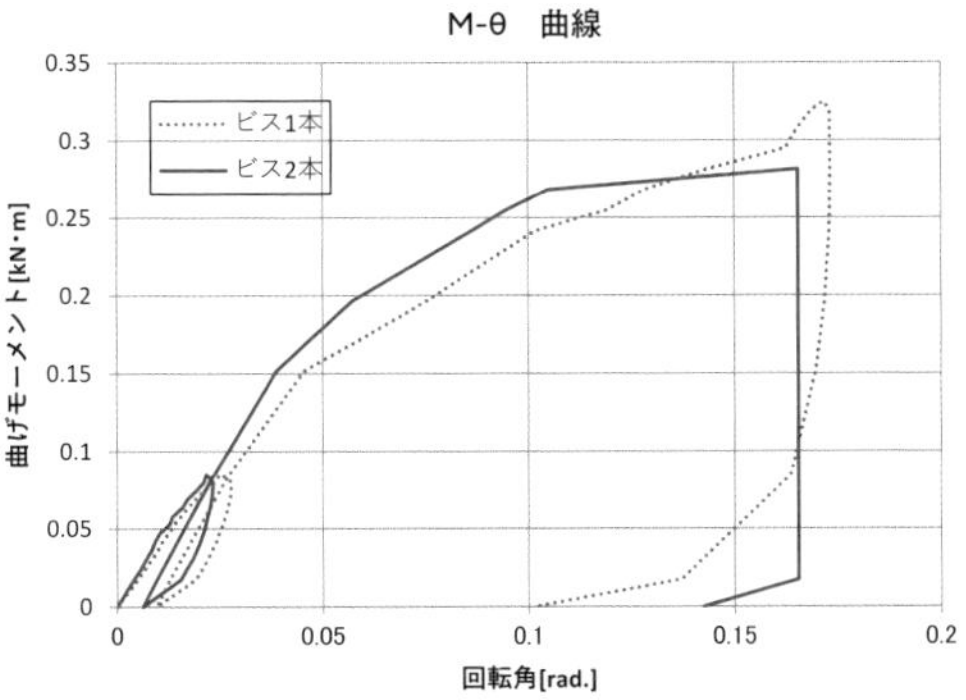

M-θ　曲線
ビス1本
ビス2本
曲げモーメント[kN・m]
回転角[rad.]
0.35
0.3
0.25
0.2
0.15
0.1
0.05
0
0.05
0.1
0.15
0.2

接合部の回転剛性

	最大曲げ耐力 [kN・m/rad.]	回転剛性 [kN・m/rad.]
ビス1本	0.337	3.303
ビス2本	0.316	2.801

接合部実験の様子

接合部実験

両接合部の性能を把握するために工学院大学の河合教授にお願いし、実験による検証を行った。弓道場は接合するビス本数をパラメーターとして実験を行い、ビス本数はさほど曲げ剛性に影響しないことが把握できた。

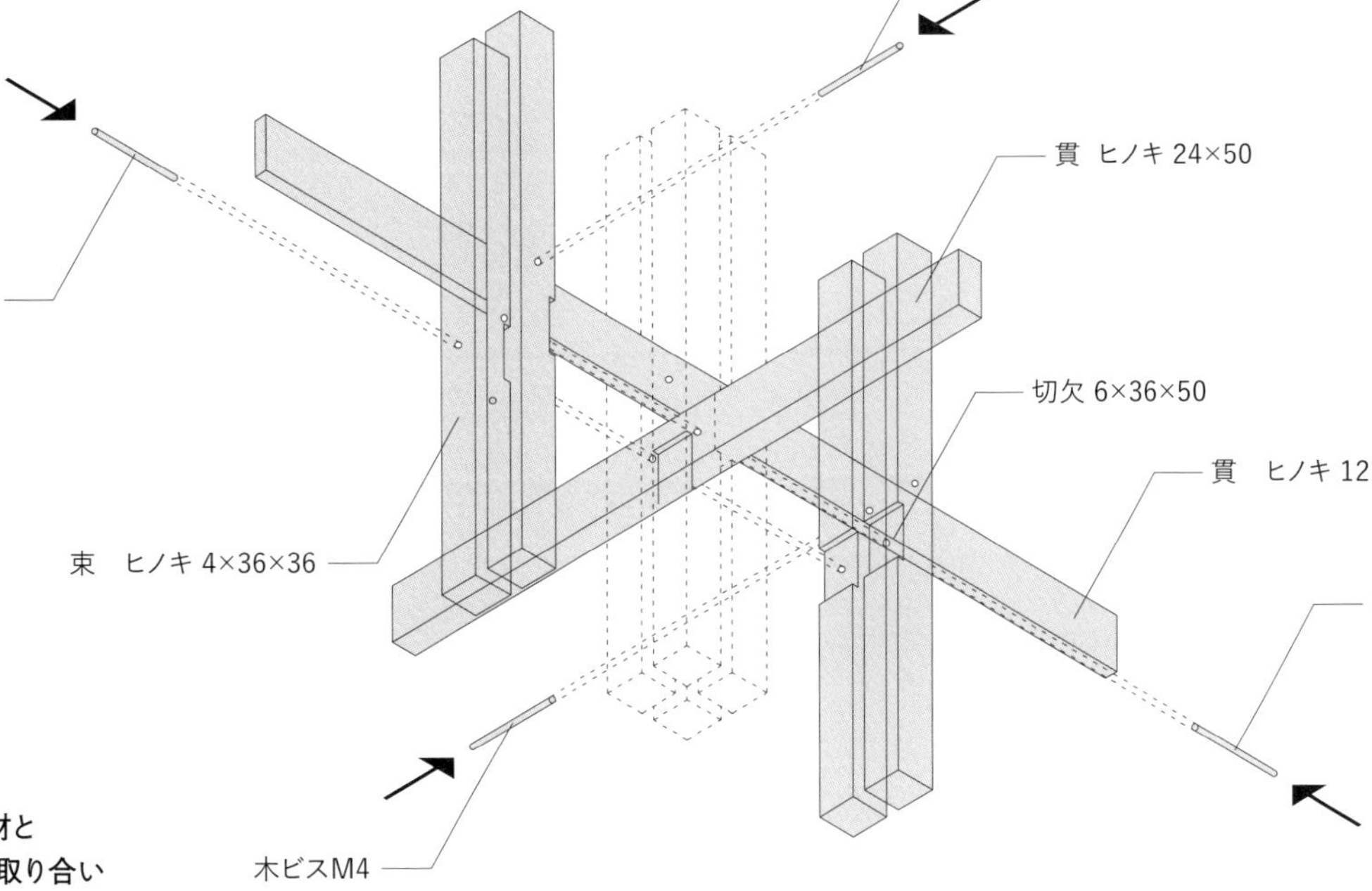

木ビスM4
貫　ヒノキ 24×50
木ビスM6
切欠 6×36×50
貫　ヒノキ 12×50
束　ヒノキ 4×36×36
木ビスM6
木ビスM4

4本の束材と水平材の取り合い

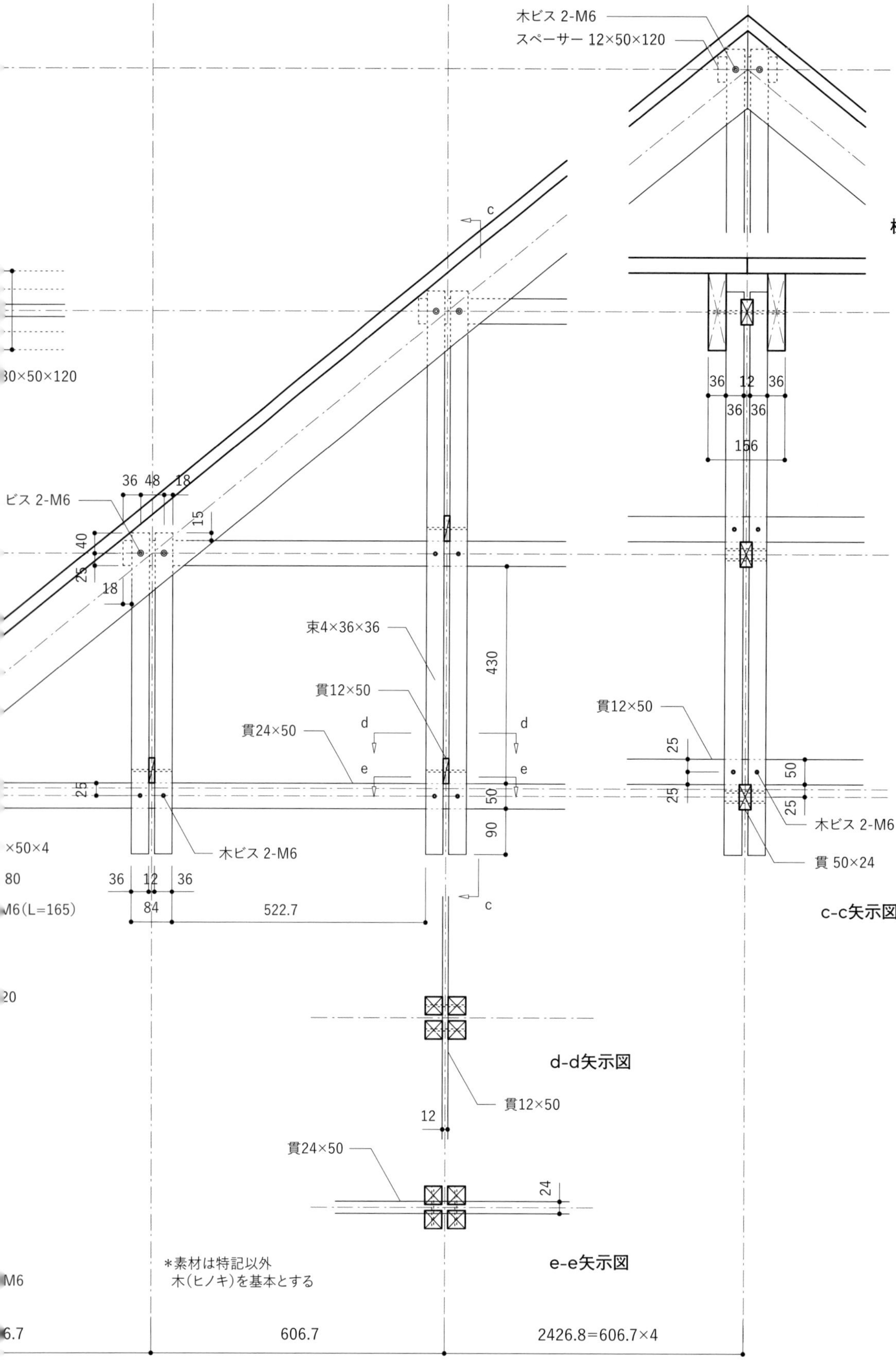
木ビス 2-M6
スペーサー 12×50×120
棟部
30×50×120
36 48 18
ビス 2-M6
40
15
25
18
束4×36×36
貫12×50
貫24×50
430
d
e
50
90
25
木ビス 2-M6
×50×4
80
36 12 36
84
522.7
M6(L=165)
c
36 12 36
36 36
156
貫12×50
25
50
25
木ビス 2-M6
貫 50×24
c-c矢示図
20
d-d矢示図
貫12×50
12
貫24×50
24
e-e矢示図
*素材は特記以外
木(ヒノキ)を基本とする
M6
6.7
606.7
2426.8=606.7×4

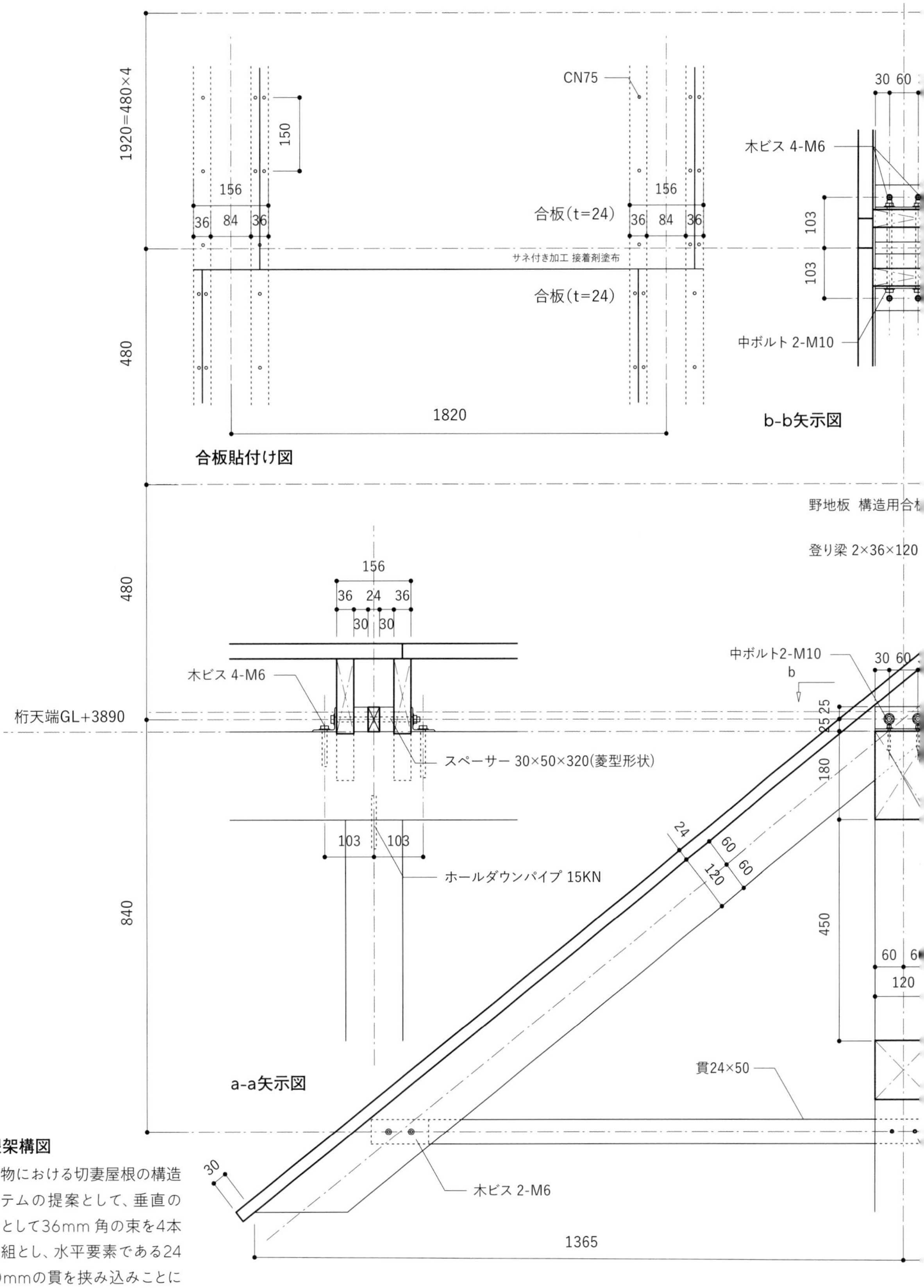
1920=480×4
480
480
840
CN75
150
156
36
84
36
合板(t=24)
サネ付き加工 接着剤塗布
合板(t=24)
1820
合板貼付け図
30 60
木ビス 4-M6
103
103
中ボルト 2-M10
b-b矢示図
野地板 構造用合
登り梁 2×36×120
156
36 24 36
30 30
木ビス 4-M6
桁天端GL+3890
スペーサー 30×50×320(菱型形状)
103 103
ホールダウンパイプ 15KN
中ボルト2-M10
b
25 25
180
24
60
60
120
450
60
120
貫24×50
a-a矢示図
木ビス 2-M6
30
1365

屋根架構図

本建物における切妻屋根の構造システムの提案として、垂直の要素として36mm角の束を4本で一組とし、水平要素である24×50mmの貫を挟み込みことによって繊細な格子フレームによる構成とした。

施工

「弓道場」の格子フレームは繊細な部材構成ではあるが、同じユニットの集積によるシステムであり、また軽量であることから、敷地内で地組することによってクレーンで吊り込む方法とした。一方で、職人が屋根の設置後に施工を行うため足場をしっかりと組み立てる必要性と工期が懸念された。しかし実施工の際には、部材の加工精度の高さと、職人が格子フレームに乗って作業を行っても何の支障もなく、「足場なし」に変更し工期短縮が得られた。

格子フレームの地組

建方状況

クレーンでの吊り込み

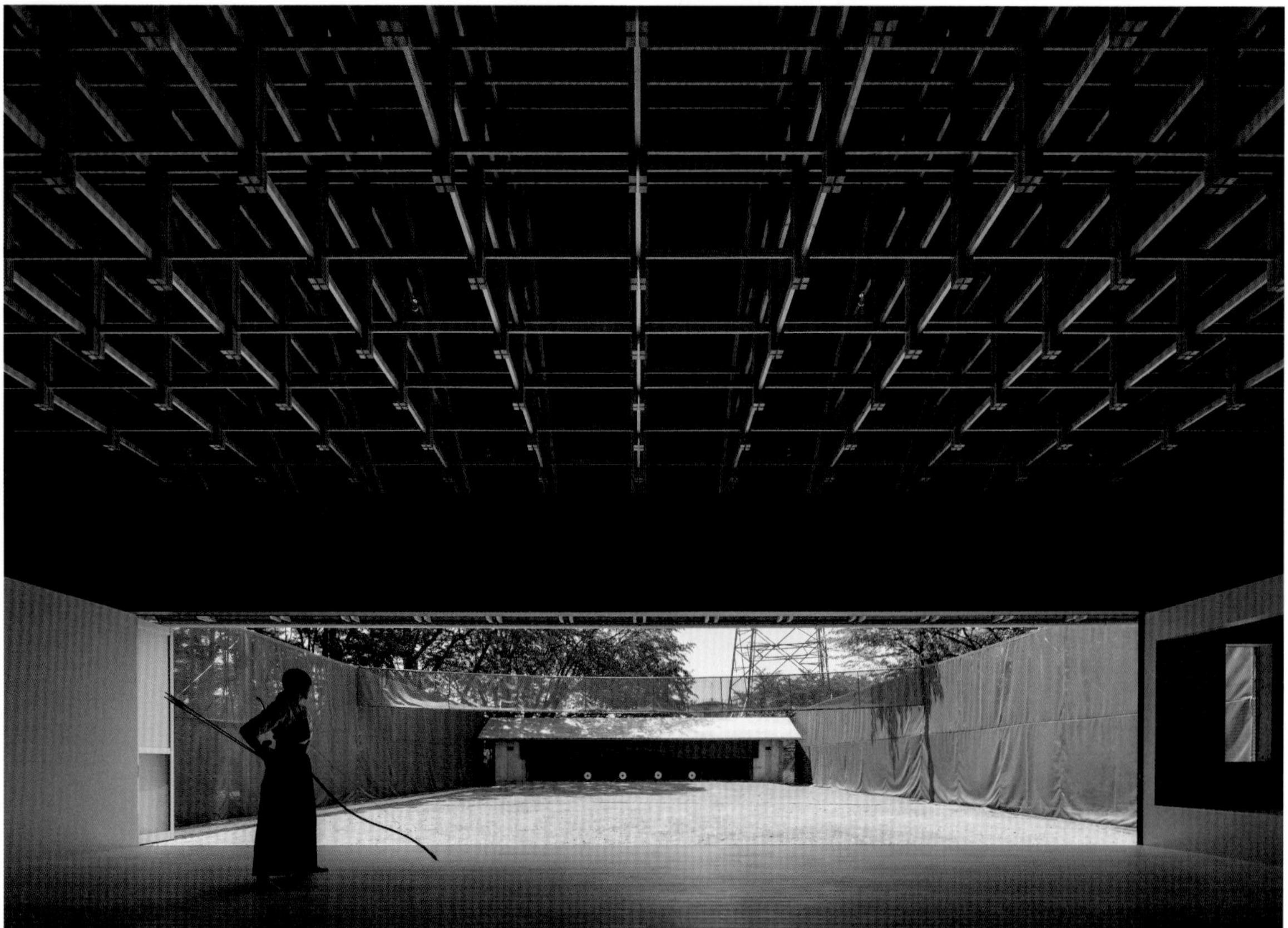

射場の開口部

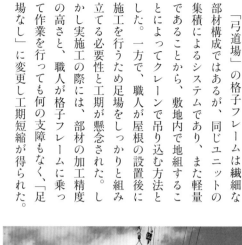

格子フレームの構成

中国木材 名古屋事業所

離散化した小断面部材による軽やかな吊り屋根

建築設計：福島加津也+冨永祥子建築設計事務所
構造設計：多田脩二構造設計事務所

軽やかな吊り屋根

「中国木材 名古屋事業所」は、大きく3つの機能空間で構成された、一部2階建てを含むほぼ平屋建てに近い建物である。構造計画も各ゾーンでの機能に応じた構造システムの提案を行い、主として柱・梁による木造軸組と鉄筋ブレースの耐震補強材による構成とした。

展示スペースと一体になった事務所の平面規模は約33m×16mの比較的大きな一室空間であり、この空間を覆う急勾配をもった一方向の吊り形状の屋根面は、建物の外観を特徴づけている。

今回の建物を印象づける屋根に対する建築家のイメージは「離散化した木の部材を一面に敷き並べ、それが一枚の軽やかな膜面として形成できないか」というものだった。このような建築家の意図と使用可能な部材断面で構成できる屋根として、橋梁に見られるPC造による吊り床版の原理を応用し、小断面の木材を繊維と直交方向に敷き並べ、プレストレスを導入することによって一体化するという、まったく新しい屋根構造システムを提案した。

この案が実現できると、離散化した小断面部材をウッドタッチさせることにより、木材相互間の応力伝達が可能となり、接合金物を大きく減らすことができる。またサイトプラントによる現場制作によって長大スパンの部材に対する運搬の問題も解決され、軽量な一方向吊り屋根が可能と考えられた。

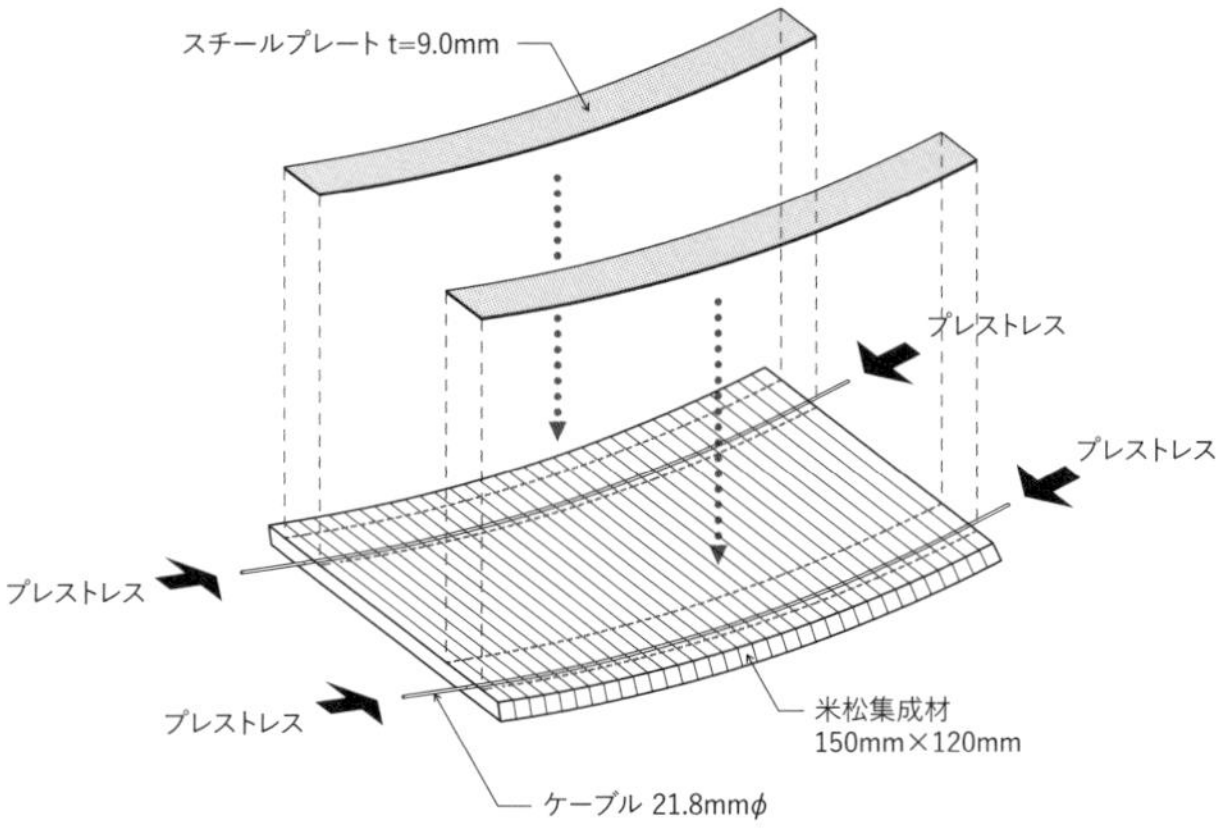
スチールプレート t=9.0mm
プレストレス
プレストレス
プレストレス
プレストレス
米松集成材
150mm×120mm
ケーブル 21.8mmφ

屋根構造システム

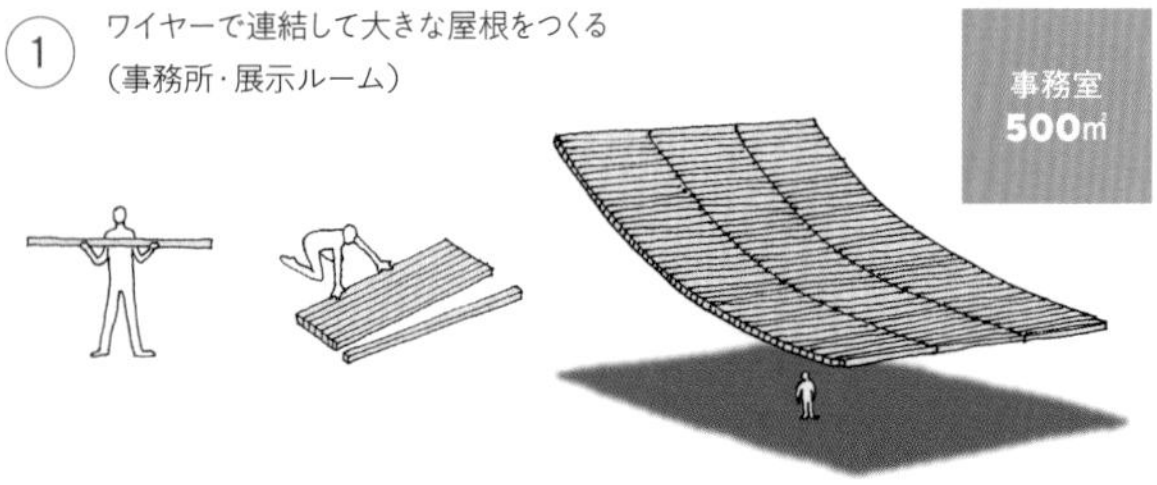
1
ワイヤーで連結して大きな屋根をつくる
(事務所・展示ルーム)
事務室
500㎡

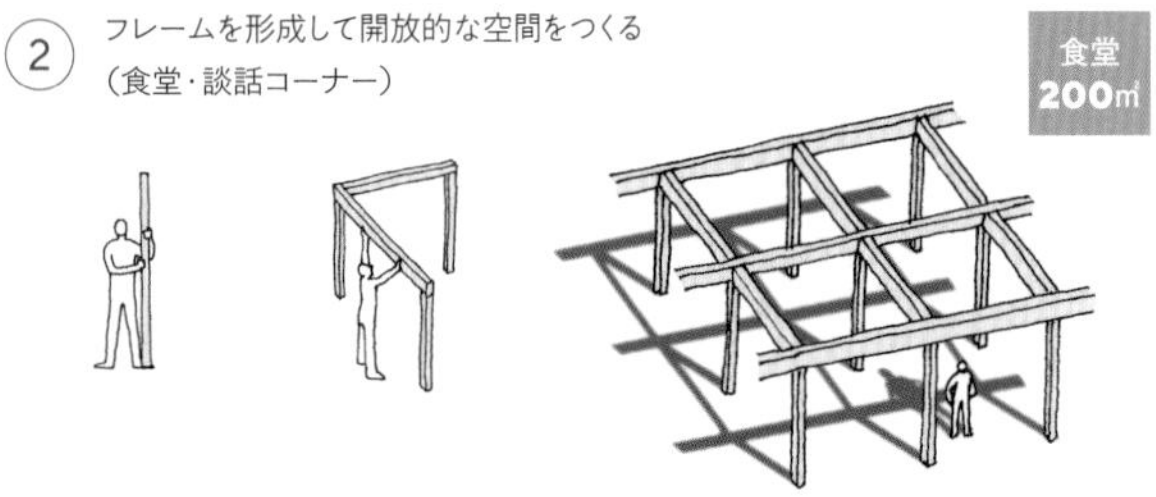
2
フレームを形成して開放的な空間をつくる
(食堂・談話コーナー)
食堂
200㎡

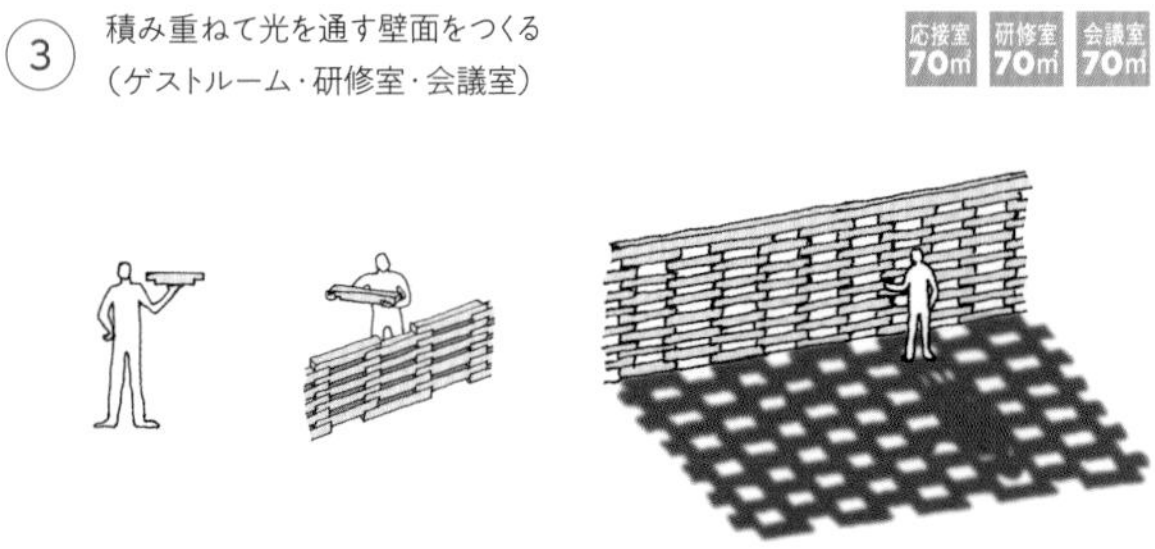
3
積み重ねて光を通す壁面をつくる
(ゲストルーム・研修室・会議室)
応接室
70㎡
研修室
70㎡
会議室
70㎡

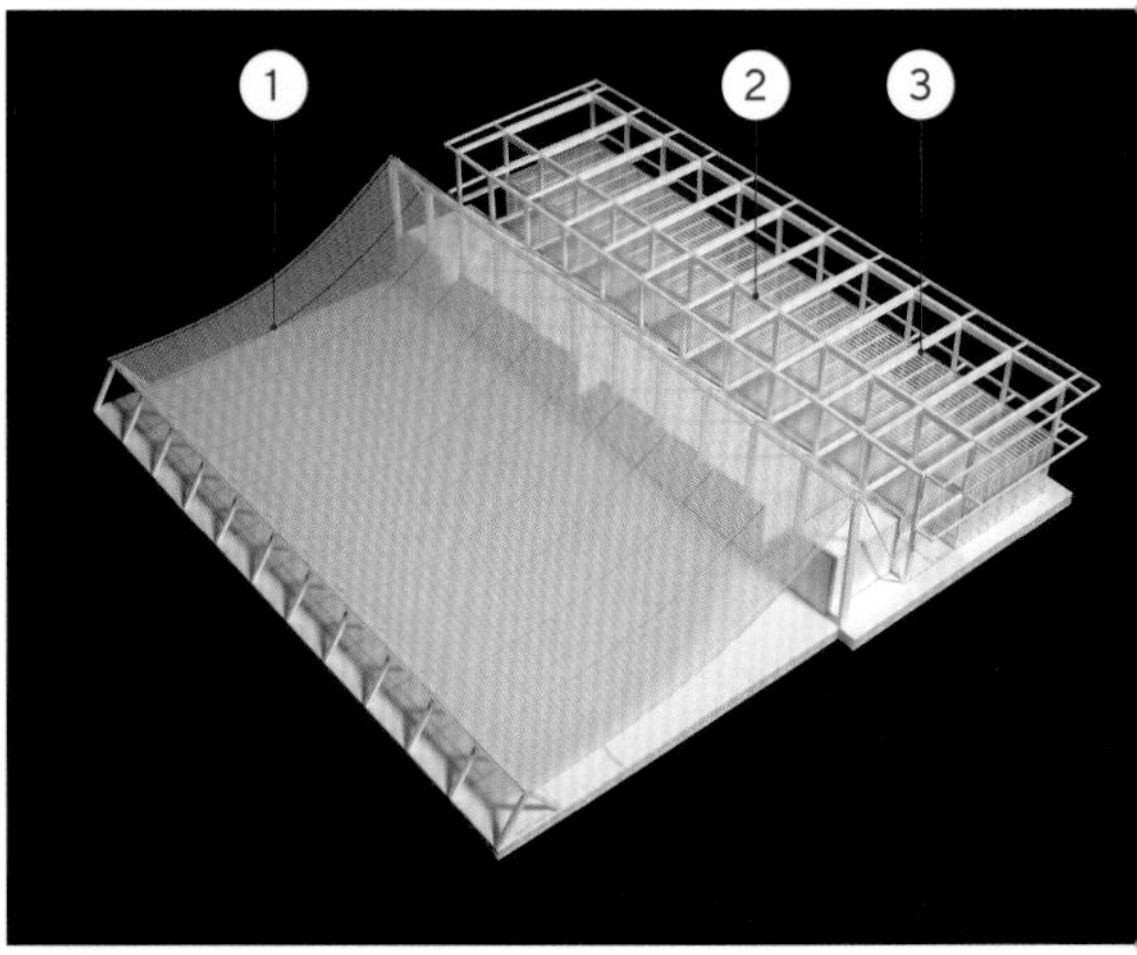
1
2
3

模型写真

端部構造平面図

- St PL-9×335 SS400
- 皿ボルトΦ8.0 L=130 位置はサッシマリオン上部 詳細は実測後、打合せとする (PLに穴あけは鉄骨工事、ボルトはサッシ工事)
- 皿木ねじΦ8.0@240 L=75
- 皿木ねじΦ8.0@240 L=75
- 140 60 120 15

構造平面図

- St PL-9×390 SS400@3000
- ベイマツ集成材(ラミナビーム) W120×H150
- St PL-9×150 SS400@3000
- St PL-9×390 SS400@3000
- 25Φ ケーブル21.8Φ / 10Φ ケーブル7.3Φ / 25Φ ケーブル21.8Φ / 10Φ ケーブル7.3Φ
- 15 120 120 15
- 75 75　75 75
- 120
- 皿木ねじΦ8.0@240 L=75
- 皿木ねじΦ8.0@240 L=75 (皿ボルトΦ8.0@1200 L=150を含む)
- 15 120 120 120 15

端部構造断面図

- St PL-9×335 SS400
- 140 195
- 40 110
- 105 25Φ 25Φ 60 90
- 66 150 170
- 木材 L=3063.5
- 120 / 150

構造断面図

- St PL-9×390 SS400@3000
- ベイマツ集成材(ラミナビーム) W120×H150
- St PL-9×150 SS400@3000
- St PL-9×390 SS400@3000
- 390
- 150 150 150
- 25Φ 60 90 / 10Φ 75 75 / 25Φ 60 90 / 10Φ 75 75 / 25Φ 60 90
- 147.5 170 580 600 600 580 170 147.5
- 木材 L=2995
- 5　　5
- 390

端部仕上断面図

- ケラバ水切り:屋根同材
- マリオントッププレート St PL-16×180×280+OP
- 175 214.29 20 57
- 25 130 195 19.28
- スチールマリオン(St H-100×50×5×7)+OP
- アルミサッシ(電解着色)
- X1 X12

仕上断面図

- 金属屋根 勘合式瓦棒葺 フッ素ガルバリウム鋼板 t=0.45@428(3000/7) (発泡ポリエチレン t=4.0裏貼) ゴムアス防水シート t=1.0 野地材 耐水合板 t=12
- 上部・下部吊子
- アルミ押出型材(アルマイト処理)
- 428.57 (3000/7)
- 45
- 195 19.28
- 無公害木材保護塗料+難燃薬剤塗布(下面のみ)
- 3000
- X　　X

木材質: ラミナビーム E120-F330 W120×H150×L2995
(X1~2、X11~12はL3063.5) プレーナー仕上げ
接着剤: レゾルシノール(黒)
穴あけ加工: 25Φ(ケーブル21.8Φ)× 5か所、10Φ(ケーブル7.3Φ)× 2か所 すべて貫通すること、穴の寸法は加工径とする

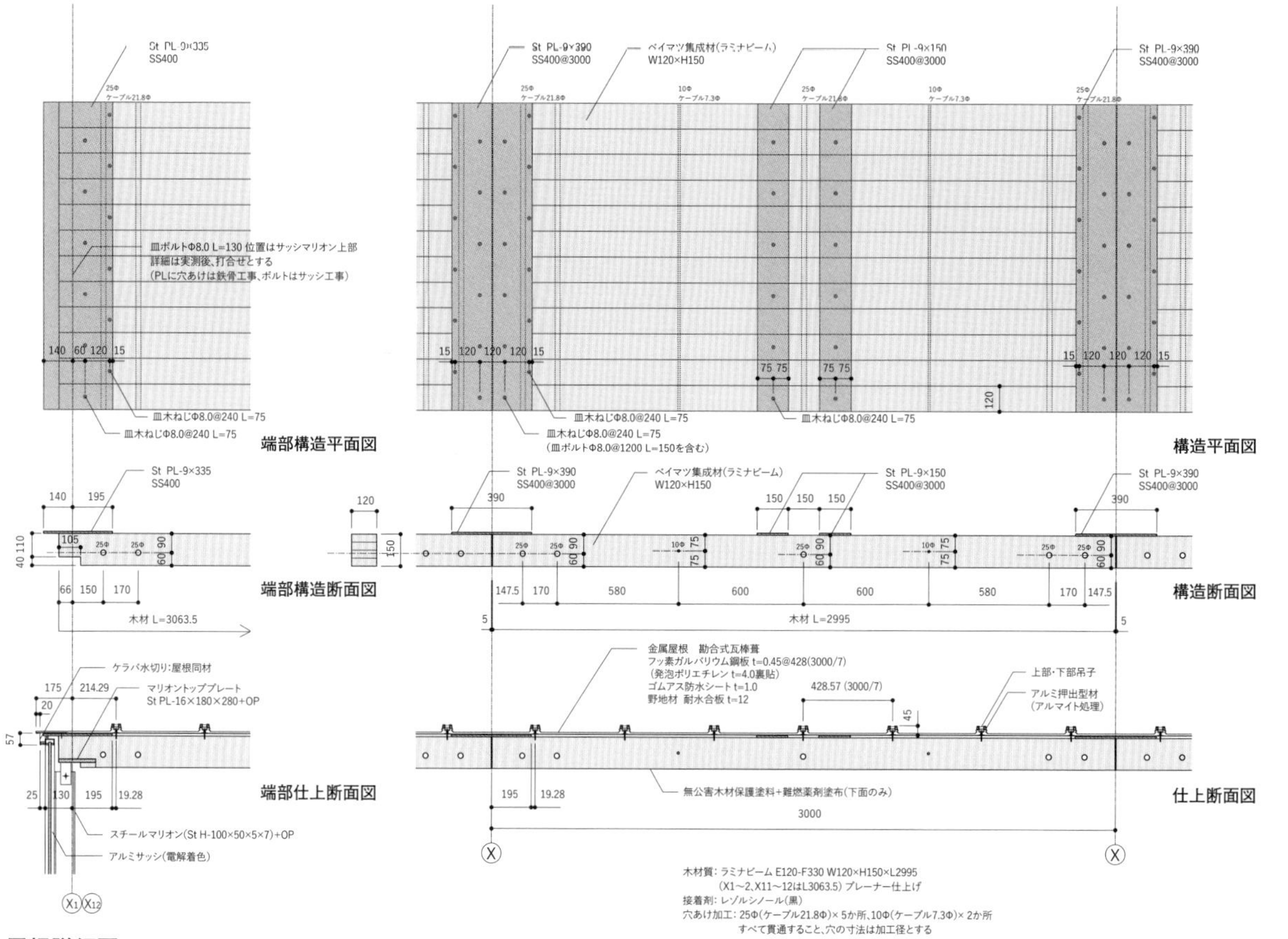

屋根詳細図

屋根構造システム

非常に短い設計期間にもかかわらず、さまざまな実験や解析的検討を行った結果、断面を120mm×150mmで長さ3mの集成材とし、21・8φのケーブルを3m幅の1ユニットの中に5本配し、1ユニットあたりのプレストレスを約20t程度導入するよう想定した。また風荷重による吹き上げ荷重に対しては、木材の上面にPL－9mmの補強鋼板を配し、21・8φのケーブルとのスタンスにより、剛性の向上を得ている。

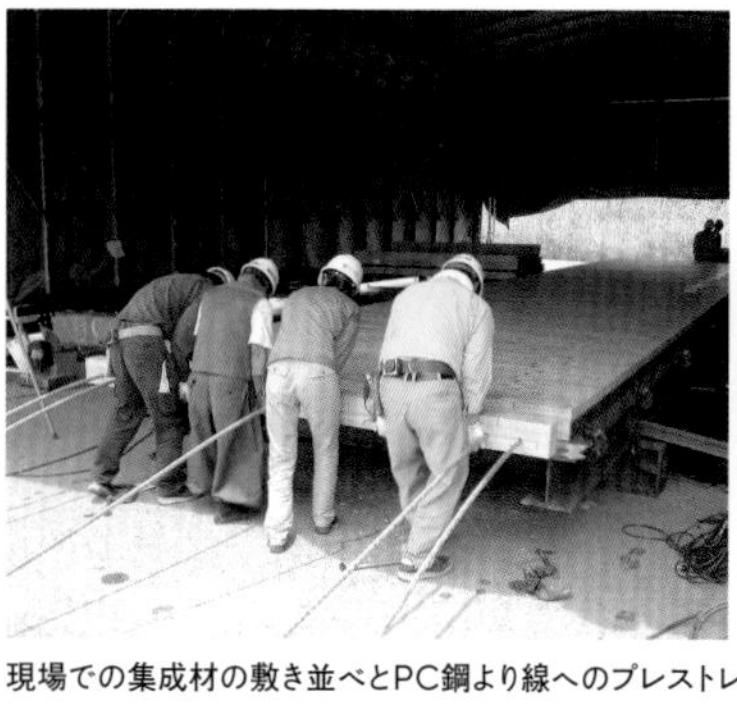

現場での集成材の敷き並べとPC鋼より線へのプレストレスの導入

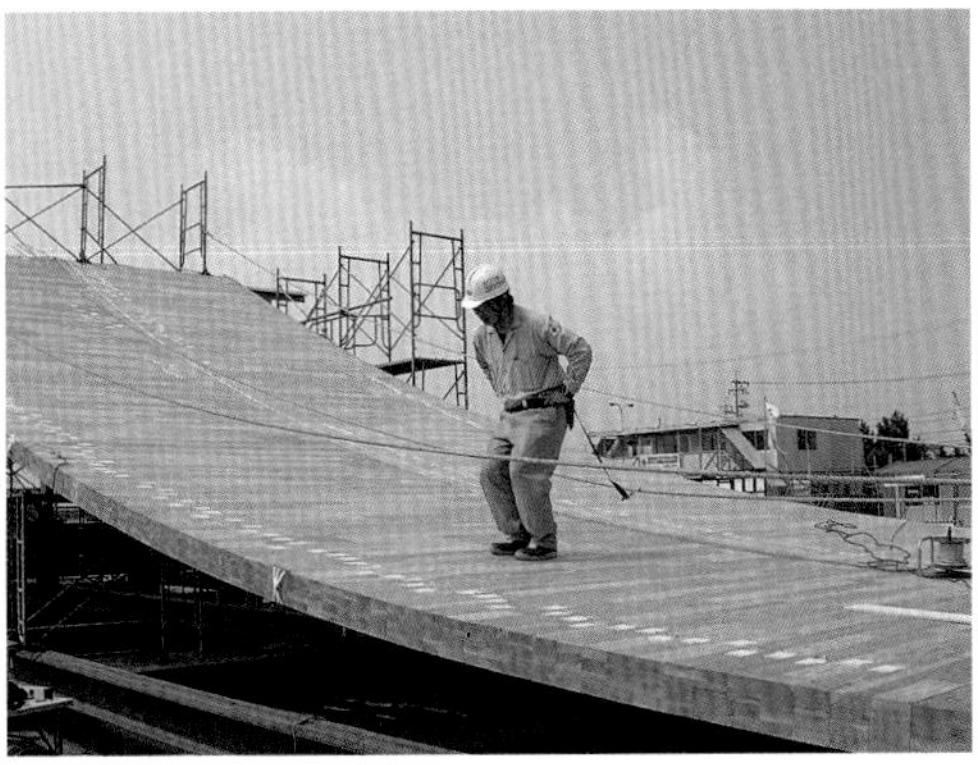

モックアップ

モックアップにより施工精度、建方順序、ディテール、さらには補強鋼鈑や屋根仕上げ材の吊り形状に対するなじみや接合方法等を確認することができた。その際剛性の確認を目的として、人力加振による自由振動実験より、木とケーブルのみのときで一次固有振動数が約14Hz、木とケーブルと補強鋼板時で一次固有振動数が約25Hzという結果が得られた。

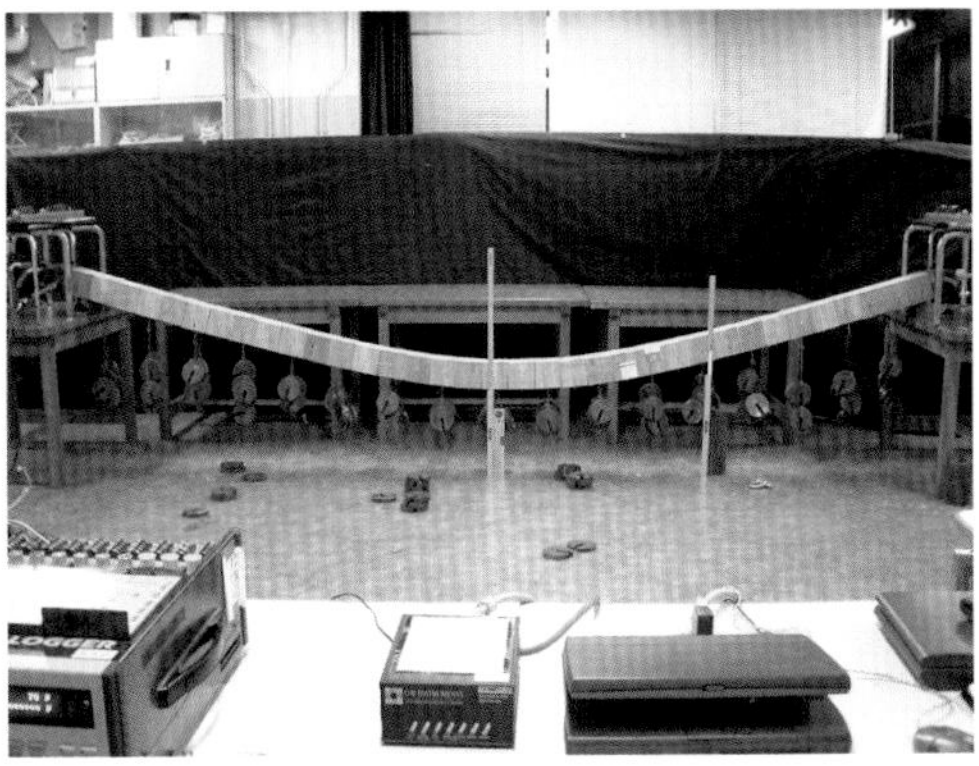

自己つりあい形状の把握実験

本システムの特徴は、バラバラの小断面の部材面同士を押しつける力によって一体化している。従来にないシステムであることから、長さ6mの縮小試験体によって実現の可能性を把握した。

乾燥収縮・湿潤膨張把握実験

最大の懸念事項である木の乾燥収縮による悪影響を把握するために、120mm×120mm のラミナ材6体を並べ、2tのプレストレスを導入した試験体を用いて張力の変化性状の測定を行った結果、年間で約1200μのひずみ変化が予想された。またモックアップの際に、木材に切り込みを入れて疑似的な収縮状態とすることによって形態の変化の性状を把握した。

屋根施工

この吊り屋根の特徴は、現場で小断面の木材を敷き並べてサイトプラントによってつくることが最大の特徴である。事前に工場でプレカットや穴空け等の加工を行った長さ3mの部材を現場に搬入し、敷き並べた後、ケーブルにプレストレスの導入を行うといった段階で進めた。全11ユニットの製作精度は大きなバラつきもなく、良好であった。

屋根と本体の接合部は、木材柱のある高い方をガセットプレートとHTBにより固定し、下部の木材トラス側を水平ルーズとすることにより、施工性と精度の確保を行っている。屋根の本体建物へのセットも吊り込み回数を数えるたびに早くなり、わずか3日間で建方完了となった。

竣工時の外観

下端部の接合ディテール

鋼板敷込み

建方時の内観

建方時の状況

ユニットの吊り込み

ユニットの建物本体への設置

上端部の接合ディテール

TBM

CLTによるV字形状の折版梁

建築設計：NIIZEKI STUDIO
構造設計：多田脩二構造設計事務所

外観

V字梁が現れた内観

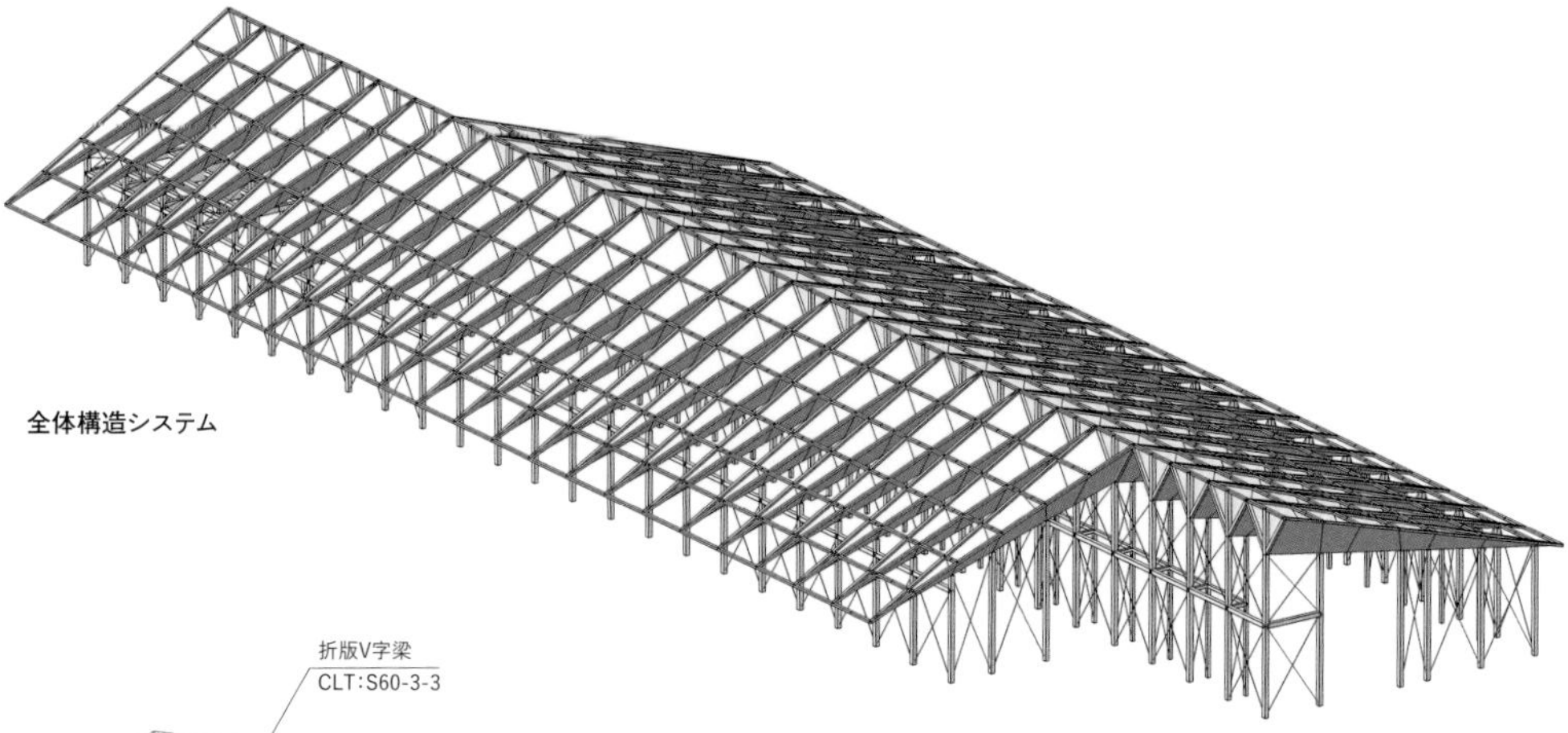

全体構造システム

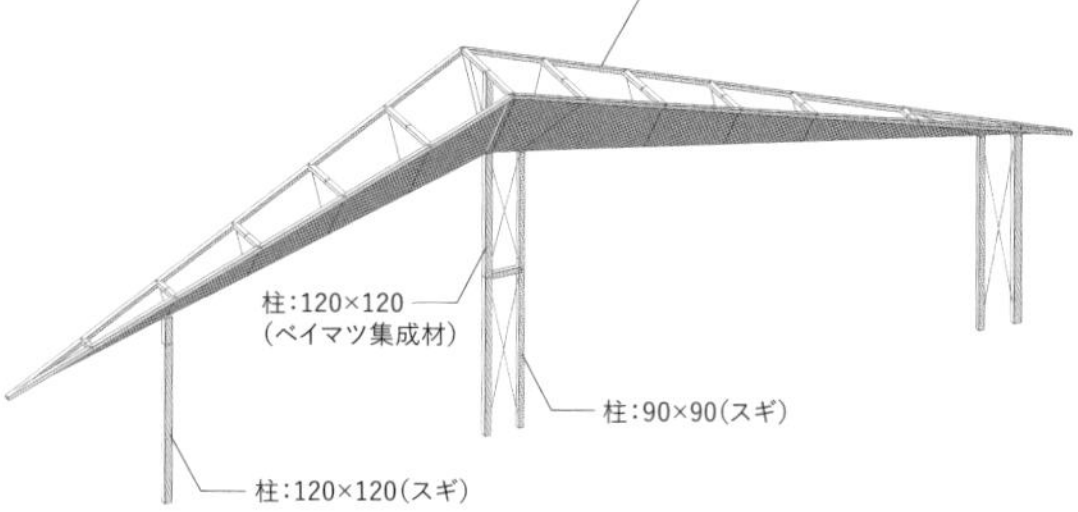

折版V字梁
CLT：S60-3-3
柱：120×120
（ベイマツ集成材）
柱：90×90（スギ）
柱：120×120（スギ）

1フレームモデル

全体構造システム

「TBM」は倉庫を主要な機能とし、道路側にショールームを設けた空間構成である。機能に応じた建物配置と形状の検討の結果、図のようなシンプルな切妻形状が採用された。

中央の棟を境に明快に機能ゾーンを分け、倉庫側のスパンは7・9m、ショールーム側のスパンは5・46mであり、道路側へ跳ね出した軒先のスパンは2・73mである。

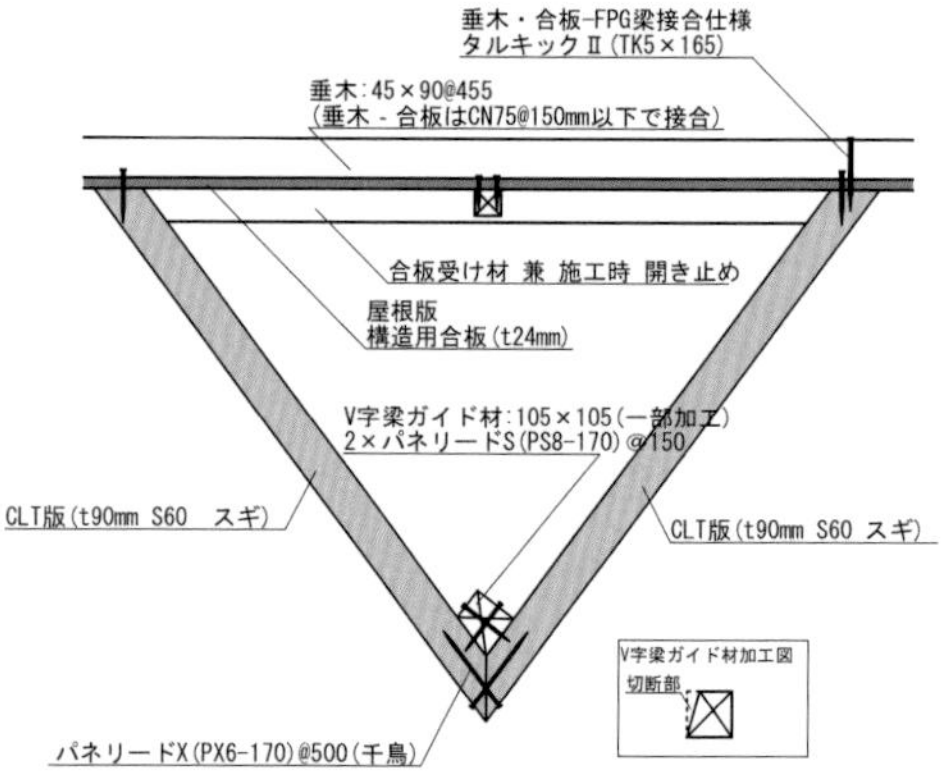

垂木・合板-FPG梁接合仕様
タルキックⅡ（TK5×165）
垂木：45×90@455
（垂木－合板はCN75@150mm以下で接合）
合板受け材 兼 施工時 開き止め
屋根版
構造用合板（t24mm）
V字梁ガイド材：105×105（一部加工）
2×パネリードS（PS8-170）@150
CLT版（t90mm S60 スギ）
CLT版（t90mm S60 スギ）
V字梁ガイド材加工図
切断部
パネリードX（PX6-170）@500（千鳥）

V字梁の断面詳細図

CLTを最大限に活かす

採用されたCLT（クロス・ラミネイティド・ティンバー）による「V字梁」は、曲げ応力から面内応力が支配的となるようにした立体抵抗システムで、通常床と壁といった一般的な使い方とは異なり、CLTが有する面材としての性能を最大限に活かした構造システムである。採用したCLT断面は、スギ材のS60で厚さ90㎜の3層3プライである。

反転し組み合わさることで生み出された「部材」
折板構造V字梁

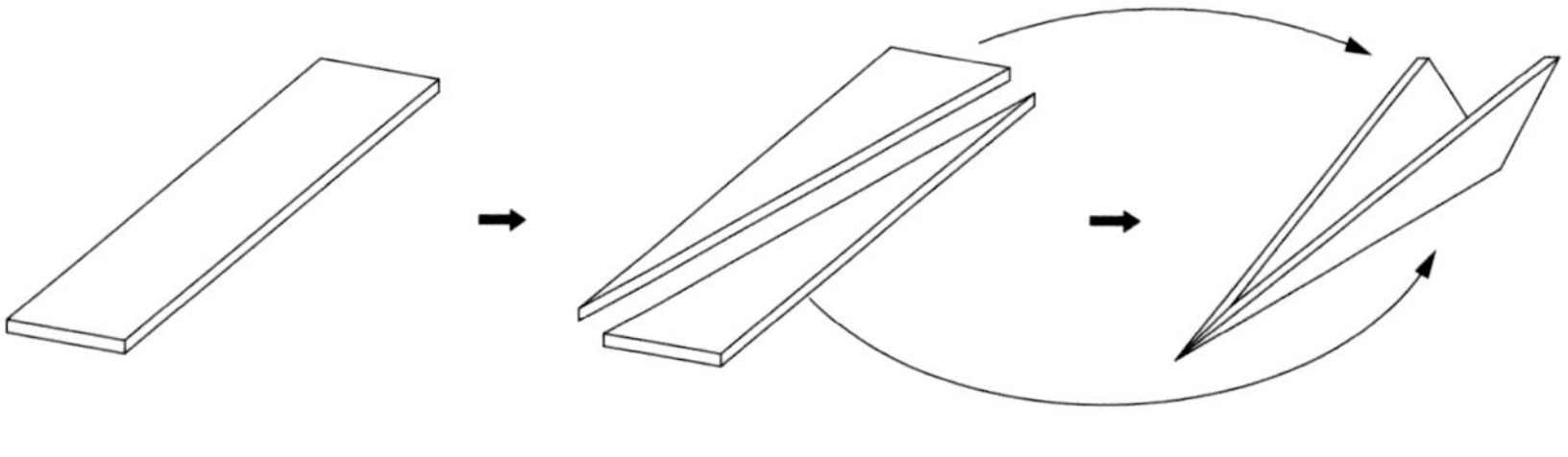

3m×13mのボード
二分割する
組み合わせる

1枚のCLTから折版梁へ

切妻屋根の形状に対して、面材であるCLTを利用したV字形状の折版梁を提案。

V字梁は3m×13mの1枚のマザーボードを二分割し、部材を組み合わせることによって最大10.1mの長さの折板梁とした。

V字梁の構成ディテール

V字の形状を構成するために、分割したCLT断面は高精度な三次元加工機を用いて、接合状態に応じた角度を板厚面に設けた。

CLT同士の接合

V字の形状に合わせて斜めカットした一般流通材である105角のガイド材を介してビス接合し、さらにCLT同士も外側からビス打ちを行うことで2枚のCLTを一体化している。

ULTRA

モックアップ

建方に入る前に1フレームのモックアップの製作を行い、各部のディテールの施工性と納まりの確認を行った。

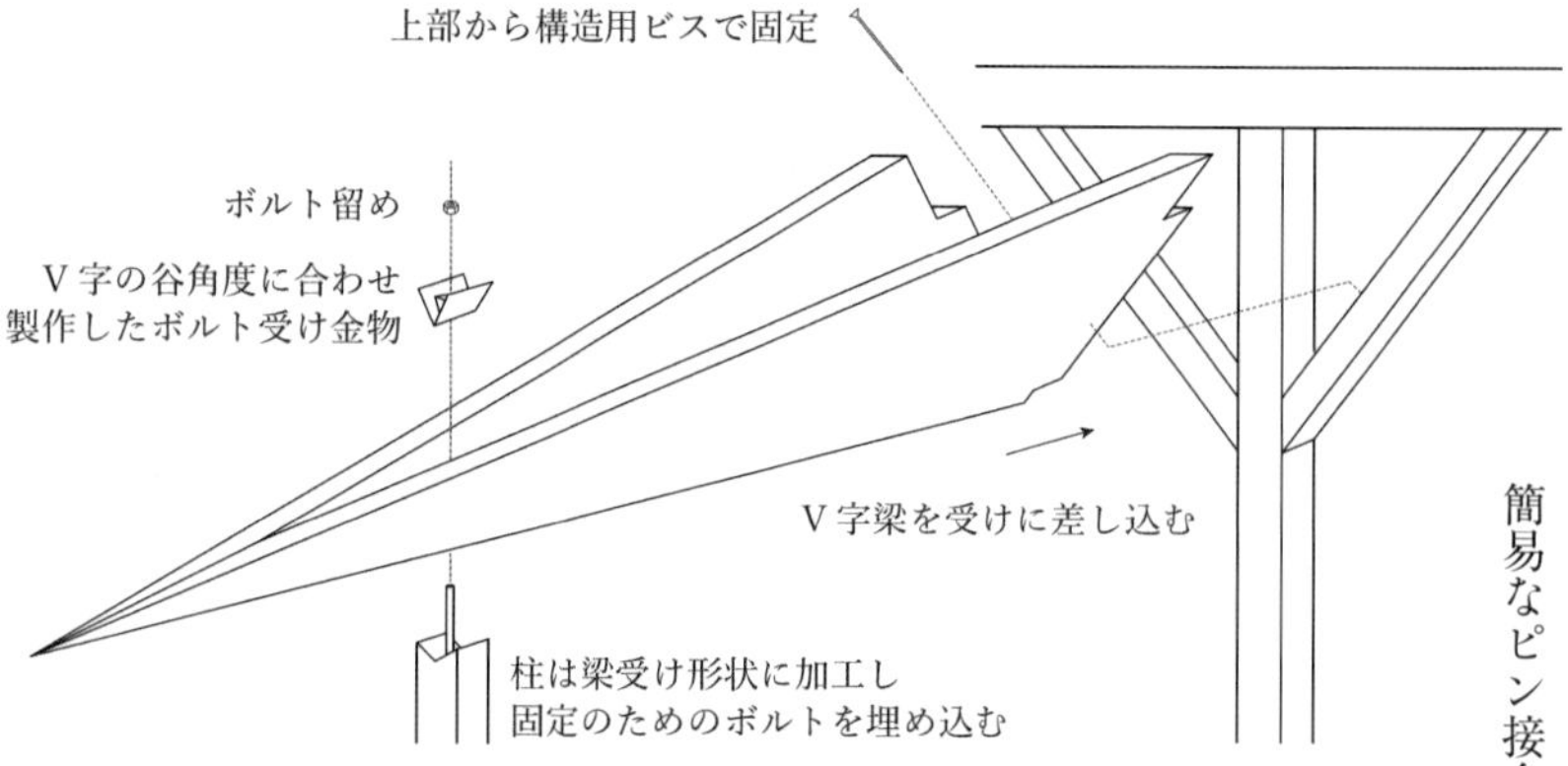
上部から構造用ビスで固定
ボルト留め
V字の谷角度に合わせ
製作したボルト受け金物
V字梁を受けに差し込む
柱は梁受け形状に加工し
固定のためのボルトを埋め込む

V字梁と軸組の接合部

建方

現場での施工性を考慮し、V字梁を上から落とし込みとなるように接合部の納まりを検討した。

水下側の柱とV字梁の接合部は柱材とV字梁を面タッチさせ、柱に埋め込んでいたラグスクリューボルトと製作金物を用いて一体化している。水上側の接合は、壁内にV字の勾配に合わせた受け材を配し、受け材の上にV字梁を載せてから上からビス打ち接合とし、簡易なピン接合とした。

施工工程

建方は工場で製作したV字梁を現場に搬入し、クレーンで吊り上げ軸組との接合を（足場もなく）行ったが、現場の組み立てはスピーディーで建方精度も良好であり、予想以上の早さで施工完了を実現した。

2

山田憲明

Noriaki Yamada

山田憲明（やまだ・のりあき）
1973年生まれ
1997年　京都大学工学部建築学科卒業
1997年　増田建築構造事務所
2012年　山田憲明構造設計事務所設立

高床の家

斜材の再考

建築設計：福島加津也+中谷礼仁／千年村計画
福島加津也+冨永祥子建築設計事務所
構造設計：山田憲明構造設計事務所

ピロティと八方オーバーハング

「高床の家」は、5間角（9・1m×9・1m）の正方形平面をもつ2階建ての木造住宅である。背面には古墳、前面には田園が広がり、悠久の時の流れが感じられる土地に建つ。

この雄大な眺望を室内に取り入れることや、近くを流れる恋瀬川の氾濫に備えて、居住空間はすべて2階に持ち上げられている。

1階は雨がかりに配慮して中心部に4本の大径製材の柱が立つ壁のない屋外空間、2階は中心部に配置された2間角（3・64m×3・64m）の広間の周りに幅2・73mの居室が取り付く、計9間からなる井桁プランになっている。

このため、1階のピロティから2階が八方にオーバーハングする構成となっており、あたかも2階のヴォリュームが宙に浮いたような特徴的な外観をつくり出している。

2階の居間空間

鉛直・水平に組んだ軸組に対して横から取り付けた1〜2階通しの斜材が室内に現れる。

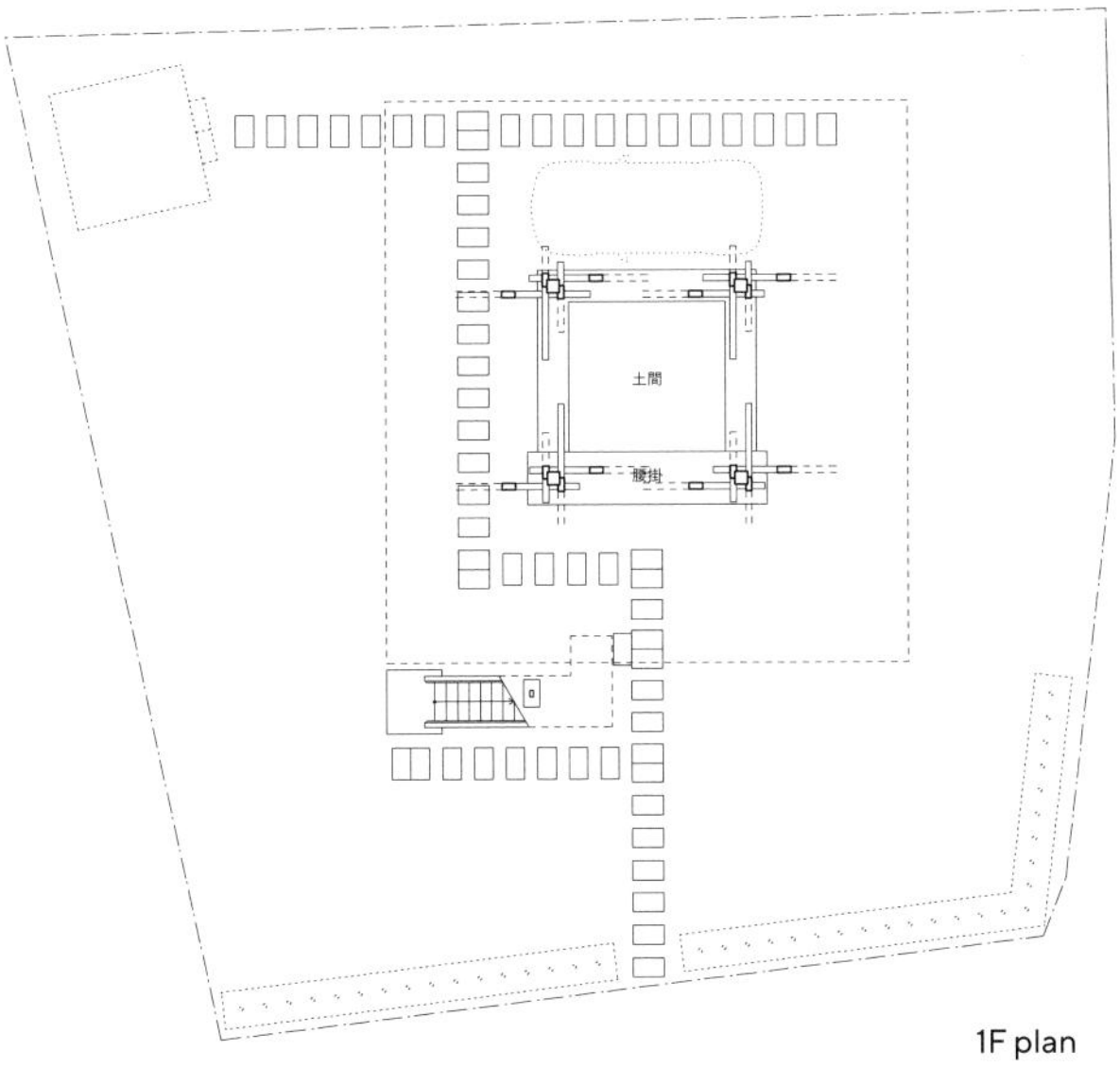

1F plan

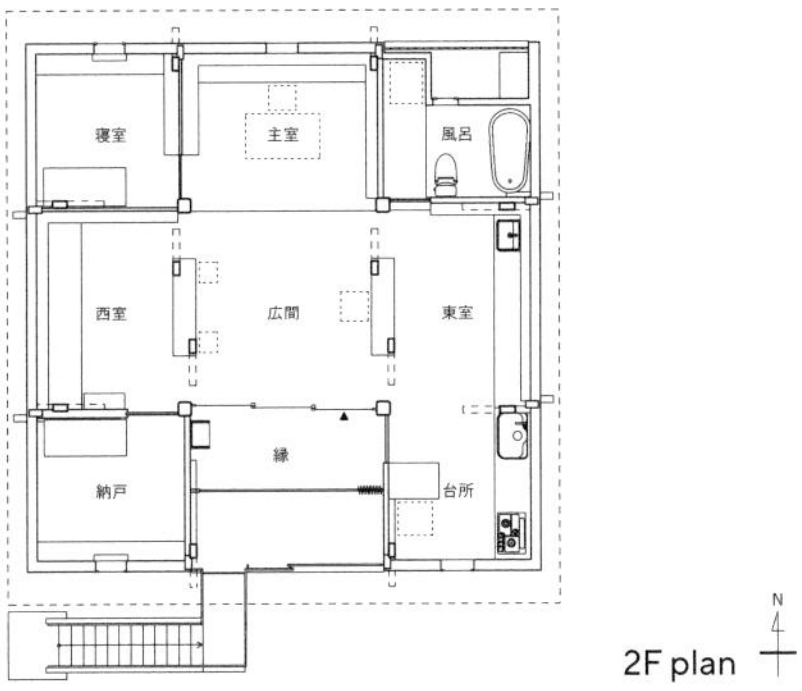

2F plan

平面図

居住空間が2階に持ち上げられた特徴的な外観

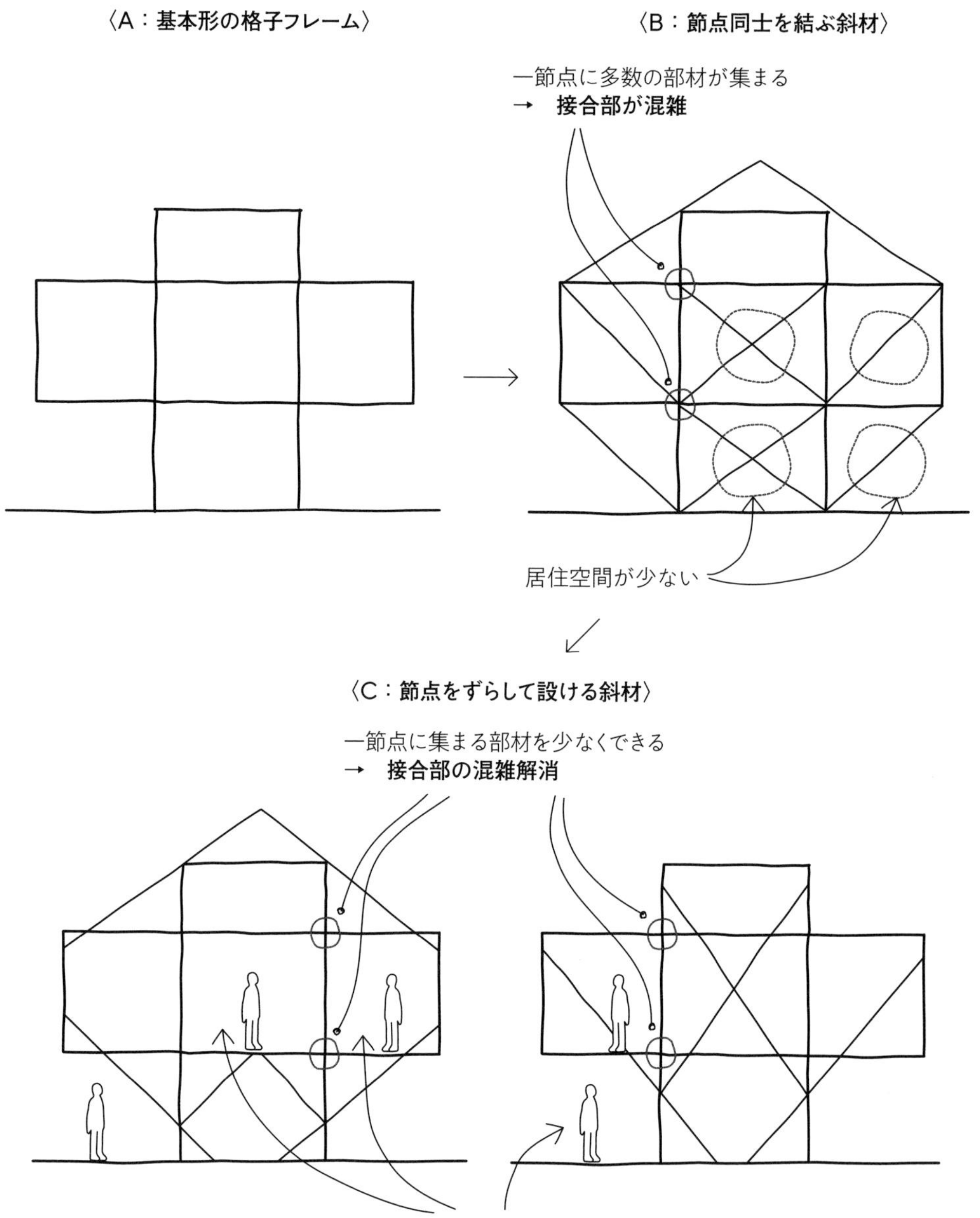
居住空間を確保しやすい

斜材をさりげなく使う

日本において斜材は、筋交いや方杖として軸組の水平耐力を高めるために用いられてきたが、近年は構造用合板等の面材が普及したことによって採用される機会は減り続けている。そもそも「斜材」は軸組を固める目的のためだけに設けられ、現代の建築家の多くは、斜材が現しになるデザインをいやがる。ところが本住宅では、施主や建築家がインドネシアの高床民家のように「斜材をさりげなく使った大らかな木造建築をつくる」というコンセプトをもっていた。そこで斜材を活かしてピロティと八方オーバーハングを実現することとなった。

ピロティと八方オーバーハングを同時に実現できる、鉛直力にも水平力にも抵抗しやすい合理的な架構を、木材を縦横に組んだ格子フレームを基本構成とし、そこに斜材の入れ方を工夫することで、鉛直力と水平力の両方に強いかたちをつくることにした。

その際、斜材をブレースのように柱梁の節点同士をつなぐのではなく、少しずらして設けることで、部材がたくさん集まる接合部の混雑を解消するとともに、居住スペースを確保した。

架構コンセプト模型

建方

四周にサポートを設置しながら組み立てる。

ピロティ柱の構造模型

接合部混雑の解消のため、柱に対して四方向から入ってくる斜材の取付け位置について「節点からのずらし」「水平方向のずらし」に加え、斜材の「高さ方向のずらし」という3つのずらしを行っている。

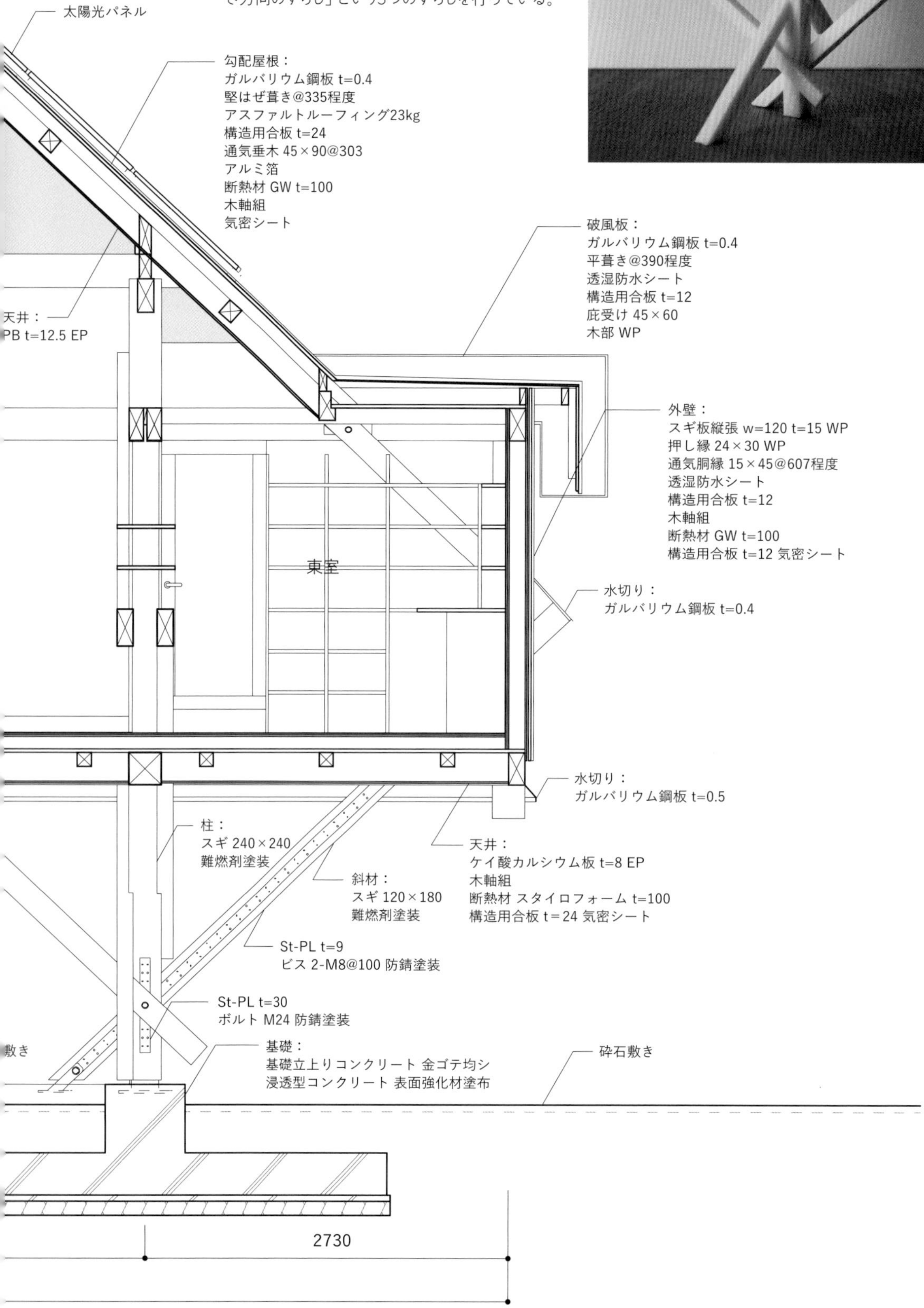

ガラリ
太陽光パネル
勾配屋根：
ガルバリウム鋼板 t=0.4
竪はぜ葺き@335程度
アスファルトルーフィング23kg
構造用合板 t=24
通気垂木 45×90@303
アルミ箔
断熱材 GW t=100
木軸組
気密シート
天井：
PB t=12.5 EP
破風板：
ガルバリウム鋼板 t=0.4
平葺き@390程度
透湿防水シート
構造用合板 t=12
庇受け 45×60
木部 WP
外壁：
スギ板縦張 w=120 t=15 WP
押し縁 24×30 WP
通気胴縁 15×45@607程度
透湿防水シート
構造用合板 t=12
木軸組
断熱材 GW t=100
構造用合板 t=12 気密シート
東室
水切り：
ガルバリウム鋼板 t=0.4
水切り：
ガルバリウム鋼板 t=0.5
柱：
スギ 240×240
難燃剤塗装
天井：
ケイ酸カルシウム板 t=8 EP
木軸組
断熱材 スタイロフォーム t=100
構造用合板 t＝24 気密シート
斜材：
スギ 120×180
難燃剤塗装
St-PL t=9
ビス 2-M8@100 防錆塗装
St-PL t=30
ボルト M24 防錆塗装
敷き
基礎：
基礎立上りコンクリート 金ゴテ均シ
浸透型コンクリート 表面強化材塗布
砕石敷き
2730

断面詳細図

屋内外に軸組と斜材が現しになる。オーバーハングした先端の外壁面に沿って本棚が置かれる厳しい荷重条件に耐えられる設計となっている。

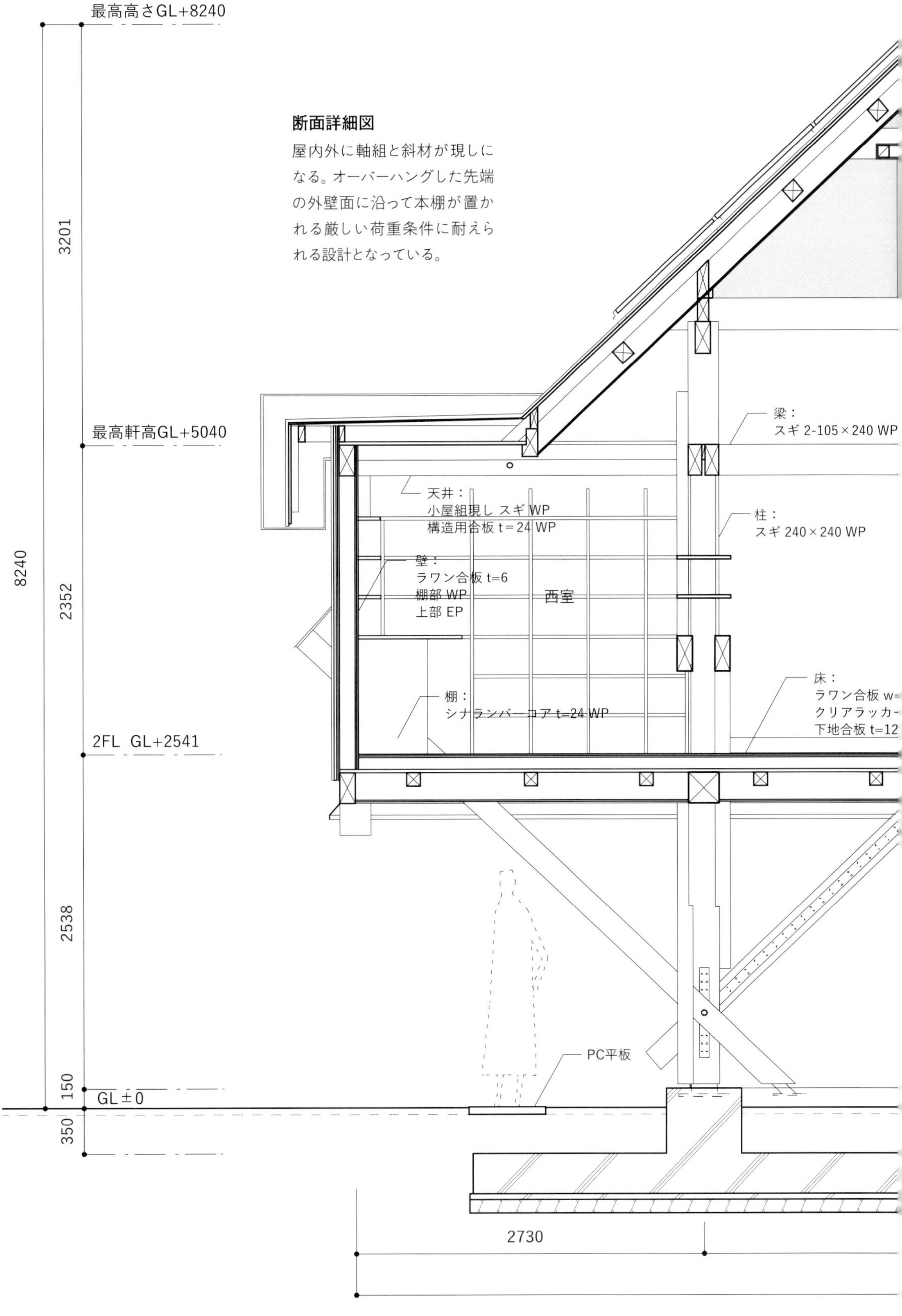

最高高さGL+8240
3201
8240
最高軒高GL+5040
2352
2FL GL+2541
2538
150
GL±0
350
天井：
小屋組現し スギ WP
構造用合板 t=24 WP
壁：
ラワン合板 t=6
棚部 WP
上部 EP
西室
棚：
シナランバーコア t=24 WP
梁：
スギ 2-105×240 WP
柱：
スギ 240×240 WP
床：
ラワン合板 w=
クリアラッカー
下地合板 t=12
PC平板
2730

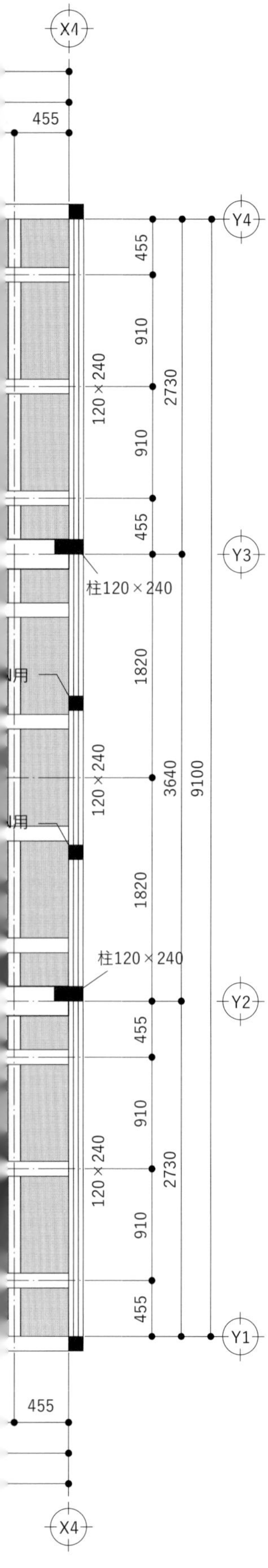

架構の決め方

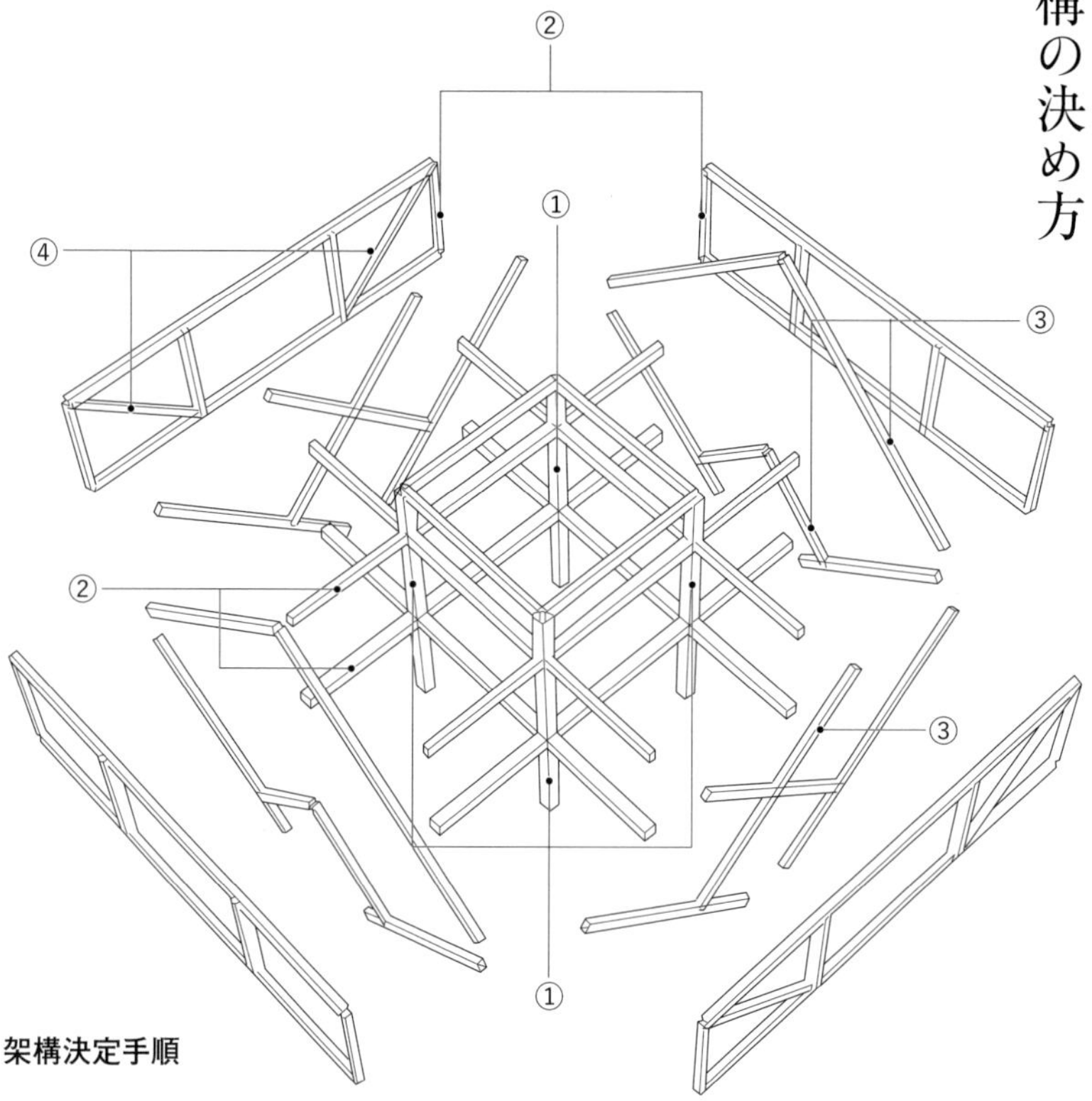

架構決定手順

架構の具体的な決め方として、まず、中央部に建物の全荷重を支える4本の太い通し柱（240㎜角）を立てた（上図①）。4本柱は雨がかりや居住スペースを考慮し、中心2間間の四隅に配置した。次に、4本柱を拠り所として、2階と屋根レベルに井桁状の格子梁（同②）、2階の外壁面に柱を配置して格子フレームを構成した（同③）。この格子フレームが鉛直力と水平力を受けた際の曲げモーメント図に近くなるよう、斜材を配置した（同④）。

斜材は力の流れがストレートになるよう、柱や梁位置でブツ切れにせず通している。斜材が取り付く2階外周の側柱は曲げモーメントを負担するので面外方向の柱せいを大きくし、120㎜×240㎜としている。最後に、2階の出隅を支えるために外壁面の一部に斜材を入れた。

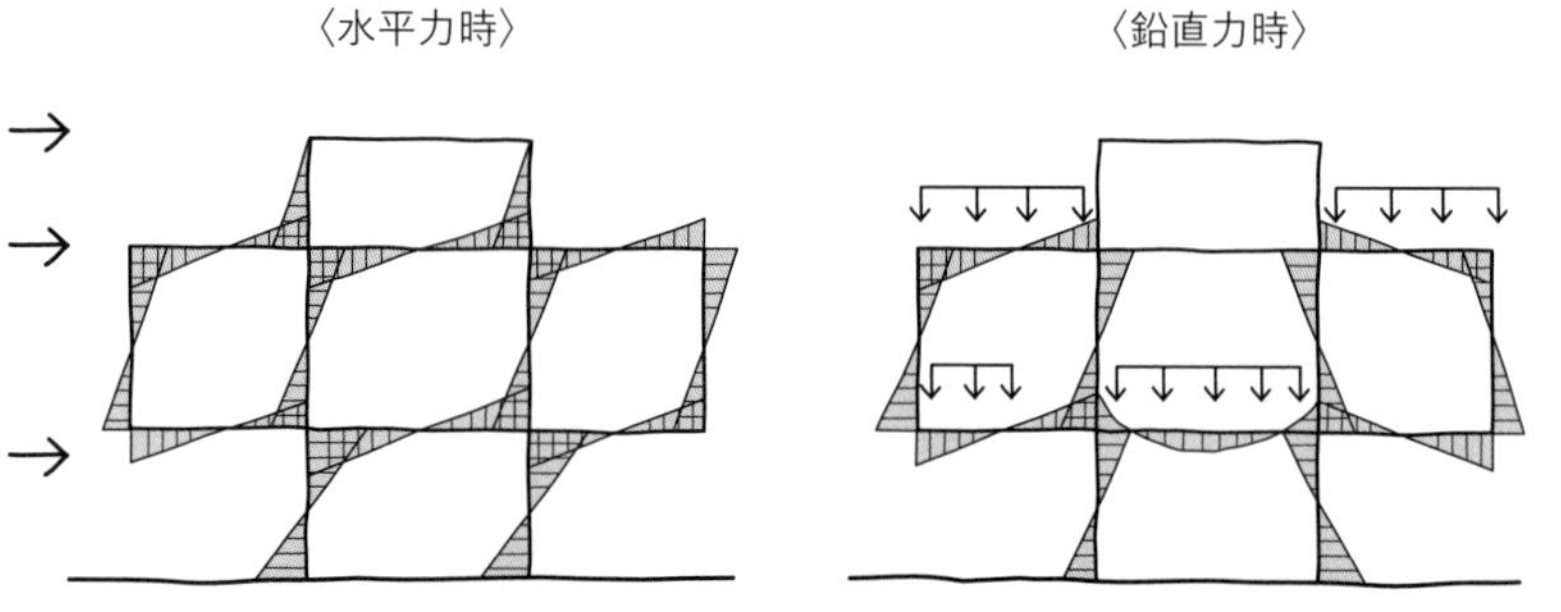

鉛直力・水平力時の曲げモーメント図

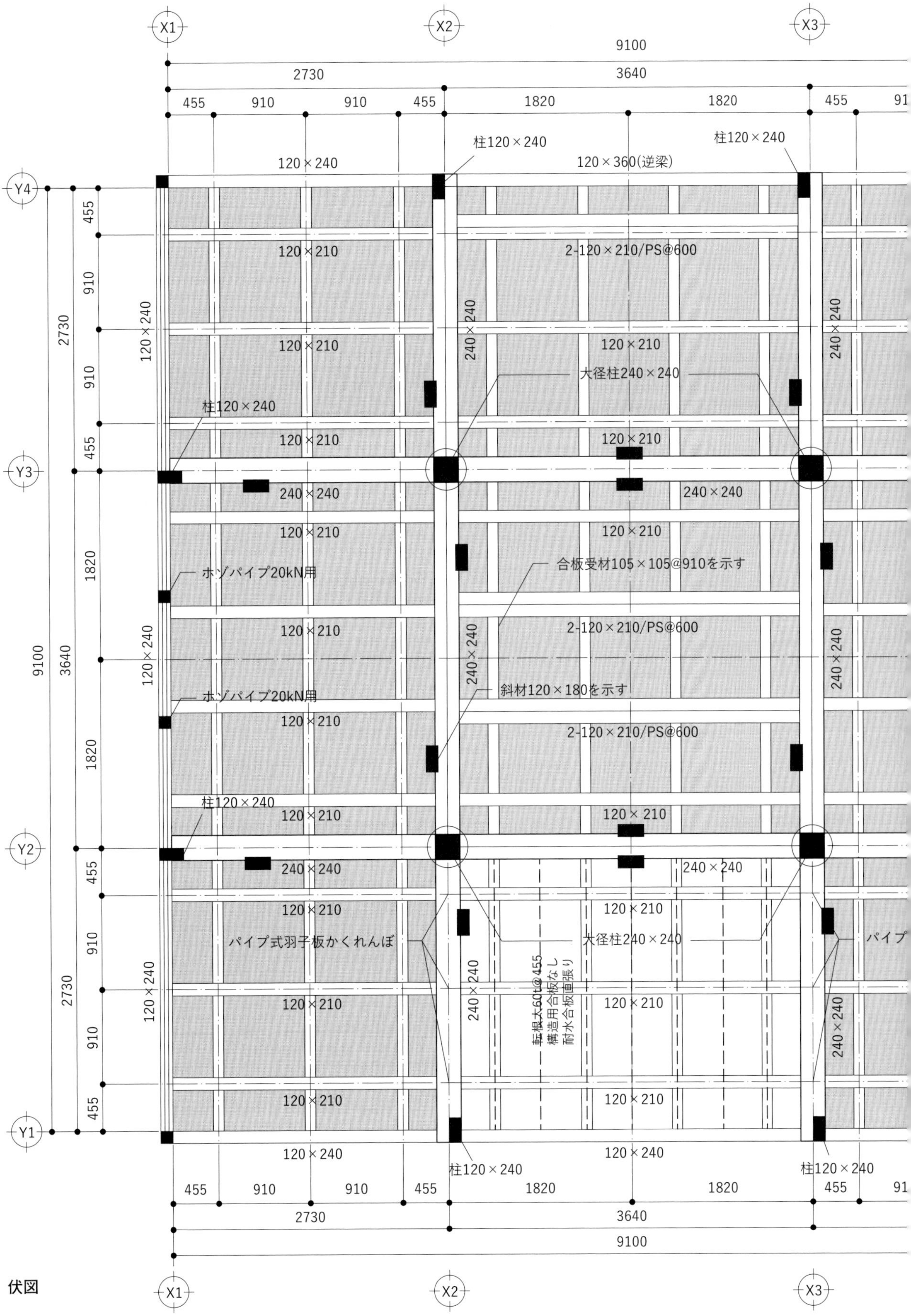
X1
X2
X3
Y1
Y2
Y3
Y4
9100
2730
3640
455
910
1820
120×240
柱120×240
120×360(逆梁)
120×210
2-120×210/PS@600
240×240
大径柱240×240
合板受材105×105@910を示す
ホゾパイプ20kN用
斜材120×180を示す
パイプ式羽子板かくれんぼ
転根太60L@455
構造用合板なし
耐水合板直張り

伏図

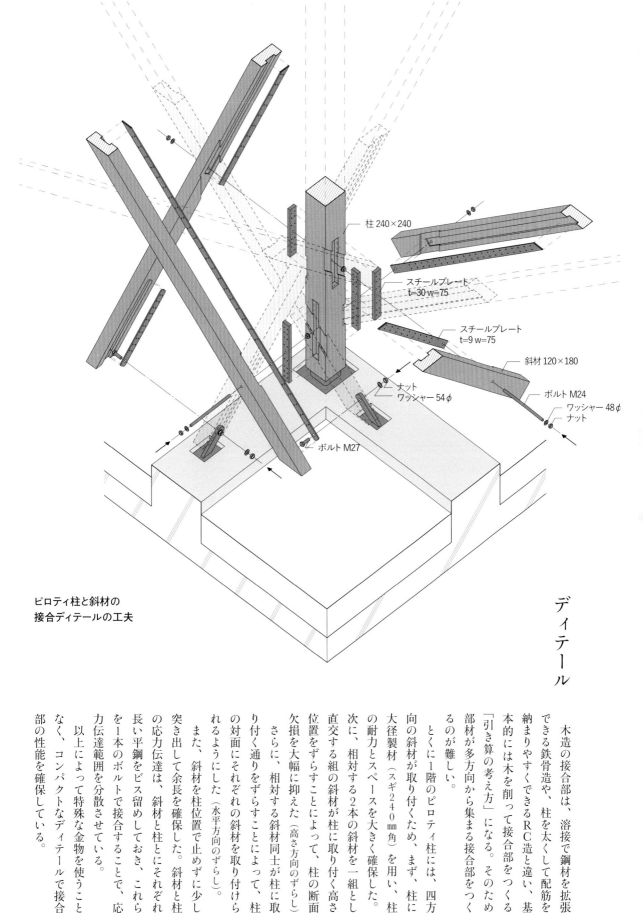

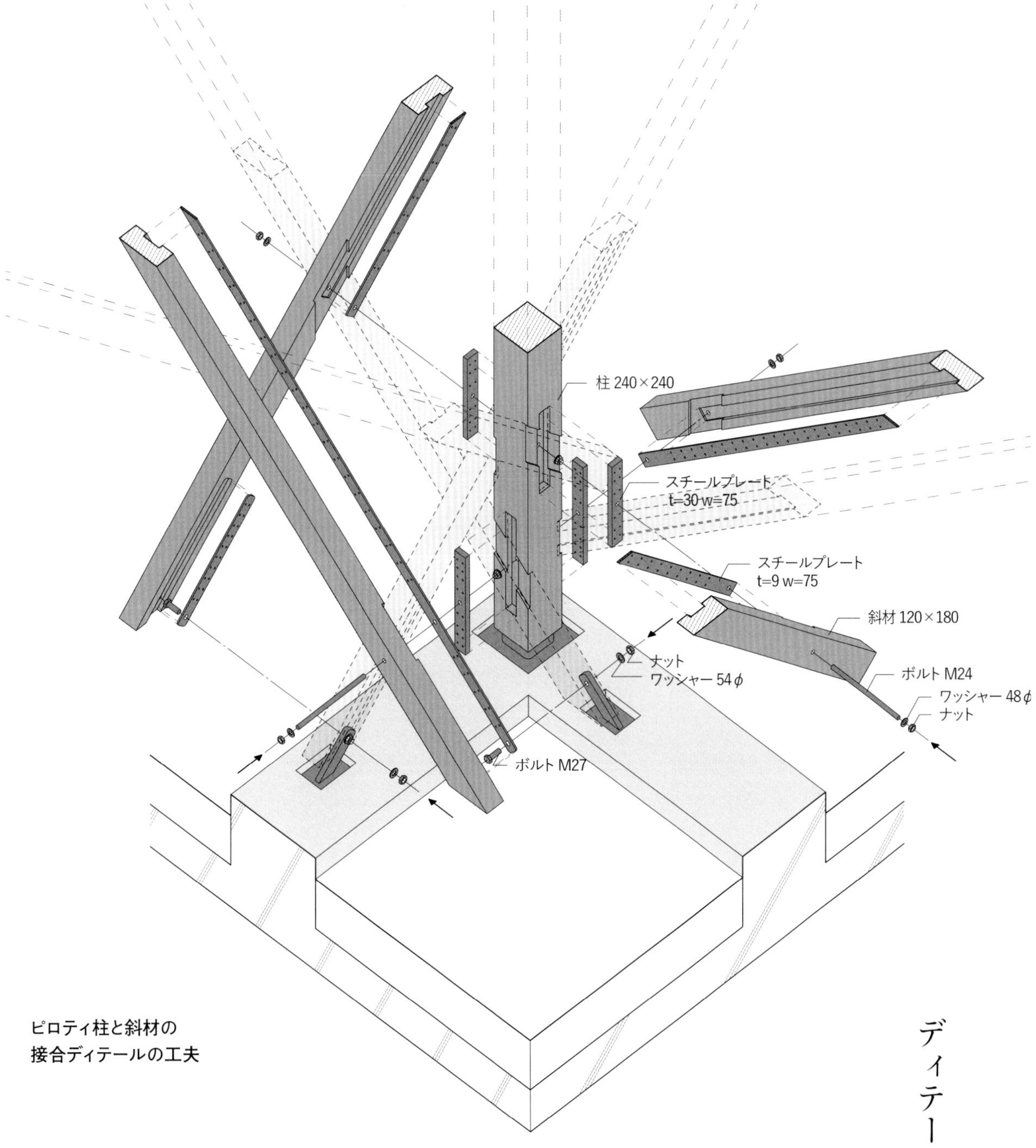
柱 240×240
スチールプレート
t=30 w=75
スチールプレート
t=9 w=75
斜材 120×180
ナット
ワッシャー 54φ
ボルト M24
ワッシャー 48φ
ナット
ボルト M27

ピロティ柱と斜材の
接合ディテールの工夫

ディテール

木造の接合部は、溶接で鋼材を拡張できる鉄骨造や、柱を太くして配筋を納まりやすくできるRC造と違い、基本的には木を削って接合部をつくる「引き算の考え方」になる。そのため、部材が多方向から集まる接合部をつくるのが難しい。

とくに1階のピロティ柱には、四方向の斜材が取り付くため、まず、柱に大径製材（スギ240㎜角）を用い、柱の耐力とスペースを大きく確保した。次に、相対する2本の斜材を一組とし、直交する組の斜材が柱に取り付く高さ位置をずらすことによって、柱の断面欠損を大幅に抑えた（高さ方向のずらし）。さらに、相対する斜材同士が柱に取り付く通りをずらすことによって、柱の対面にそれぞれの斜材を取り付けられるようにした（水平方向のずらし）。

また、斜材を柱位置で止めずに少し突き出して余長を確保した。斜材と柱の応力伝達は、斜材と柱とにそれぞれ長い平鋼をビス留めしておき、これらを1本のボルトで接合することで、応力伝達範囲を分散させている。

以上によって特殊な金物を使うことなく、コンパクトなディテールで接合部の性能を確保している。

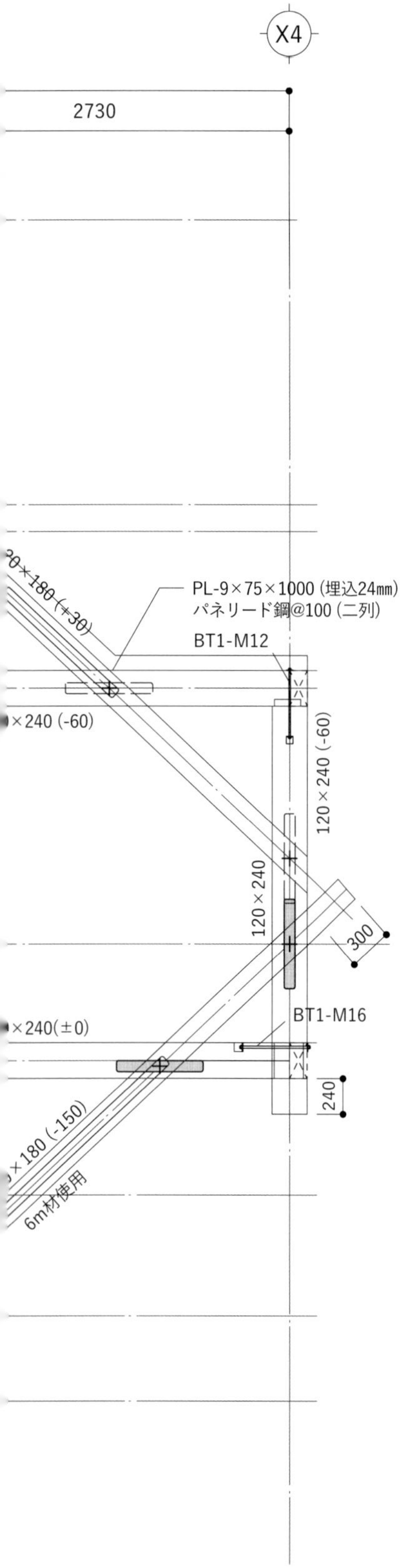
X4
2730
PL-9×75×1000 (埋込24㎜)
パネリード鋼@100 (二列)
BT1-M12
×240 (-60)
120×240 (-60)
120×240
300
×240(±0)
BT1-M16
240
×180 (-150)
6m材使用

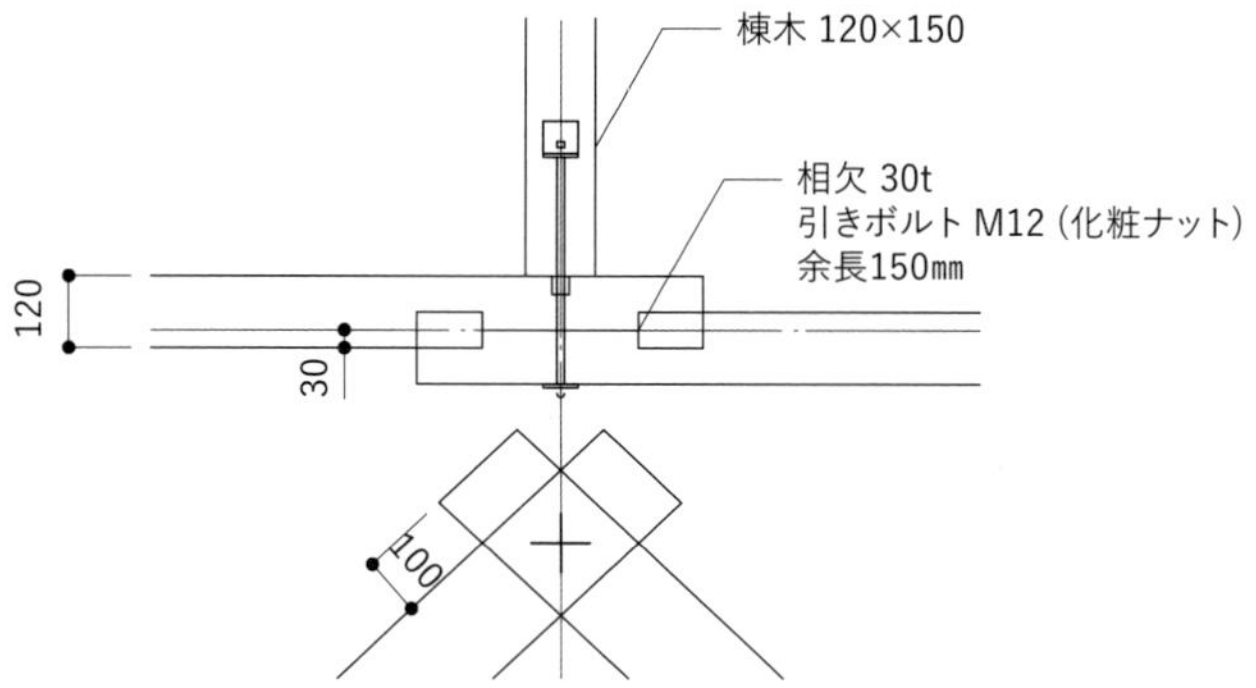
棟木 120×150
相欠 30t
引きボルト M12 (化粧ナット)
余長150㎜
120
30
100

[D-1] 詳細図

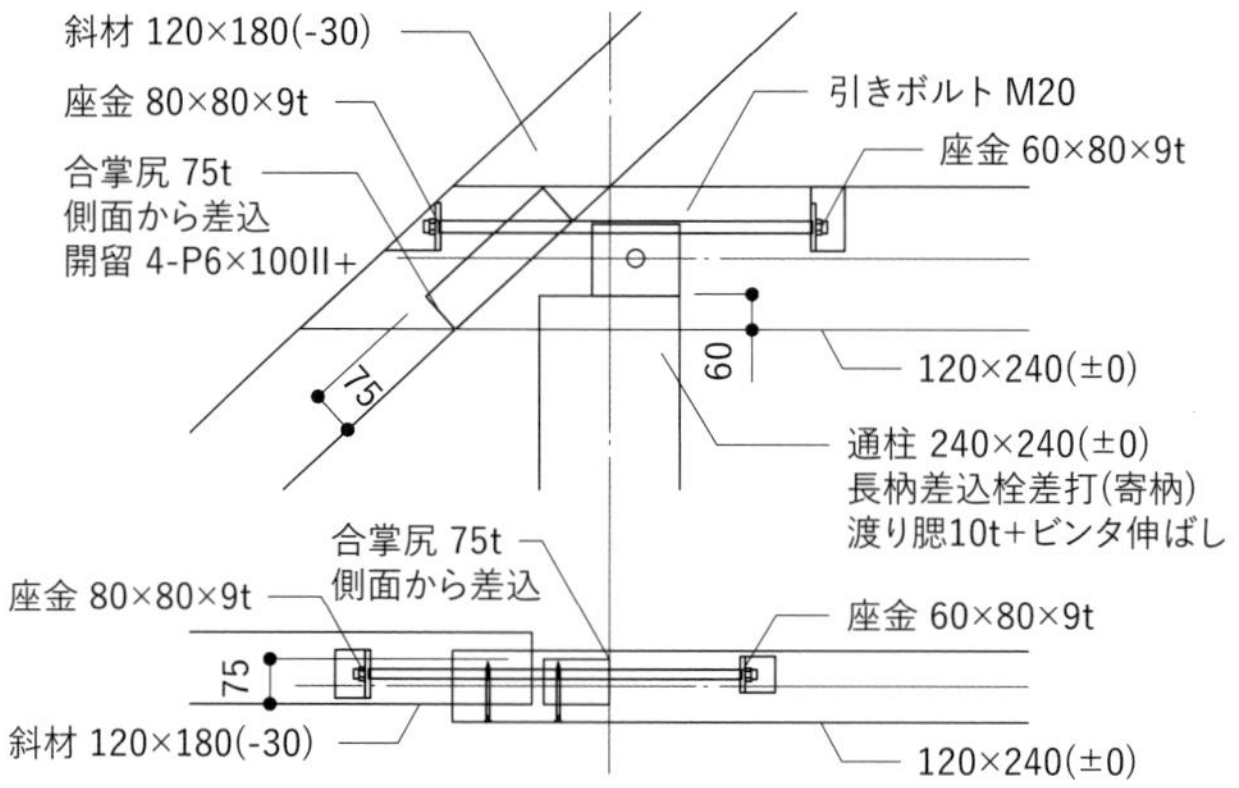
斜材 120×180(-30)
座金 80×80×9t
合掌尻 75t
側面から差込
開留 4-P6×100II+
引きボルト M20
座金 60×80×9t
60
75
120×240(±0)
通柱 240×240(±0)
長枘差込栓差打(寄枘)
渡り腮10t+ビンタ伸ばし
合掌尻 75t
側面から差込
座金 80×80×9t
座金 60×80×9t
75
斜材 120×180(-30)
120×240(±0)

[D-2] 詳細図

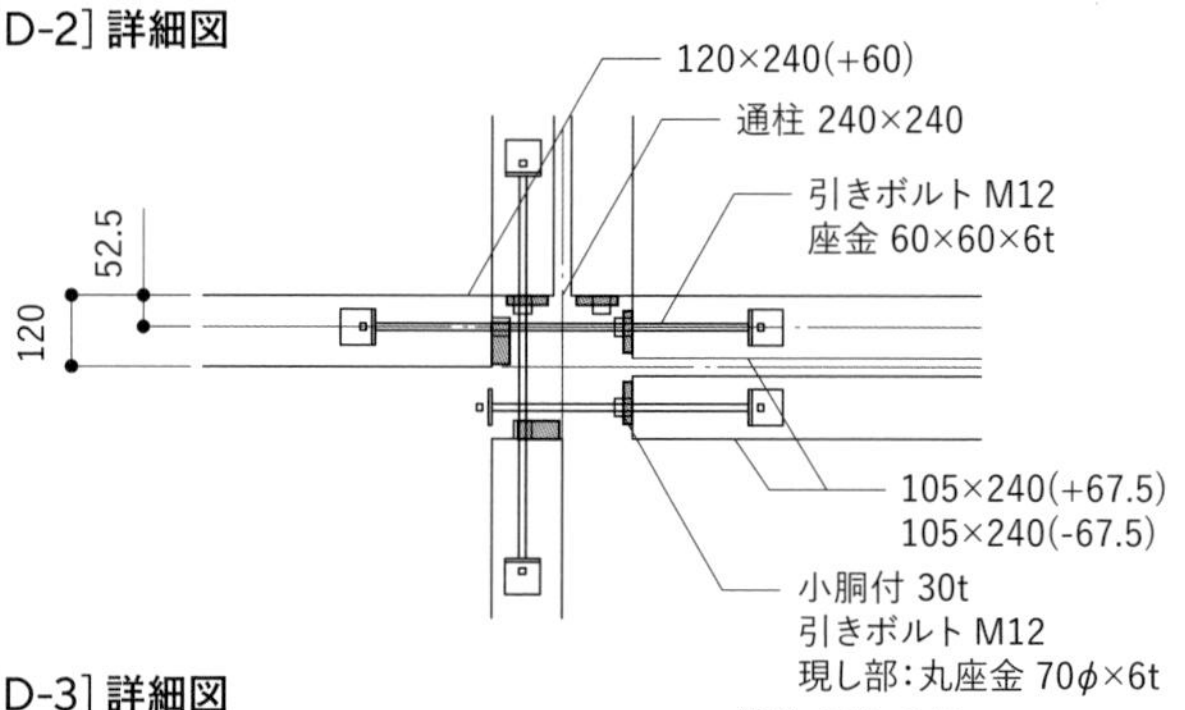
120×240(+60)
通柱 240×240
引きボルト M12
座金 60×60×6t
52.5
120
105×240(+67.5)
105×240(-67.5)
小胴付 30t
引きボルト M12
現し部：丸座金 70φ×6t

[D-3] 詳細図

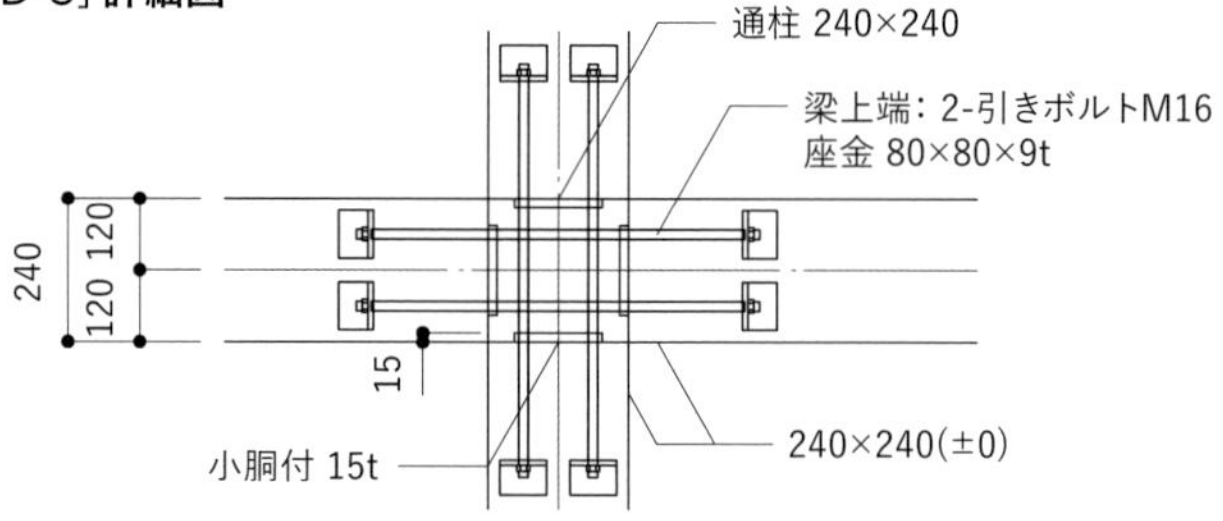
通柱 240×240
梁上端：2-引きボルトM16
座金 80×80×9t
240
120
120
15
小胴付 15t
240×240(±0)

[D-4] 詳細図

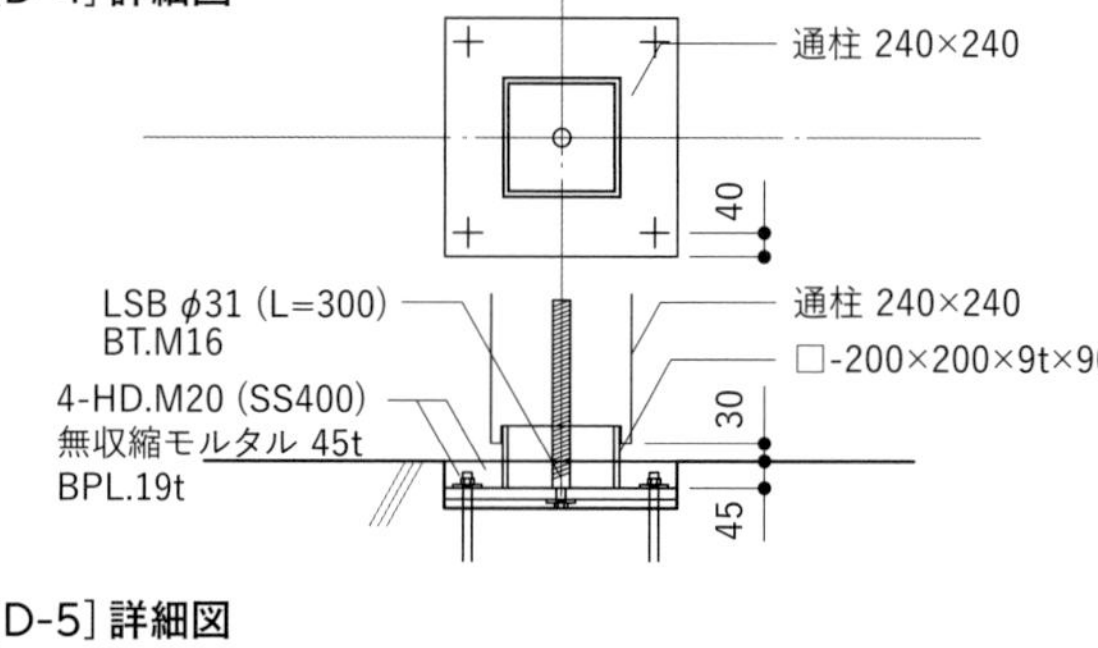
通柱 240×240
40
LSB φ31 (L=300)
BT.M16
4-HD.M20 (SS400)
無収縮モルタル 45t
BPL.19t
通柱 240×240
□-200×200×9t×90h
30
45

[D-5] 詳細図

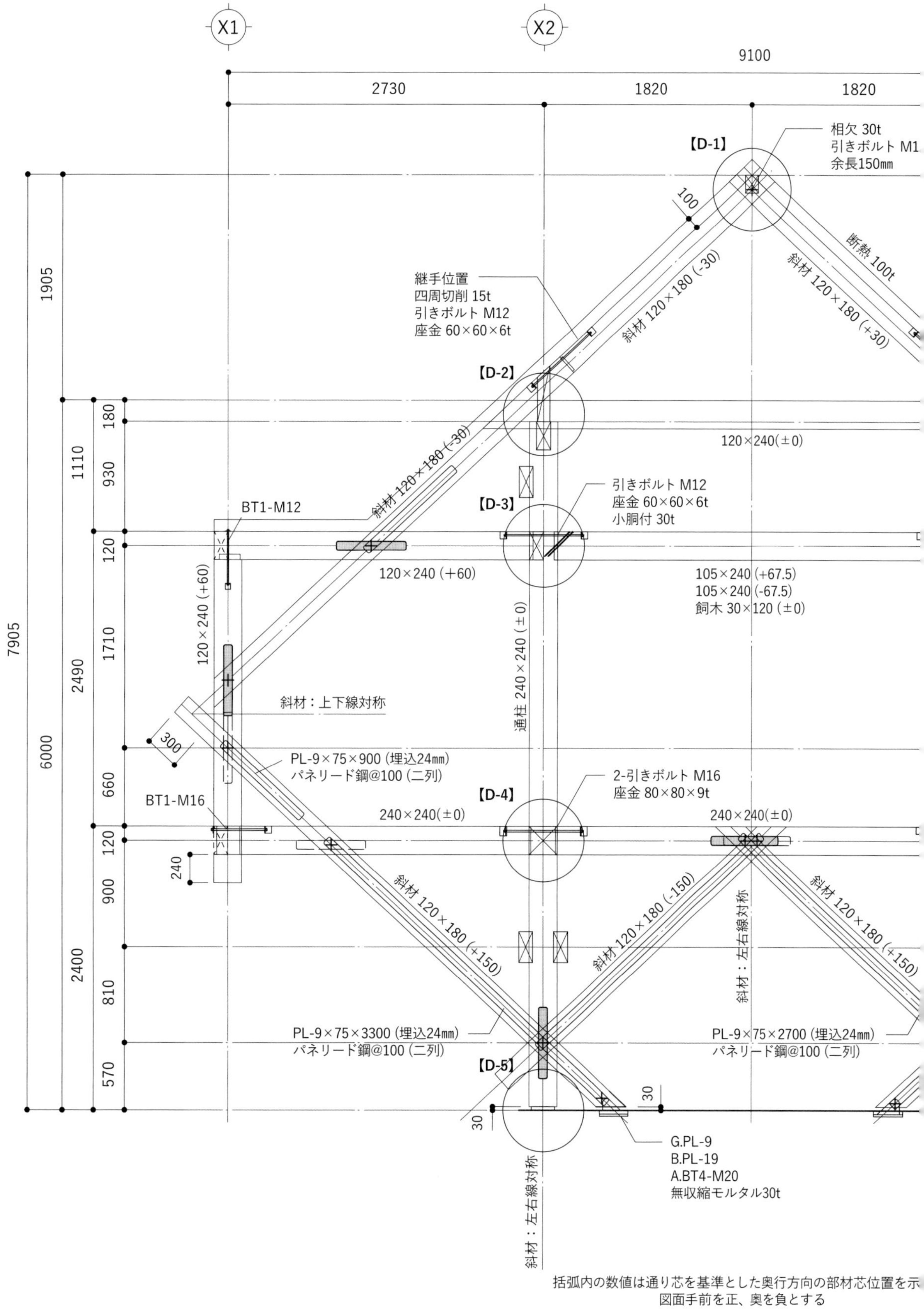
X1
X2
9100
2730
1820
1820
【D-1】
相欠 30t
引きボルト M1
余長150㎜
100
断熱 100t
斜材 120×180 (+30)
斜材 120×180 (-30)
継手位置
四周切削 15t
引きボルト M12
座金 60×60×6t
【D-2】
120×240(±0)
1905
7905
1110
180
930
斜材 120×180 (-30)
BT1-M12
【D-3】
引きボルト M12
座金 60×60×6t
小胴付 30t
120
120×240 (+60)
105×240 (+67.5)
105×240 (-67.5)
飼木 30×120 (±0)
120×240 (+60)
2490
1710
通柱 240×240 (±0)
斜材：上下線対称
300
6000
PL-9×75×900 (埋込24㎜)
パネリード鋼@100 (二列)
660
BT1-M16
2-引きボルト M16
座金 80×80×9t
【D-4】
240×240(±0)
240×240(±0)
120
240
900
斜材 120×180 (+150)
斜材 120×180 (-150)
斜材：左右線対称
斜材 120×180 (+150)
2400
810
PL-9×75×3300 (埋込24㎜)
パネリード鋼@100 (二列)
PL-9×75×2700 (埋込24㎜)
パネリード鋼@100 (二列)
【D-5】
570
30
30
G.PL-9
B.PL-19
A.BT4-M20
無収縮モルタル30t
斜材：左右線対称
括弧内の数値は通り芯を基準とした奥行方向の部材芯位置を示
図面手前を正、奥を負とする

軸組詳細図

神山まるごと高専
大《お》埜《の》地《じ》校舎

レシプロ格子梁による木造グリットシステム

建築設計：shushi architects＋須磨一清
構造設計：山田憲明構造設計事務所

ユニバーサルな木造空間の実現へ

「神山まるごと高専」は、地方創生化が進む徳島県神山町で2023年春に開校した、テクノロジー・デザイン・起業家精神を柱とした高等専門学校である。旧神山中学校の校舎を改修した「西上角《にしうえつの》校舎・学生寮」と新築された「大埜地《おのじ》校舎」とで構成され、それぞれが鮎喰《あくい》川をはさんで建つ。

大埜地校舎は延床面積1955㎡の木造平屋で、「教室棟」と「研究棟」からなる。鮎喰川へとゆるやかに下る傾斜地に配置され、周囲の緑豊かで牧歌的な景観になじむよう、屋根を緩勾配の片流れ屋根にするとともに、高さを極力低く抑えている。

教室棟は18・2m×54・6mの長方形・中廊下型プランで、幅3・64mの中廊下をはさんで、広さ7・28m×9・1〜10・92mの教室と演習室が並ぶ。屋内および屋内外の開放性を確保するために、廊下と教室・演習室の境界と外壁の通りには壁がほぼない。

研究棟はL形プランで、βラボや研究室のスパンは教室棟と変わらないが、広さ12・74m×14・56mの「大講義室」だけが無柱大空間となる。

木材は目視等級区分構造用製材のJAS認定をもつ、計画地から目と鼻の先にある製材所で生産した神山町産の一般スギ製材を用いている。この一般スギ製材を活かしながら、さまざまなプログラムに対応できるユニバーサル、かつ開放的な教育空間をいかに実現するかが構造計画の課題であった。

隣接町に2020年に建てられた「上勝町ゼロ・ウェイストセンター」（建築設計：中村拓志&NAP建築設計事務所、構造設計：山田憲明構造設計事務所）の町内産丸太材を使った木構造を見たshushi architectsの吉田周一郎さんと石川静さんが構造設計を依頼してくださった。

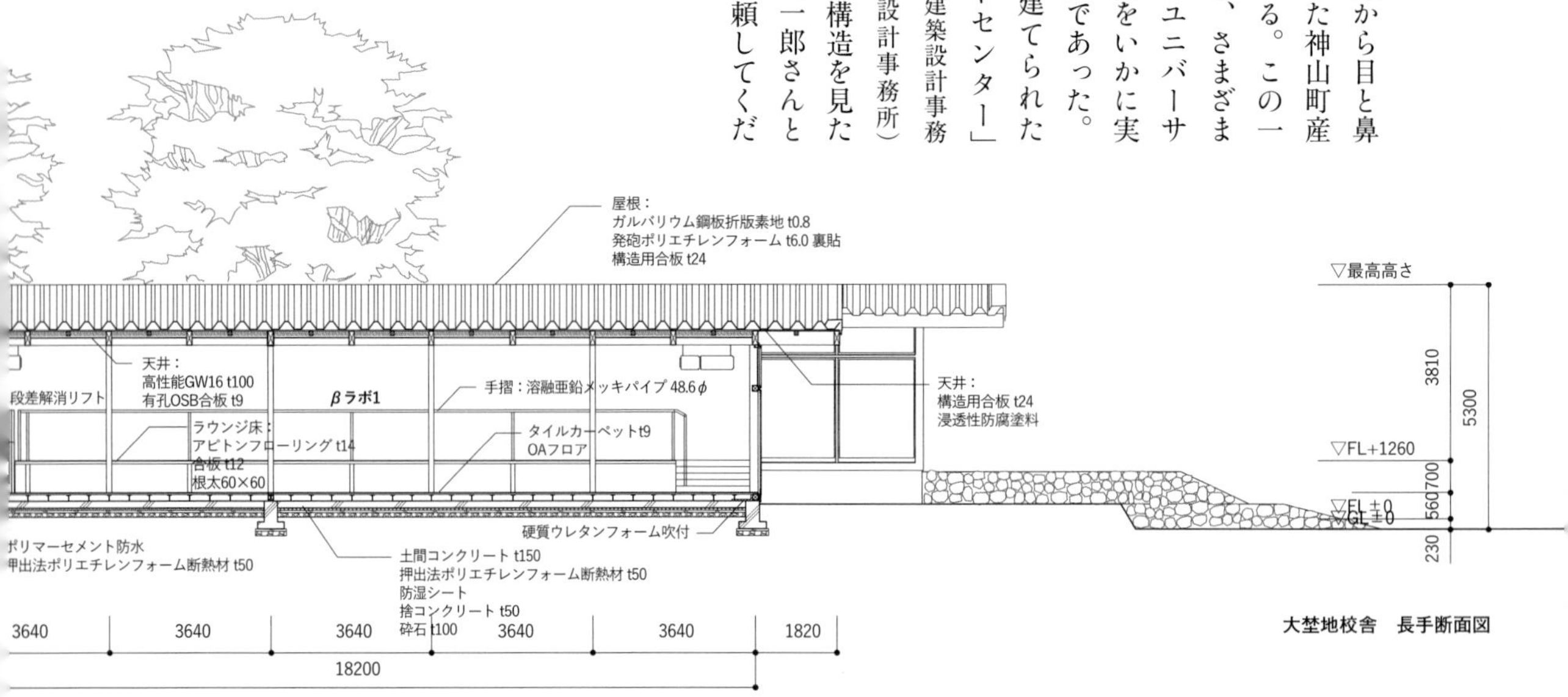
屋根：
ガルバリウム鋼板折版素地 t0.8
発砲ポリエチレンフォーム t6.0 裏貼
構造用合板 t24
天井：
高性能GW16 t100
有孔OSB合板 t9
段差解消リフト
βラボ1
手摺：溶融亜鉛メッキパイプ 48.6φ
ラウンジ床：
アピトンフローリング t14
合板 t12
根太60×60
タイルカーペット t9
OAフロア
天井：
構造用合板 t24
浸透性防腐塗料
硬質ウレタンフォーム吹付
ポリマーセメント防水
押出法ポリエチレンフォーム断熱材 t50
土間コンクリート t150
押出法ポリエチレンフォーム断熱材 t50
防湿シート
捨コンクリート t50
砕石 t100
▽最高高さ
▽FL+1260
▽FL±0
▽GL±0
3810
5300
700
560
230
3640
3640
3640
3640
3640
1820
18200

大埜地校舎　長手断面図

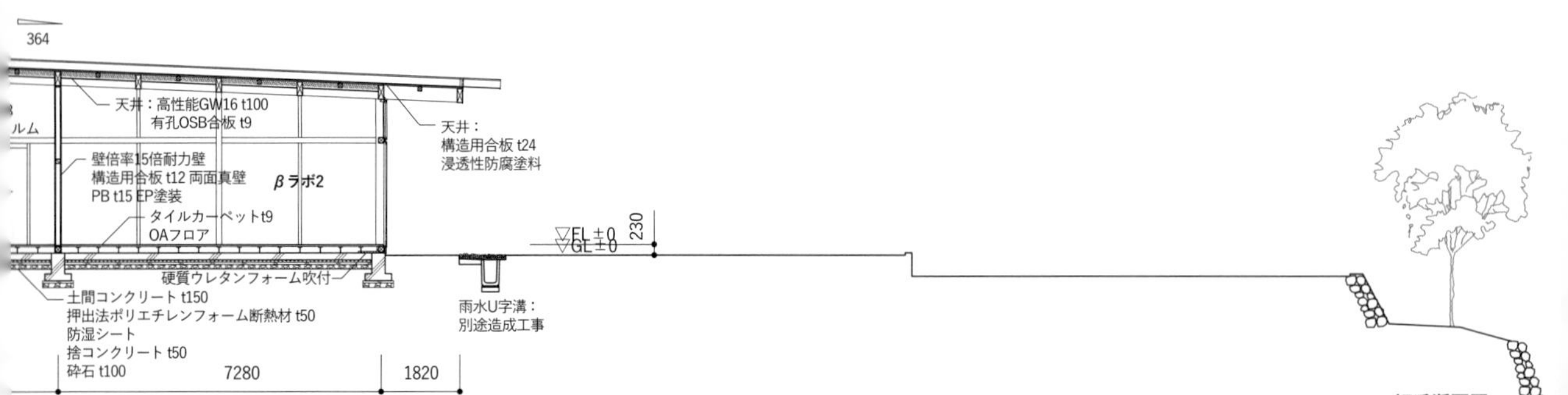
364
天井：高性能GW16 t100
有孔OSB合板 t9
天井：
構造用合板 t24
浸透性防腐塗料
壁倍率15倍耐力壁
構造用合板 t12 両面真壁
PB t15 EP塗装
βラボ2
タイルカーペット t9
OAフロア
▽FL±0
▽GL±0
230
硬質ウレタンフォーム吹付
土間コンクリート t150
押出法ポリエチレンフォーム断熱材 t50
防湿シート
捨コンクリート t50
砕石 t100
雨水U字溝：
別途造成工事
7280
1820

短手断面図

俯瞰
周囲の景観になじむよう、屋根高さを低く抑えている。

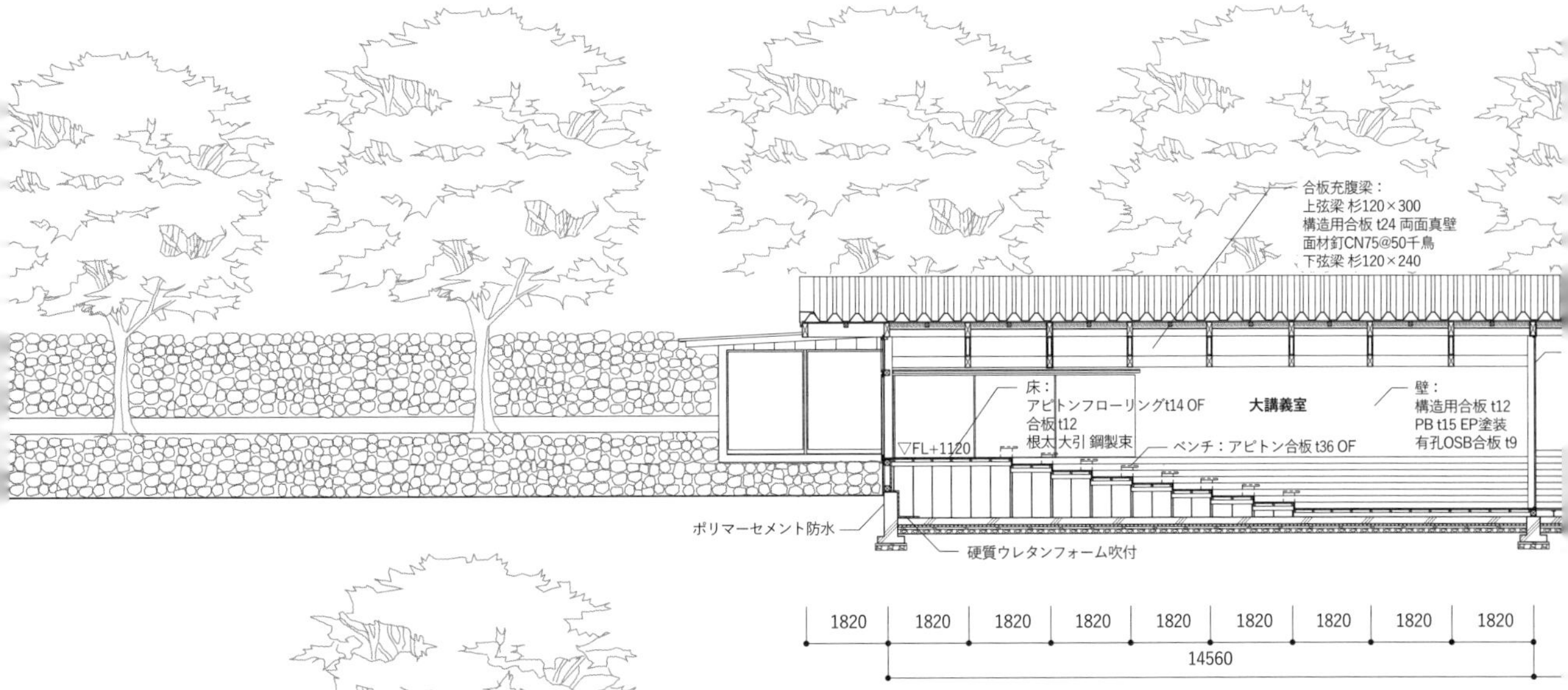

合板充腹梁：
上弦梁 杉120×300
構造用合板 t24 両面真壁
面材釘CN75@50千鳥
下弦梁 杉120×240
床：
アピトンフローリングt14 OF
合板 t12
根太 大引 鋼製束
大講義室
壁：
構造用合板 t12
PB t15 EP塗装
有孔OSB合板 t9
▽FL+1120
ベンチ：アピトン合板 t36 OF
ポリマーセメント防水
硬質ウレタンフォーム吹付
1820
1820
1820
1820
1820
1820
1820
1820
1820
14560

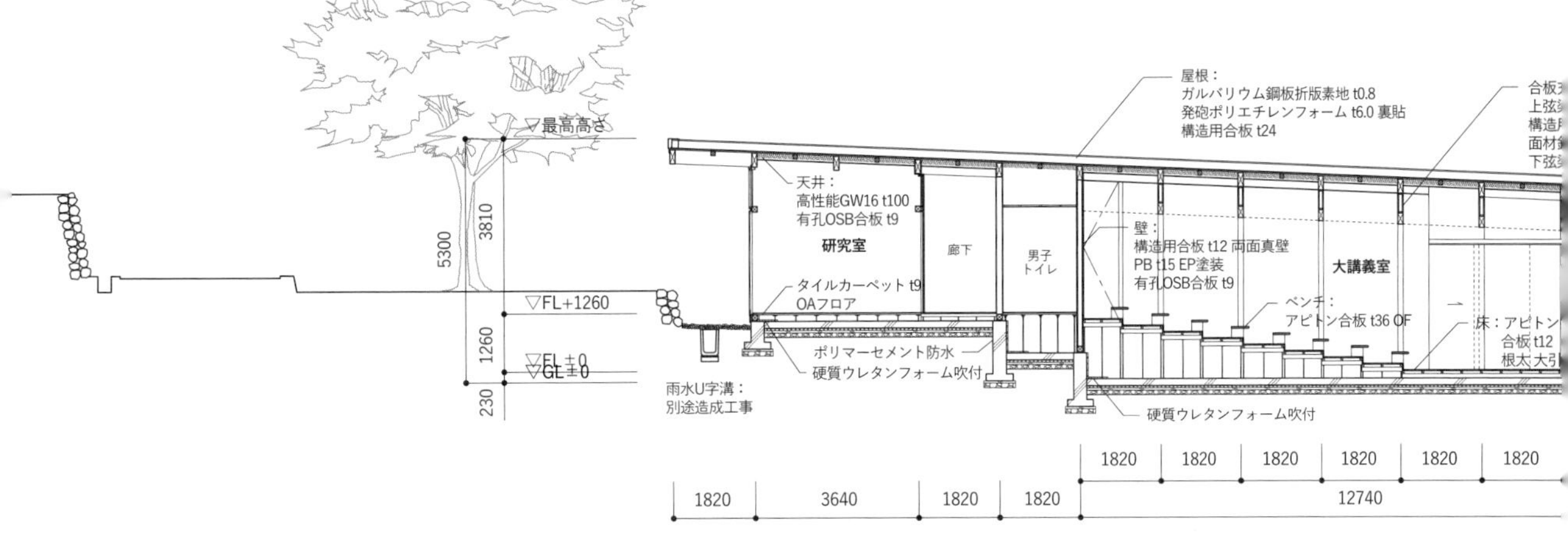

屋根：
ガルバリウム鋼板折版素地 t0.8
発砲ポリエチレンフォーム t6.0 裏貼
構造用合板 t24
天井：
高性能GW16 t100
有孔OSB合板 t9
研究室
廊下
男子トイレ
壁：
構造用合板 t12 両面真壁
PB t15 EP塗装
有孔OSB合板 t9
大講義室
ベンチ：
アピトン合板 t36 OF
タイルカーペット t9
OAフロア
▽最高高さ
5300
3810
▽FL+1260
1260
▽FL±0
▽GL±0
230
ポリマーセメント防水
硬質ウレタンフォーム吹付
雨水U字溝：
別途造成工事
硬質ウレタンフォーム吹付
1820
1820
1820
1820
1820
1820
1820
3640
1820
1820
12740

開放的なβラボの内観
1.82mグリットの木造格子梁が天井を構成する。

木造レシプロカル格子梁による グリットシステム

一般スギ製材を活かし、1・82m角グリットのプランに合ったユニバーサルな構造空間を実現するため、「木造レシプロカル格子梁」によるグリットシステムを提案した。スギ製材（調達しやすさから断面120㎜×300㎜、材長4mを使用）をX・Y方向に交互に勝ち負けをつけて配置したレシプロカル構造による格子梁の大屋根を、柱と合板耐力壁で支持する、きわめてシンプルなシステムである。

柱は、スパンが7・28mより過大にならない範囲でグリット上のどこに配置してもよい、柔軟性と冗長性をもつ。このレシプロ格子梁は単純梁の集積でもあるが、全体としては曲げモーメントを伝達でき、出幅1・82mの軒も屋内と同じ構成で跳ね出している。

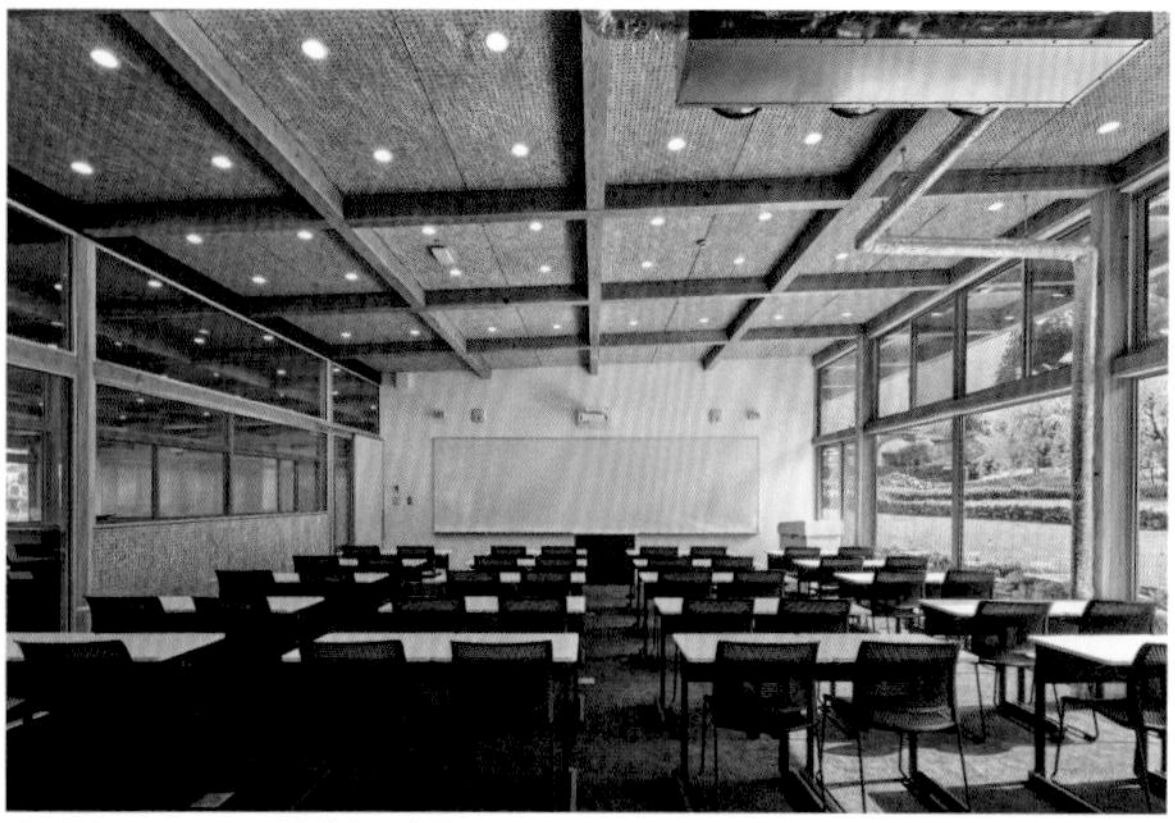

広さ7.28m×9.1mの講義室の内観

接合部のディテール

レシプロカル構造の建方では、各部材間に「支える－支えられる」という関係があるがゆえに、接合耐力と施工性を両立させることが常に課題で、組立手順や方法をふまえて接合ディテールと地組ユニットを決める必要がある。本構造ではまず、鉛直方向に上下どちらからでもスライドで差し込める既製の梁受金物による接合ディテールを採用している。

一般にこのディテールでは、組み上がった際に下から梁受金物のスリットや金物自体が露出してしまう。スリット加工を下まで貫通せずにわずかに残すことも可能だが、その場合、ユニットのスライド方向が一方向に制限されてしまい、建方がさらに困難になる。

そこで、施工者と協働し、地組ユニットをH形と十字形とに分け、これらを所定の手順で組み立てることで、完成後に梁受金物を露出させることなく、組立を可能にした。

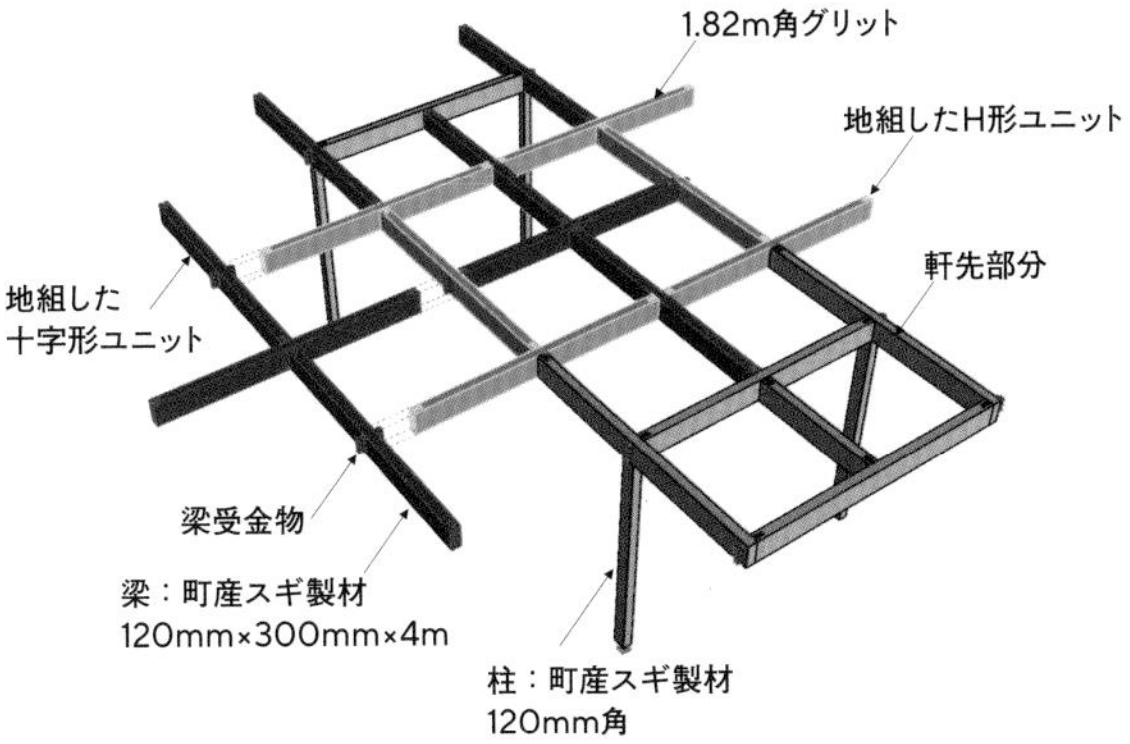

1.82m角グリット
地組したH形ユニット
地組した
十字形ユニット
軒先部分
梁受金物
梁：町産スギ製材
120mm×300mm×4m
柱：町産スギ製材
120mm角

建方の様子

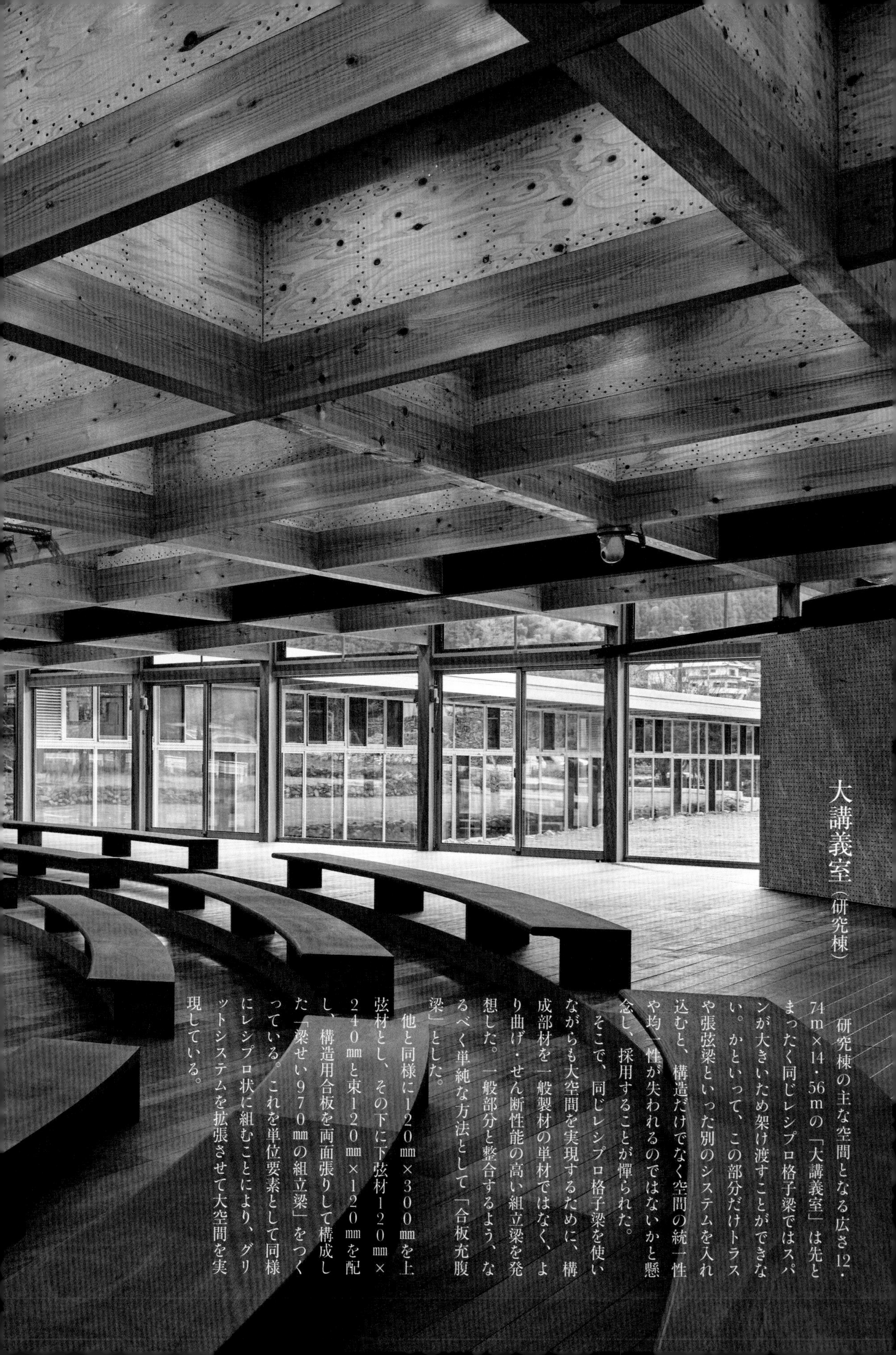

大講義室（研究棟）

研究棟の主な空間となる広さ12・74m×14・56mの「大講義室」は先とまったく同じレシプロ格子梁ではスパンが大きいため架け渡すことができない。かといって、この部分だけトラスや張弦梁といった別のシステムを入れ込むと、構造だけでなく空間の統一性や均一性が失われるのではないかと懸念し、採用することが憚られた。

そこで、同じレシプロ格子梁を使いながらも大空間を実現するために、構成部材を一般製材の単材ではなく、より曲げ・せん断性能の高い組立梁を発想した。一般部分と整合するよう、なるべく単純な方法として「合板充腹梁」とした。

他と同様に１２０㎜×３００㎜を上弦材とし、その下に下弦材１２０㎜×２４０㎜と束１２０㎜×１２０㎜を配し、構造用合板を両面張りして構成した「梁せい９７０㎜の組立梁」をつくっている。これを単位要素として同様にレシプロ状に組むことにより、グリッドシステムを拡張させて大空間を実現している。

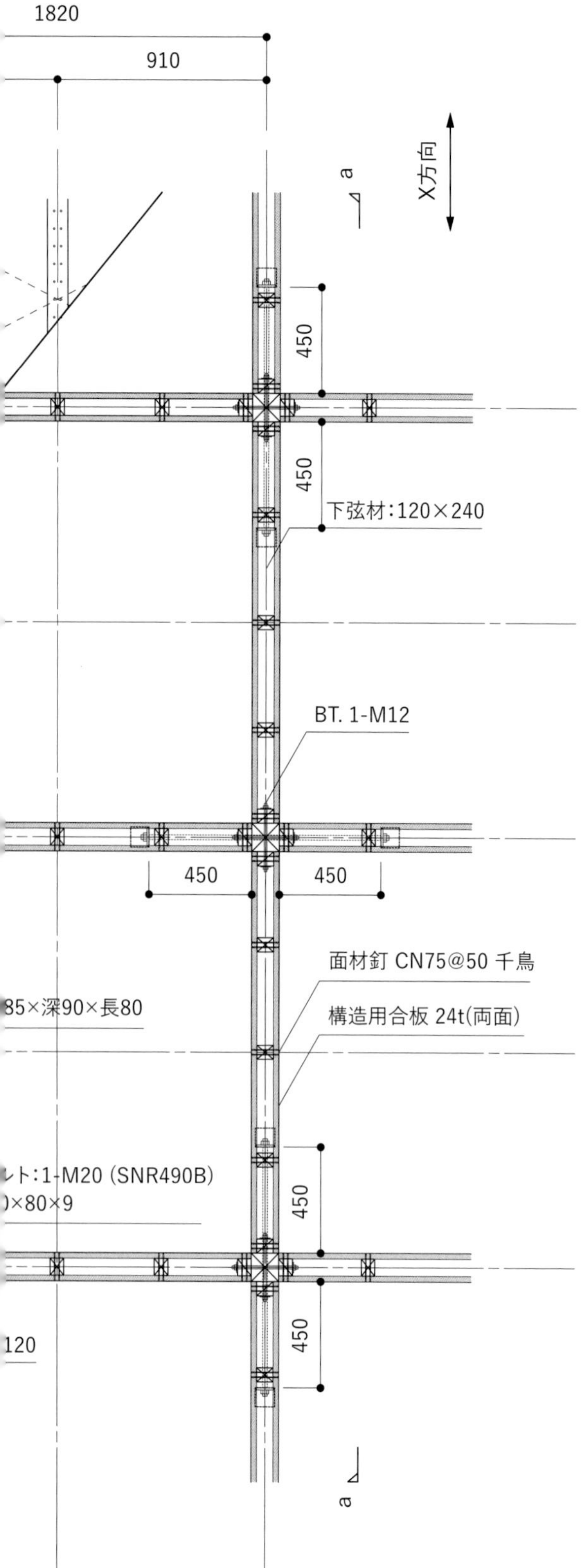
1820
910
X方向
a
450
450
下弦材:120×240
BT. 1-M12
450
450
面材釘 CN75@50 千鳥
構造用合板 24t(両面)
85×深90×長80
ト:1-M20 (SNR490B)
)×80×9
450
450
120
a

下弦材伏図

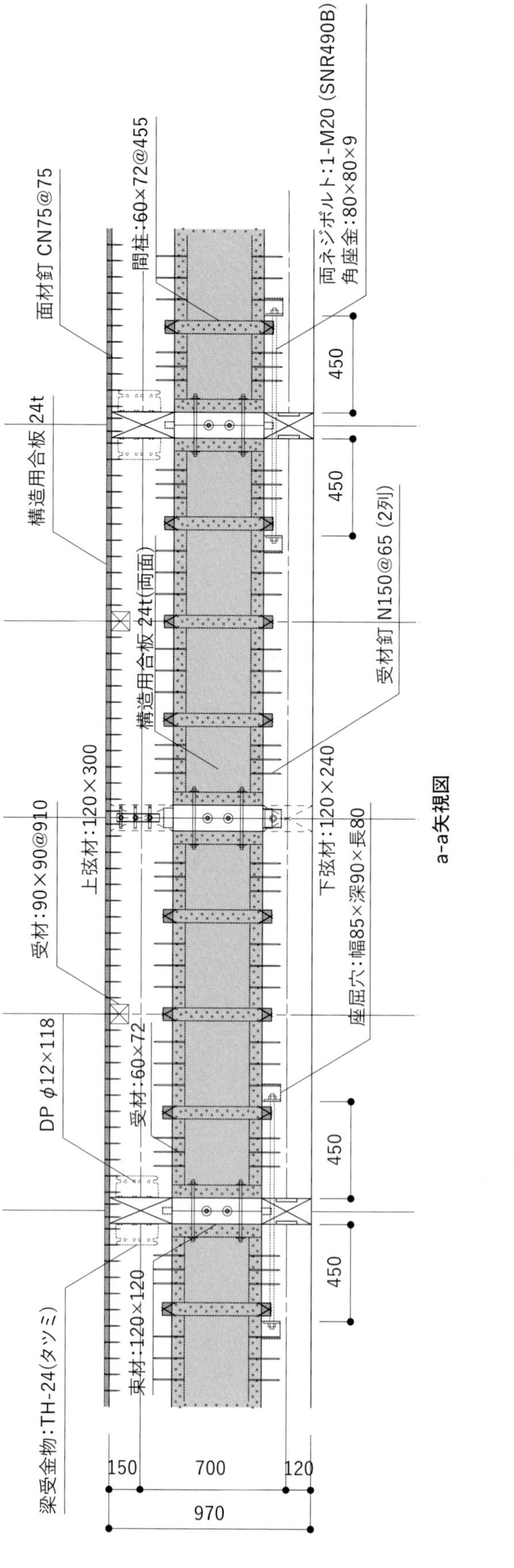
面材釘 CN75@75
間柱:60×72@455
両ネジボルト:1-M20 (SNR490B)
角座金:80×80×9
構造用合板 24t
450
450
構造用合板 24t(両面)
受材釘 N150@65 (2列)
上弦材:120×300
下弦材:120×240
受材:90×90@910
座屈穴:幅85×深90×長80
DP φ12×118
受材:60×72
450
450
束材:120×120
梁受金物:TH-24(タツミ)
150
700
120
970

a-a矢視図

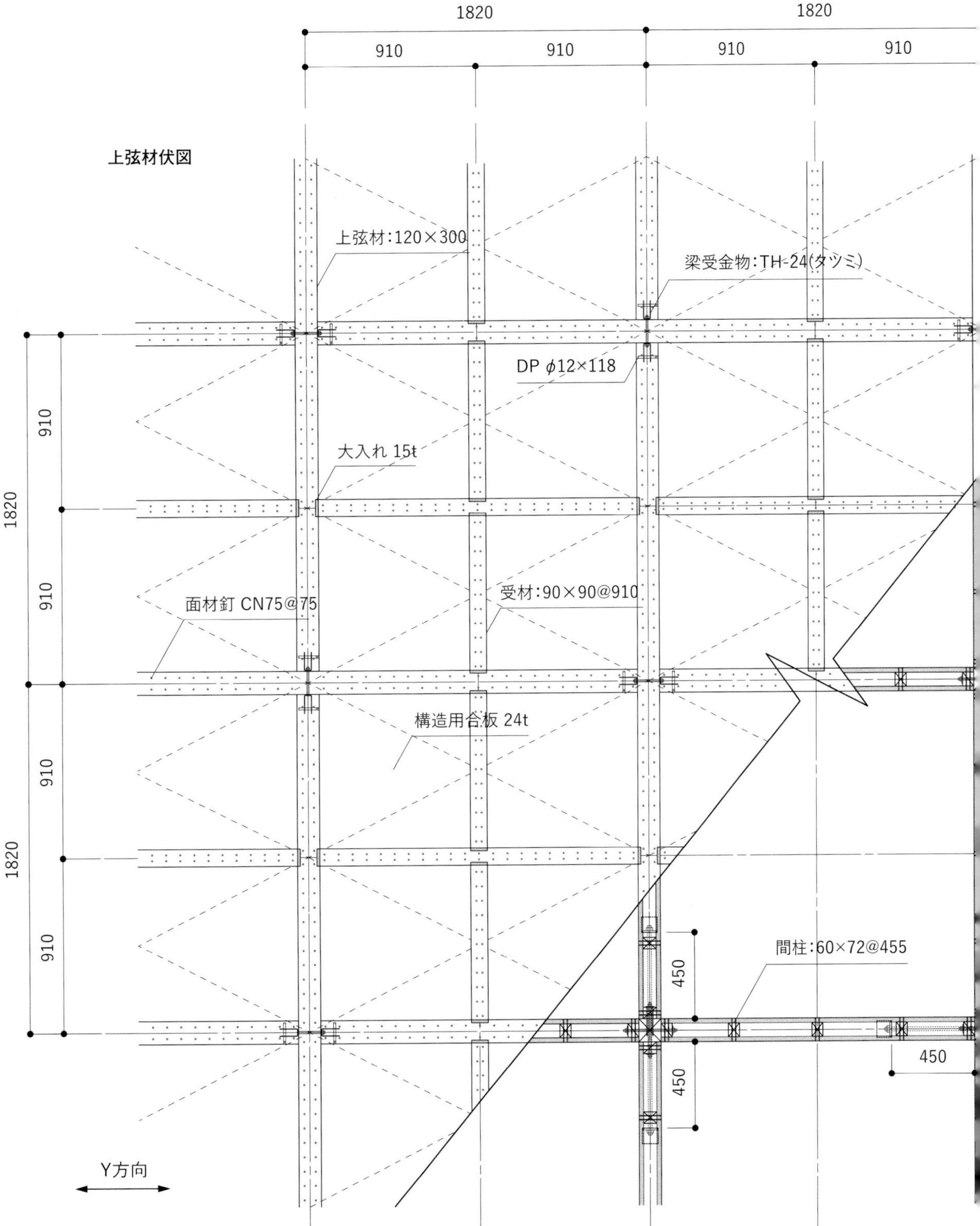
1820
1820
910
910
910
910
上弦材伏図
上弦材:120×300
梁受金物:TH-24(タツミ)
DP φ12×118
大入れ 15t
受材:90×90@910
面材釘 CN75@75
構造用合板 24t
間柱:60×72@455
450
450
450
910
1820
910
910
1820
910
Y方向

合板充腹梁のディテール

上弦材＝120mm×300mm、下弦材＝120mm×240mm、束＝120mm×120mmで梯子状フレームを組み、構造用合板（厚さ＝24mm）を両面張りした組立梁。梯子状フレームに取り付けた間柱に粋材構造用合板を張った真壁納まりとすることで、格子梁交差部のディテールをシンプルにしている。

3

小西泰孝

Yasutaka Konishi

小西泰孝（こにし・やすたか）
1970年生まれ
1995年　東北工業大学工学部建築学科卒業
1997年　日本大学大学院理工学研究科修士課程修了
1997年　佐々木睦朗構造計画研究所
2002年　小西泰孝建築構造設計設立
2017年　武蔵野美術大学造形学部建築学科教授
2023年　株式会社小西建築構造設計設立

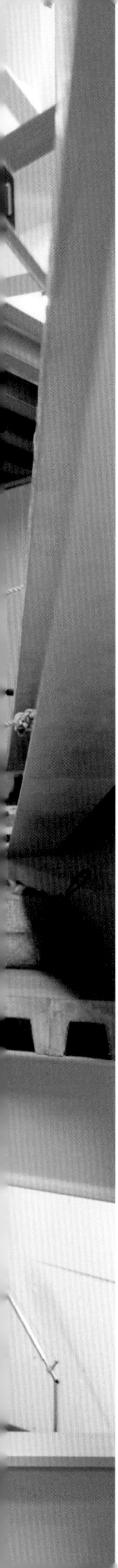

めずしく中山英之さんから直接電話があった。「小西さん、設計をやり直したいのですが、もう一度、お付き合いしてもらえますか」という内容であった。当初の計画案は、最終案とはまったく異なり、アーチ形状の屋根をもつラーメン構造を主体とするもので、構造計画も明快で気に入っていたが、中山さんとはそれまでいくつかのプロジェクトでご一緒し、熟慮に熟慮を重ねて設計を進めること、納得がいかなければ決して踏み切らないことを知っていたので、詳しい理由は聞かず「ではもう一度やりましょう」とその場でお返事した。

そこから新たに設計をスタートし、10層の床をもつ楕円状平面の建築になるまでに、建築家とどのようなやりとりをし、構造エンジニアとしてどのようなことを考えたか、構造設計のプロセスについて書いてみたい。

弦と弧

10層の床をもつ楕円筒構造

建築設計：中山英之建築設計事務所
構造設計：小西泰孝建築構造設計

スタディ模型群

中山事務所による建築計画のスタディ。平面形状、床の範囲、梁の架け方はさまざまだが、共通した構造計画の枠組みの中でスタディが行われている。構造の打合せは、これらの中からピックアップされたいくつかの模型をベースにして行われる。

構造の決め方はさまざまであるが、どのような決め方であっても、そのタイミングがきわめて重要である。このプロジェクトでは、「吹抜けを多くもつ多層床」の建築アイデアに対して、構造を早い段階で決めるのではなく、設計の過程で徐々に決めていく方がよいと判断して、構造計画の大きな枠組みを以下の3つに設定した。

①平面計画は直線よりも曲線や多角形とした方が好ましい。

吹抜けが多い建築は、階高が大きくなる柱や壁が多くなり、自立させるために柱の径を大きくしたり、壁を厚くしたりする必要がある。しかしながら、平面計画に曲線や多角形を用いることで、細い柱、薄い壁で自立させることが可能となる。たとえば屏風は直線に延ばしても自立はしないが、曲折した状態で用いることで自立させることができる。これと同じ原理である。

②各層平面の1／3程度は床とした方が好ましい。

平面計画に曲線や多角形を取り入れて、鉛直要素である柱や壁を自立しやすくしたとしても、床荷重を支え、風圧や地震に耐える鉛直面をつくるには、ある程度の「節」があった方が構造合理性は高い。中空円筒である竹が外力に抵抗するために「節」をもつのと同じ力学特性である。吹抜けが多くある計画に対して、各層平面の1／3を目安に床面内を固めることで「節」の効果を期待した。

③吹抜け位置は各層で異なる方が好ましい。

吹抜け範囲を各層でずらすことで、階高が著しく大きくなる柱や壁がなくなり、「節」の効果が高まる。

いずれも「好ましい」と表現しているのは、これらは厳守する必要があるわけではなく、むしろこの枠組みに入らないことは何かを抽出することが重要となる。それを建築家と構造エンジニアが共有することで、構造計画の方向性をより明確にすることができる。この3つの枠組みを少しずつ変化させながら構造計画を組み上げていき、設計を進めていった。

構造の決め方プロセス

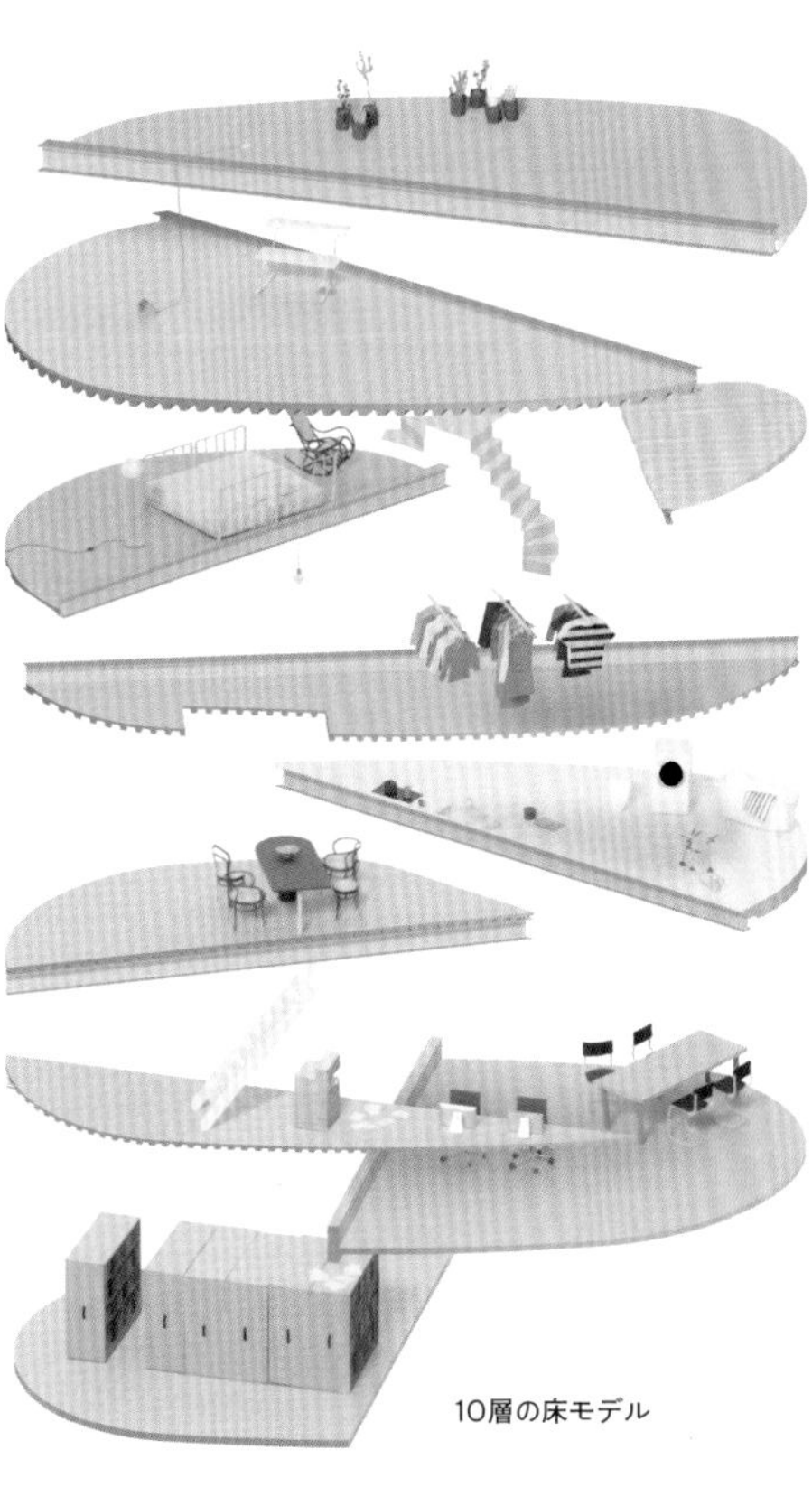

10層の床モデル

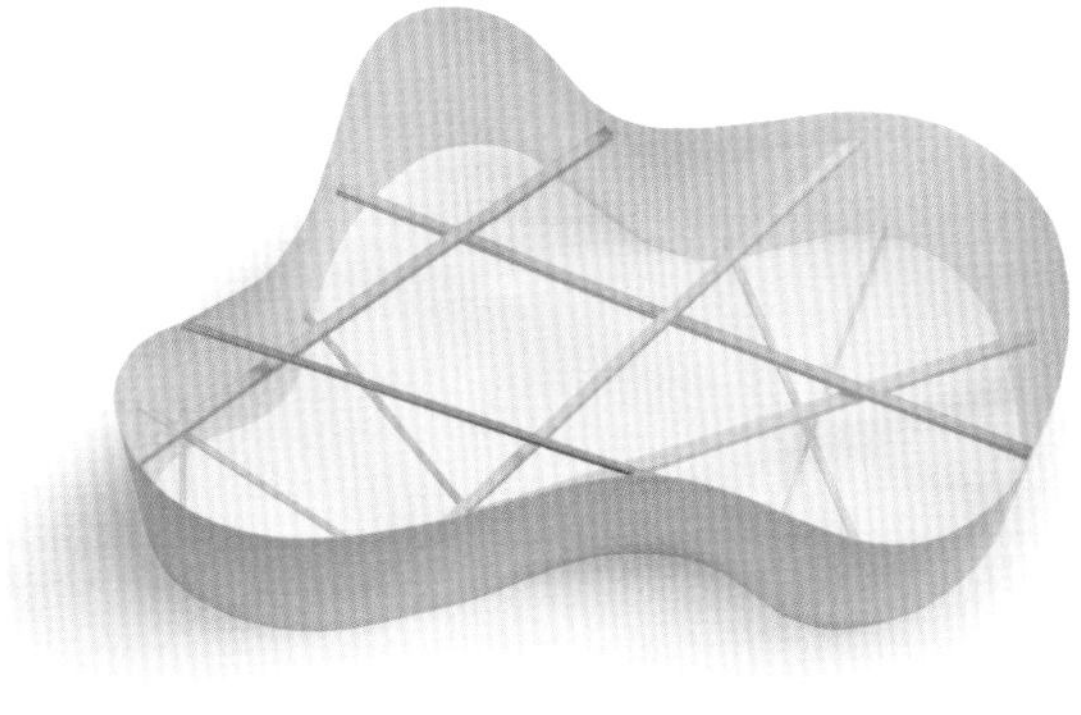

構造コンセプト模型

構造としていかに成立させるか

前述の3つの構造計画の枠組みを頼りに設計を進めた結果、以下の3つの要素による構造を設定した。

〈楕円筒構造〉

12.8m×6.5mの楕円状平面の建物外周（一部、室内）に角型柱（角型鋼管75mm×75mm×4.5mmまたは角鋼75mm×75mm）を配置し、床を鉛直支持とするとともに、柱間に筋交PL−16mm×75mm（直線部）または鋼板壁4.5mm（曲線部）を配置する。それによって、鉛直荷重と水平荷重の両方を負担する主体構造となる高さ8mの鉄骨造による楕円筒構造を形成する。

〈梁架構〉

楕円状平面を二分割する直線梁（H形鋼梁200mm×100mm〜450mm×200mm）をさまざまな方向で計8段積層（下部の2層はRC造）し、その両端部を建物外周沿いに曲線梁（L形鋼梁125mm×75mm〜200mm×90mm）で結び、楕円筒構造の強度を高める「節」としての鉄骨梁架構を設定する。この建築では、直線梁を「弦」、曲線梁を「弧」と呼んでいる。

直線梁のスパンは4.2m〜12.2mであり、単純梁として設計された梁せいは場所によって大きく異なる。梁せいが大きな箇所は、その懐を使って、キッチンシンクやベッドを納め、また床をH形鋼内に落とし込んで、梁を床上に突出させることで手摺りや腰掛けとするなど、さまざまな建築的な役割が与えられている。

〈床構造〉

各層の床は、一部を除き、合成スラブデッキ（厚さ100mm〜125mm）とし、直線梁によって分割された片方の平面のみに架け渡し、他方を半楕円状の吹抜け空間としている。大きな吹抜けをもつ各層の平面内剛性はさまざまであるが、建物高さ8mの間に床を小ピッチで積層することで、楕円筒構造を補剛する十分な強度をもつ「節」となる。

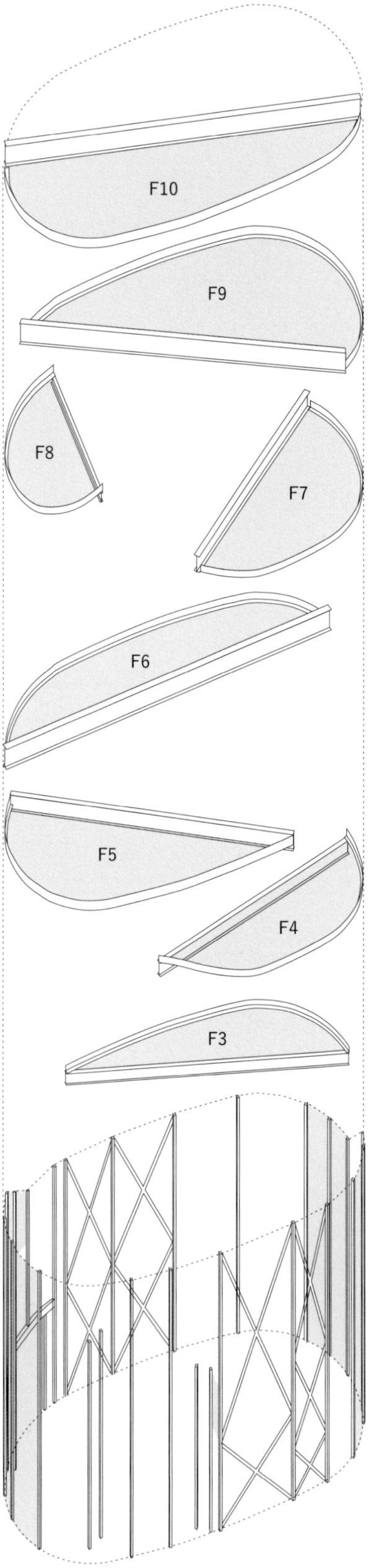
F10:
H-450×200×12×22
L-200×90×9×14
F9:
H-450×200×9×22
L-150×90×9
F8:
H-200×100×5.5×8
L-130×130×9
F7:
H-350×175×7×11
L-150×90×9
F6:
H-450×200×9×14
L-150×90×9
F5:
H-350×175×7×11
L-200×90×9×14
F4:
H-300×150×6.5×9
L-150×90×9
F3:
H-250×125×6×9
L-125×75×10
※F1, F2はRC部
<柱>
■-75×75
□-75×75×4.5
<耐震壁>
PL-16×75
PL-4.5
F10
F9
F8
F7
F6
F5
F4
F3

構造アクソメ

建築と構造のさまざまなフィードバックを経て決定した構造。楕円状の円筒に対して、計10枚の床が「節」として挿入されている。

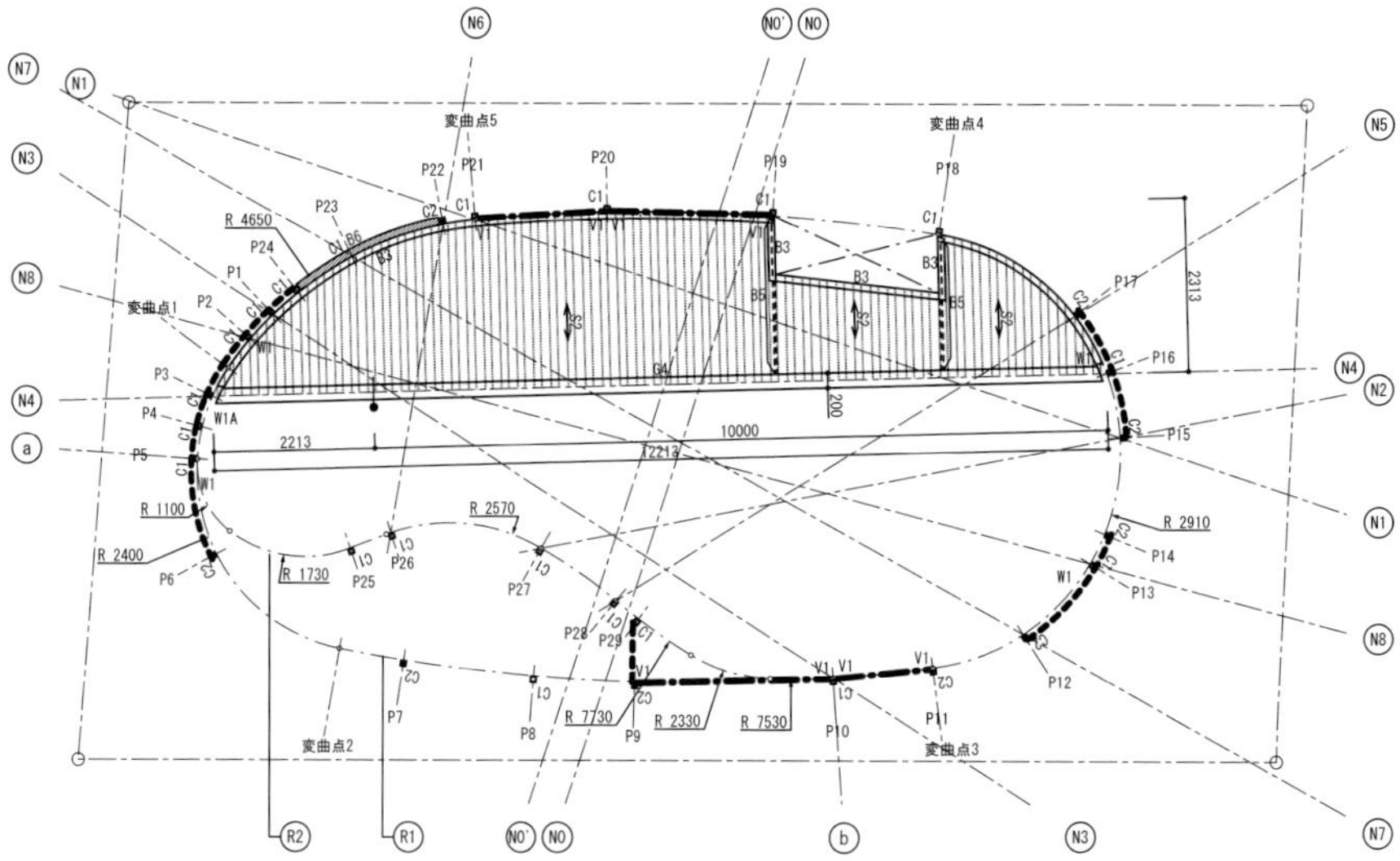
N7
N1
N6
N0` N0
N3
N5
N8
N4
N2
a
N1
N8
N7
変曲点5
変曲点4
変曲点1
変曲点2
変曲点3
P1
P2
P3
P4
P5
P6
P7
P8
P9
P10
P11
P12
P13
P14
P15
P16
P17
P18
P19
P20
P21
P22
P23
P24
P25
P26
P27
P28
P29
R 4650
R 1100
R 2400
R 1730
R 2570
R 2910
R 7730
R 2330
R 7530
2313
2213
10000
12213
200
W1A
R2
R1
N0` N0
b
N3
N7

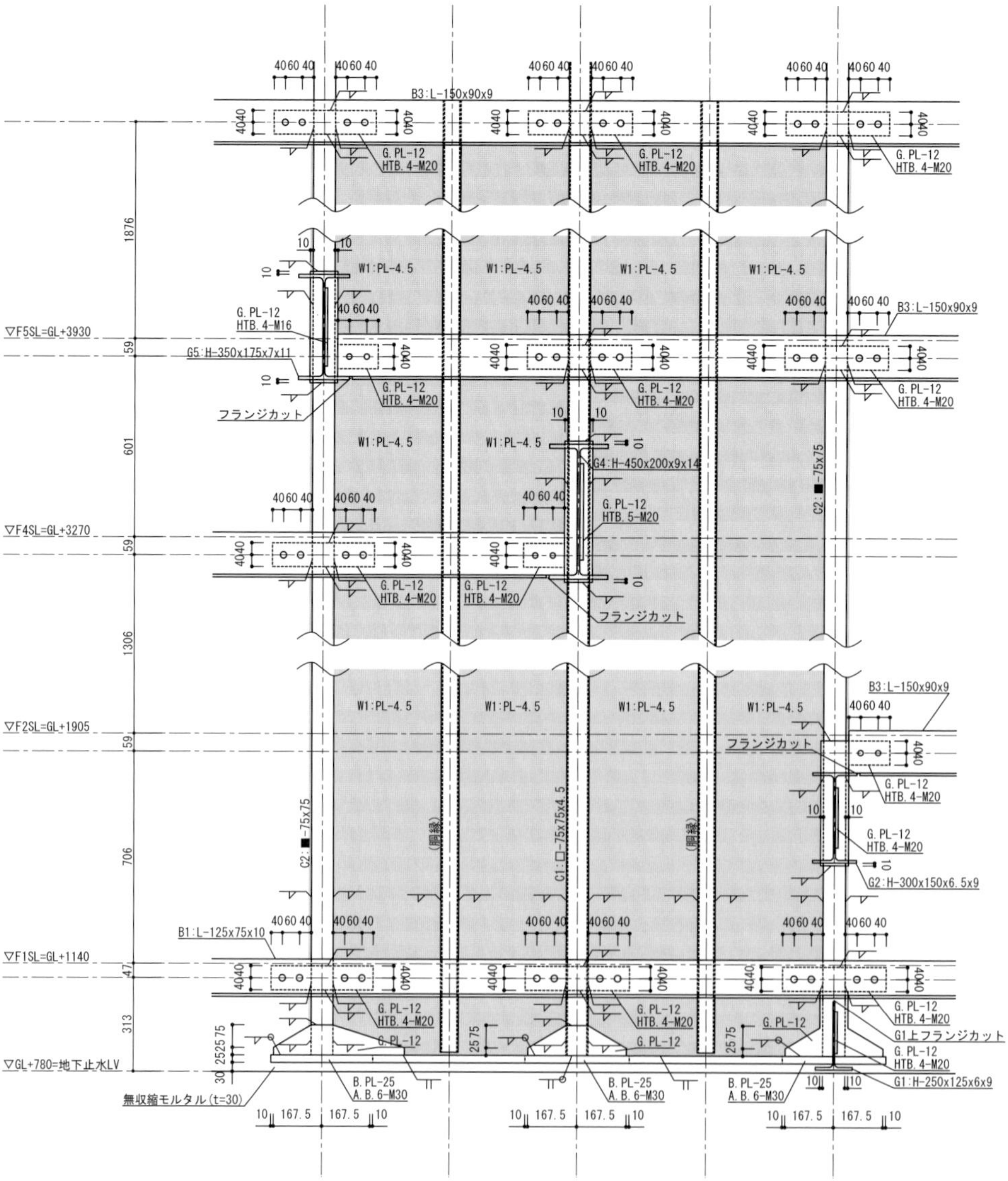
B3:L-150x90x9
G.PL-12
HTB.4-M20
W1:PL-4.5
G.PL-12
HTB.4-M16
G5:H-350x175x7x11
フランジカット
▽F5SL=GL+3930
1876
59
601
G4:H-450x200x9x14
G.PL-12
HTB.5-M20
C2:■-75x75
▽F4SL=GL+3270
1306
▽F2SL=GL+1905
706
C1:□-75x75x4.5
(開縫)
G2:H-300x150x6.5x9
B1:L-125x75x10
▽F1SL=GL+1140
47
313
▽GL+780=地下止水LV
無収縮モルタル(t=30)
G.PL-12
B.PL-25
A.B.6-M30
G1上フランジカット
G1:H-250x125x6x9
10 167.5 167.5 10

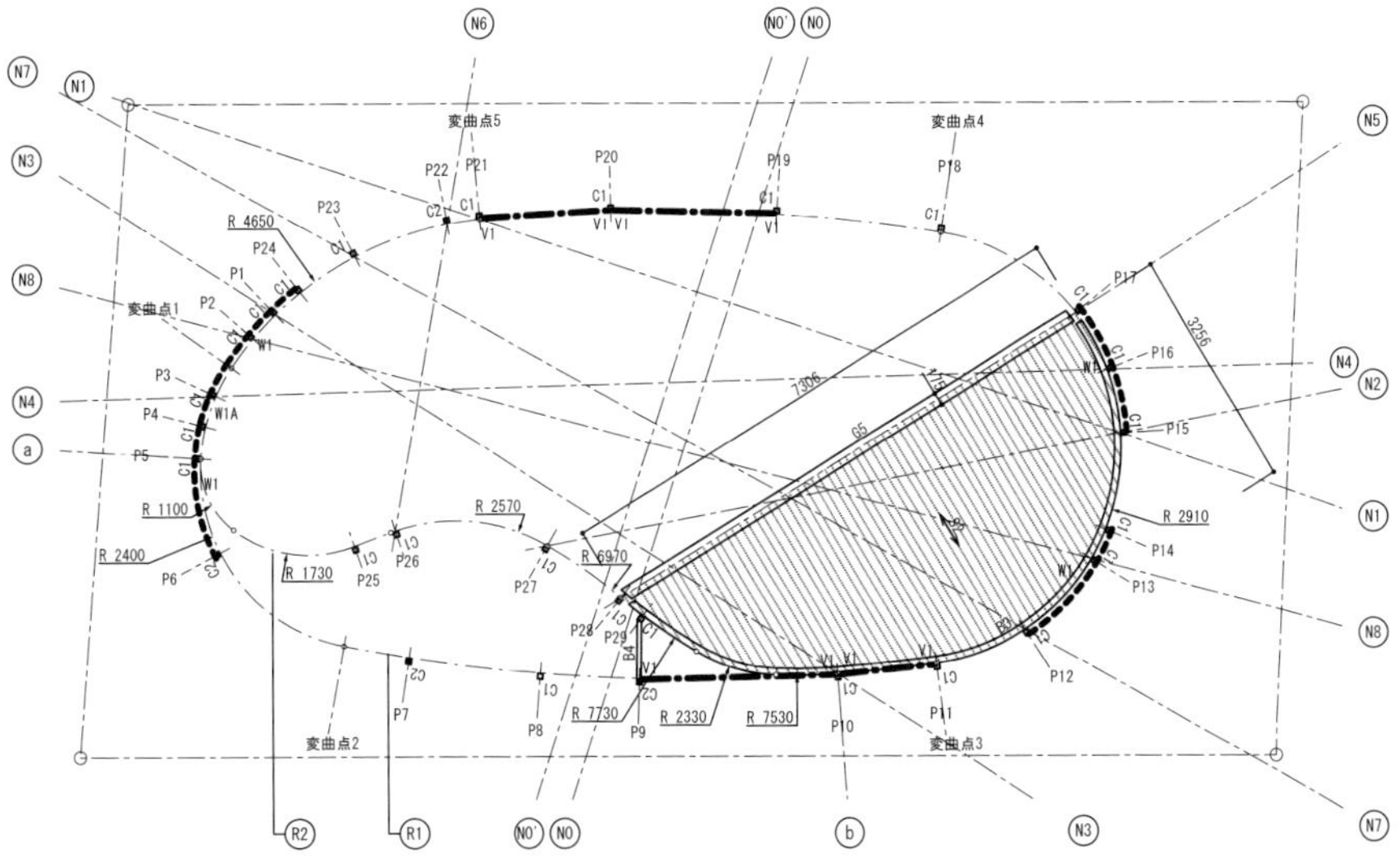

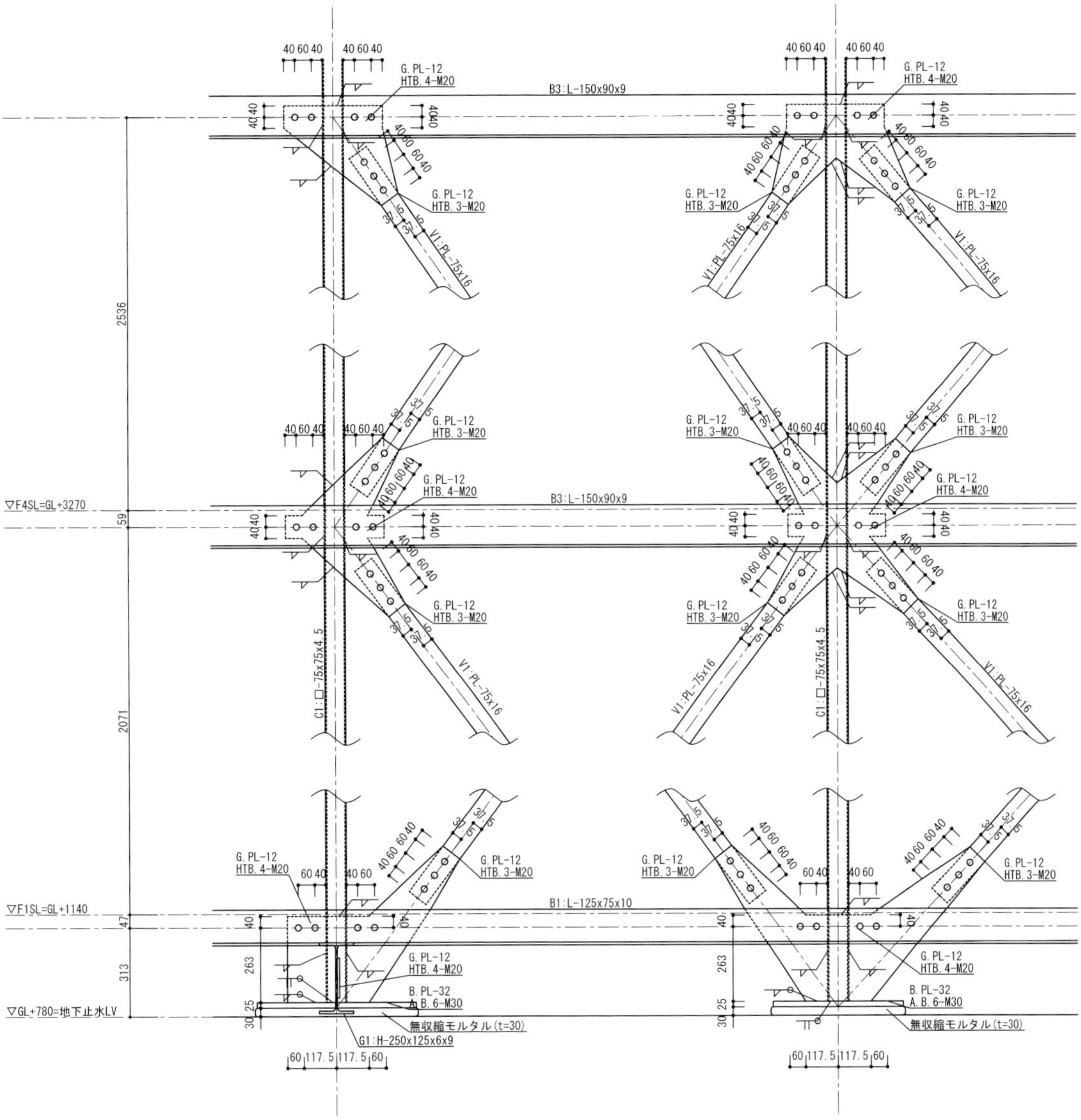

鉄骨詳細図

平面壁には平鋼ブレースを、曲面壁には鉄板壁を、それぞれ用いている。

現場について

昨今、設計監理業務の受注形態は多様化しているが、設計業務を受注した場合、特別な理由がない限り監理業務も受注するようにしている。設計意図が的確に反映され施工されていることを確認するのはもちろんであるが、監理業務を通じて、これからつくりあげられる建築に対する構造の確かさを徐々に体感していく過程はきわめて大切であると考えている。その中でも上棟時の現場立会いはとくに大切で、これまでの建築家との対話の中で、想像あるいは妄想しながら進めてきたものが、確信に切り替わる瞬間でもある。

直線梁は、最大で断面450㎜×200㎜、長さ12・2mであり、住宅に用いる構造部材としてはかなり大きい。経済設計の観点から、小さな部材を用いることには抵抗は少ないが、建築スケールに対して大きな部材を用いる際は非常に神経質になる。工場に置かれている鉄骨梁を見たときは、自分でも驚くほど大きな部材であったが、敷地内の所定の位置に架構として組み上がった姿を見て、構造が建築と整合する感触をもった。

鉄骨建方（中央は中山英之さん）

すべての構造寸法は、建築の納まりに直接かかわってくる。鉄骨建方検査は、単なる構造強度や精度の確認だけではなく、接合部の細かな納まりまで多方面にわたって行われる。

竣工時（上）と上棟時（下）の内観
構造空間がそのまま建築空間となる。

上棟式の模様

架構を前にして関係者が一同に会し、竣工に向けて気持ちをひとつにする大切な機会。構造工事としては一区切りではあるが、ここからこの構造がどう建築になっていくか、竣工まで気が抜けない。上層から見下ろすと、中心部が抜け、建物外周が床で満遍なく拘束されているのがわかる。

断面詳細図

各層の梁せいは、スパンに応じて200mm〜450mmが使われている。それらは構造合理性から導き出された寸法であるが、同時にさまざまな建築的な役割を果たしている。

0　0.5m

a　デッキ合成スラブt=100　(デッキプレート h=50)
b　デッキ合成スラブt=125　(デッキプレート h=75)

※天井はすべてデッキプレート現し
※鉄骨柱・梁はすべてOP

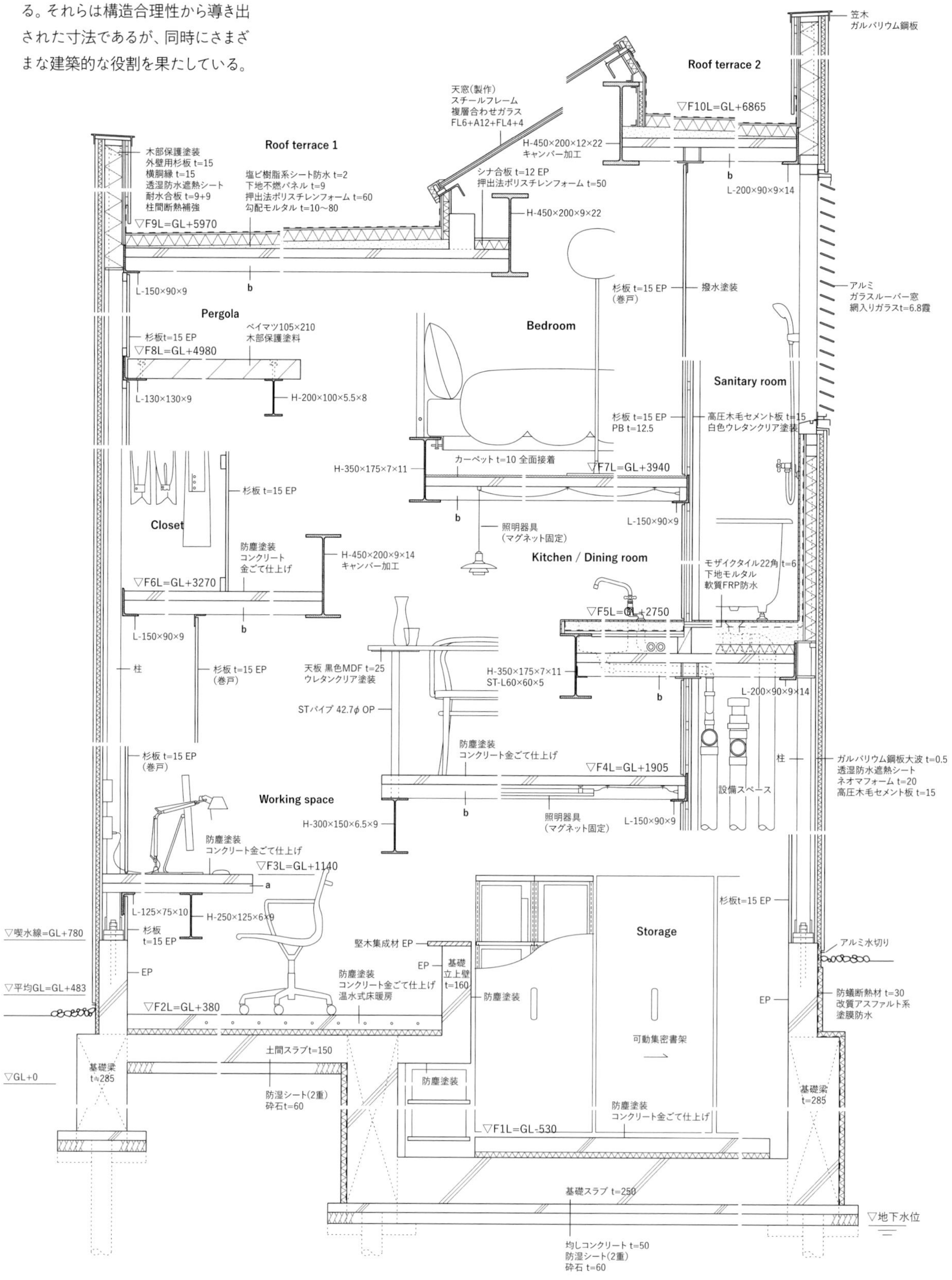

思いもよらぬ建築と構造が生まれる余地

構造をどうやって決めていったかを振り返ってみると、構造計画の枠組みを決めたのはわれわれ構造エンジニアであるが、構造を決めたのは建築家である……、そんな感覚をもっている。

構造を決めたタイミングは設計終盤であり、それまでは構造計画の枠組みの中でさまざまな設計が行われ、実施設計が終了すると同時に各部の構造断面が収斂した。実物の断面450㎜×200㎜の梁の大きさを見て驚いたのは、それは構造エンジニアが思い描かなかったスケールの部材を、建築家が構造計画の大きな枠組みの中から見事に引き出してくれた結果といえる。

構造計画の枠組みは、大きい方がよいときもあれば、小さい方がよいときもある。また、設計の進行に合わせて枠組みを変化させた方がよいときもあれば、そうでないときもある。いずれにしても、自分自身が設定した構造計画の枠組みから、思い描いていなかった建築と構造が生まれる余地を常に残しながら設計を進めたいと考えている。

上州富岡駅

富岡製糸場を継承した構造デザイン

建築設計：武井誠+鍋島千恵／TNA
構造設計：小西泰孝建築構造設計

一枚のスケッチから

構造の打合せを行う際に建築家から提示される資料はプロジェクトによってさまざまである。まったく図面がないときもあれば、設計完了間近のような精度が高い図面やCGがあるときもある。模型についても、スタイロフォームによるヴォリューム模型だけのときもあれば、内部までつくり込まれた模型が用意されていることもある。それらは建築家のスタンスやプロジェクトの性質によって大きく異なるので、どういう資料が用意されていると構造計画が効率的に進むかは一概にはいえない。いずれにしても提示された何らかの資料から、構造計画の手がかりとなることを探していくわけだが、その中でも建築家が描いたスケッチが大きな決め手になることがしばしばある。

このプロジェクトでは、コンペの最初の段階から参画する機会を得た。最初の打合せを前にして、TNAから一枚のスケッチがメールで送られてきた。レンガが柱状に積まれて立ち並び、そこに人々が集う様子がうかがえた。レンガは単独で細く薄く積み上げるのには向かない構造体であり、TNAはレンガの中に鉄筋もしくは鉄骨を組み込むことをすでにイメージしていた。

このスケッチに対して、構造的に忠実に具現化する方法を提示するのではなく、まずは鉄とレンガの相性がよい関係性としていくつかの可能性を提示した。

- **レンガが鉄骨の防錆・耐火性能を向上させる**
- **レンガが鉄骨の座屈を拘束する**
- **鉄骨や鉄筋によってレンガを補剛する**

などの中から、TNAからすぐさま「レンガが鉄骨の座屈を拘束する」のがよい方向に進みそうだとの返信が届いた。打合せの前のほんの数回のメールのやりとりで、コンペにおいて「レンガが鉄骨の座屈を拘束する」ことをめざすことが決まり、これがこの建築の構造計画の決め手となった。

TNAから送られてきた一枚のスケッチ

木骨レンガ造による富岡製糸場

富岡製糸場の最先端追求の気概を継承した構造デザイン

このプロジェクトのコンペは、のちに世界遺産・国宝となる「富岡製糸場」(1872)の最寄り駅の建て替えとして計画された。富岡製糸場の構造はじつにユニークである。木材の柱と梁で骨組みを構成し、柱間にレンガを積んだ構造であり、日本で伝統的に用いられてきた軸組工法と、明治期に西洋から導入されたレンガ造が見事に融合した「木骨レンガ造」である。

コンペの応募要項には富岡製糸場に関連する内容がいくつか盛り込まれており、その中に「富岡製糸場の最先端追求の気概を継承した構造デザイン」を提案することとされた一文があった。具体的な構造材料や架構形式を指定されたわけではなく、「気概を継承」するという漠然とした条件であったが、これまでにない新しい構造デザインの提案だけでなく、何らかの〝富岡町らしさ〟〝富岡製糸場らしさ〟がある構造提案をしたいという考えをもってコンペに臨んだ。

富岡製糸場の木骨レンガ造における木とレンガは、構造体として完全に緊結しているわけではないことにヒントを得て、レンガが鉄骨の座屈を拘束するアイデアでは、あくまでも主体構造は鉄骨とし、レンガは座屈拘束材として二次的構造要素として存在し、鉄骨とレンガは緊結しない関係性とした。

地域に根ざした鉄骨レンガ造

「木骨レンガ造」による富岡製糸場から着想し、地域に根差したレンガによる組積造を継承しながら、建築設計の自由度と構造の安全性を向上させることをめざした「鉄骨レンガ造」を提案した。

鉄骨の短所をレンガによって補う構造システムとして、レンガによって座屈拘束された平鋼ブレースを用いた鉄骨柱梁架構を採用している。レンガの積み方は、イメージスケッチから発展し、傾斜控え壁の形状となり、ブレースの座屈を拘束するとともに、ベンチ、掲示板、照明、界壁など、さまざまな建築的な機能が盛り込まれている。

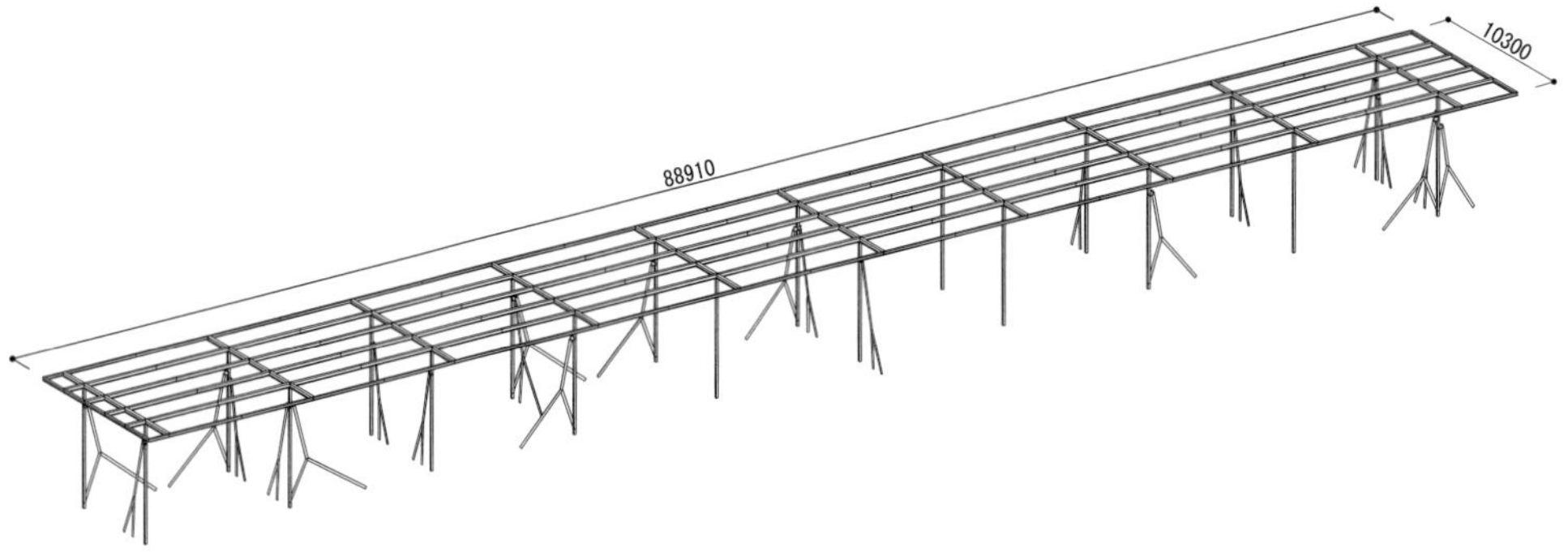

88910
10300

鉄骨架構図（レンガ非表示）

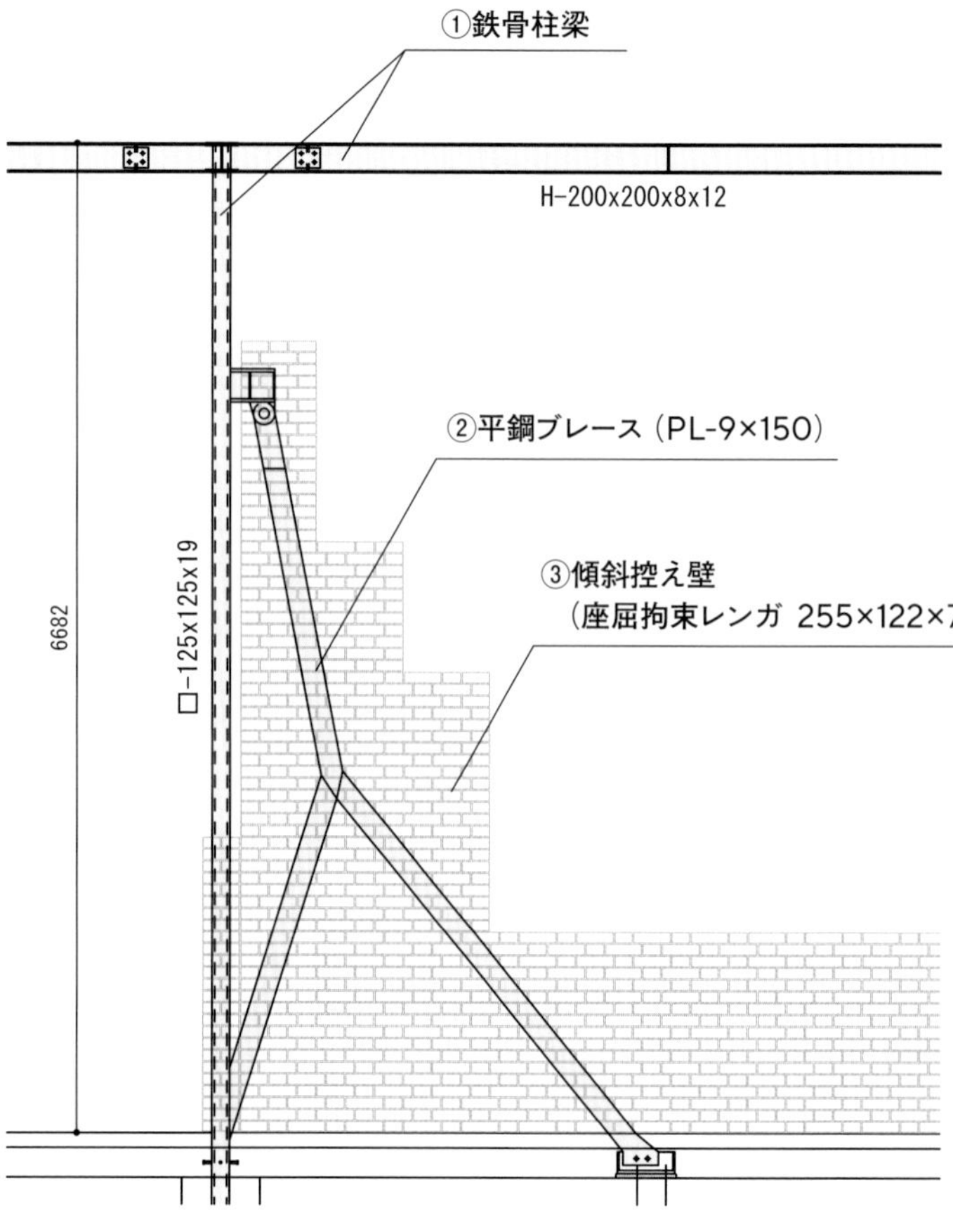

①鉄骨柱梁
H-200x200x8x12
②平鋼ブレース（PL-9×150）
③傾斜控え壁
（座屈拘束レンガ 255×122×70）
6682
□-125x125x19

3つの構造要素

大屋根架構は、1×9スパンの長方形平面（10・300m×88・910m）、高さ6・682mの鉄骨平屋構造とし、以下の3つの構造要素により構成している。

①鉄骨柱梁

鉛直荷重および水平荷重を合理的に支持する架構として、鉄骨梁と溶接組立箱形断面柱によるラーメン架構を形成した。建物全体を覆うフラットな屋根架構は、3・0mピッチを基本とした鉄骨梁（H-200×200×8×12、H-150×150×7×10）とし、最大スパン9・3m、跳ね出しスパン2・755mを可能としている。この屋根架構は、鉄骨梁の交点に配置された計20本の溶接組立箱形断面柱（125㎜×125㎜×19㎜）により鉛直支持されている。

②平鋼ブレース

鉄骨柱梁のラーメン架構に水平抵抗性能を付加する要素として、平鋼によるブレース（PL-9×150）を設定した。ブレースは、柱頭から1・0m〜1・9m下方と基礎梁を結んだ分岐型のステー式ブレースとし、角度を9°〜60°で変化させている。配置数は、短手方向に13面、長手方向に10面とし、平面上、ねじれのないようバランスよく配置している。なお、ブレースの形状は、もっともオーソドックスなX型ブレースからスタートし、建築の機能性とレンガの配置をふまえ、形を変えながら最終形に落ち着いている。

③傾斜控え壁

柱を中心とし、通芯上の二方向〜四方向にレンガ造による厚さ255㎜の傾斜控え壁を配置した。レンガと鉄骨柱は絶縁し、平鋼ブレースは緩衝材を介して、レンガの縦目地内に組み込むことにより、完全な一体性を避けながらも、レンガにより平鋼ブレースの座屈を拘束することを可能としている。これによって平鋼ブレースは引張ブレースとしてだけでなく、圧縮ブレースとしても機能し、高い耐震性を確保している。レンガ造の控え壁は、255㎜×122㎜×70㎜のレンガをフランス積で積層したもので、内部に異形鉄筋（D19〜D25）を挿入し、プレストレスを導入し圧着することで、高さ1・2m〜6・0mを自立させると同時に、平鋼ブレースの座屈拘束効果を高めている。

鉄骨とレンガの施工

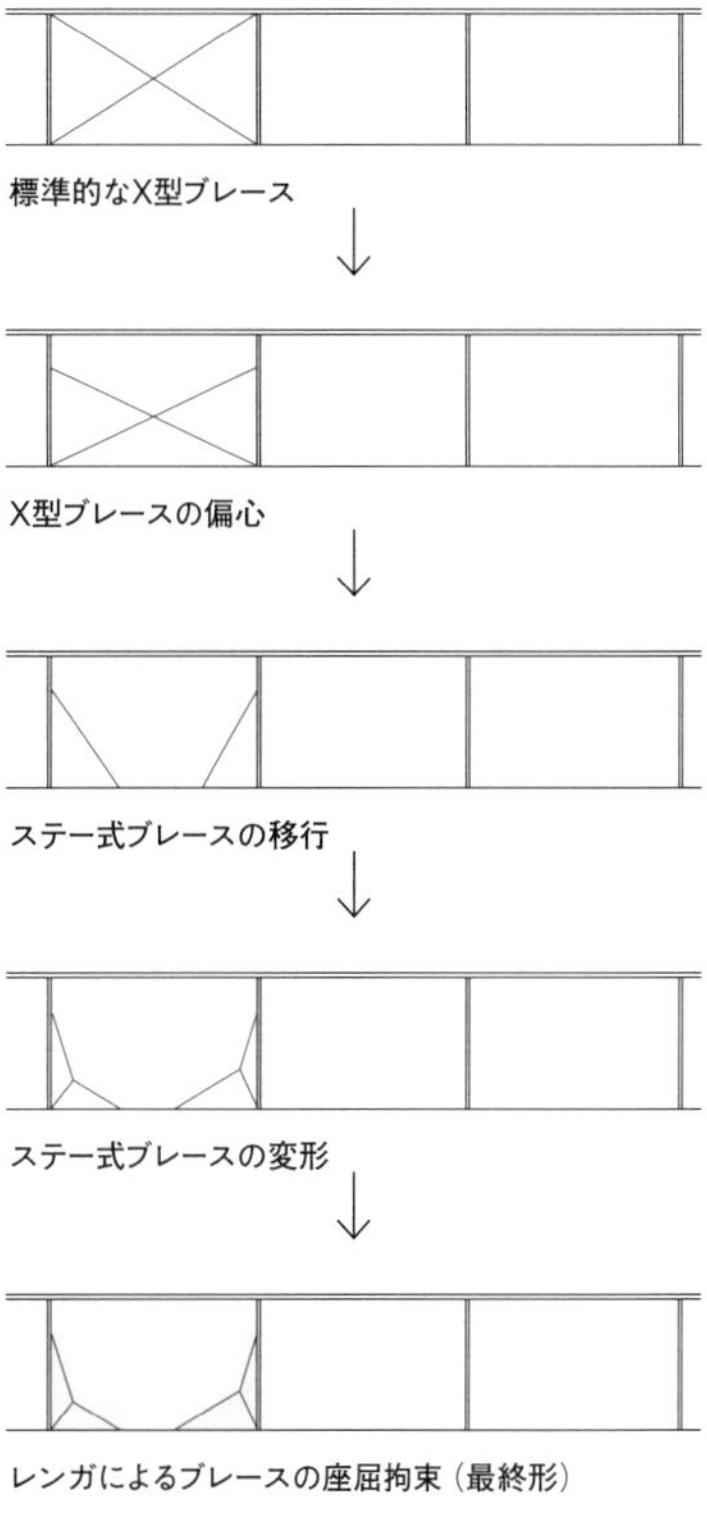

ブレース形状のスタディ

構造実験の大切さ

「慎重に慎重を重ねる」という言葉があるが、それを構造計画のプロセスにあてはめれば、行き着くところは構造実験を行うことのように思う。解析によるシミュレーションの技術・精度はかなり高くなっているが、それでも構造実験に勝るものはない。とくに新しい材料を用いる場合や複数の材料を組み合わせて用いる場合は、構造挙動の把握には構造実験が非常に有効な手段となる。最終的な実験結果として耐力や変形等を記録することはもちろん重要であるが、試験体を計画・製作する過程で多くのことに気づくことができる。また、ひび割れや破壊の瞬間などを直接目にし、発生する音を肌で感じることができる。こうしたプロセスによって計算と実態をひとつながりにすることができるのは構造実験以外にはない。

　傾斜控え壁には、内包するブレースを含むと、レンガ、モルタル（目地材）、平鋼、鉄筋の計4種の構造材料が用いられている。すべての材料を用いた実大試験体による「レンガを座屈拘束材として用いた平鋼ブレースの圧縮実験」では、レンガが平鋼の座屈拘束材

モルタルを座屈拘束材として用いた
平鋼ブレースの圧縮実験

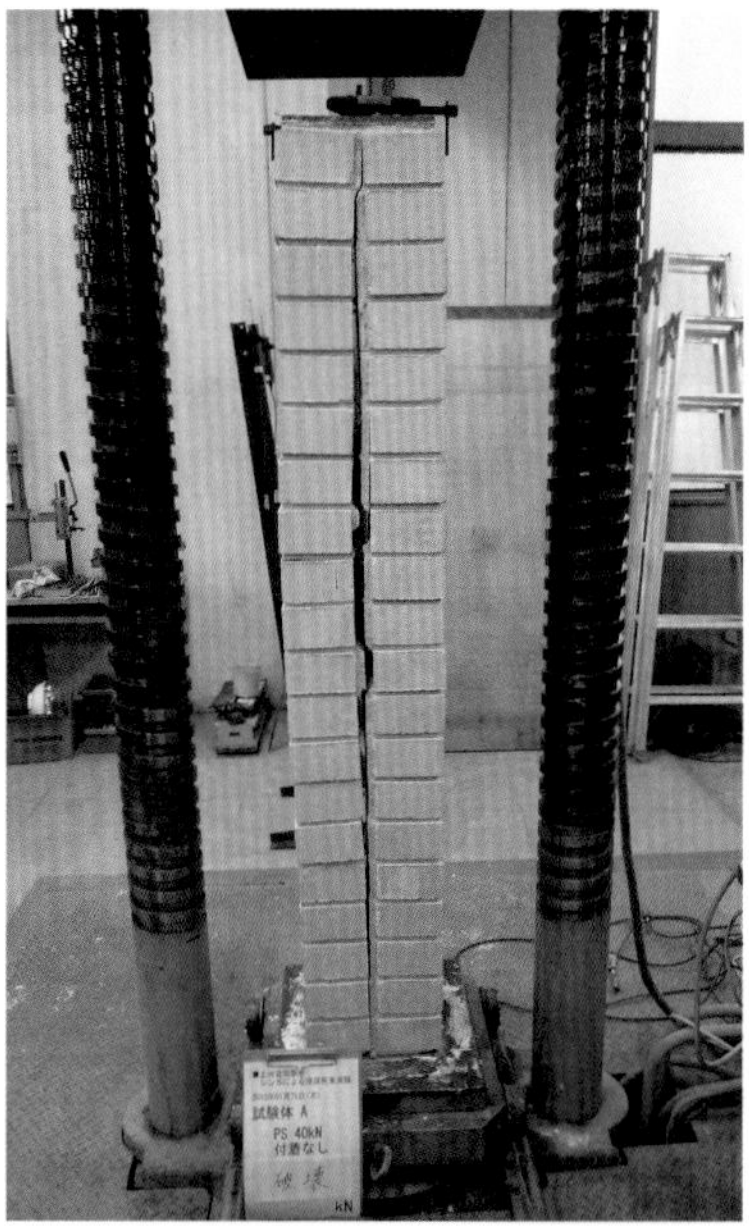

レンガを座屈拘束材として用いた
平鋼ブレースの圧縮実験

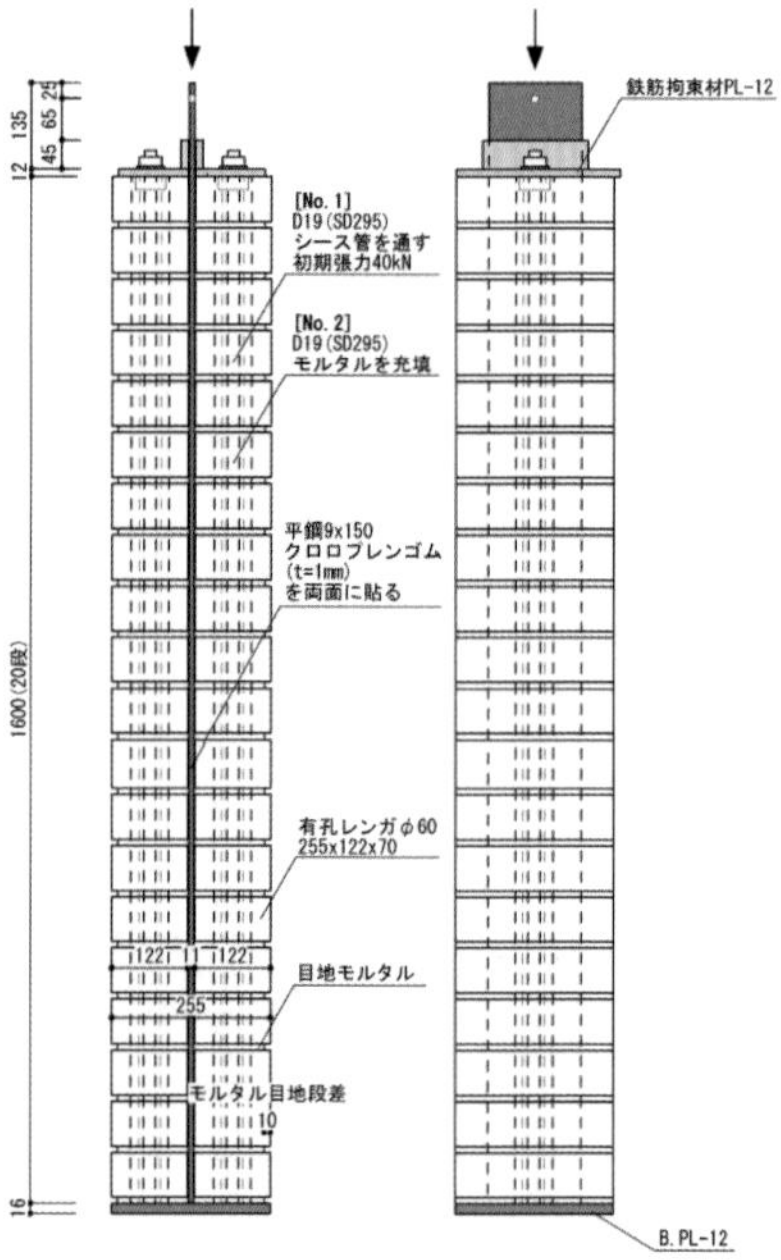

モルタル（円柱体）、レンガ、組積体、それぞれの個別圧縮実験

レンガの自立性を確認するための曲げ強度試験

自立したレンガに水平力が加わることを想定した曲げ強度試験。ひとつの試験体でさまざまな挙動を確認する。

として有効に働くこと、鉄筋へのプレストレス量を調整することで平鋼の座屈耐力を向上させることが可能であることがわかり、設計の妥当性を確認できた。

なお、この実験を行う前には、さまざまな予備実験を行っている。複数の構造材料を用いる実験では、どの構造材料の影響が支配的であるか、把握しにくい。モルタル、レンガ等の材料単体の実験のほか、座屈拘束材をレンガとモルタルによる組積体からモルタルのみに置き換えて圧縮実験をあらかじめ行い、一定の座屈拘束効果があることを確認している。このように日頃から使い慣れている身近な材料からステップバイステップで、挙動を理解していくプロセスは構造実験では重要となる。

構造実験は、すべてのプロジェクトで実施できるものではなく、また常に必要があるわけではない。しかしながら、構造の最終形をイメージしながら行う構造計画のプロセスは、計算と実態の狭間を常に行き来する作業であり、その中間に位置する構造実験の存在を常に意識しておく必要がある。

4

満田衛資

Eisuke Mitsuda

満田衛資（みつだ・えいすけ）
1972年生まれ
1997年　京都大学工学部卒業
1999年　京都大学大学院工学研究科建築学専攻修士課程修了
1999年　佐々木睦朗構造計画研究所
2006年　満田衛資構造計画研究所設立
2014年　京都大学大学院工学研究科博士後期課程修了 博士（工学）
2017年　大阪工業大学 客員教授
2018年　京都工芸繊維大学教授

カモ井加工紙 営業事務所棟

建築設計：武井誠+鍋島千恵　TNA
構造設計：満田衛資構造計画研究所

カモ井加工紙株式会社はハイトリ紙製造所として1923年に創業した企業である。培った粘着技術は多様な製品を生みだし、建設現場の養生テープや大ヒット文具であるマスキングテープ『mt』などを展開する。2011年以後、カモ井加工紙本社・工場において、同じ建築家（武井誠＋鍋島千恵／TNA）とともに数多くの建物の改修や新築に継続して携わっている。ここではその一連の作品群を紹介する。

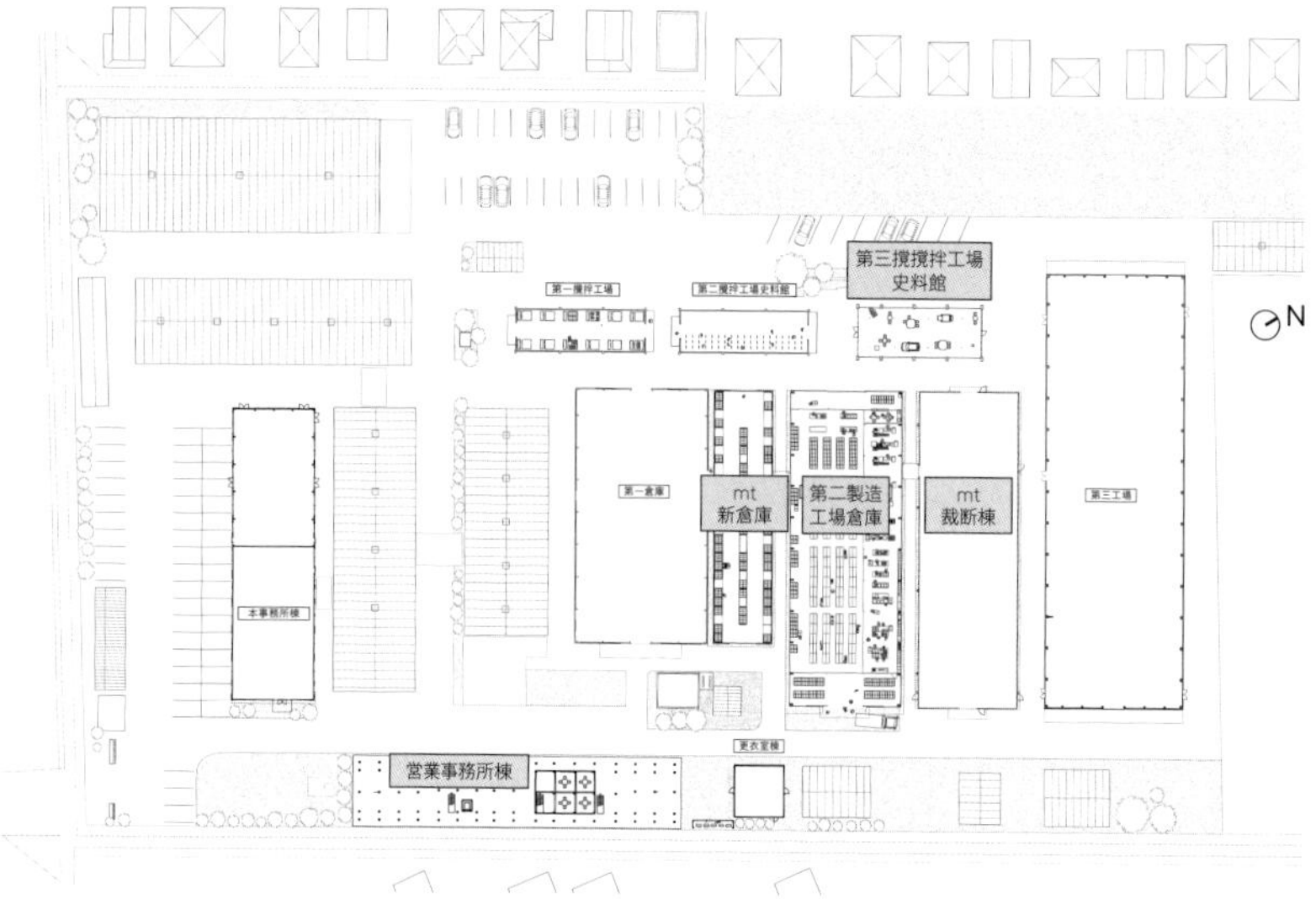

敷地配置図

1 営業事務所棟 (2023)

カモ井加工紙の創立100周年記念事業として建設され2023年に竣工したのがカモ井加工紙営業事務所棟である。

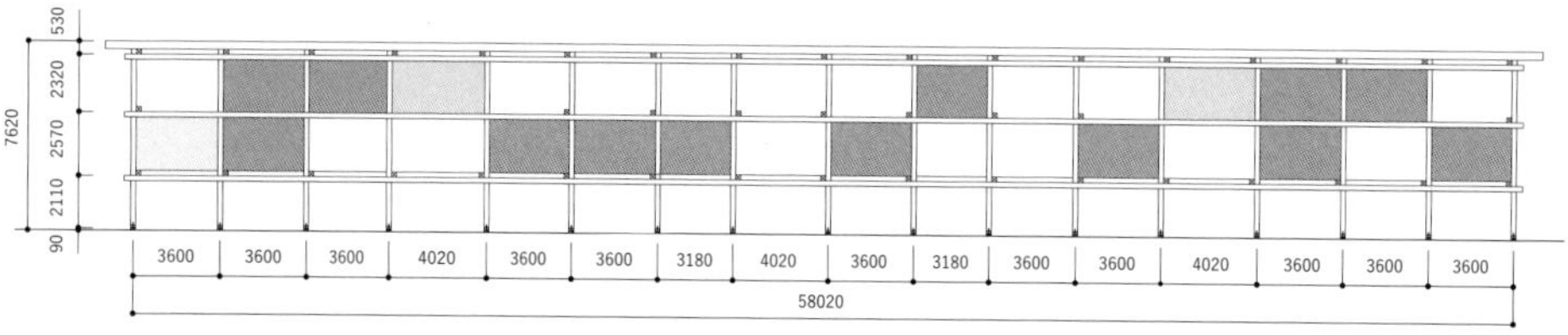

西側立面図

強化合わせガラス 5mm+5mm（遮熱中間膜）

強化合わせガラス 5mm+5mm（遮熱中間膜）／結露防止塗料／PB t=9.5+断熱材50mm /P.B t=9.5（AEP塗装）

強化合わせガラス 5mm+5mm／結露防止塗料

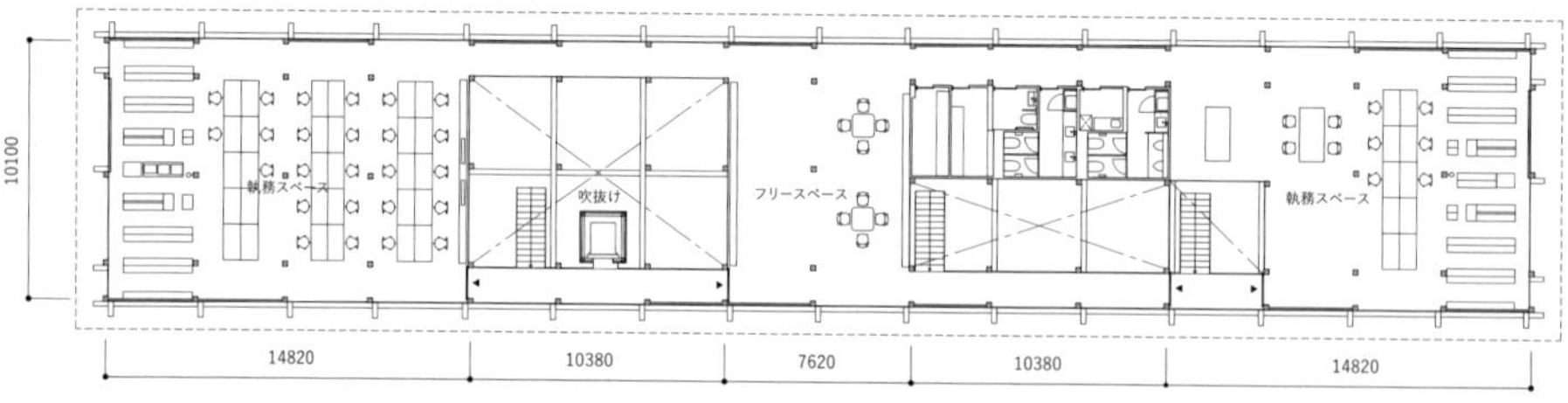

2階平面図

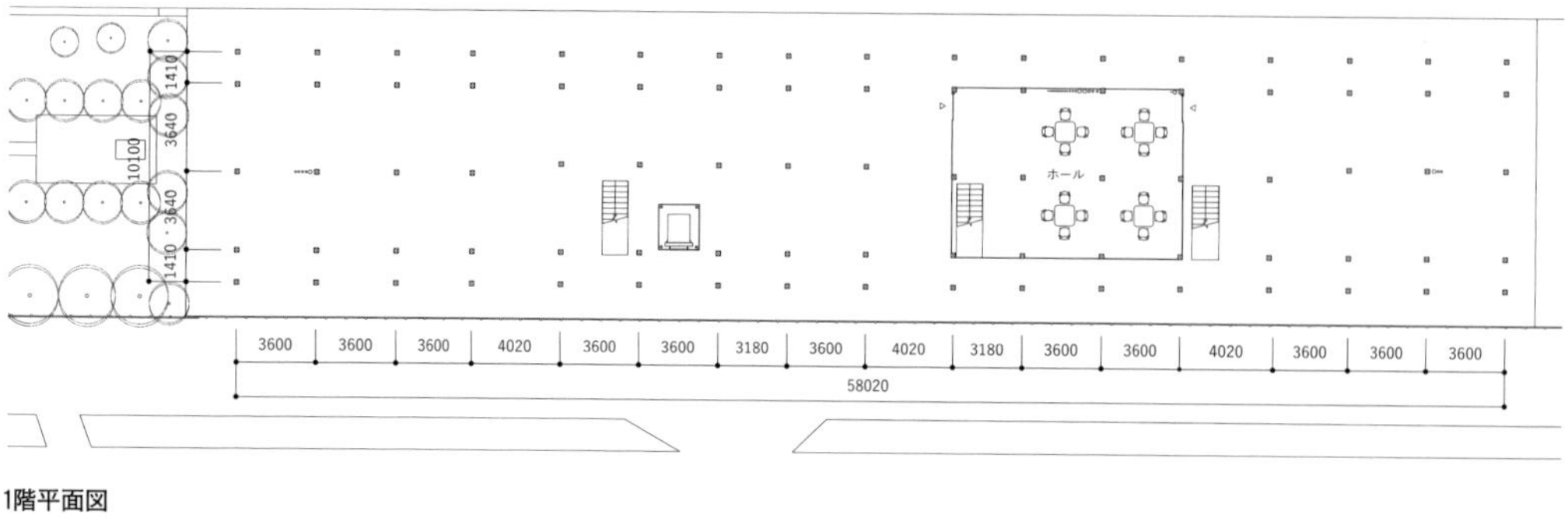

1階平面図

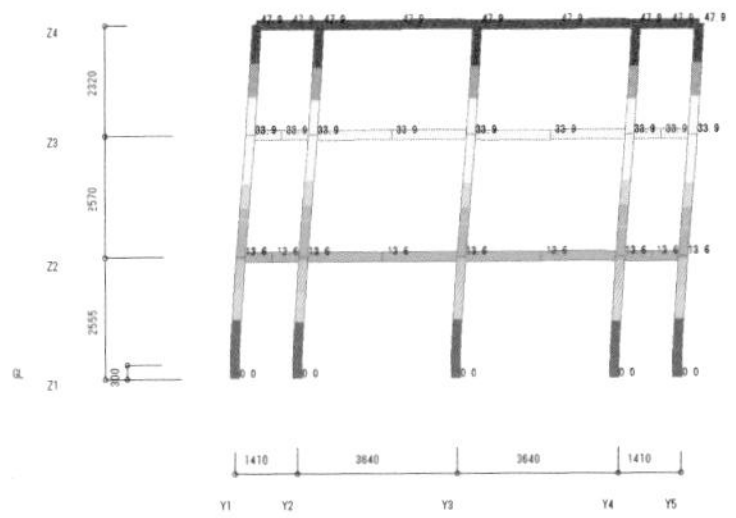
Z4
Z3
Z2
Z1
GL
2320
2570
2555
1410
3640
3640
1410
Y1
Y2
Y3
Y4
Y5
地震時変形図（mm）

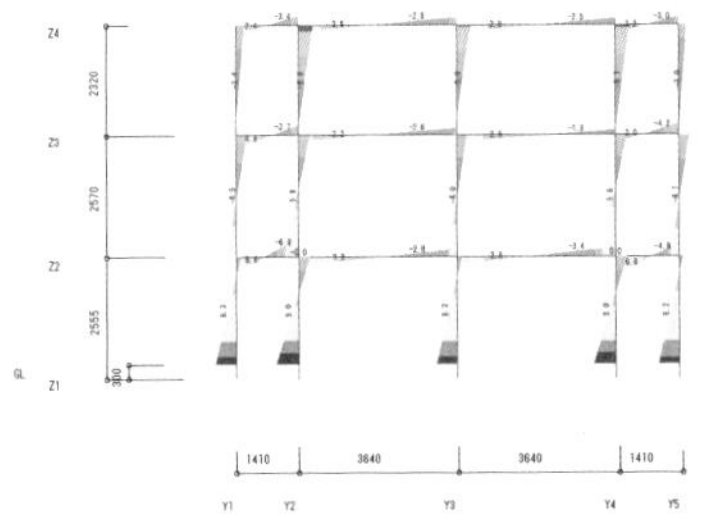
Z4
Z3
Z2
Z1
GL
2320
2570
2555
1410
3640
3640
1410
Y1
Y2
Y3
Y4
Y5
地震時曲げモーメント図（kN・m）

15
竣工時の外観

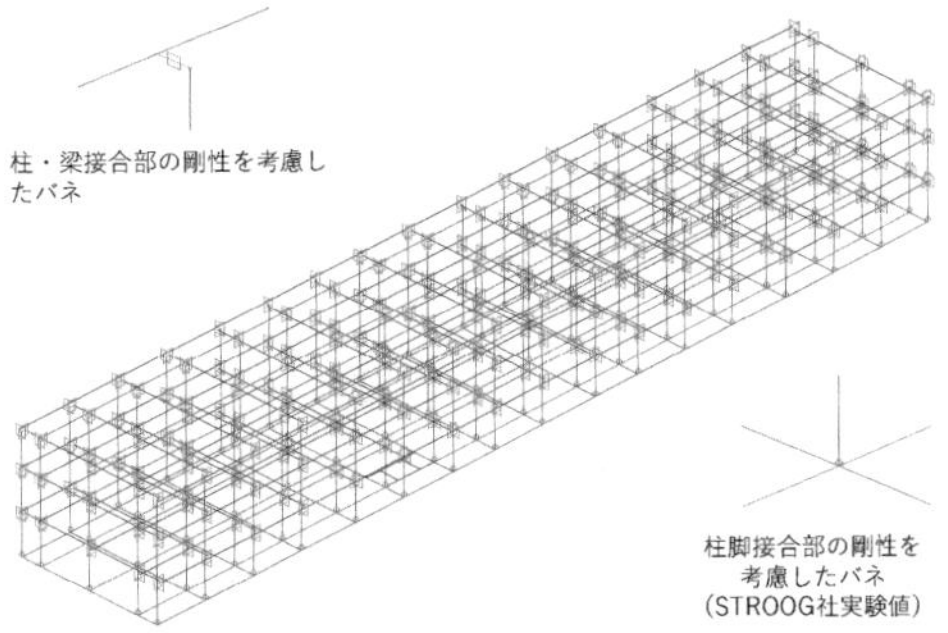
柱・梁接合部の剛性を考慮したバネ
柱脚接合部の剛性を考慮したバネ（STROOG社実験値）
解析モデル（全体）

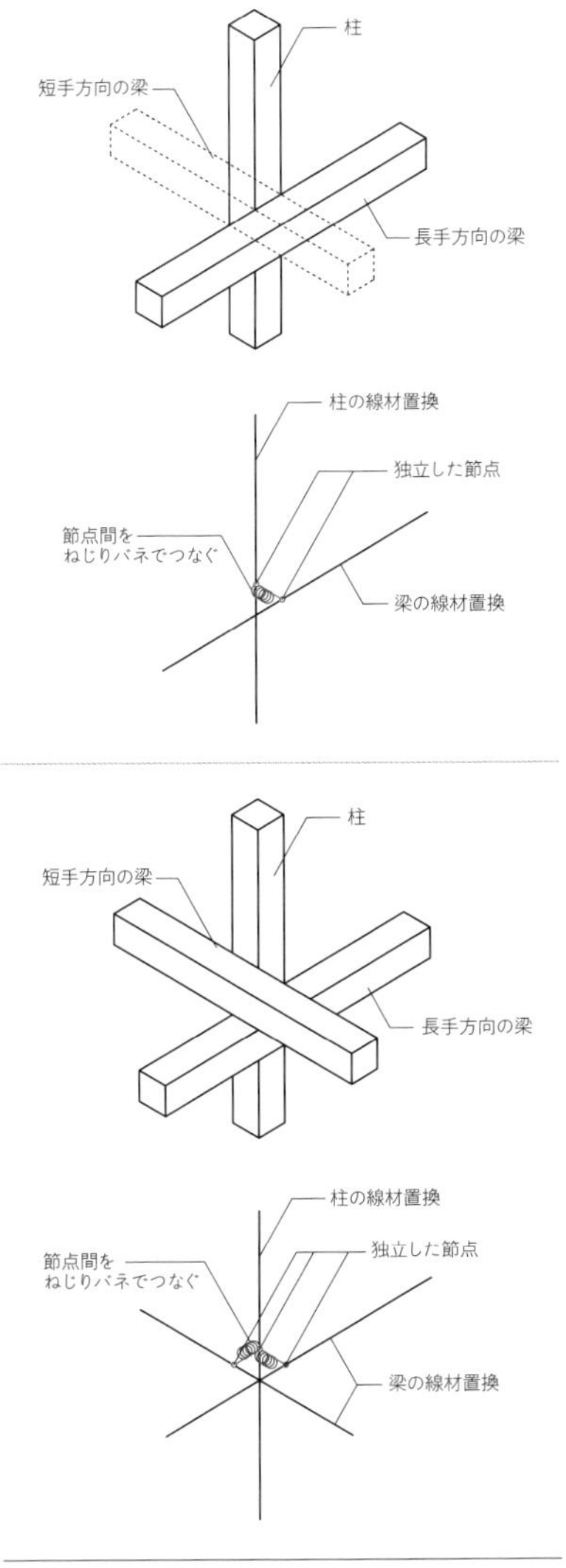
柱
短手方向の梁
長手方向の梁
柱の線材置換
独立した節点
節点間をねじりバネでつなぐ
梁の線材置換
柱
短手方向の梁
長手方向の梁
柱の線材置換
独立した節点
節点間をねじりバネでつなぐ
梁の線材置換
柱・梁接合部のモデル化

母材を最大限に活かした純ラーメン木造

木造2階建ての事務所建築物であるが、この建物では、耐力壁や筋交いといった在来工法の耐震要素を用いないことはもちろん、伝統的構法における貫構造あるいは新木造におけるLSB等の接合金物を用いた木質ラーメン構法とも異なる「純ラーメン」に分類される新たな木架構にチャレンジした。

柱・X方向梁・Y方向梁をすべて210角材とし、それら3部材が外面でちょうど接するように配置されていることが大きな特徴である。伝統的な木架構のように一方（あるいは双方）を削ってかみ合わせることはしていない。

木部材の柱梁接合部におけるモーメントにする抵抗機構は「めり込み」であり、部材同士の接触面積は性能を決定する重要なファクターとなる。

部材を削ってかみ合わせる場合、かみ合い接し合う部分が曲げ抵抗に寄与する面積となる。接触面積を増やそうと深く削ると、母材に対し多くの欠損を与えることとなり、母材の端部性能は低下せざるを得ず〝ジレンマ〟となる。

伝統的構法は鉄が希少で木材を削るしかできなかった時代の知恵であり、それ自体は普遍的な素晴らしい技術なのだが、われわれは工学的に物事を考えることのできる時代に生きており、直観的に可能だと思ったことを工学的に分析・検証し、可能なことを更新する（過去を乗り越える）ことができる。

レシプロカルバインド構法

柱とX方向梁で構成されるフレームにモーメントが作用した場合に、柱と梁が直交Y方向梁に対して「閉じる方向」の場合、直交Y方向梁がめり込み圧縮抵抗要素となることは容易に想像がつくだろう。逆に「開く場合」には、直交Y方向梁にその効果は期待できない。開くことに抵抗する必要があるため、「開き止め」の効果をもつ〝別要素〟を加える必要がある。

「レシプロカルバインド構法」では、柱と直交Y方向梁、X方向梁と直交Y方向梁の接触面の中心を貫く「鋼棒」を挿し、その両端に大型の座金を設けて開き止めとしている。開こうとする力が作用する場合に、鋼棒には引張軸力が生じるが、その反力に対しては「座金」が木梁（柱）の側面を押し返すめり込み抵抗でつり合わせている。これはボルトによる引張接合と同じ原理である。座金の面積を大きくすることで、めり込み応力度は低減し、座金の板厚を厚くすることで座金が負けないようにすることができる。

閉じるモーメントを受けるとき：

直交Y方向梁がめり込み圧縮抵抗要素となる。

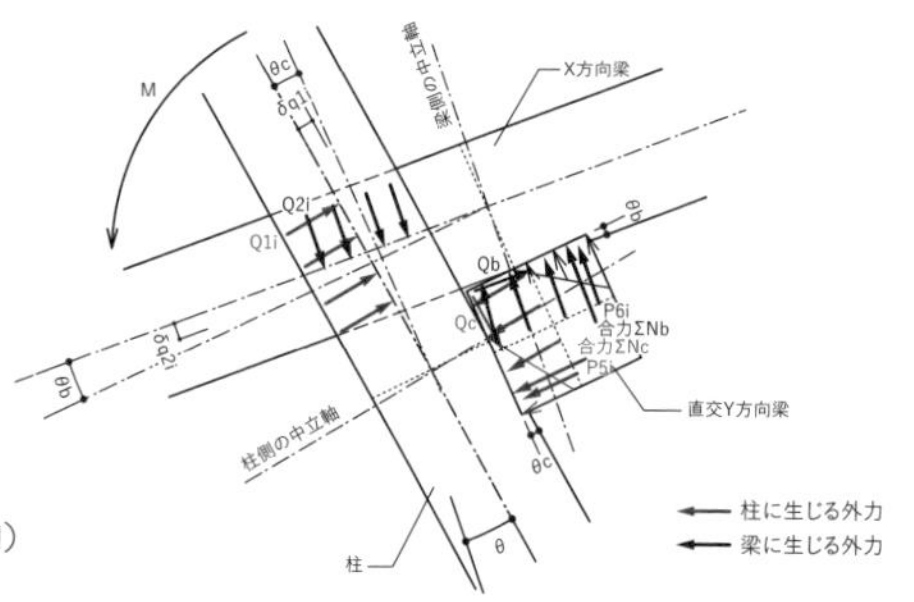

(J1)

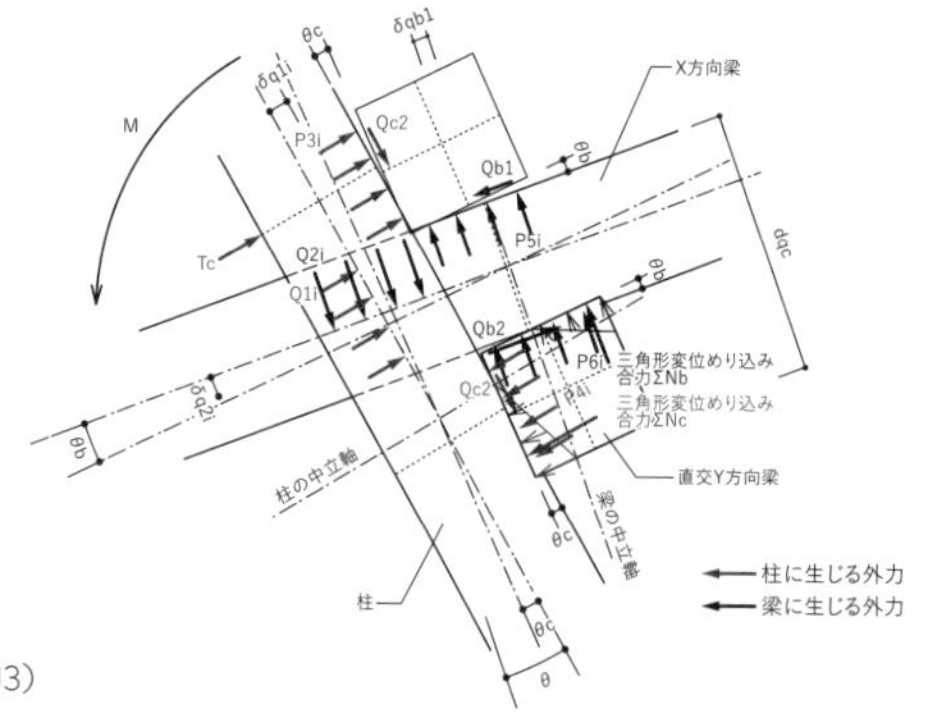

(J3)

開くモーメントを受けるとき：

直交Y方向梁に圧縮抵抗効果は期待できない。
そのため「開き止め」の効果をもつ別要素を加える必要がある。

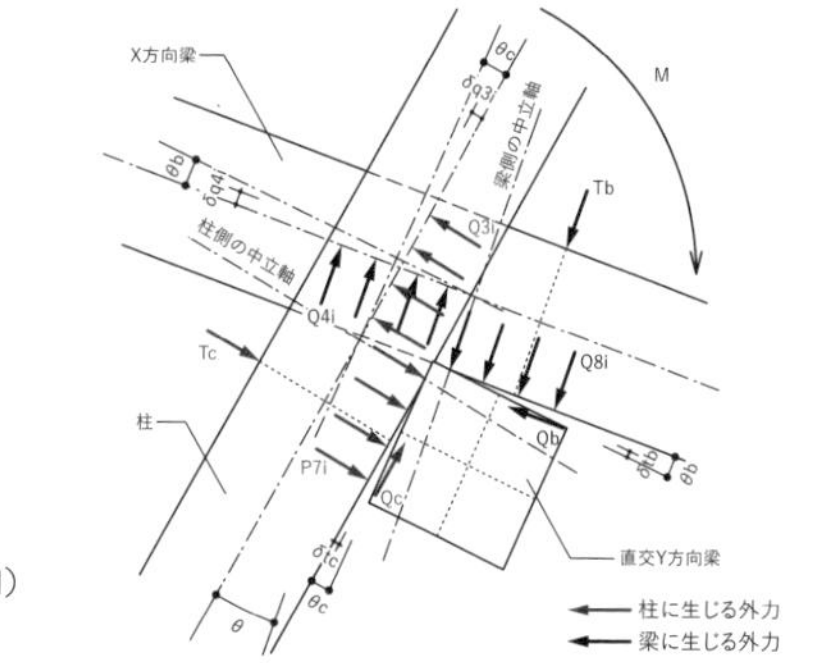

(J1)

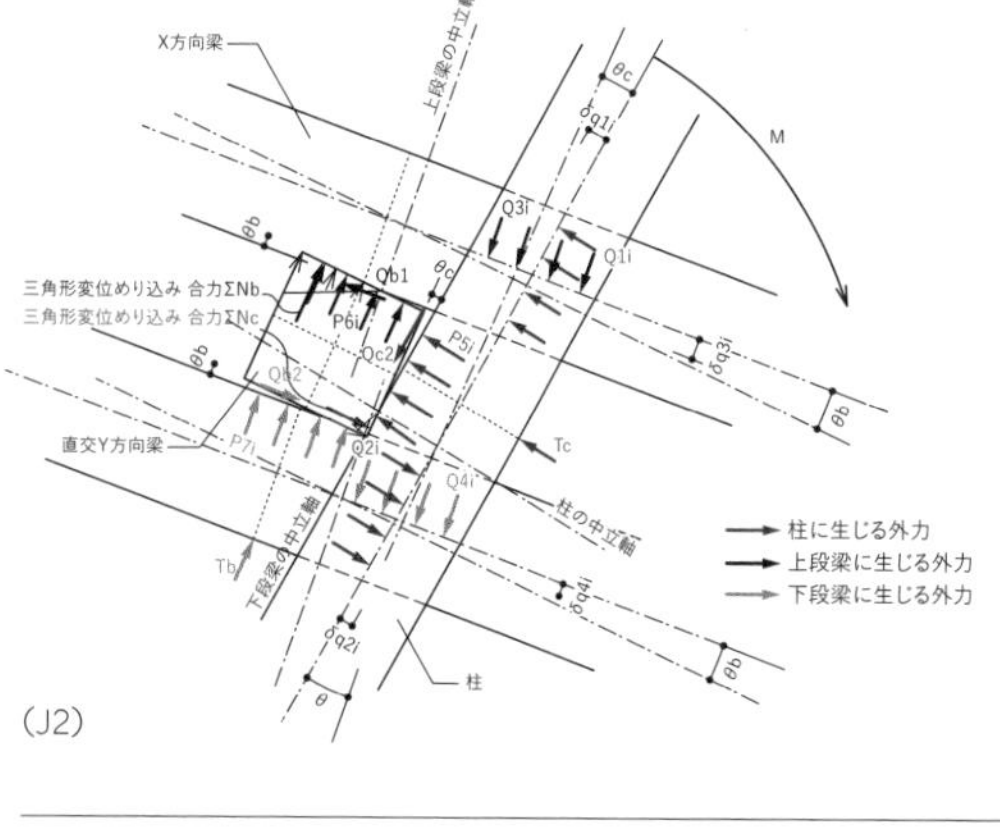

(J2)

剛性・耐力算定式誘導のための力学モデル

実物大実験の様子

レシプロカルバインド構法
柱・X方向梁・Y方向梁の正方形3部材を相互に外面で接するように交差させ、3本のピンを締めて圧着させて半剛接仕口を形成する。

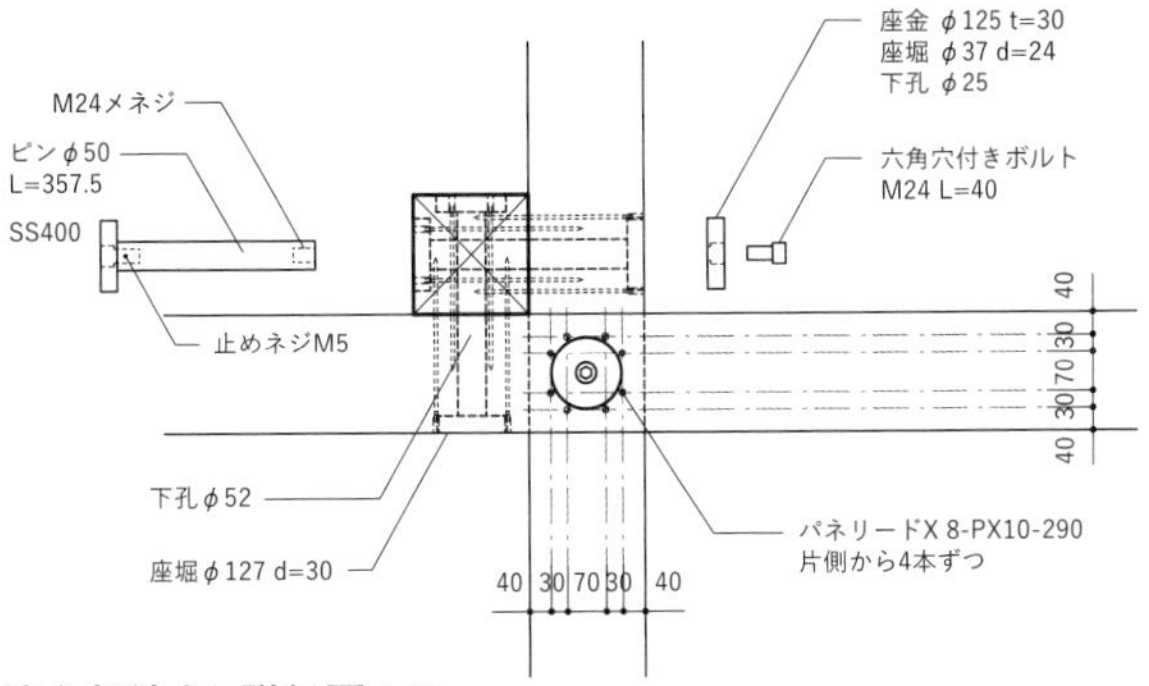

M24メネジ
ピンφ50
L=357.5
SS400
止めネジM5
下孔φ52
座堀φ127 d=30
座金 φ125 t=30
座堀 φ37 d=24
下孔 φ25
六角穴付きボルト
M24 L=40
パネリードX 8-PX10-290
片側から4本ずつ
40
30
70
30
40
40 30 70 30 40

接合部納まり詳細図（J1）

接合するための金物

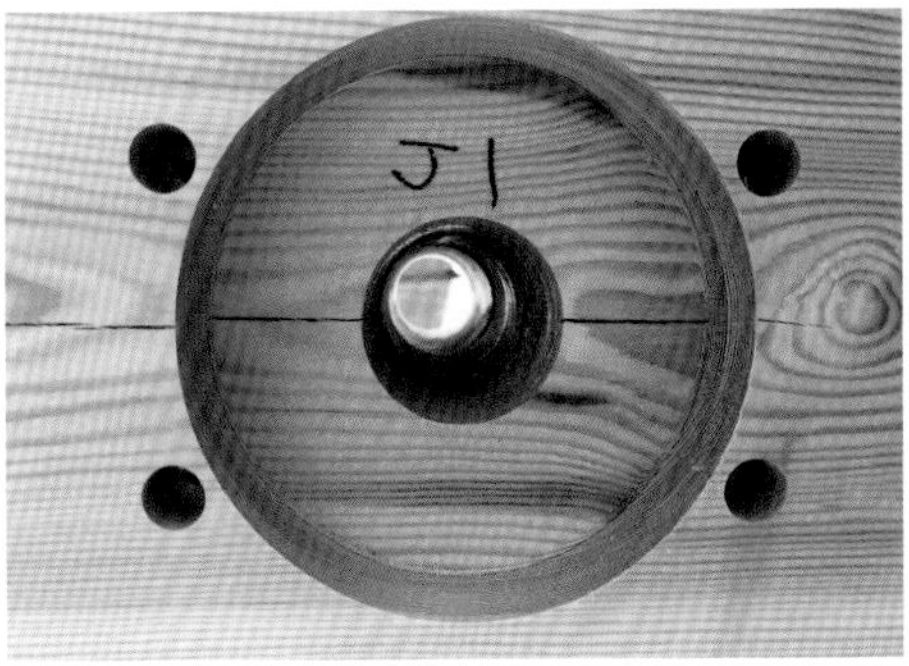

J1

接合部分

木材は異方性材料であるがＸＹＺの直交異方性ではなく、材軸方向・接線方向・半径方向に関する異方性のため、精緻にＦＥＭモデルをつくることがそもそも難しい。実験結果の方が信頼性が高い。まず縮小試験体で実験を行い、システムの妥当性を確認した上で実大実験を行い、実験結果から得た数値をもとに設計を行った。構造計算ルート１でよい建物ではあったが、日本建築総合試験所による建築技術安全審査を受けた上で確認申請を通した。

設計は耐力ではなく地震時の水平変形制限で決まってしまうのだが、実大実験結果を用いる以上、断面を２１０角から変更することは困難で、階高やスパンを調整して落とし所を決めた。

空間に緊張感を与えるもの

「部分的にブレースや耐力壁を入れるという選択肢はなかったのか」と尋ねられることも多いが、その場合、「ブレース（壁）の水平力負担率を正しく評価できているか」という問いが生じる。それはすなわち「床剛性の評価の正しさ」という別の困難な問題につながる。

新しいことに挑戦する中で、さらに不確かな情報を混ぜることは、物事を曖昧にしてしまうだけで、こうした新しいシステムを採用する際は、対象とピュアに向き合った方がよい。逃げることなく純粋に対象と向き合った方が、空間に筋の通った緊張感を与えることができるため、最後まで純ラーメンに徹底的にこだわり、この空間が生まれた。

カモ井加工紙

第三攪拌工場史料館

建築設計：武井誠+鍋島千恵／TNA
構造設計：満田衛資構造計画研究所

2 第三撹拌工場史料館（2012）

一連のカモ井加工紙における作品群のうち、最初のプロジェクトである。もはや利用されなくなっていたRC造2階建て（旧称：第三撹拌工場）のリノベーションである。

かつて、粘着材料を製造する過程で材料同士を混合し撹拌する工程を担っていたゆえの名称であるが、1階にはその撹拌機があり、そこへ材料を投入するため、「8つの四角い穴」が空いた2階スラブが存在していた。つまりこれらの穴は、カモ井加工紙という100年企業の基盤技術である粘着材料をつくるために必要な穴であり、いわば「企業を象徴する穴」でもあった。

このリノベーションでは、この穴のど真ん中を細い柱が貫通し、既存躯体からふわりと浮いた新設屋根を支持している。スラブに触れることなく貫通することにより、穴の存在を際立たせることに成功している。

改修前の内観（8つの穴がある2階床）

改修前の外観

改修後の外観

オイラー座屈荷重： $P_k = \dfrac{\pi^2 EI}{l_k^2}$

E ：ヤング係数→ 鋼 205,000（N/mm²）

I ：断面二次モーメント

l_k ：座屈長さ

d　b　$I = \dfrac{1}{12} bd^3 \left(= \dfrac{1}{12} d^4 \right)$ … 正方形断面の断面二次モーメント

座屈長さl_k（l：材長）

支点条件	両端ピン	一端ピン他端固定	両端固定	両端固定	一端自由他端固定
水平移動条件	水平移動拘束			水平移動自由	
座屈モード	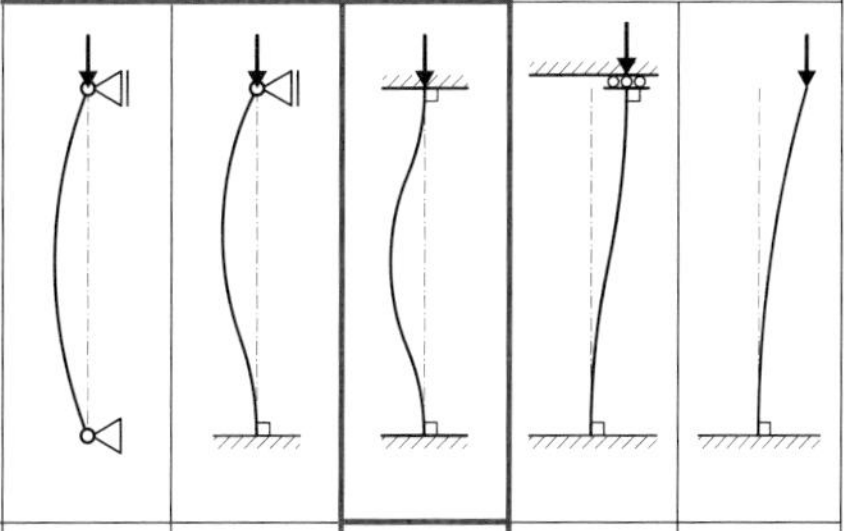				
座屈長さl_k	l	$0.7l$	$0.5l$	l	$2l$

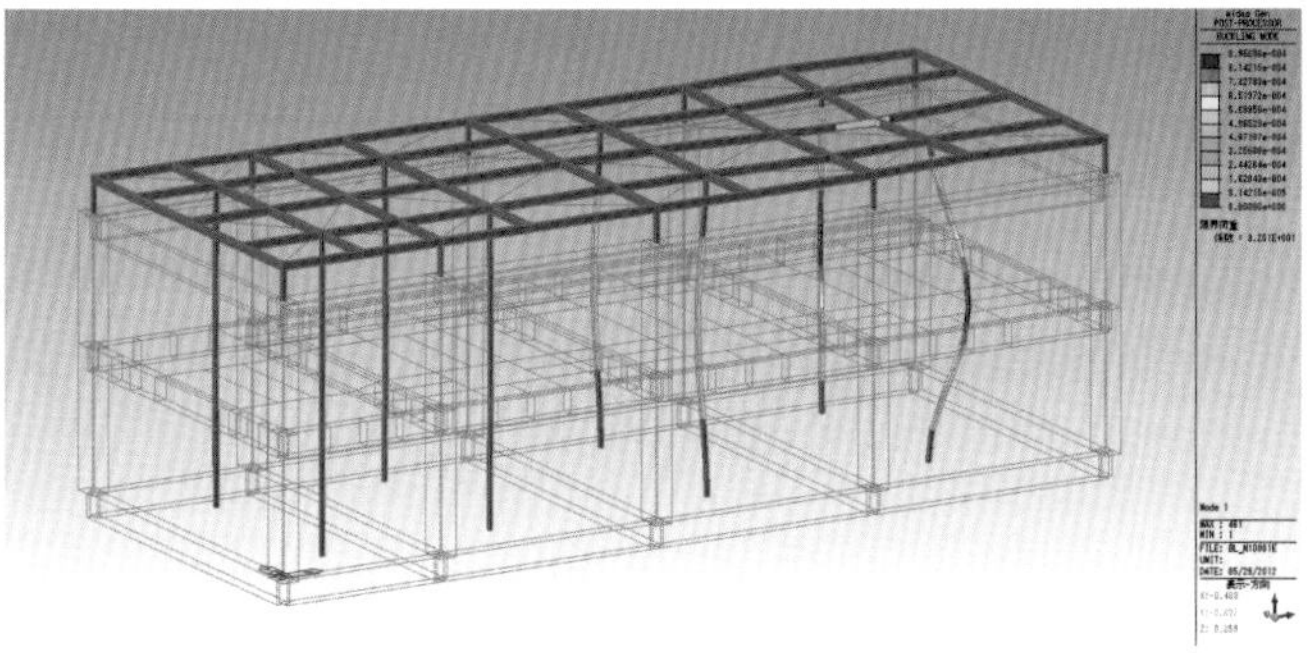

座屈解析による座屈モード図

ふわりと浮いた軽い屋根と細い柱

構造デザイン上のポイントは「細い柱である」ことと、「屋根がふわりと浮いている」ことの2点である。

細い柱は当然、座屈が問題となる。

オイラー座屈荷重式$P_k = \pi^2 EI/l_k^2$において、πやEは定数であるため、座屈耐力は、「断面二次モーメントI」と「座屈長さl_k」で決まる。視覚的な細さはもとより、実際に直に触れた際の体感的な細さを考慮した上で、建築基準法の範囲で特別な手続きなく使える鉄骨柱は100角無垢が最大で、その時点でIも定まる。

するとl_kのみが操作できる対象となる。座屈長さは柱脚と柱頭の「両端固定」かつ柱頭が「水平拘束」されている状態で「0・5l」となり最短である。0・5が達成できないまでも、それに近づける努力が必要となる。柱脚は基礎に埋め込み、柱頭は剛接合とすることでそれなりに対応できる。

問題は、浮いた屋根に対する水平移動拘束である。新設屋根と既存RC軒梁との間に三角形状あるいはブレースのような部材を並べることが真っ先に思い浮かぶが、いかにも水平拘束をしていることとなり、浮いた感じがしない。そこで穴を通過し屋根を支える細い柱と同じ断面の柱を既存RC柱の頂部に埋め込み、まったく同じ剛接合ディテールで屋根と取り合わせることで、水平拘束の装置感のない拘束部材に仕立てた。

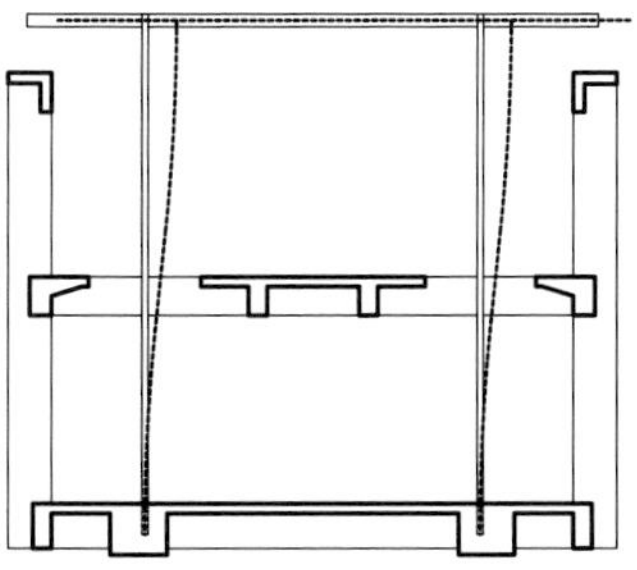

（水平拘束なし）

水平拘束部材に柱材と同じ断面を用い、構造的な装置感をなくす

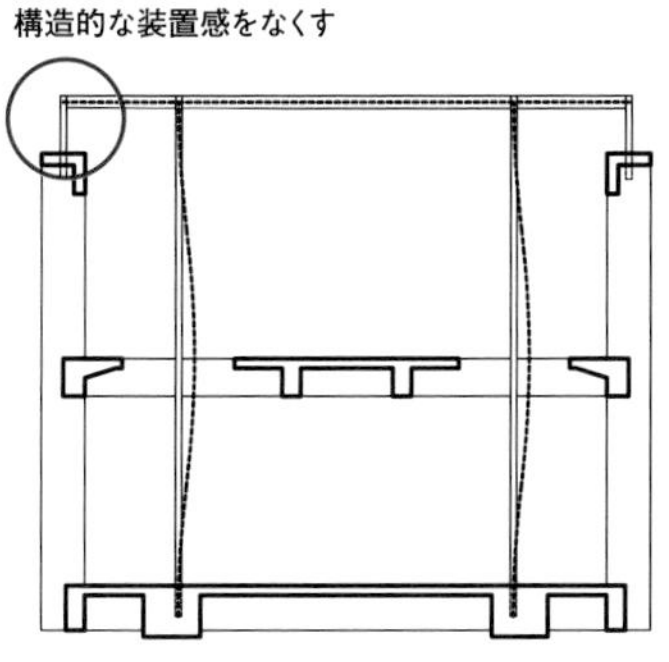

（水平拘束あり）

柱頭水平移動の有無による座屈モードの違い

既存のRC部に埋め込まれた短い柱は水平拘束の役割を担っている

既存RC柱頂部に埋め込む

8つの象徴的な穴に1階から通し柱が延びている

1階のコンクリートブロック壁はガラスへ、2階のそれらは薄塗りのモルタル壁へと変えられ、軽量化により耐震性を向上させつつ、外観・内観ともに劇的に変化を遂げた。史料館内では、かつての商品やそのポスター、使われていた機械などが展示され、工場で働く社員の会社や商品への愛着が高まる等、大変に喜んでもらい、その後の一連の作品群へとつながる第一歩となった。

倉敷532
に20-08

カモ井加工紙

第二製造工場倉庫

建築設計：武井誠＋鍋島千恵／TNA
構造設計：満田衛資構造計画研究所

改修後の内観

3 第二製造工場倉庫（2013）

工場特有の山形ラーメンによる1スパンフレーム（長手方向はブレース構造）であった建物のリノベーションである。ずいぶん前に工場の機能は他所へ移り、倉庫として使われていた。

　このリノベーションによって新たに梱包作業等を行うスペースを設けることになったが、居住域は快適な環境とする必要があり、第一に「空調領域を必要最小限にするため天井を設けること（フレームの新設）」、第二に「快適な光環境を確保するため外壁面の刷新（ブレースをやめる）」の2点が構造上の課題となった。

　居住域の天井増設による荷重増はあったが、スパン方向（短手方向）は引き続き風荷重で決まる建物で、フレームが付かない側は負担せん断力が低下し、フレームが付く側には負担せん断力の増加があるものの「短柱化」や「弱軸補剛効果による耐力増加」があり、問題とはならなかった。

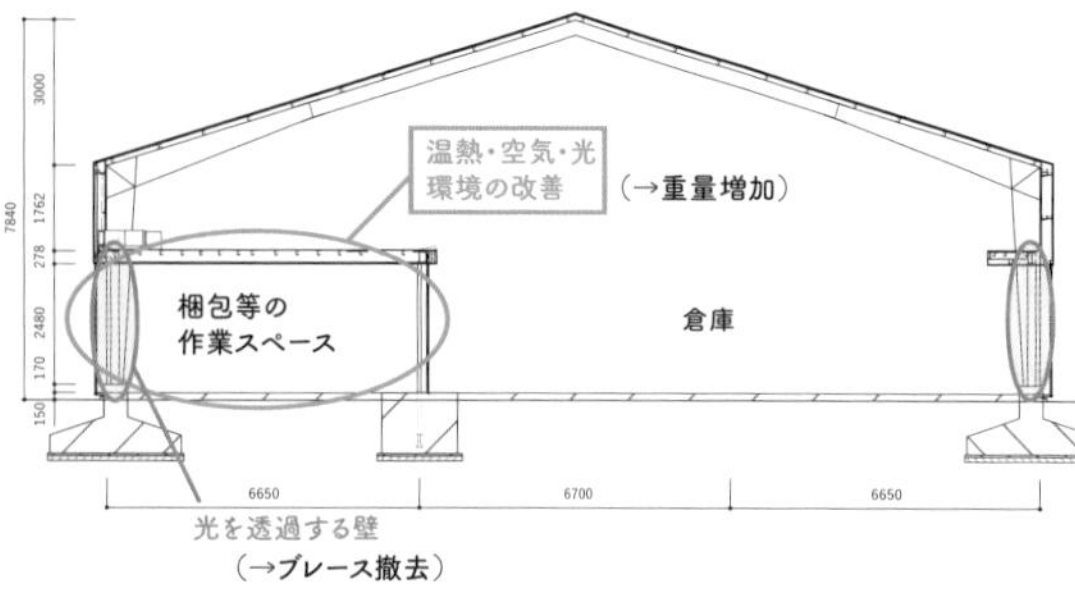
温熱・空気・光
環境の改善
（→重量増加）
梱包等の
作業スペース
倉庫
光を透過する壁
（→ブレース撤去）
3000
1762
278
2480
170
150
7840
6650
6700
6650

改修後の断面図

改修前の内観

柱脚補強なしでも分散負担で安全率は向上する

長手方向に関しては、ブレースをなくす代わりに、柱の弱軸の両サイドからCT鋼をはさみ込む形で強軸断面を構成し、ラーメン構造化した。

もともと長手面には片面あたり10スパンで11本の柱があったが、そのうち4スパンにのみ丸鋼による引張ブレースが取り付けられていた。

この場合、長手面の負担せん断力の「25％」ずつをブレースの取り付く柱脚4か所で負担することとなる。一方で、長手全体をラーメン化すると、各柱に負担せん断力が分散されることとなり、柱脚1個あたりの負担は「10％未満」となる。ブレースの有無にかかわらず各柱脚のディテールに差はなかったため、安全率が格段に向上する効果が得られた。

床梁を兼ねたH形鋼を剛接し
ラーメンフレームを追加
CT鋼を弱軸の両側からはさみ
十字断面の組立H形鋼に

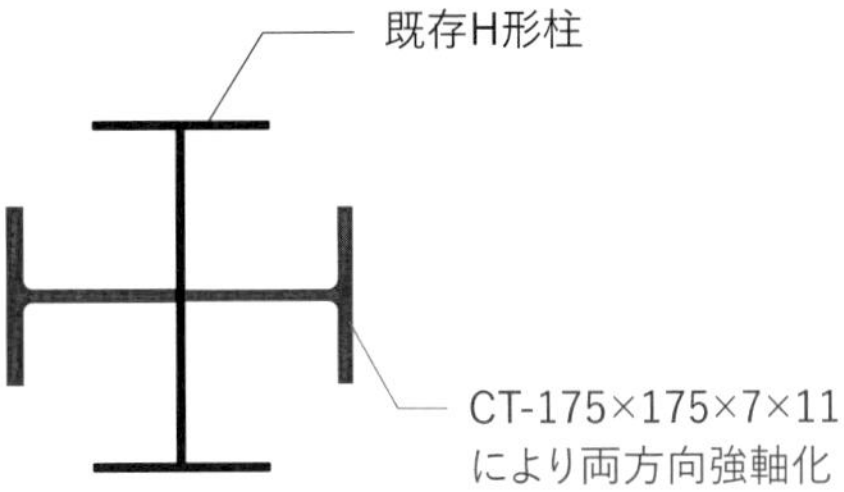

［改修前］

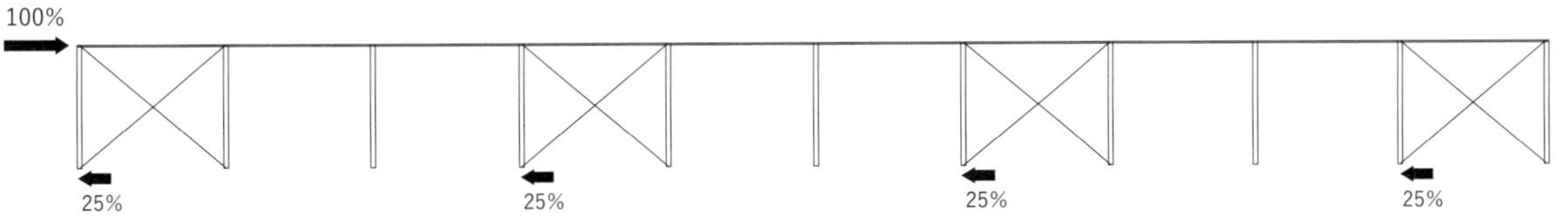

4スパン分のみに引張ブレース
ただし、柱脚ディテールはブレースの有無に関わらず同一
（1構面につき4か所の柱脚のみで対応）

［改修後］

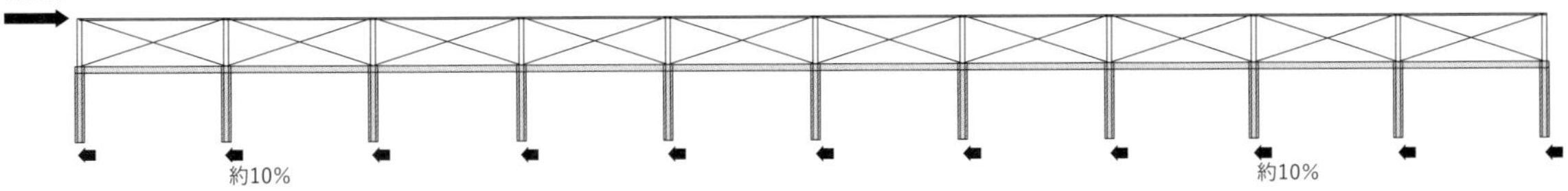
100%

透過性を優先し、外壁面の下部をラーメン化（弱軸補強）
各柱脚の負担せん断力は均質化し、最大値は低下する

柱脚の補強をしなくても安全率は向上する

改修前後の長手方向軸組図

カモ井加工紙

mt新倉庫

（右は第二製造工場倉庫）

建築設計：武井誠＋鍋島千恵／TNA
構造設計：満田衛資構造計画研究所

4 mt新倉庫（2017）

2棟の改修を済ませ、次に「第二製造工場倉庫」の南隣に新築の倉庫の設計を行うこととなった。第二工場倉庫で段ボールに梱包された商品を、出荷までの間保管しておくmt（マスキングテープ）専用の倉庫である。第二工場倉庫の改修後の倉庫スペースに設置されていたI－75×75を柱に用いた既存の鋼製棚を、新設建物に移設して「引き続き倉庫の棚として利用する」という条件が付いていた。

既存棚の柱ピッチは3150㎜であったため、新倉庫も「柱をI－75×75@3150で成立させたい」という建築家のイメージはすぐに共有でき、それが構造計画の出発点となった。

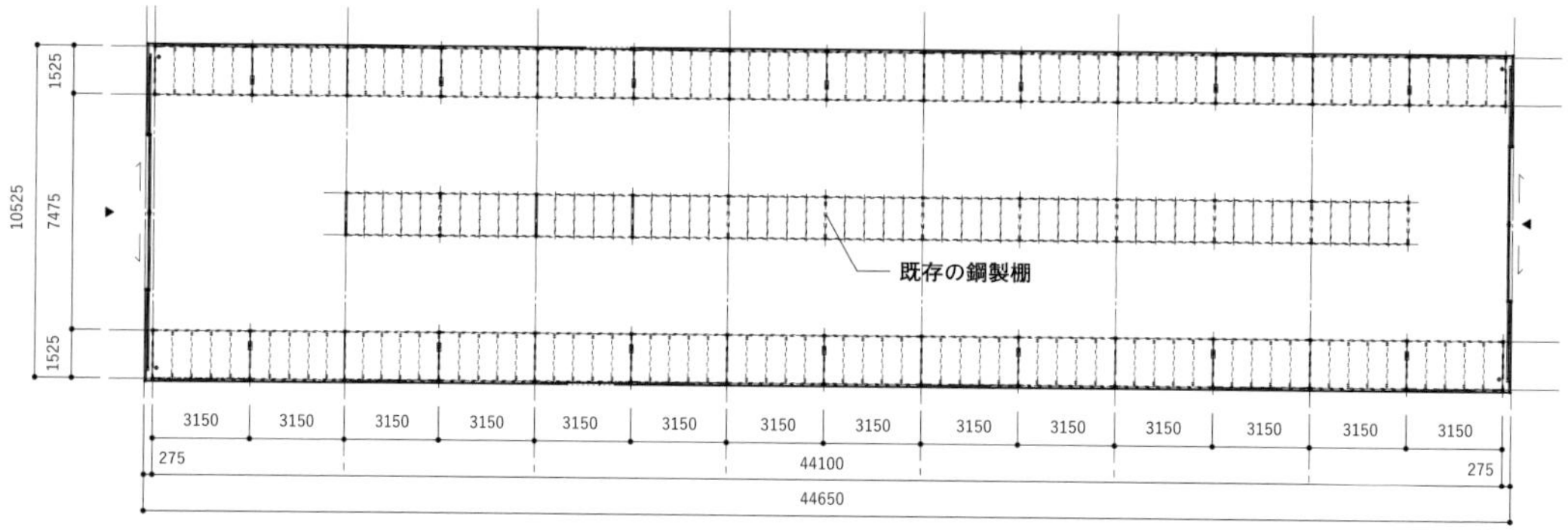
既存の鋼製棚
1525
7475
1525
10525
3150
275
44100
275
44650

平面図

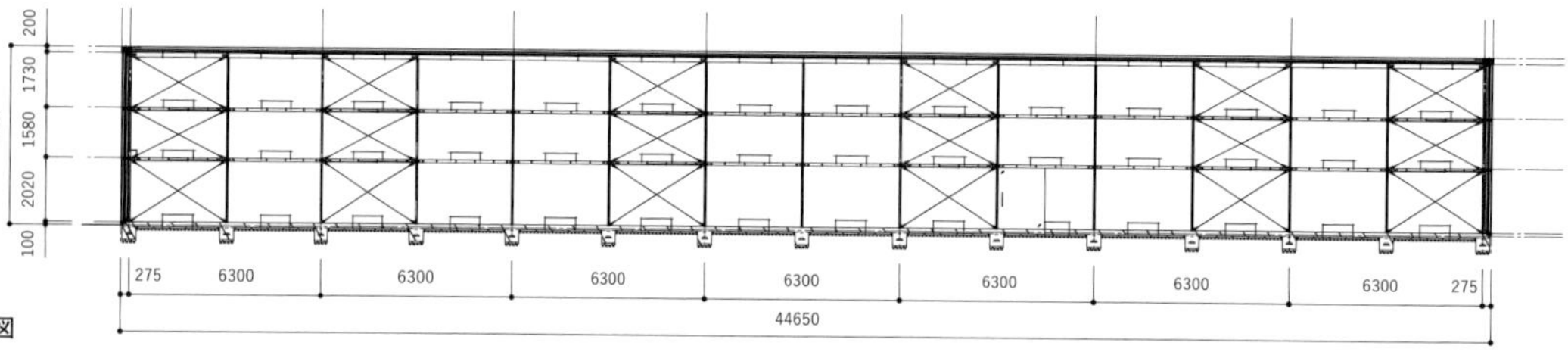
200
1730
1580
2020
100
5630
275
6300
275
44650

長手断面図

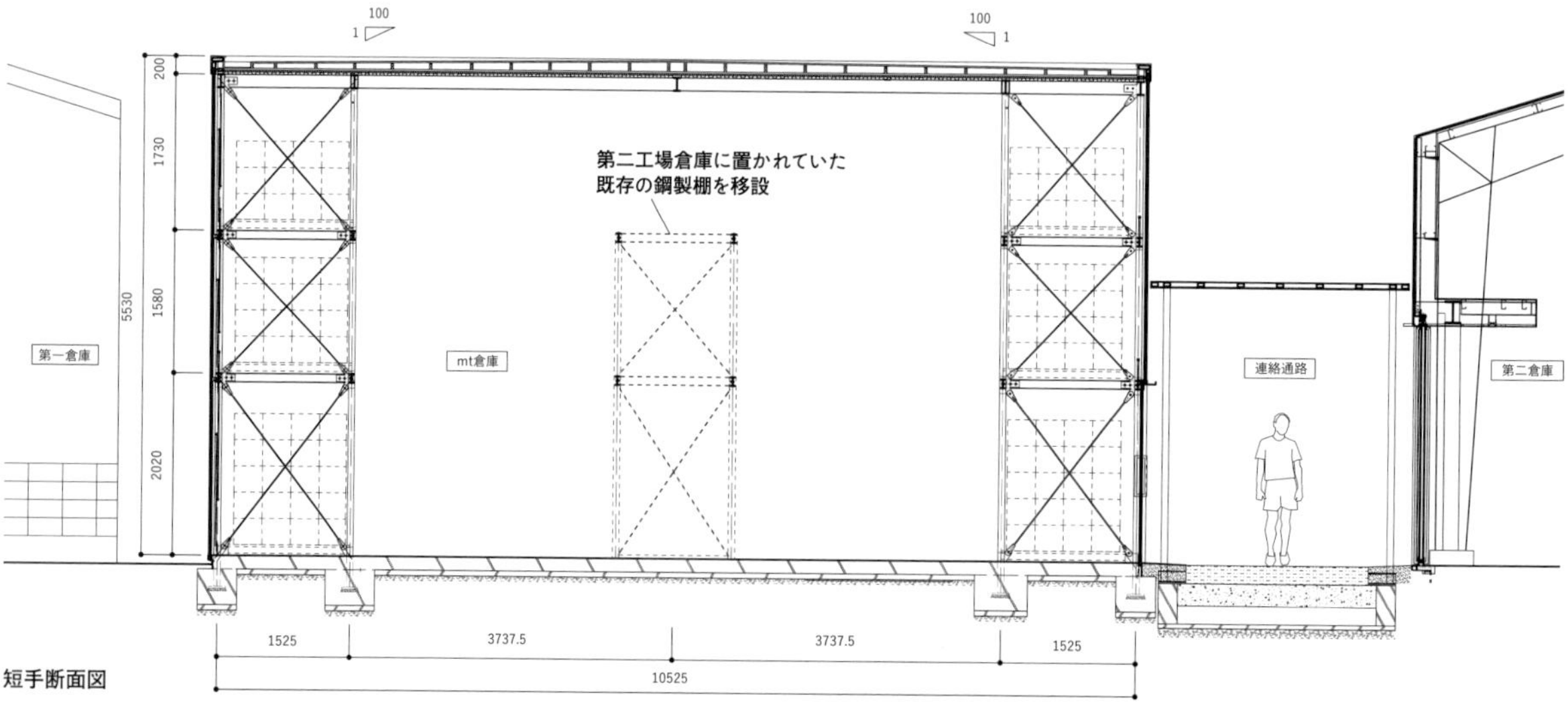
100
1
第二工場倉庫に置かれていた
既存の鋼製棚を移設
第一倉庫
mt倉庫
連絡通路
第二倉庫
200
1730
1580
2020
5530
1525
3737.5
3737.5
1525
10525

短手断面図

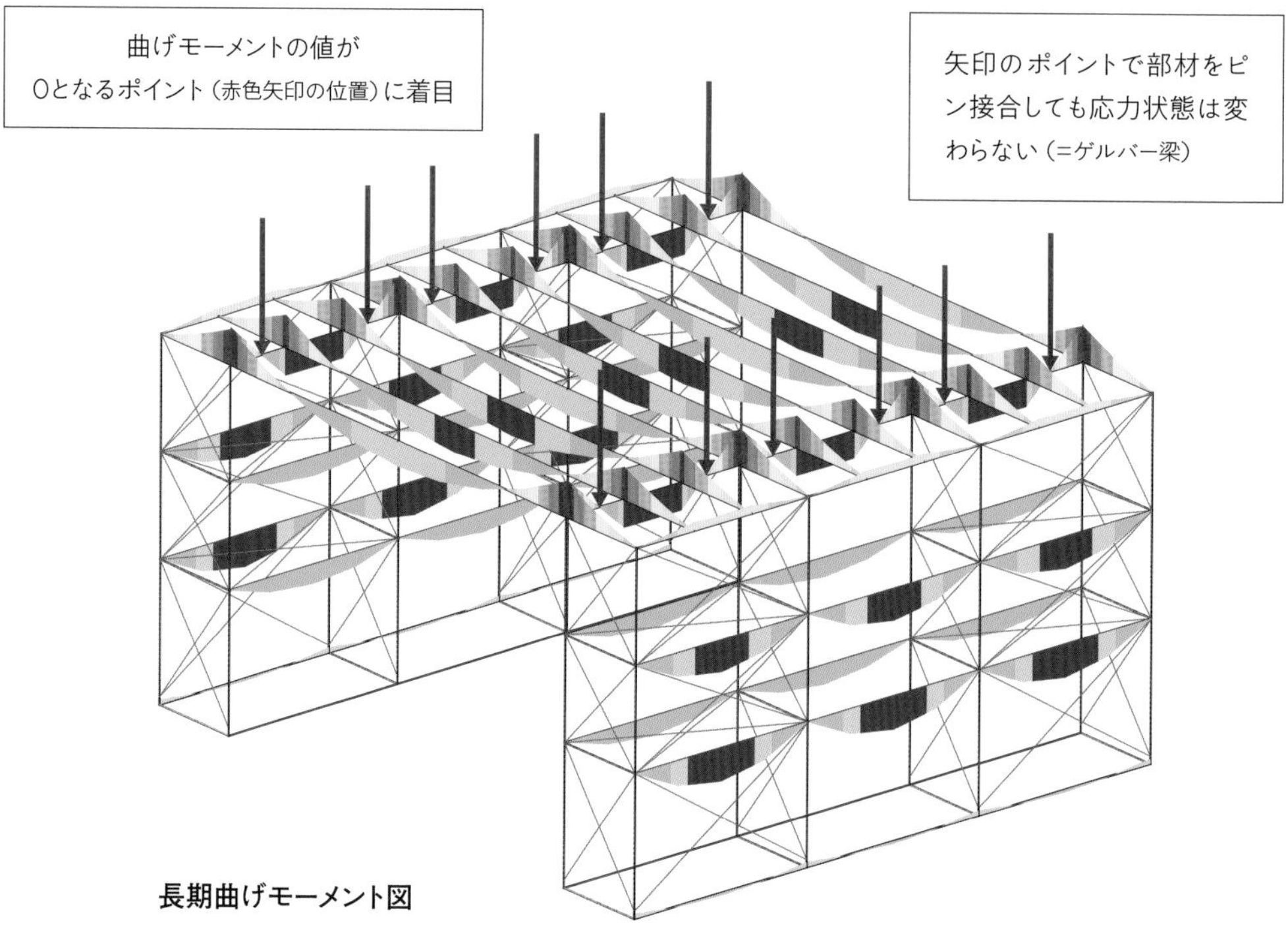
曲げモーメントの値が
0となるポイント（赤色矢印の位置）に着目
矢印のポイントで部材をピン接合しても応力状態は変わらない（=ゲルバー梁）

長期曲げモーメント図

現場接合箇所をすべてピン接合とすることは可能か

「I－75×75」という極小断面でスパン約7・5mの屋根梁を支持するのは簡単ではないが、新規に外壁沿いにつくる倉庫の棚を構造として有効な水平構面として利用できれば、柱の座屈長を1・7m程度の短さに抑えることができるため、それを前提に構造計画を進め、極小断面柱を成立させている。梁幅が柱幅より大きい状態は見た目に軽さが感じられないため、梁のサイズはほぼ自動的にH－150×75×5×7となった。

スパンも決まっているため、剛性や耐力が足りなければ、梁の支配幅（梁のピッチ）で対応することになるが、ここでは3150㎜を三分割した1050㎜ピッチとした。

ただし、その断面で成立させるためには、受梁でスパン方向の梁端部のモーメントを吊り上げておく必要がある。しかし梁幅75㎜しかない場合、剛接合の梁継手は溶接となってしまう。

また7㎜厚のフランジの突合せ溶接は、工場溶接については丁寧に管理が行えても、現場溶接はさすがに保証が難しい。それを避けるために、現場接合箇所をすべてピン接合とすることは可能かを検討し、剛接合は「工場溶接のみ」とし、主スパンを受ける長手列を「ゲルバー梁」にすることで、意図するモーメント分布を実現できそうな運搬ユニットを考案した。

それが柱に直接取り付く青ユニット

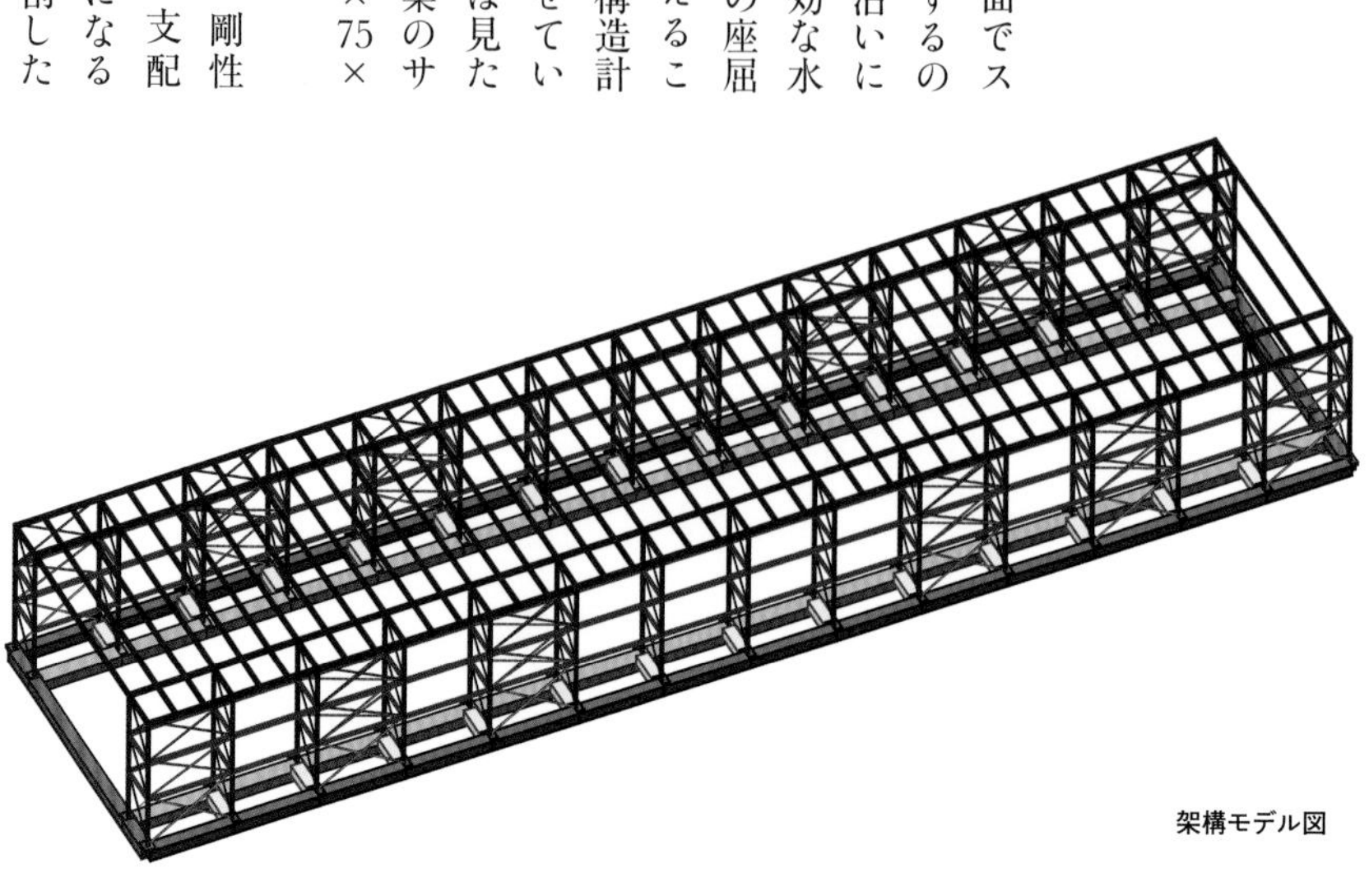

架構モデル図

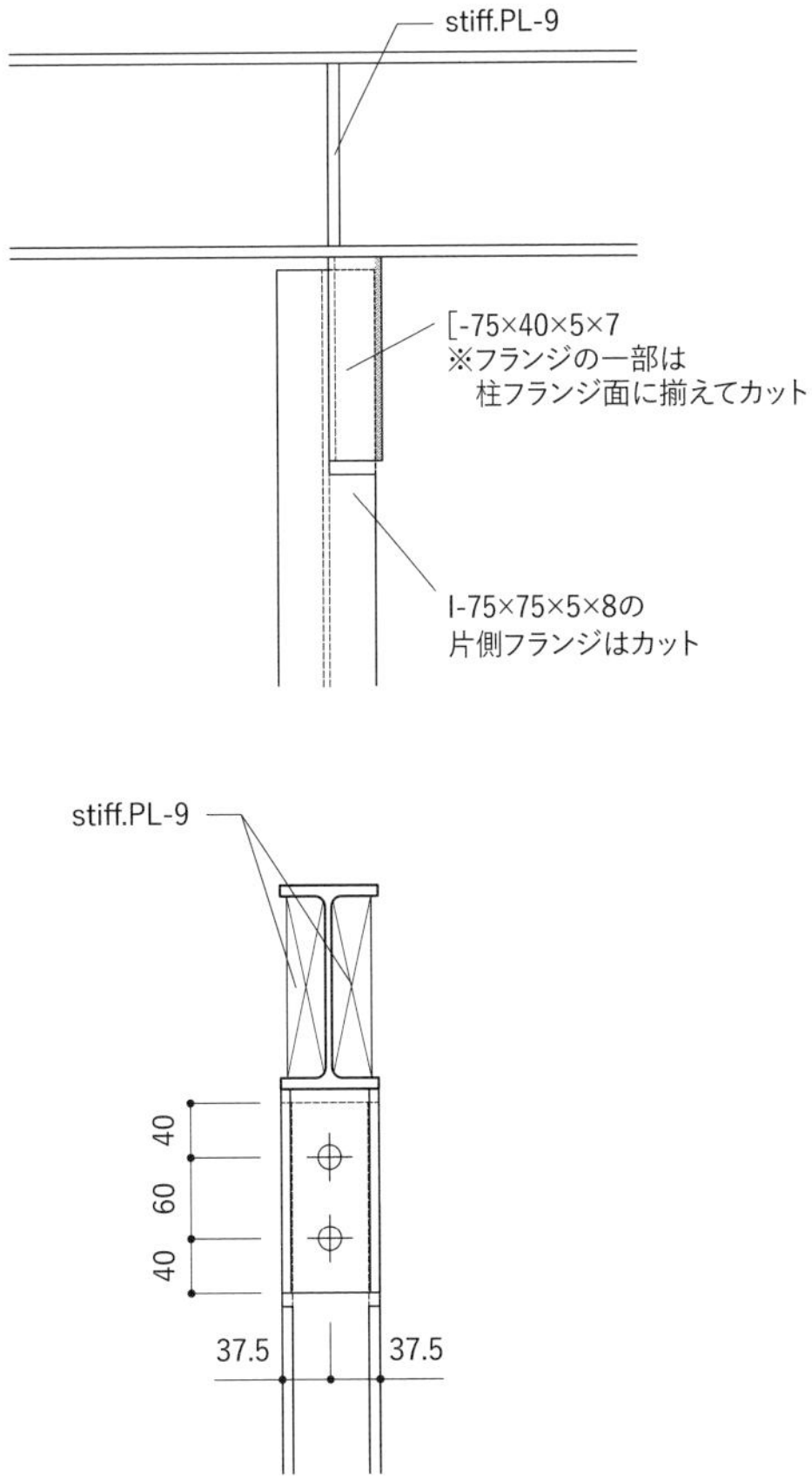

stiff.PL-9
[-75×40×5×7
※フランジの一部は
柱フランジ面に揃えてカット
I-75×75×5×8の
片側フランジはカット
stiff.PL-9
40
60
40
37.5
37.5

柱頭のディテール

10・5m×1・2mと、受梁の中央部を含む赤ユニット10・5m×1・95mの2種である。青ユニットと赤ユニットの接続部はウェブのみを高力ボルト接合したピン接合としている。平板のガセットをI－75×75の中に収めようとするとガセットの端あきが確保できないため、柱に取り付く青ユニットからは溝形鋼C－75×40をぶら下げる形のガセットとし、柱頭の柱フランジをカットしたものと接合する形式とした。以上により、ピン接合のみですべてを実現することが可能であることを確認した。

なお、ゲルバー梁は長期の曲げモーメント分布においてモーメントが0となるポイントを「ピン継手」とすることを意図したものであるため、それだけでは風による吹上荷重等による別の荷重状態に対して不安定モードの発生が懸念された。そのため一列隣の外周列については柱を直接結ぶ「両端ピン梁」とし、不安定モードを解消させている。

これらの工夫により、無理な現場溶接を行うことなく、フランジにボルトが一切現れない状態にすることができる。偶然のひらめきではなく理詰めで、構造部材のみで高度な意匠性をもつ空間を実現できた。

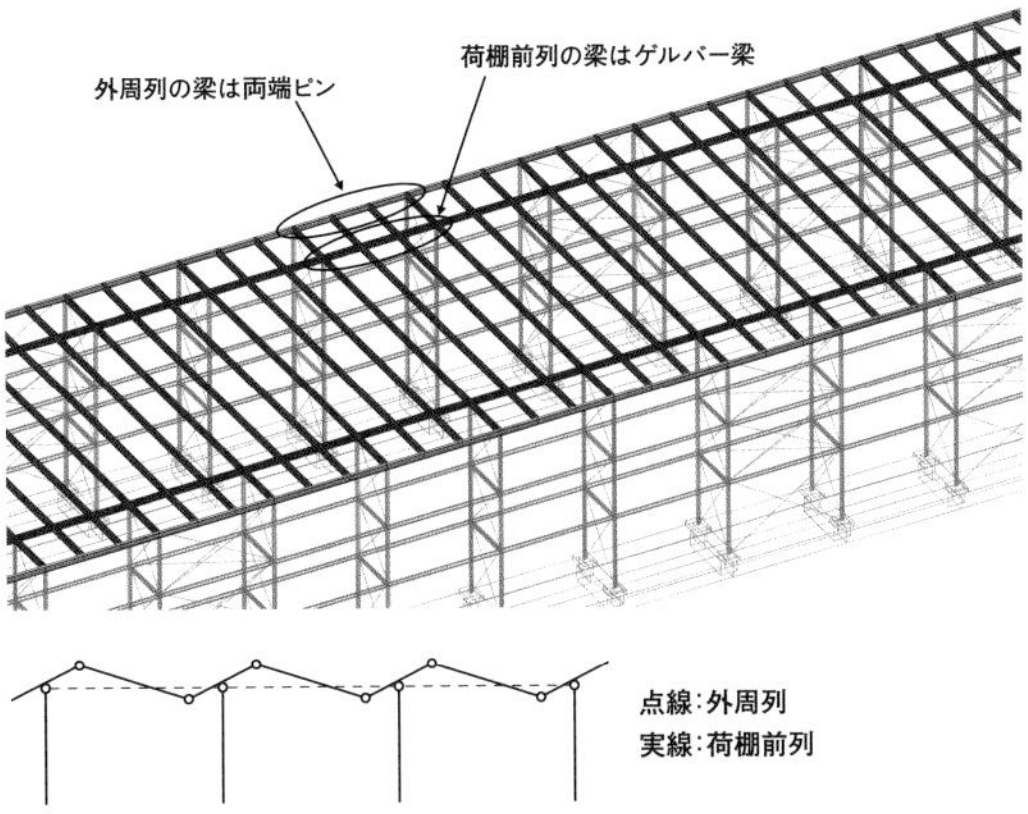

外周列の梁は両端ピン
荷棚前列の梁はゲルバー梁
点線：外周列
実線：荷棚前列

ゲルバー梁特有の不安定モードの解消

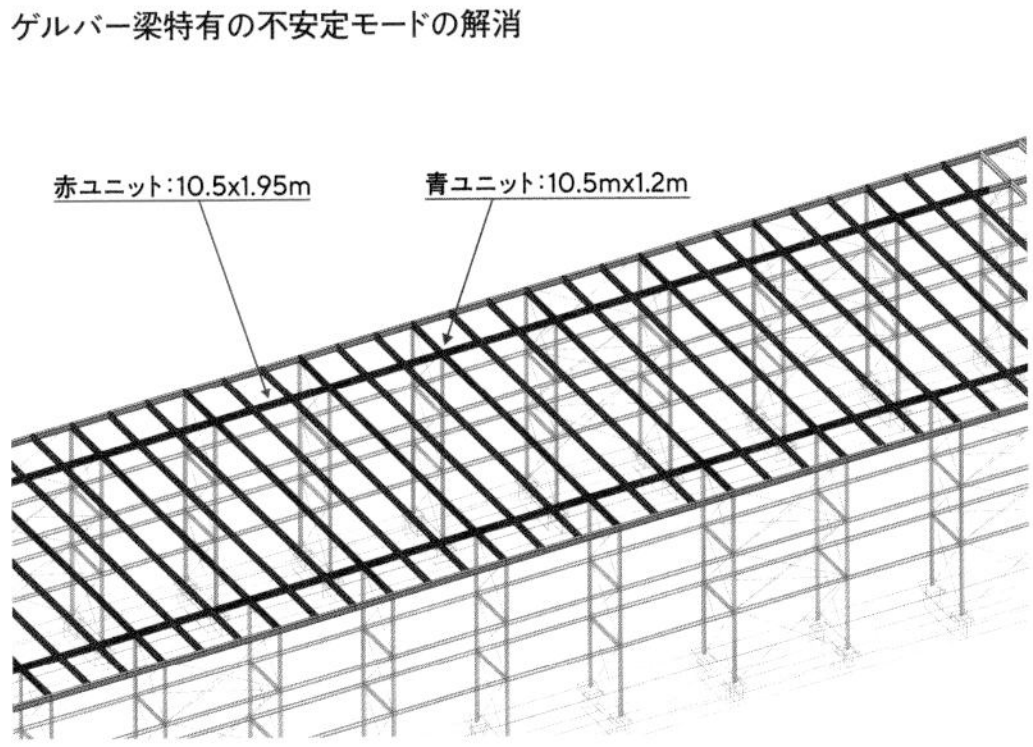

赤ユニット：10.5x1.95m
青ユニット：10.5mx1.2m

屋根梁の搬入部材単位

5 mt裁断棟 (2020)

mtの製造から出荷までの作業工程である、印刷→裁断→梱包→ピッキング→保管、という流れにしたがって工場全体として合理的な生産ラインを構築すべく動線計画の見直しを行った結果、第二製造工場倉庫の北隣に新たに「mt裁断棟」を建築することとなった。

スパン17・5mの工場空間に対し、梁せい3・425mのフィーレンデール架構（@3・65m）とすることで、上下弦材・束材をすべてH-175×175×7×11で構成し、抜け感のある架構を実現した。

下弦材と柱を剛に接合することによる柱の「短柱化」は、建物の水平剛性と耐力向上に寄与し、柱もH-175×175×7×11に統一することができている。「mt新倉庫」とは異なり、鉄骨断面に厚みがあるため、この建物の主架構ではフランジのみでなくウェブも含めて専用治具を利用した現場溶接を採用している。

フィーレンデール同士は、上弦材と同レベルで束材の取り付く位置においてH-175×175をつなぎ梁として剛接合で配置し、面内ブレースを設けずに面内剛性を獲得している。

また、下弦材レベルの外周梁もH-175×175を用いて耐風要素とし、外壁下地としてデッキプレートをこのレベルから床まで縦方向に用いている。

これらの工夫により、屋根や壁には胴縁や屋根面ブレースなどの二次部材は不要となり、すべてがH-175×175×7×11で構成された、ヒエラルキーの消失した抽象的な架構を実現することができている。

建築設計：武井誠+鍋島千恵／TNA
構造設計：満田衛資構造計画研究所

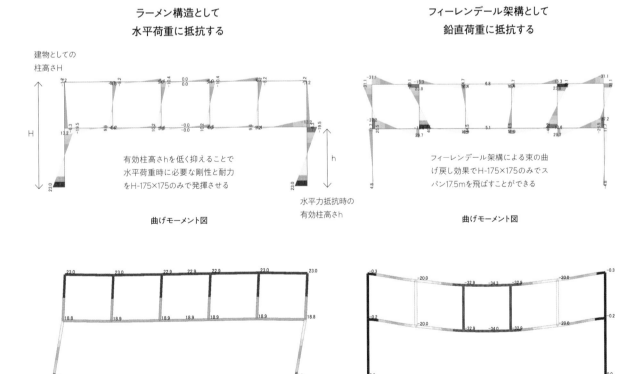

ラーメン構造として水平荷重に抵抗する

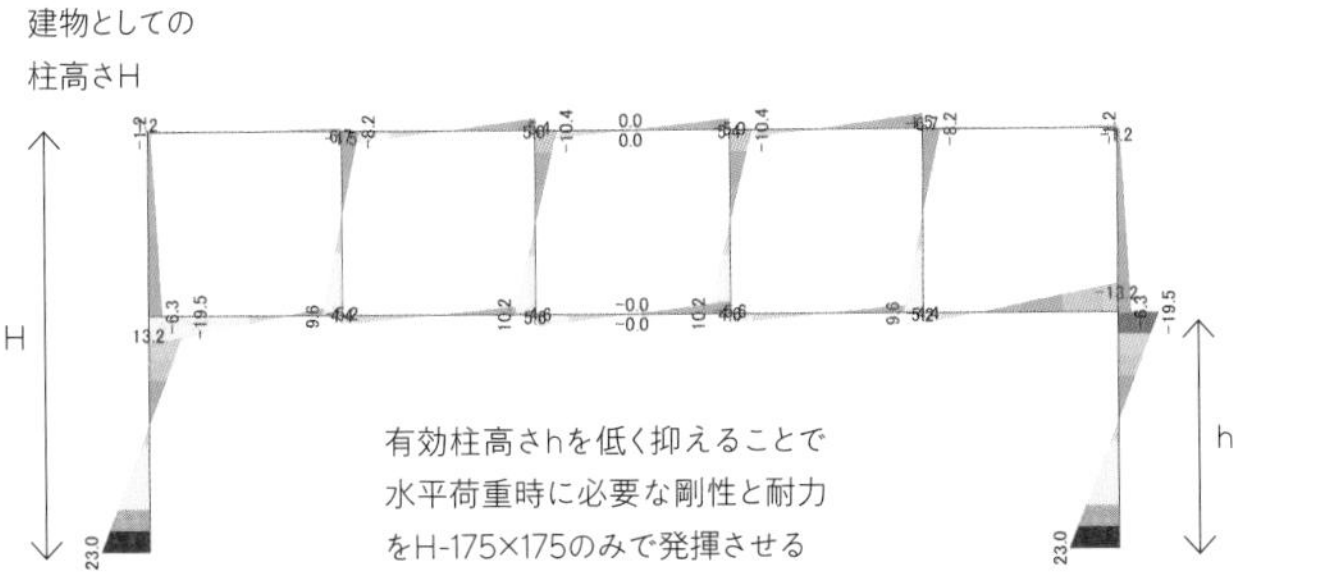
建物としての
柱高さH
H
h
有効柱高さhを低く抑えることで
水平荷重時に必要な剛性と耐力
をH-175×175のみで発揮させる
水平力抵抗時の
有効柱高さh

曲げモーメント図

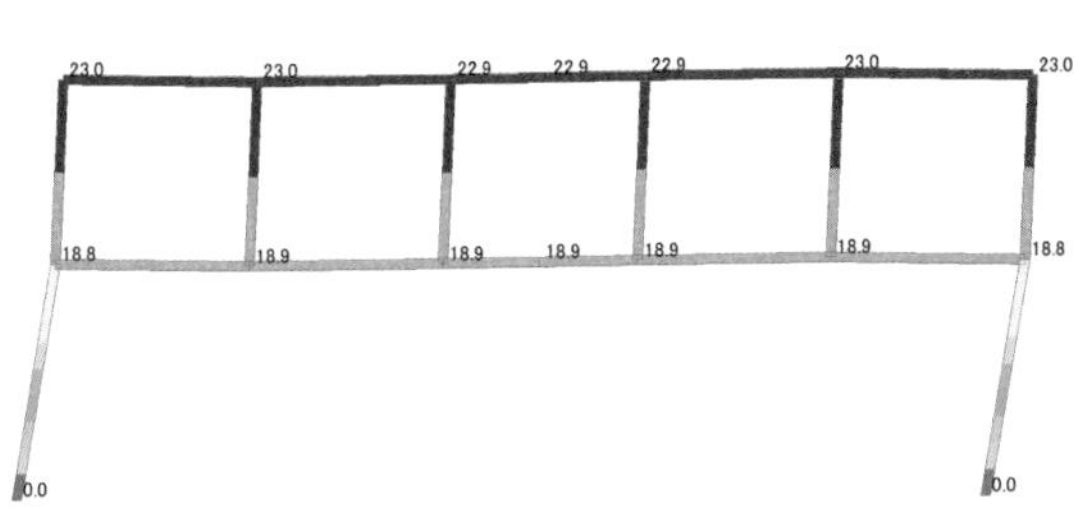

変形図

フィーレンデール架構として鉛直荷重に抵抗する

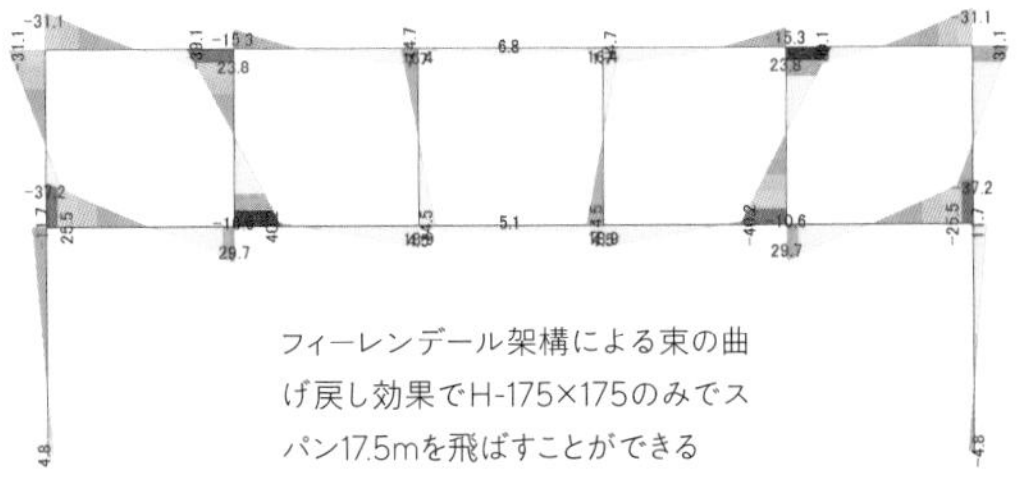
フィーレンデール架構による束の曲
げ戻し効果でH-175×175のみでス
パン17.5mを飛ばすことができる

曲げモーメント図

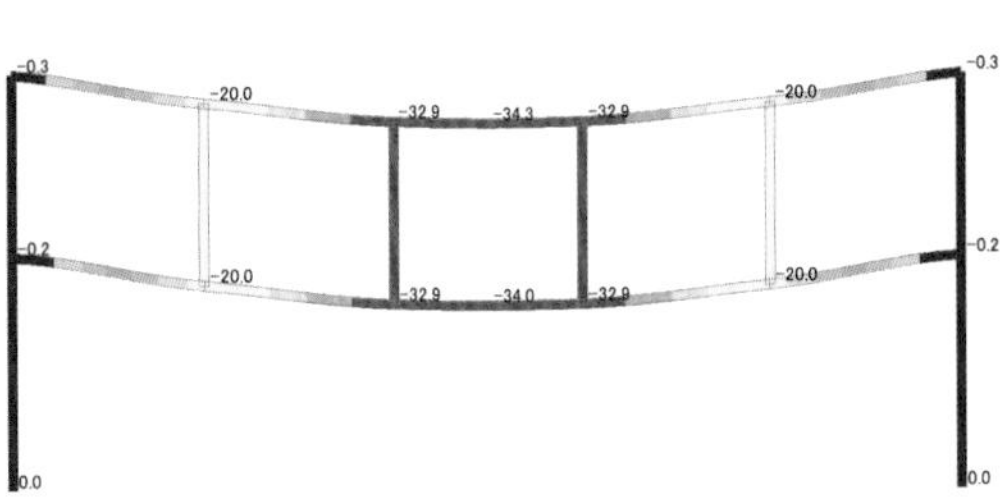

変形図

5

大野博史

Hirohumi Ohno

大野博史（おおの・ひろふみ）
1974年生まれ
1997年　日本大学理工学部卒業
1998年　IAESTEを通じたユーゴスラビアENERGOPROJECTでの海外研修
2000年　日本大学大学院理工学研究科修了
2000年　池田昌弘建築研究所
2005年　オーノJAPAN設立

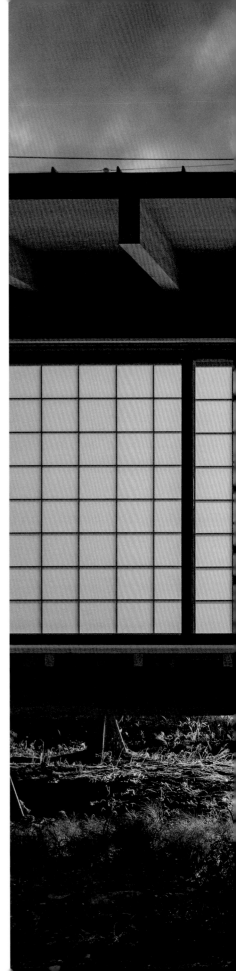

明野の高床

コンクリートを使わずに建築はつくれるか

建築設計：能作文徳建築設計事務所
構造設計：オーノJAPAN

模型写真

土に還るマテリアルと脱コンクリート化

山梨県北杜市に立地する住宅の計画。建築家との最初の打合せは、「コンクリートを使わずに建築をつくりたい」という話からはじまった。周辺には石積みの造成や棚田、水路が所々に残り、南側には富士山、西側には南アルプスを望む、ゆるい斜面の一部が敷地である。自然環境の豊かなところに住む若い施主夫婦の希望もあり、地球環境に配慮した建築が求められ、以下のコンセプトが掲げられた。

・健全な土壌を保つ建物の計画
・脱コンクリート化
・土に還るマテリアル（藁）
・オフグリット化

健全な土壌を保つため、建物を「高床形式」とし、地面が呼吸可能な状態をつくり出し、接地面積を小さくして土工事を減らすことで、そこにある土を活かすことも可能な提案とした。基礎は「鉄骨によるコーン状基礎」とし、1階床も木軸でつくることでコンクリートを完全に排除している。主要構造部を木造とすること以外にも、断熱材には藁を用いたストローベイルハウス構法を採用することで土に還るマテリアルを実現。〝オフグリット化〟では太陽光を最大限享受できるように南面に傾斜した片流れの木造平家の計画とした。

設計スタディのポイント

下屋の構造

玄関、トイレなどの下屋になる部分は、下部に基礎がないため、本体からのキャンチレバーとして設計する必要がある。

耐震要素の配置スタディ

南面に開口部を多く設ける平面計画のため、耐震要素は諸室の開口サイズを調整して、耐力壁を配置する。

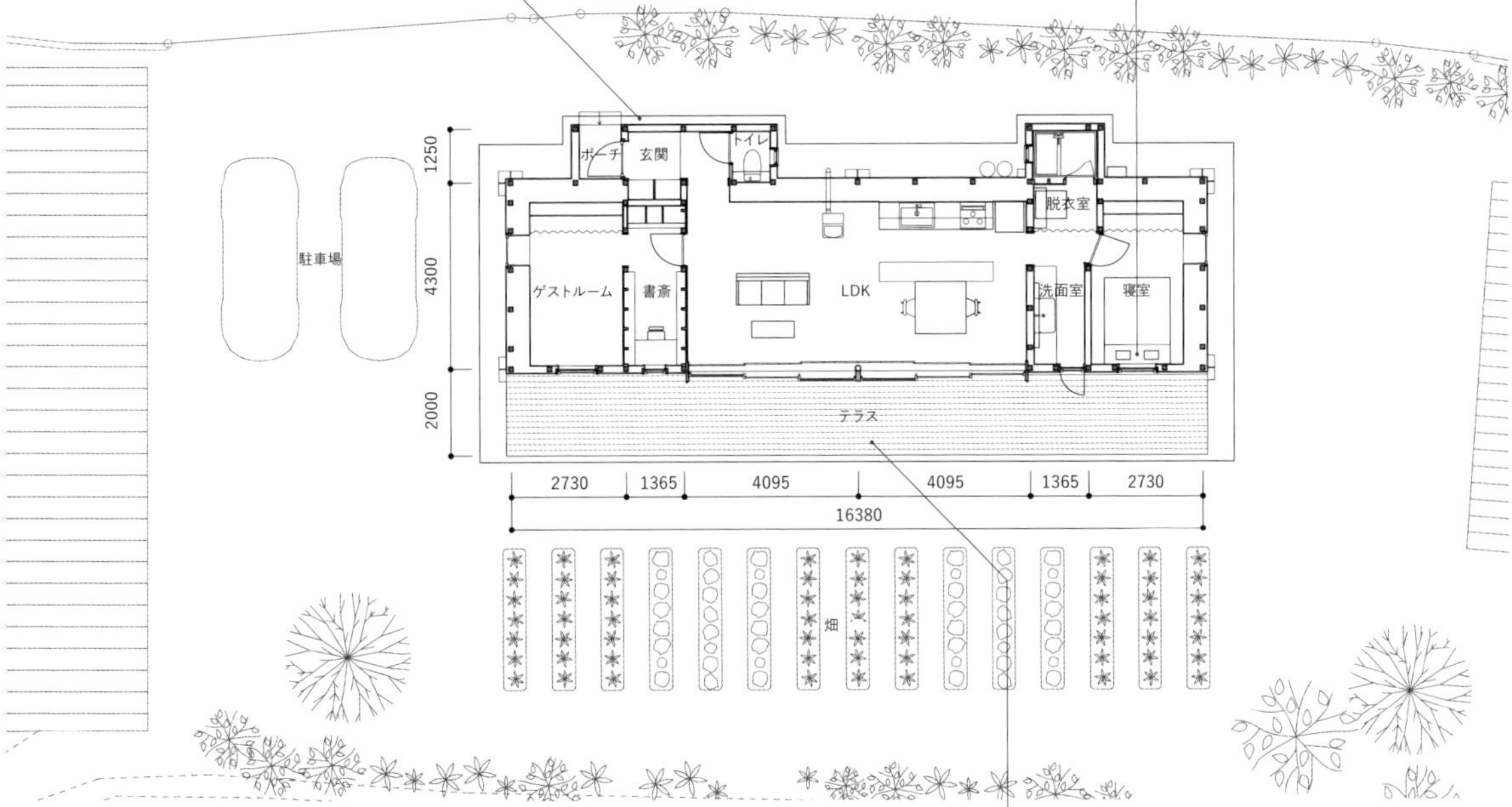

キャンチレバーを実現する梁の配置スタディ

縁側と軒ともにキャンチレバーとなるが、それを支える基礎・柱の配置に違いがあるので異なる形式を考える。縁側は大梁方式、軒は垂木方式。

1階床のつくり方

1階に土間スラブや基礎がないため、「自立する床」をつくる必要がある。内外を区切る床でもあるので、断熱や気密に配慮した設計が求められる。

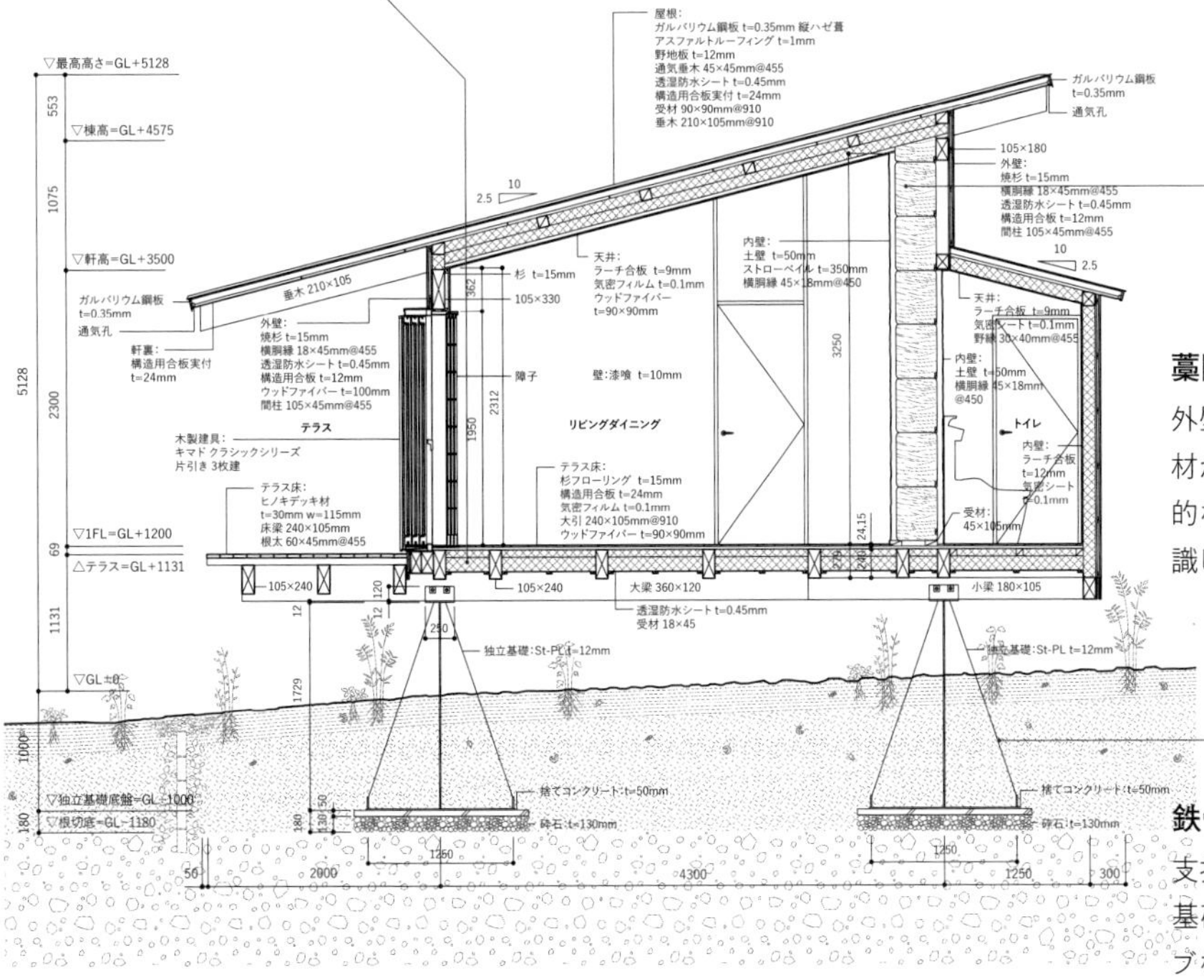

藁断熱

外壁に面する部分には藁を用いた断熱材が採用されている。比重や厚みは一般的な断熱材よりも重くなるため、重心を意識した耐力壁配置を考える。

鉄骨基礎

支持層まで基礎を到達させるため、鉄骨基礎は長期、短期ともに設計が必要。リブを配置したコーン状基礎として剛性も確保する。

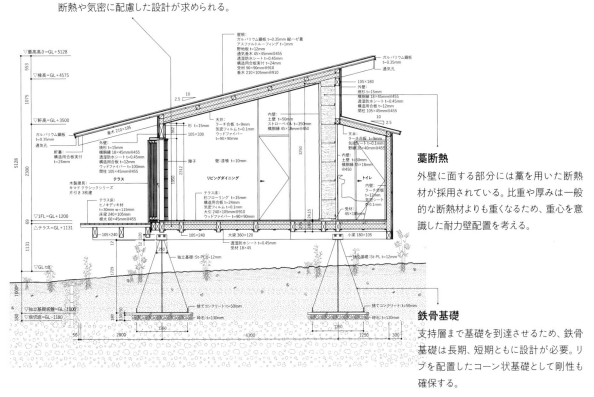

昔の建築と地面との関係

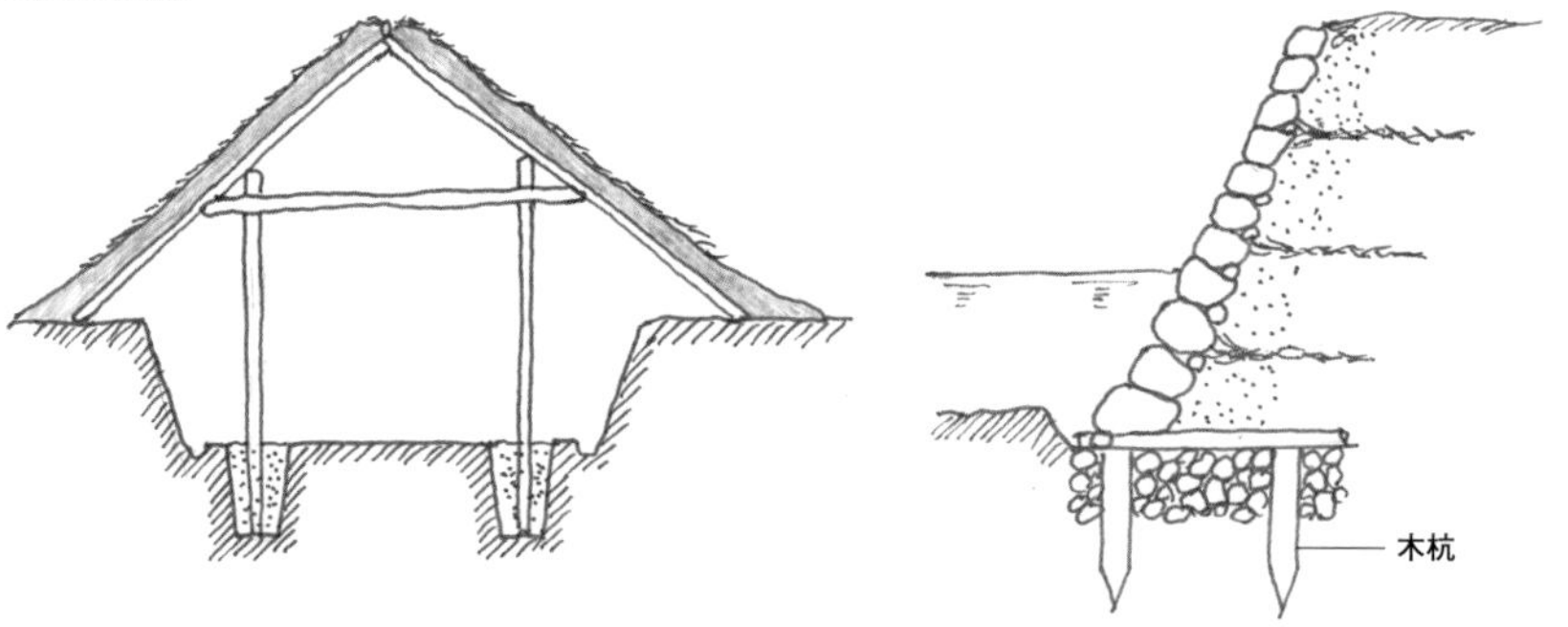

竪穴式住居（掘立柱）　　城壁・石垣（木杭）

神社仏閣の基礎

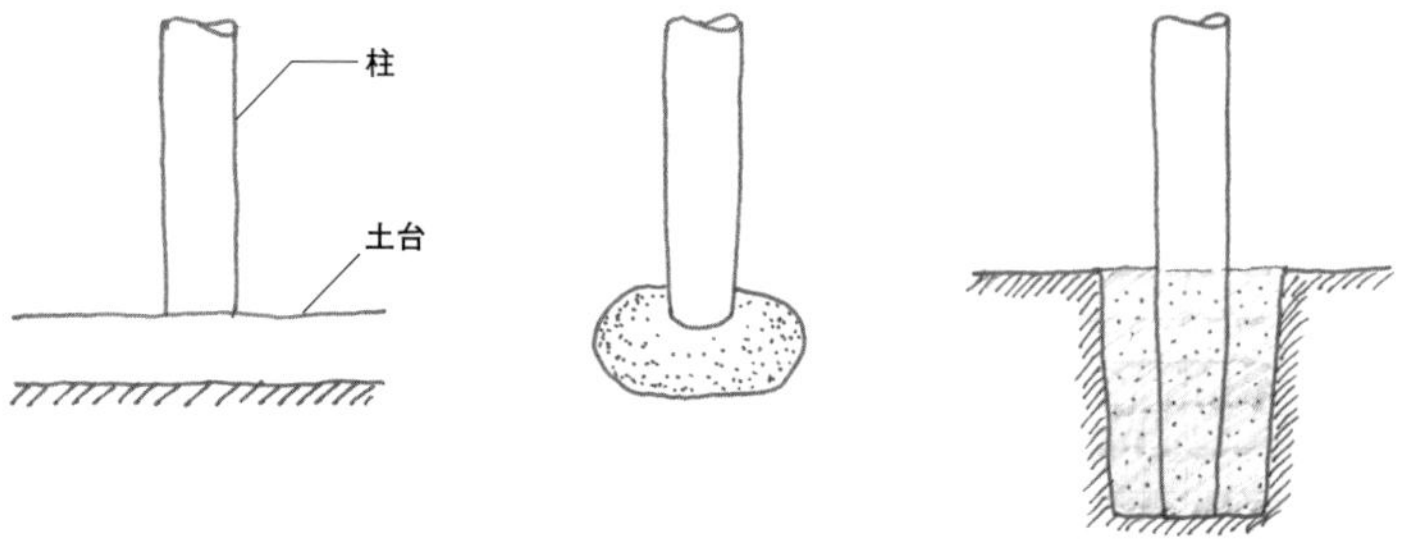

土台式　　礎石式（石場建て）　　掘立柱式

コンクリートでつくられる現代の基礎

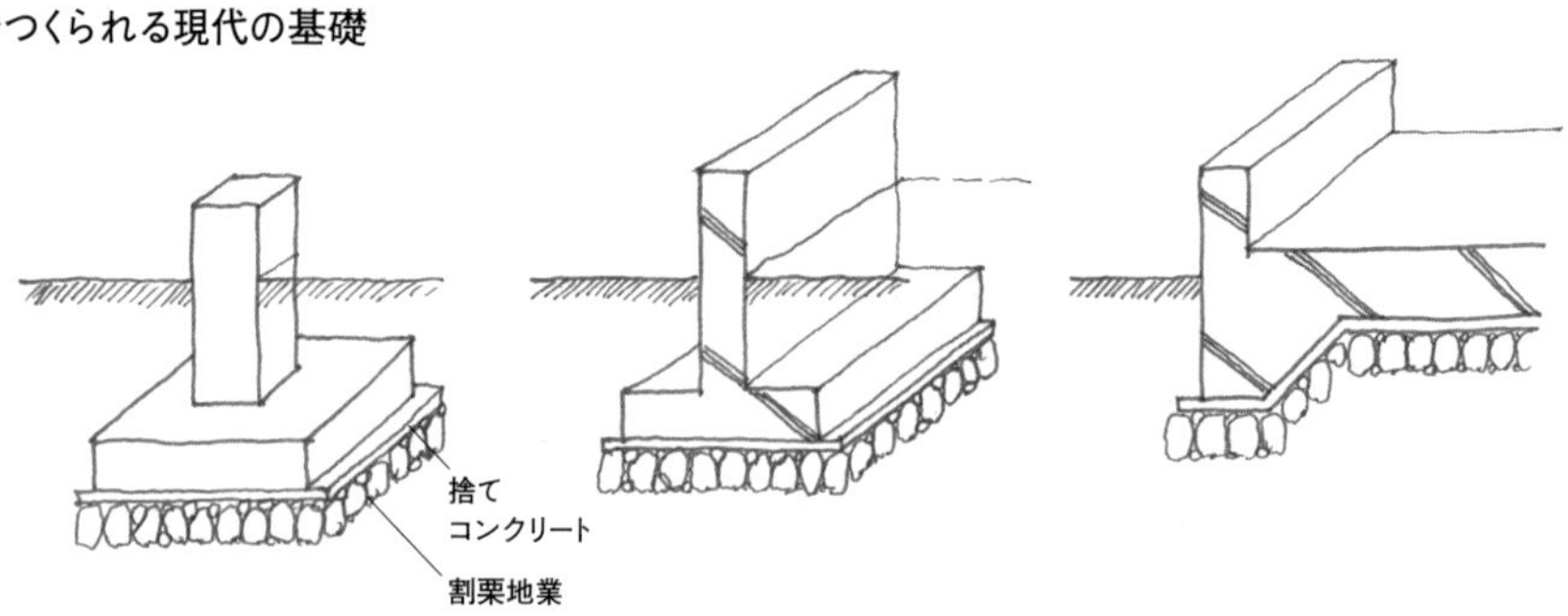

独立基礎　　布基礎　　ベタ基礎

現代の常識を問いなおす

構造種別を問わず、基礎はコンクリートでつくるのが現代の常識である。地面と建物が接する部分では不陸調整が必要であり、土からの湿気を遮断する防湿性も求められる。構造的にも土の耐力に合わせた基礎接地面積が必要になり、基礎形状に合わせて均一な素材でつくることが求められるため、コンクリートはそれらを解決するのにとても適した素材である。

では、コンクリートのない時代には、どのように基礎をつくっていたのだろうか。

今回の計画で求められる「脱コンクリート化」は、基礎でそれを実現する必要があり、そのための方法としては、コンクリートのなかった時代の事例が参考になる。

伝統工法とされている寺社仏閣の基礎では、「石場建て」という石を基礎にした独立基礎の形式が多く見られる。寺社仏閣が比較的地盤のよい場所に計画されたことや、建物がそれほど重くないことも関係しているだろう。石を加工し、直接柱や束を載せている。お城などは地盤の悪いところにも計画され、石垣となる城壁も重いため、木杭を多数配置し、その上に砂利や砕石で締め固めを行い、築城していたようだ。

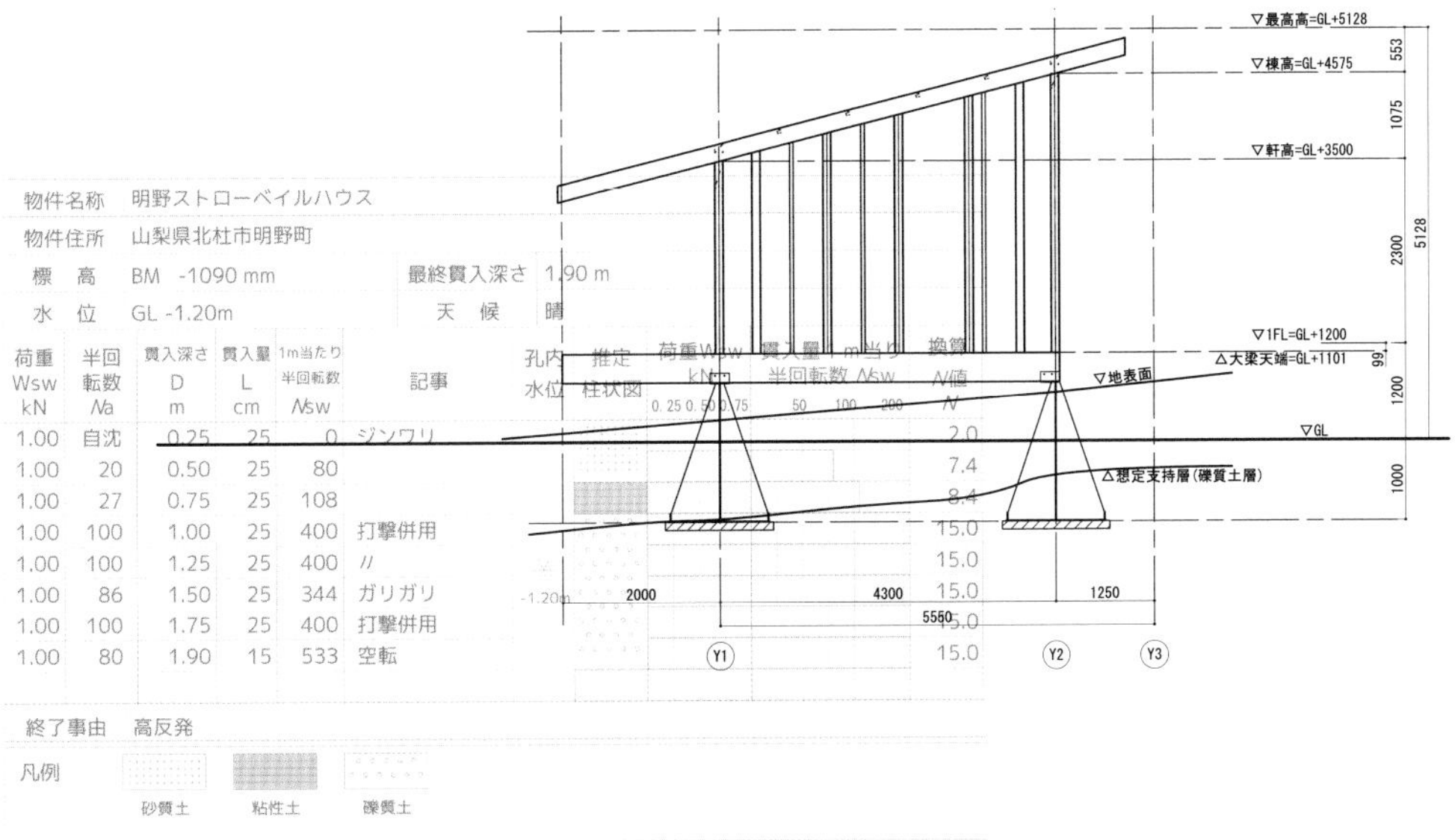

物件名称	明野ストローベイルハウス
物件住所	山梨県北杜市明野町
標高	BM -1090 mm
水位	GL -1.20m
最終貫入深さ	1.90 m
天候	晴

荷重 Wsw kN	半回転数 Na	貫入深さ D m	貫入量 L cm	1m当たり半回転数 Nsw	記事	換算N値 N
1.00	自沈	0.25	25	0	ジンワリ	2.0
1.00	20	0.50	25	80		7.4
1.00	27	0.75	25	108		8.4
1.00	100	1.00	25	400	打撃併用	15.0
1.00	100	1.25	25	400	//	15.0
1.00	86	1.50	25	344	ガリガリ	15.0
1.00	100	1.75	25	400	打撃併用	15.0
1.00	80	1.90	15	533	空転	15.0

終了事由　高反発

凡例　砂質土　粘性土　礫質土

地盤調査資料

当初、鋼管杭による基礎を想定していたが、良好な固い砂質系地盤が出現したため独立基礎による計画に変更。スウェーデン式サウンディング調査によりN値は150を超えており、約120kN/㎡の地耐力が得られることになる。基礎上部に盛られる土の重量を差し引いても有効地耐力は100kN/㎡となる。

直接基礎の可能性

「脱コンクリート化」は、布基礎やベタ基礎などの「面」で支持する形式よりは杭基礎か独立基礎のような「点」で支持する形式の方が実現しやすい。地盤の良し悪しで、石場建てのような独立基礎か、杭基礎を鉄骨でつくることを考えた。

地盤が弱い場合に用いられる杭基礎には、コンクリート杭以外に鋼管杭も存在する。脱コンクリート化をめざすのであれば、鋼管杭になる。しかし、地盤調査を行ったところ、比較的良好な地盤が地表面から1m程度のところに出現したため、そこを支持層とする「鉄板による独立基礎」として計画を見直した。

独立基礎は、基礎面積を広げるために一辺を1・25m角の正方形とし、高床と基礎底面を十字の柱でつないでいる。1階床から支持層までの高さ2mある十字断面の柱は、水平力を円滑に応力伝達するためには下部に広がる形状の方が合理的であるため、「コーン形状」とした。一般的な独立基礎は基礎梁と剛接合されているが、ここでは木造の1階床梁を載せただけの「ピン接合」となる。基礎梁による剛性で不動沈下を防ぐことができない点、基礎配置により木梁のスパンが決定する点などを考慮し、4m程度の間隔で独立基礎を配置することとした。

鉄骨基礎と木梁の取り合い

独立基礎の転倒は鉄骨基礎底面で抵抗するが、その入力地震力は頂部の木梁との接合部から伝達されるため、それに耐えうる設計が必要になる。十字柱上部、木造との接合部にはU字形状の鞍型金物を配置し、そこに木梁をはめ込むように考えた。

製作中の鉄骨基礎

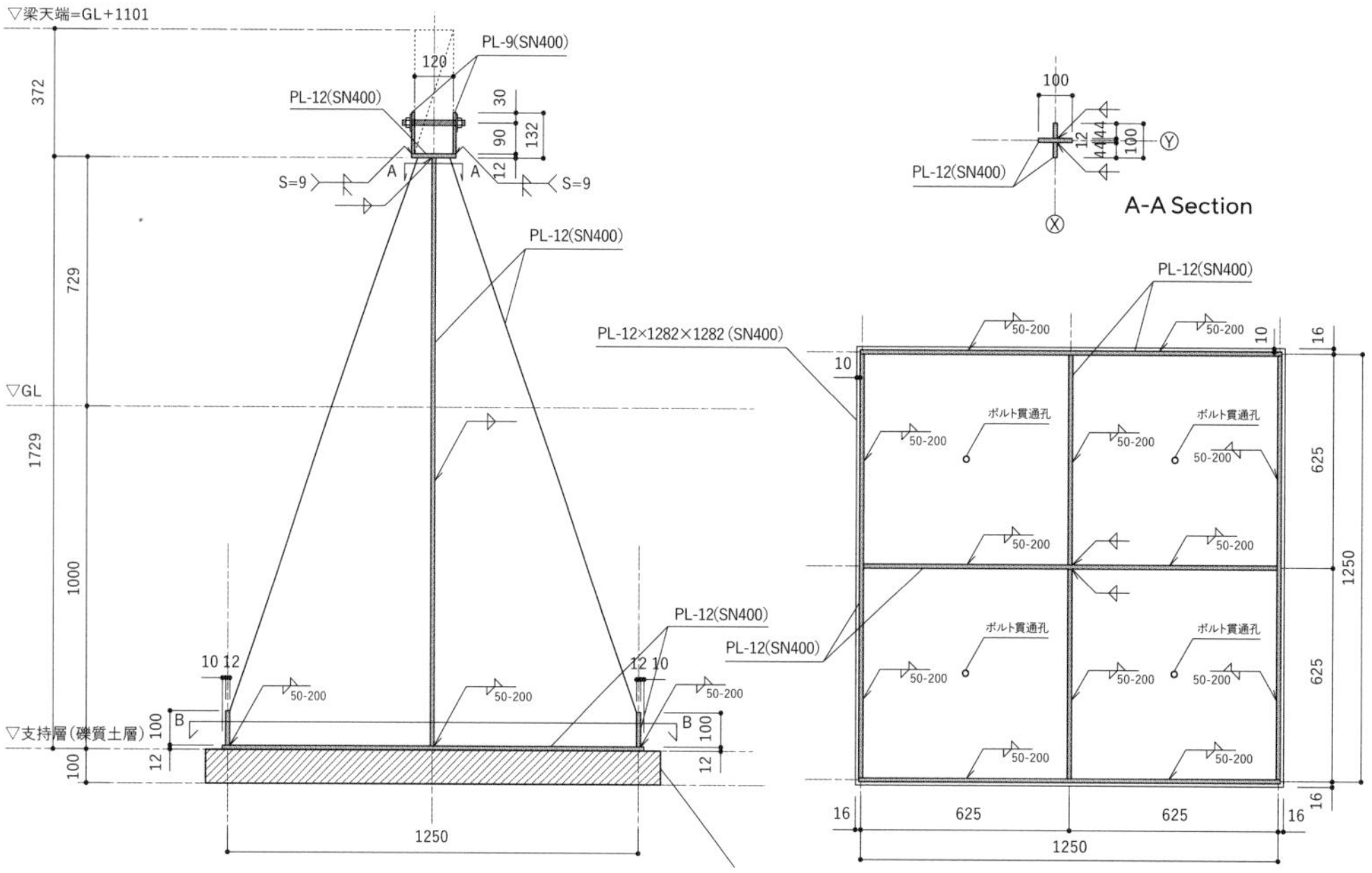

▽梁天端=GL+1101
PL-9(SN400)
PL-12(SN400)
S=9
▽GL
▽支持層(礫質土層)
50-200
1250
A-A Section
PL-12×1282×1282 (SN400)
ボルト貫通孔
625

独立基礎断面詳細図

B-B Section

鉄骨基礎のこと

基礎を鉄骨でつくる際には錆に対する考慮を設計で見込む必要がある。参考になったのは土中にある鋼管杭の設計方法である。一般的な敷地で計画される鋼管杭の錆による腐食代は1mmとされている。環境によってもその腐食進行速度は異なるが、劣悪な環境でなければ0.01mm/yrという計測結果もあり、おおよそ100年で1mmとなる。本計画のように地面から基礎を突出させる状態では、雨水と大気に交互に接することから、その進行速度はもう少し早いことが考えられるが、見える場所でもあり維持管理が容易にできることから、1mmの腐食代を考慮した設計を行った。

軒先と基礎下

1階の高床と基礎配置、南面の縁側、軒の関係がよくわかる

蓄熱体としての藁ブロック

コンセプト　アクソノ

断熱に用いられているのは、藁ブロックである。藁ブロックのサイズは３５０㎜×４００㎜×９００㎜、片手でもてるほどの重量である。それを数段圧縮しながら積み重ね、外壁側胴縁と内側の竹ではさむようにシュロ縄で緊結される。そこに粘土と砂を２：１で混ぜ、荒土壁の要領で塗り込めていく。素材自体はさほど重くないものの、土も混ざることで一般的な仕上げ材よりも重い壁となるため、外側の合板を耐力壁として利用している。また、壁自体を支えるために床梁も別途配置するなど配慮が求められる。壁の重量増は構造的には不利であるが、住環境として考えると、室内温度を安定させる蓄熱体としての利用が可能である。

藁ブロックは1階床や屋根面での使用も検討されていたが、施工性、工期の問題から、木くずを圧縮した断熱材であるウッドファイバーに変更されている。建物の大部分が土に還るマテリアルで構成されている。

藁ブロックの壁体

建方

コンクリートのない現場のため、建物直下が土となり建方後に土足で上がると建物が汚れるため、敷地には全面ブルーシート養生がされている。

内観

南側の軒庇、縁側に面して大きな開口を確保した計画。リビングの南面には耐力壁はなく、諸室の壁を利用している。開口面には障子が配置され、光と熱環境を調整する役割を担っている。

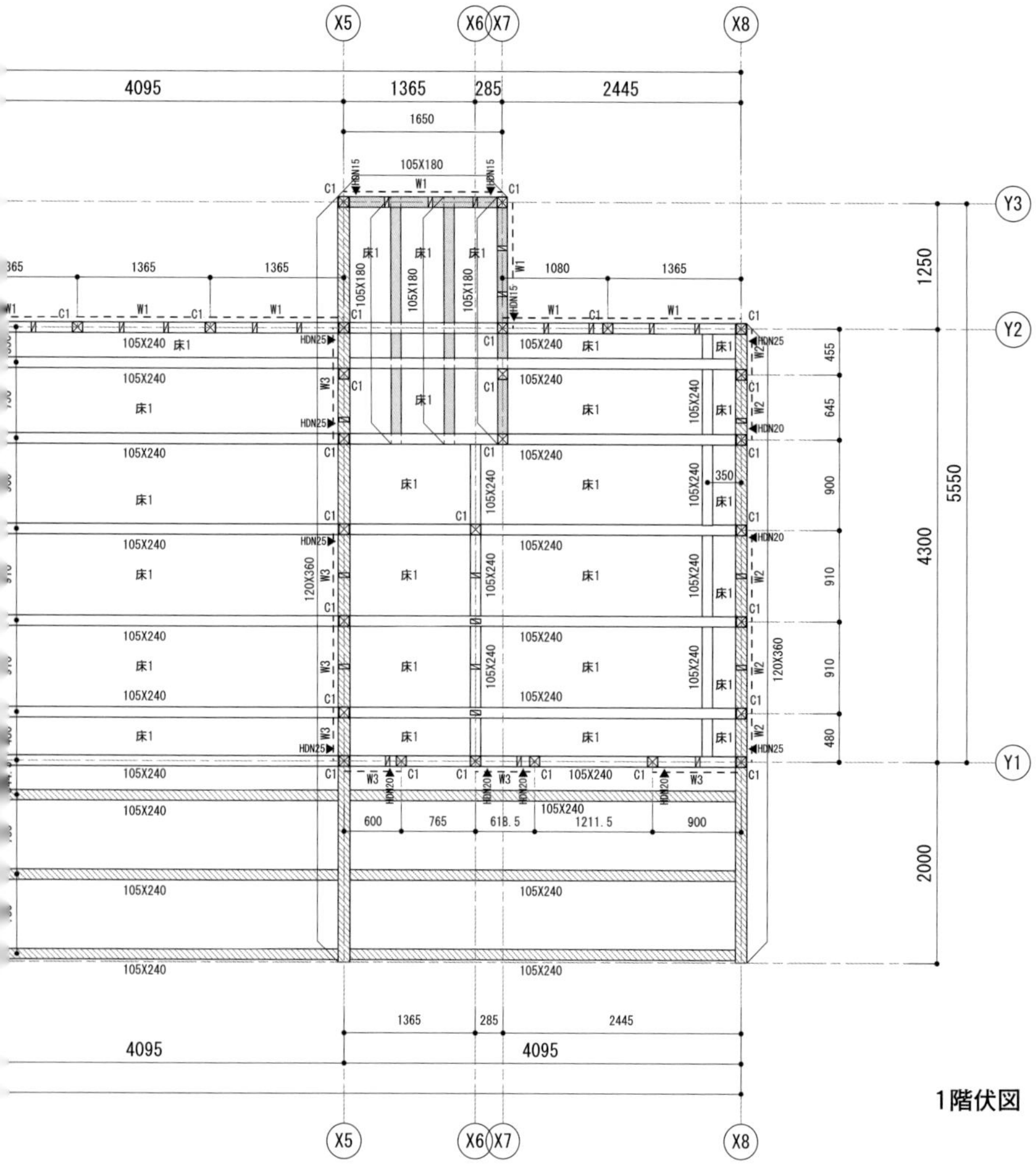

1階伏図

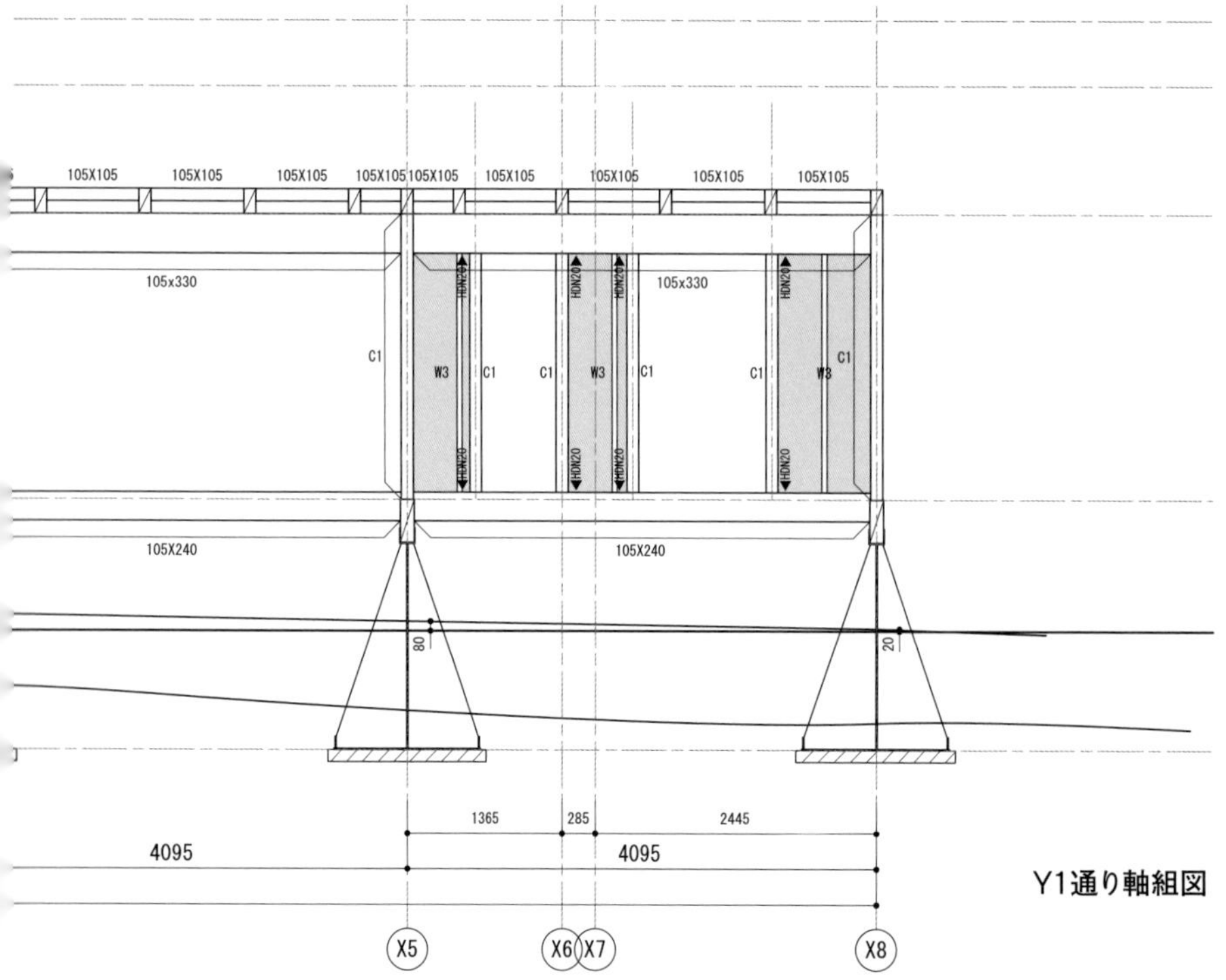

Y1通り軸組図

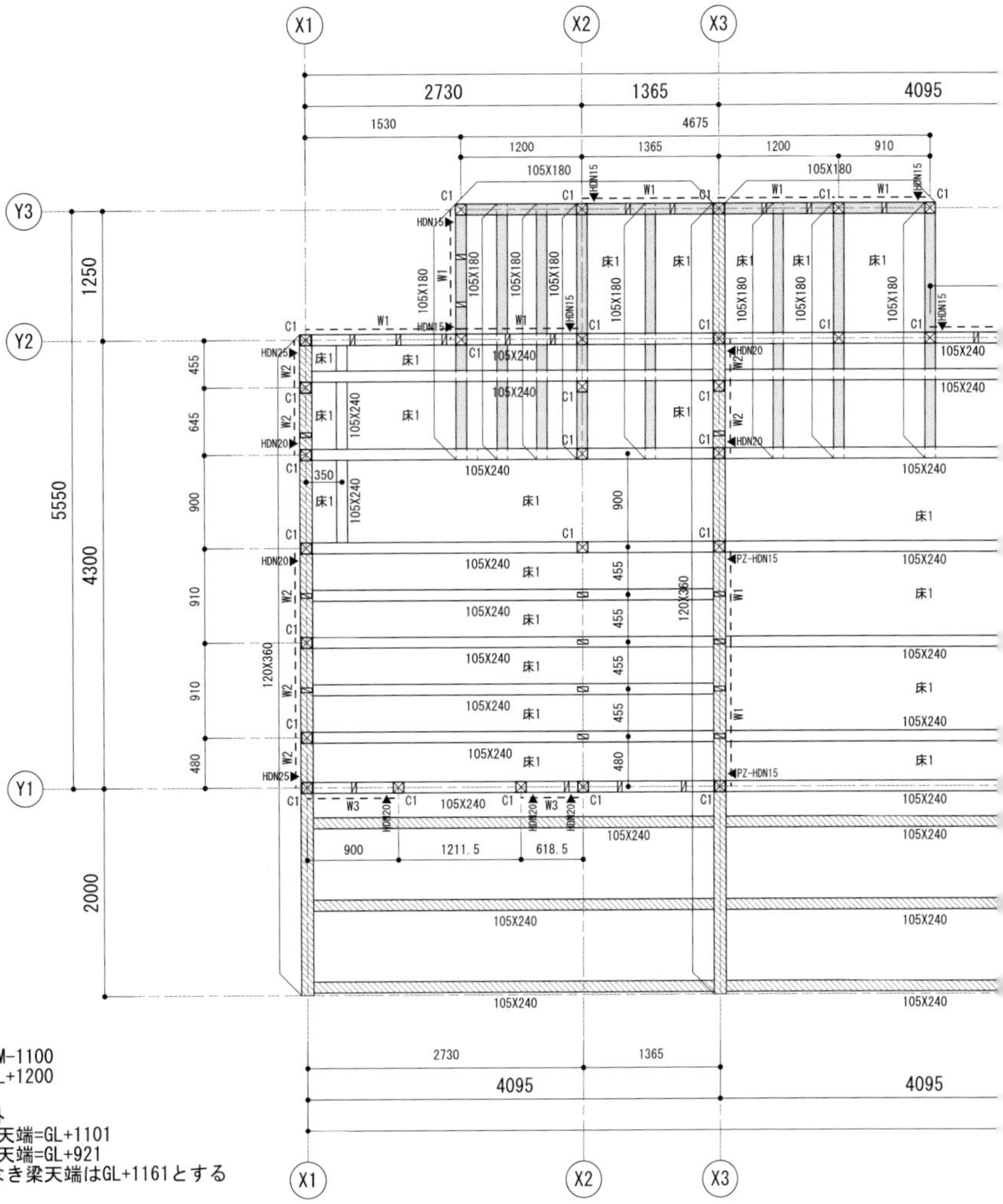

GL=KBM-1100
1FL=GL+1200

特記外
梁天端=GL+1101
梁天端=GL+921
特記なき梁天端はGL+1161とする

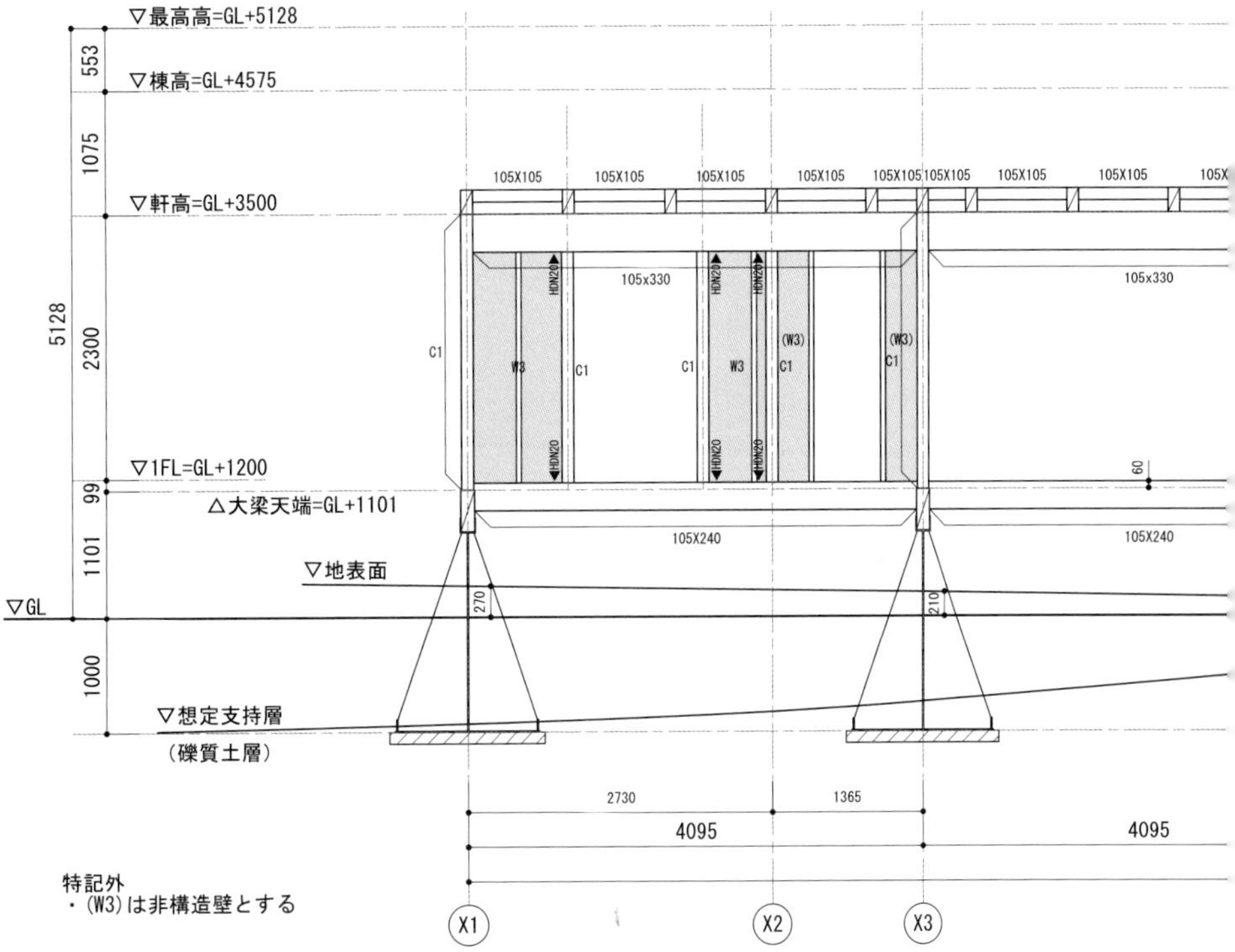

特記外
・(W3)は非構造壁とする

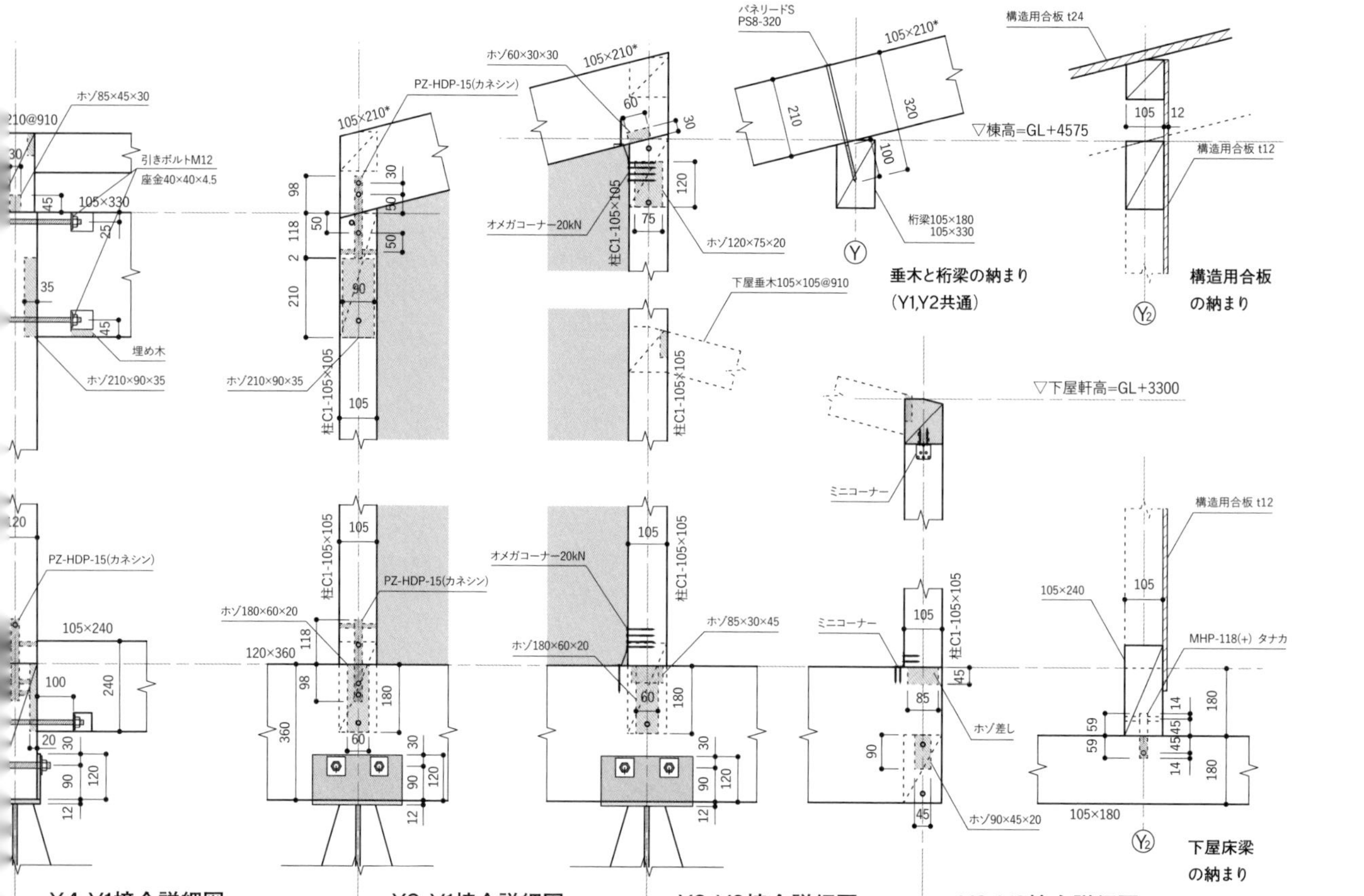

X4-Y1接合詳細図
Y軸断面

X3-Y1接合詳細図
X軸断面

X3-Y2接合詳細図
X軸断面

X3-Y3接合詳細図
X軸断面

コンクリートを使わずに実現した建物外観

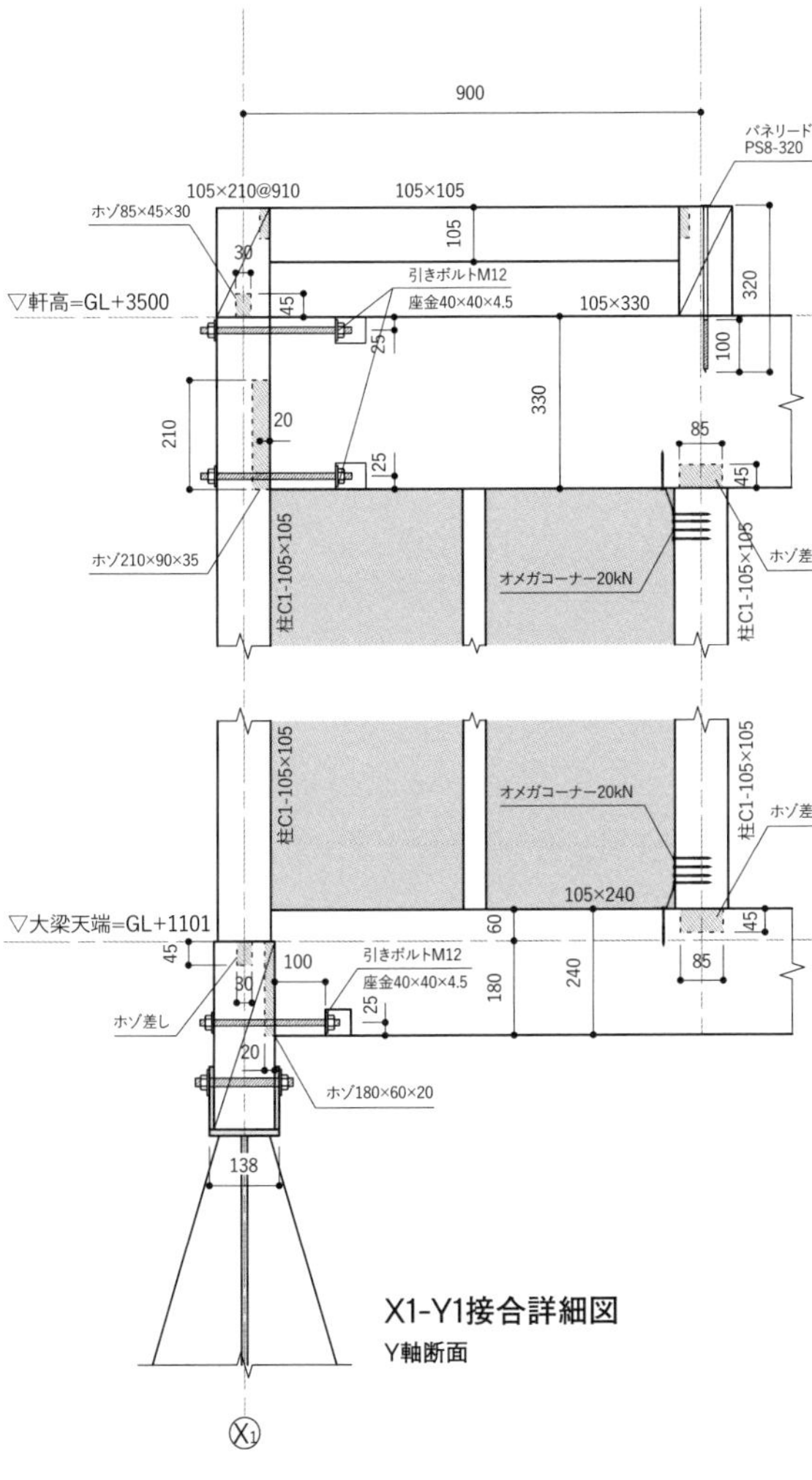

X1-Y1接合詳細図

Y軸断面

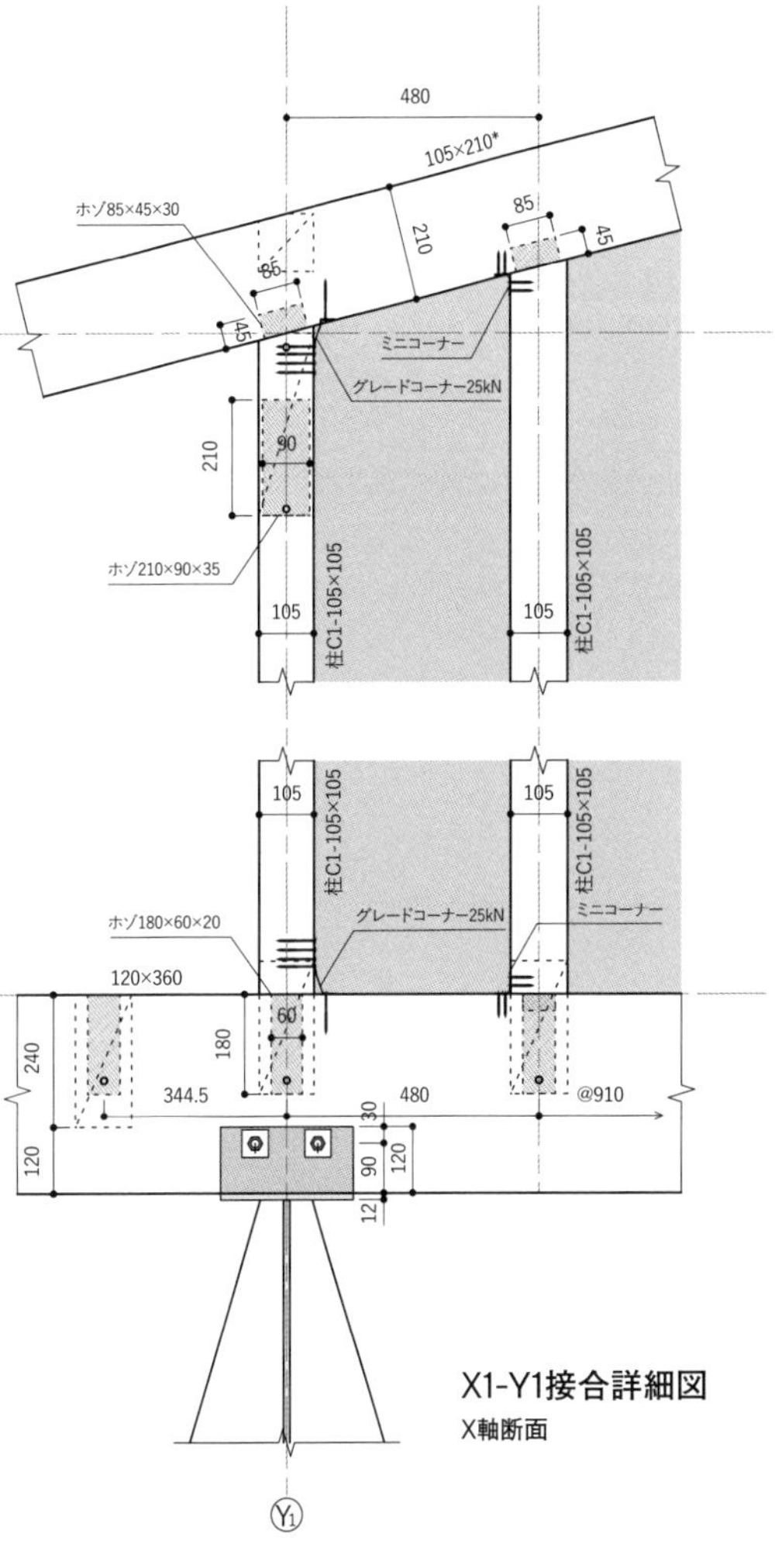

X1-Y1接合詳細図

X軸断面

尾根の屋根

屋根一枚をつくる

建築設計：長谷川豪建築設計事務所
構造設計：オーノJAPAN

尾根の突端に軽やかな屋根を架ける

斜面地に計画された90㎡程度のゲストハウス。山裾の途中、斜面を登る道路が蛇行するヘアピンカーブ状の端部に位置し、車の騒音にさらされる敷地でもある。平場は少なく、道路側は山も控えているため、日当たりや眺望を確保できない一方で、反対の斜面側には辺りを見渡せる眺望が広がっている。

敷地の特徴を活かすように少ない平場に着地して、そこから眺望のよい東側に全面開口を設け、道路側にはコンクリートの壁をつくる計画である。

斜面地では建物の接地の仕方によって、土工事や仮設工事に費用がかかるため注意が必要である。極力、地盤を触らずに計画する方が合理的である。

当初は平場部分にのみ杭基礎を配置し、それ以外の建築部分を浮かすイメージであった。一方で山の途中ということもあり、地盤自体はよく、杭基礎にする必要がないこともわかってくる。斜面地で考慮が必要な土の崩落を防ぐ、安息角より深い位置に基礎を接地させることや、寒冷地でもあるため、凍上を防止するために、基礎自体を凍結深度より深くする必要があることなどを考慮に入れると、建物を半分地面に埋めるような案へと変化していった。地面を掘削して平場を拡張する案である。

建物は半分地面に埋まる半地下となり、片側は土圧を受ける壁となるが、斜面下側は一層分の開口を確保することができる。地面に埋まることで騒音の問題も幾分回避される。その一方で拡張した平場の形状は山の一部を削り取るため矩形を確保することは難しく、三日月形状となることもわかってくる。

土圧に抵抗する壁や開放的な開口部をつくる柱配置の検討、不定形平面に合う梁配置、梁断面はどのくらいになるかなどのスタディが進められた。

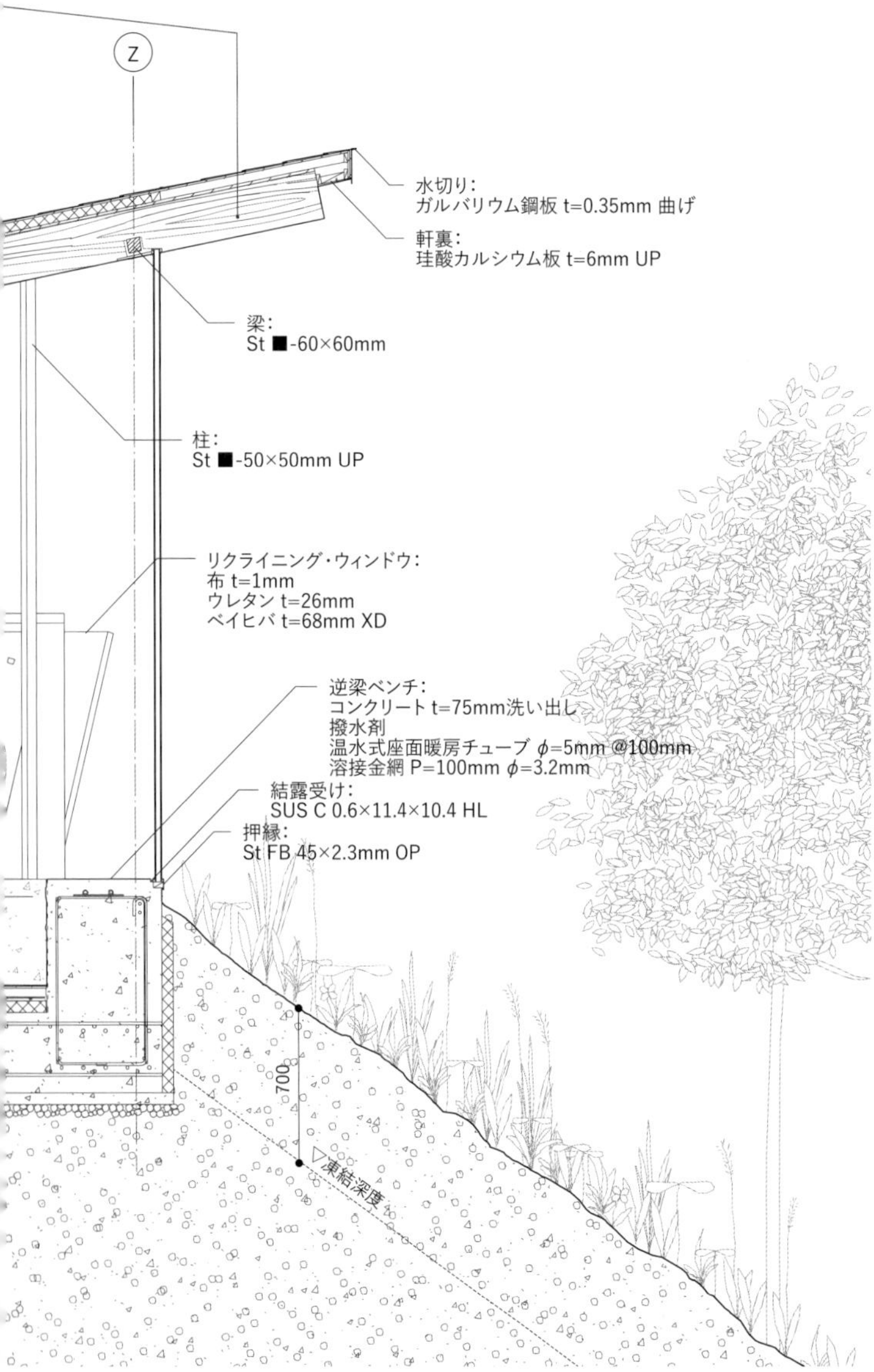

Z
水切り:
ガルバリウム鋼板 t=0.35mm 曲げ
軒裏:
珪酸カルシウム板 t=6mm UP
梁:
St ■-60×60mm
柱:
St ■-50×50mm UP
リクライニング・ウィンドウ:
布 t=1mm
ウレタン t=26mm
ベイヒバ t=68mm XD
逆梁ベンチ:
コンクリート t=75mm洗い出し
撥水剤
温水式座面暖房チューブ φ=5mm @100mm
溶接金網 P=100mm φ=3.2mm
結露受け:
SUS C 0.6×11.4×10.4 HL
押縁:
St FB 45×2.3mm OP
700
▽凍結深度

断面詳細図

N

配置図

コンクリート壁に屋根を載せる

木造の屋根をコンクリート壁に載せる。コンクリート壁は地震などの水平抵抗要素にもなるため、接合部には屋根からの地震力を意識した設計が必要だ。

屋根を簡素につくる

屋根の厚みは、梁を支持する材やその仕上げ材によって決まるが、天井をどのように構成するかも関係してくる。天井材と屋根材の仕上げ、下地、構造をすべて一体としてデザインしてはじめてシンプルな屋根架構をつくることができる。

軒をつくる

建物屋根に延長するように軒がある場合、内部梁の延長として軒が設計されることがある。軒を構成する梁とそれを支える直交する梁とは必ず上下の関係になるが、開口部を少しでも大きく確保したい場合には工夫が必要だ。

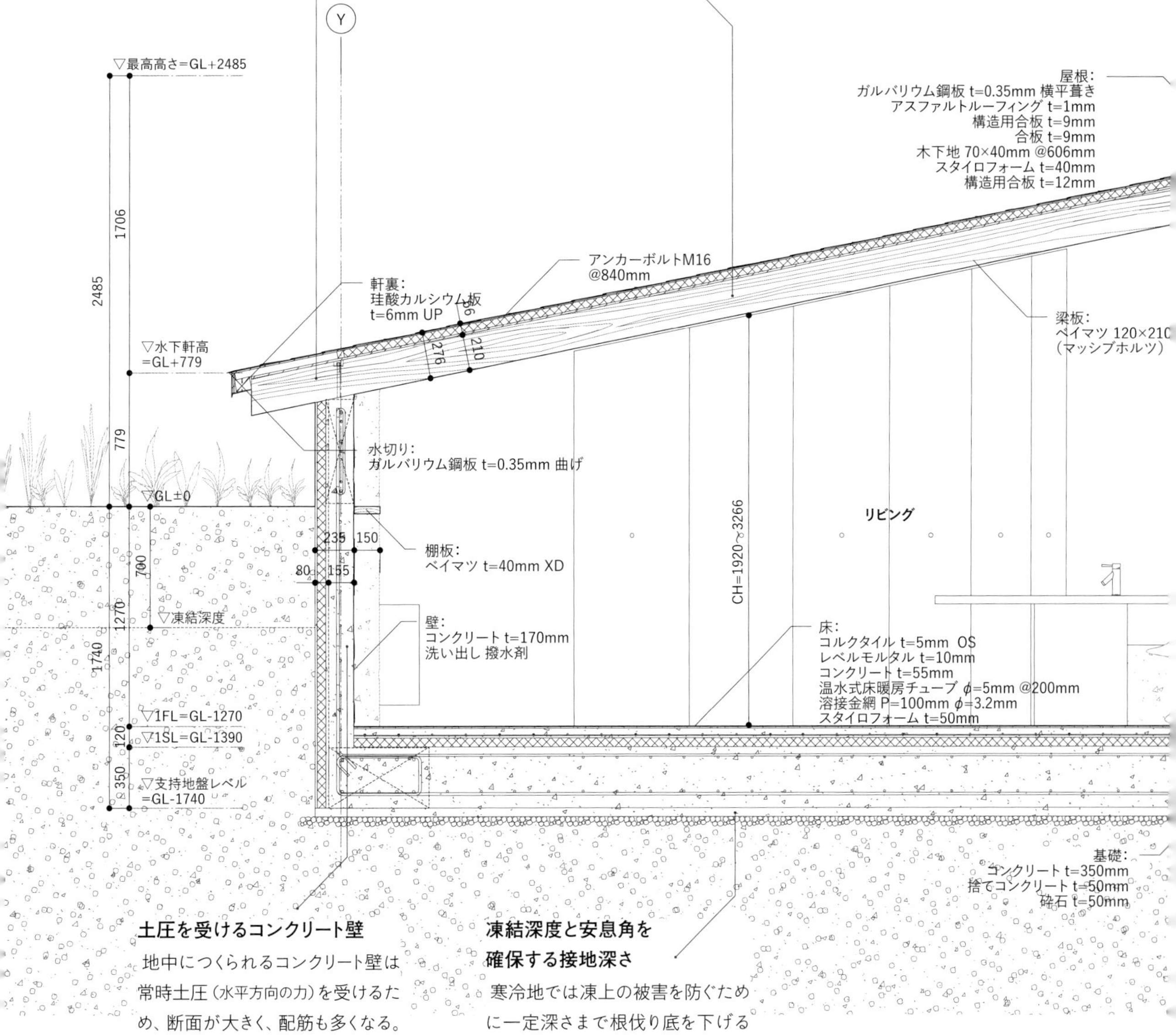

Y
▽最高高さ=GL+2485
屋根:
ガルバリウム鋼板 t=0.35mm 横平葺き
アスファルトルーフィング t=1mm
構造用合板 t=9mm
合板 t=9mm
木下地 70×40mm @606mm
スタイロフォーム t=40mm
構造用合板 t=12mm
1706
2485
アンカーボルトM16
@840mm
軒裏:
珪酸カルシウム板
t=6mm UP
36
276
210
梁板:
ベイマツ 120×210
(マッシブホルツ)
▽水下軒高
=GL+779
779
水切り:
ガルバリウム鋼板 t=0.35mm 曲げ
▽GL±0
CH=1920〜3266
リビング
235
150
棚板:
ベイマツ t=40mm XD
80
155
700
1270
▽凍結深度
壁:
コンクリート t=170mm
洗い出し 撥水剤
1740
床:
コルクタイル t=5mm OS
レベルモルタル t=10mm
コンクリート t=55mm
温水式床暖房チューブ φ=5mm @200mm
溶接金網 P=100mm φ=3.2mm
スタイロフォーム t=50mm
▽1FL=GL-1270
120
▽1SL=GL-1390
350
▽支持地盤レベル
=GL-1740
基礎:
コンクリート t=350mm
捨てコンクリート t=50mm
砕石 t=50mm

土圧を受けるコンクリート壁

地中につくられるコンクリート壁は常時土圧(水平方向の力)を受けるため、断面が大きく、配筋も多くなる。壁厚を厚くせずに形で抵抗するような考え方はないか、合理的な形態を検討する。

凍結深度と安息角を確保する接地深さ

寒冷地では凍上の被害を防ぐためにー定深さまで根伐り底を下げる必要がある。合わせて、斜面地では地面の自然崩落を防ぐような位置まで基礎接地レベルを下げる必要がある。2つの条件を満足するようにレベル設定を行う。

デザイン案の変遷

A案：
木造トラス案

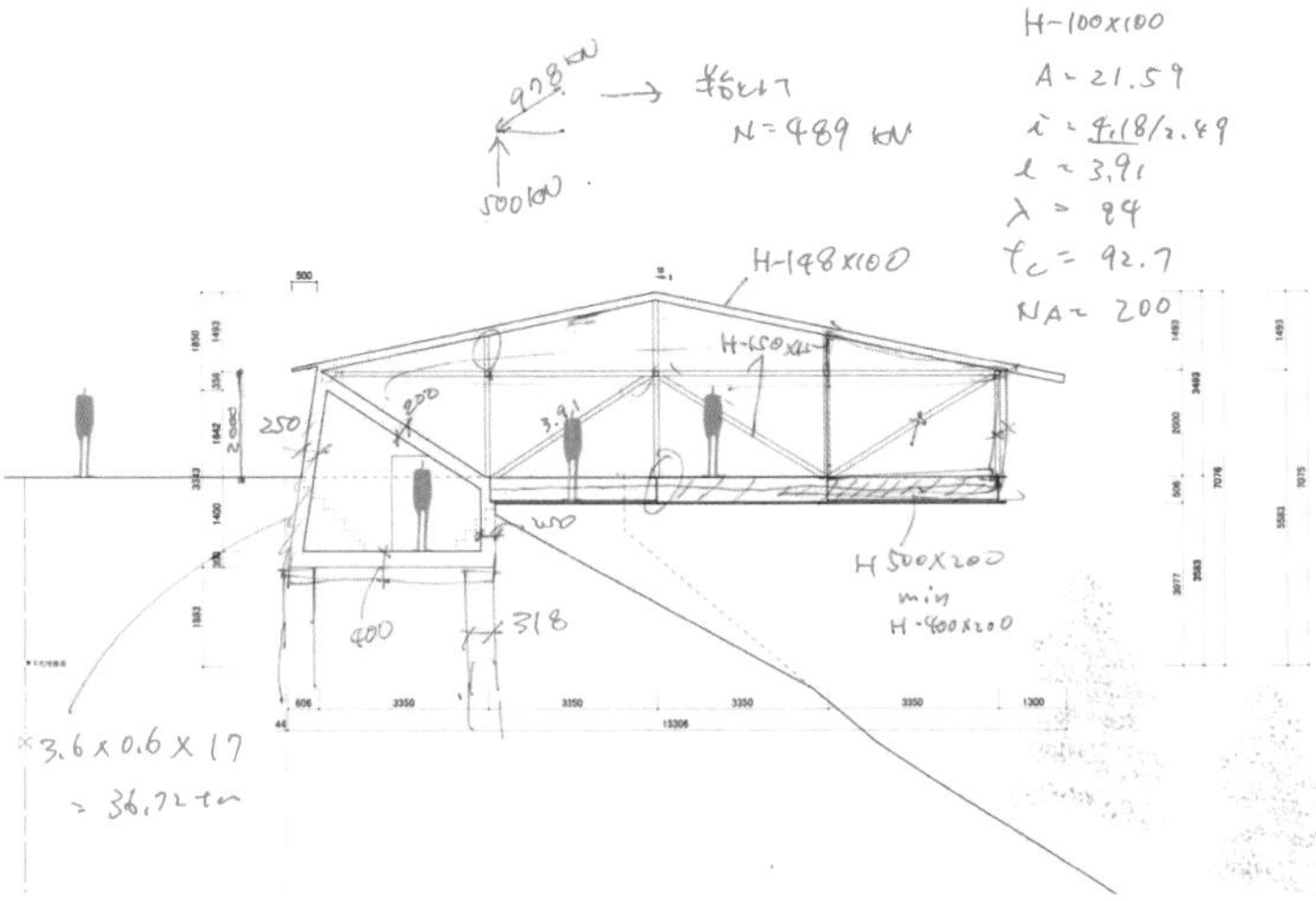

たいらな場所が少ない斜面地では、基礎面積が大きくなると、土工事に費用がかかるため、少ない接地面積で建築を計画する。最初のA案も接地箇所を平場に限り、そこから建物本体を跳ね出すことを検討し、一層分のトラス架構をもつ平家を計画した。
トラスせいが確保できるため、部材断面は木造が可能だが、一方で見晴らしのよい崖側の開口廻りにも斜材が必要になる。

B案：
鉄骨トラス案

屋根形状を工夫して、屋根裏内にトラス部材を配置する案。こうすることで開口廻りから斜材はなくなり、1階床を支持する柱も吊材となり、断面を小さくするこが可能だ。

浮遊感のある計画となるが、その分、基礎には常時引抜き力が発生する。それを防ぐためにはカウンターウェイトを配置するか、杭基礎とする必要がある。

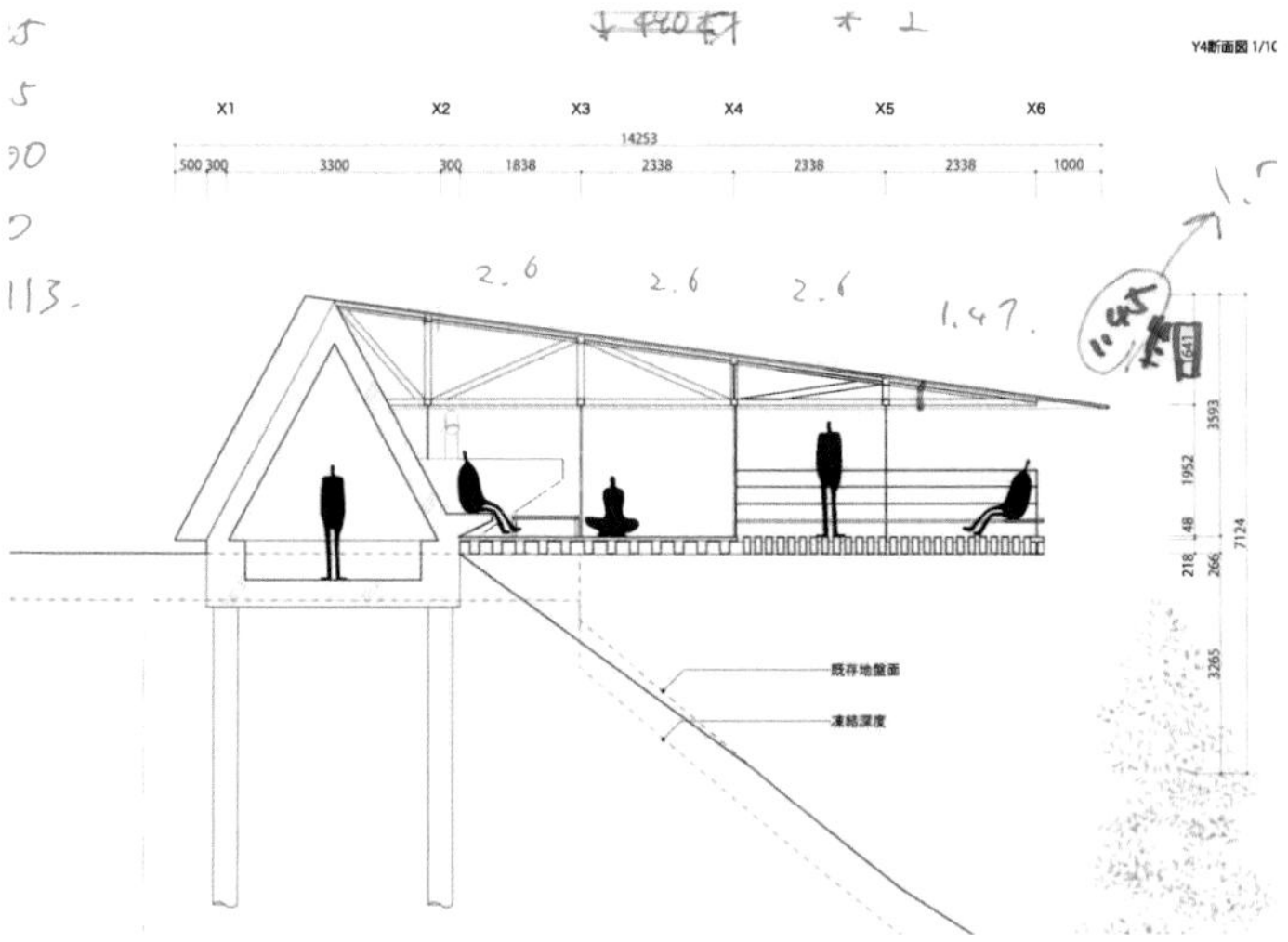

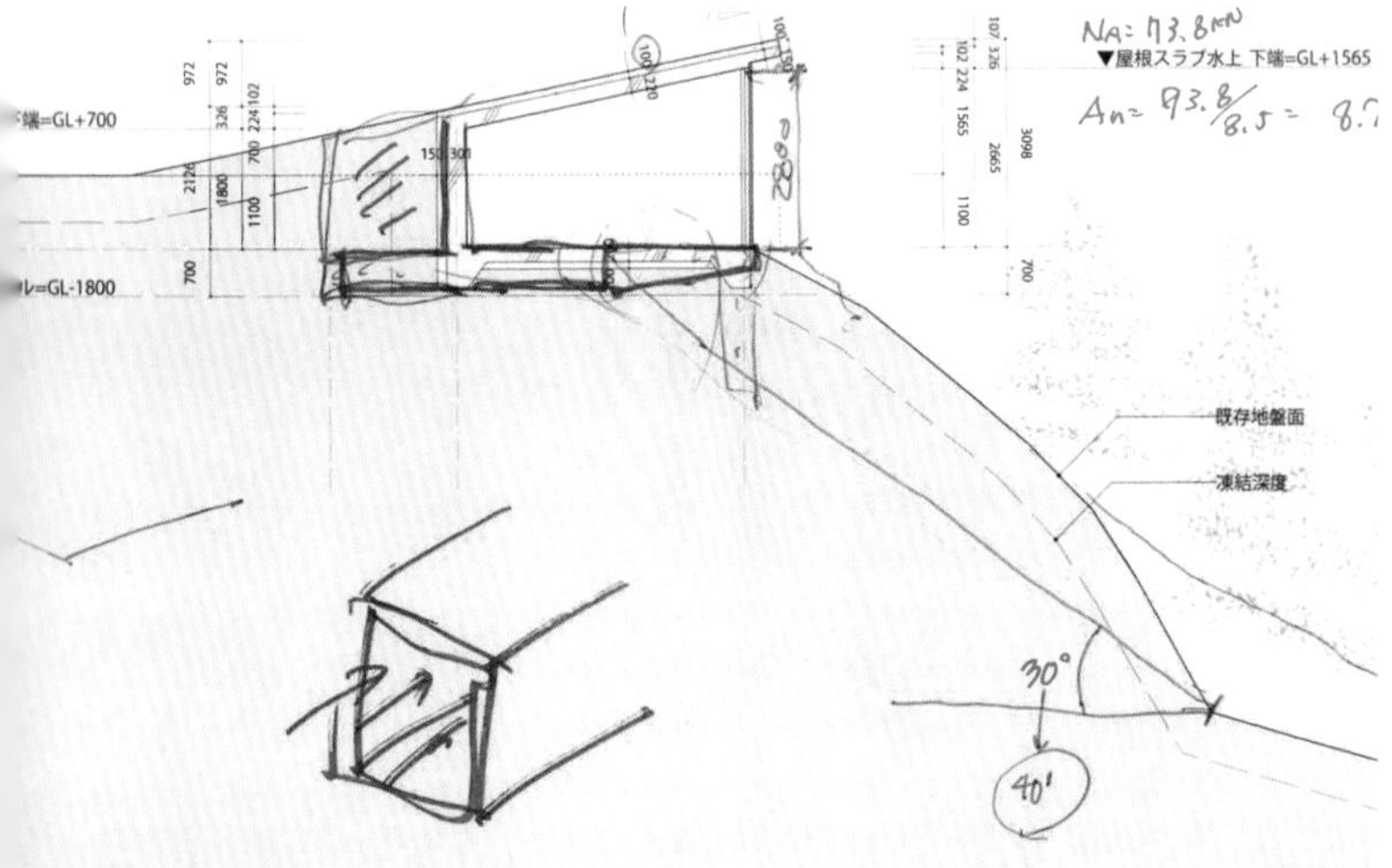

C案：
平場拡張案

地盤調査を行ったところ、平場から1.5mほど下に支持層が分布していることがわかった。B案は常時引抜き処理のため杭基礎になることや、キャンチレバー状の建物を施工するための仮設工事も大がかりだ。そこで掘削して直接基礎となる「平場拡張案」を検討した。

こうすることで直接基礎が可能となり、斜面地の安息角以深に基礎を接地することができる。気になっていた交通騒音も地面に半分潜ることで解決される。

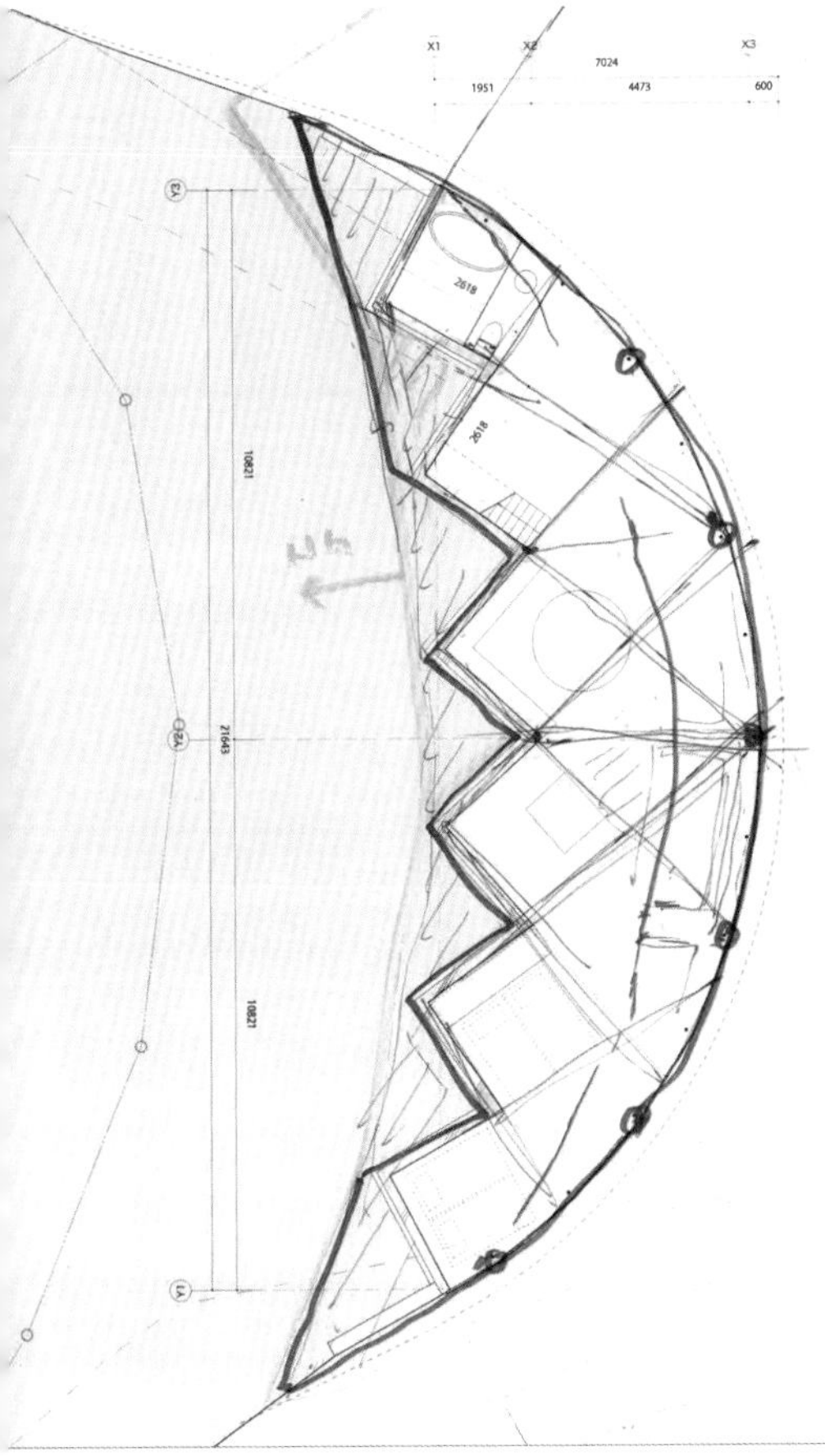

幾何学抵抗の検討スケッチ①

土圧に対して幾何学的に抵抗する方法を検討する。ギザギザ形状の壁は土圧に対してリブとして機能するため、壁厚、配筋を抑えることが可能だ。壁の形状が内部空間の使い方とも相互に関係することが意図されており、家具や間仕切り、階段を支持する壁などの機能が考えられている。屋根梁の架け方もジグザグ形状をもとにグリットを構成する方が合理的である。

開口廻りの柱配置などと連動して寸法体系を整理することで、土圧壁の幾何学がきっかけとなり建築全体の統一したデザインが可能だ。

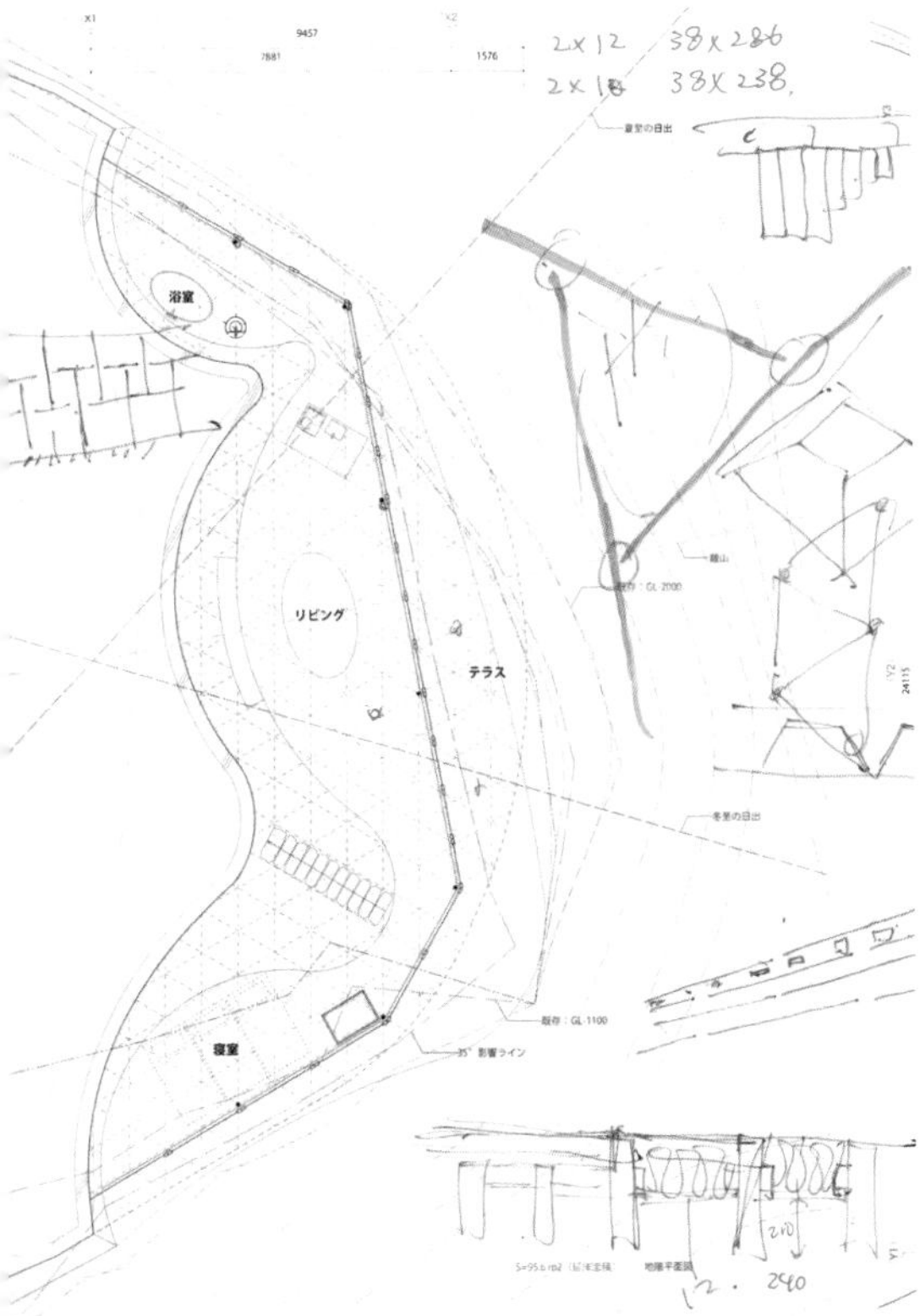

幾何学抵抗の検討スケッチ②

より有機的形態のスタディの様子。

彫塑性の高いコンクリートの材料特性を活かすと、有機的な形態で幾何学的に抵抗することも可能である。常時水平力に対して「シェル効果」を期待する方法である。ここでは3つのアーチが連続するように考えられているが、「アーチ効果」を最大限に利用するためにはスラストを防ぐ必要があり、基礎スラブと屋根がその役割を担う。

屋根梁はわかりやすい短辺方向スパンがないため、三方向グリットが検討された。三叉の梁配置はレイプロカルな梁配置も可能である。

梁の架け方検討案

土圧を幾何学的に抵抗する案は、面積の確保と型枠工事費の高額化で変更することとなり、平面を半円形に近い「三日月形状」とし、土圧壁はリブを一定ピッチで配置する案へと収斂していった。サッシの割付けも整理され、それに合わせて鉄骨柱を配置し鉛直荷重を支持することとした。ここで検討されているのは屋根梁配置である。

梁の架け方検討

A、Bどちらの案も大梁、小梁とヒエラルキーのある構成のため、断面の違いが顕著に現れる。大梁には小梁のスパン分の荷重が作用するため断面も大きくなる。小梁が210せいに対して、大梁は510せいとなる。

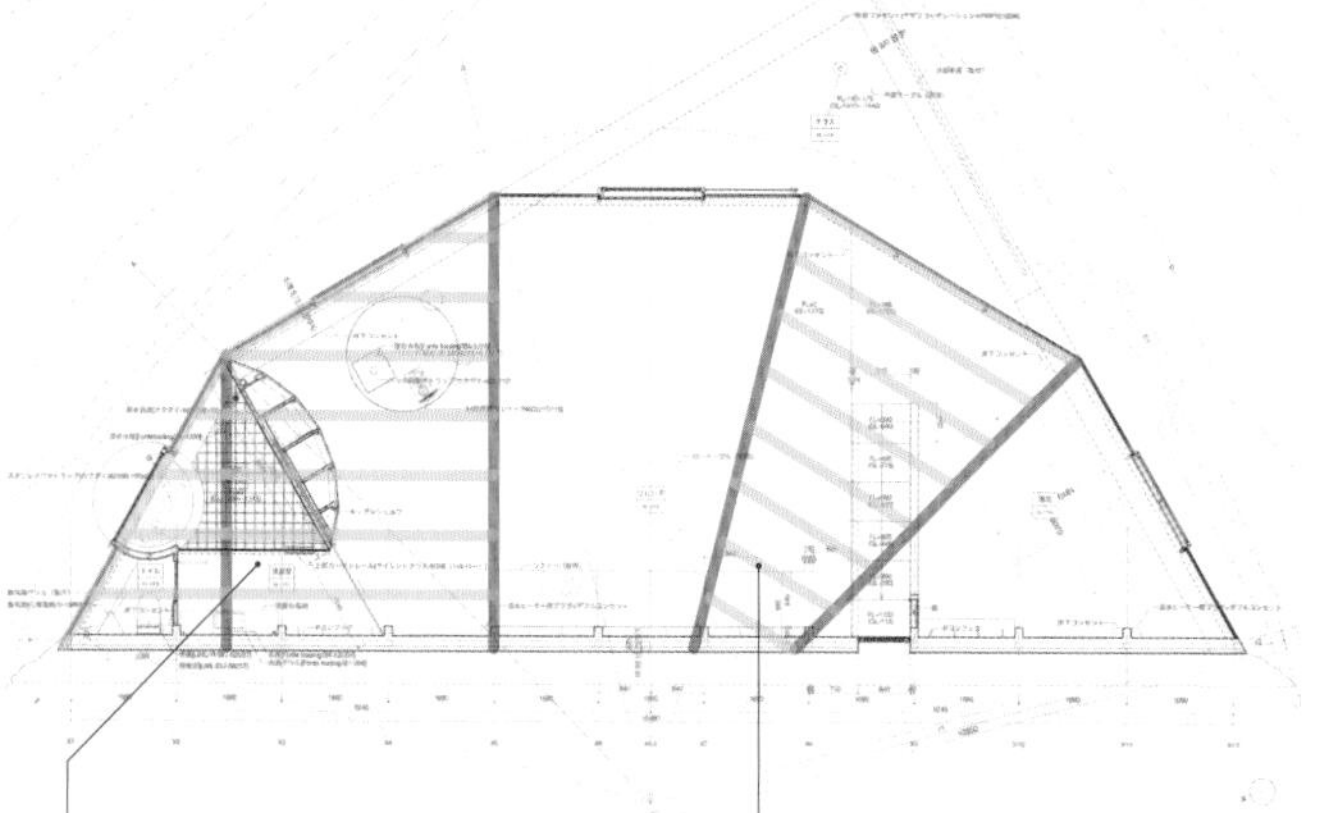

A案

軽い屋根になるよう木造を想定。通直材のため、XY方向の直交グリットで大梁・小梁を構成するのが一般的だ。ここでは鉄骨柱に合わせて大梁を配置し、直交方向に小梁を配置している。

B案

半円形である平面形状を意識し、放射方向に大梁を配置する案。尾根に連続する軒をつくるのが容易な構成。

マッシブホルツ案

木造部材断面を抑えながら平面形状にあった梁配置として梁を束ねたマッシブホルツを検討。これにより最大スパン部で210せいを実現。部材にヒエラルキーがなくなり、そのまま仕上げることで屋根厚みを薄くすることが可能となっている。

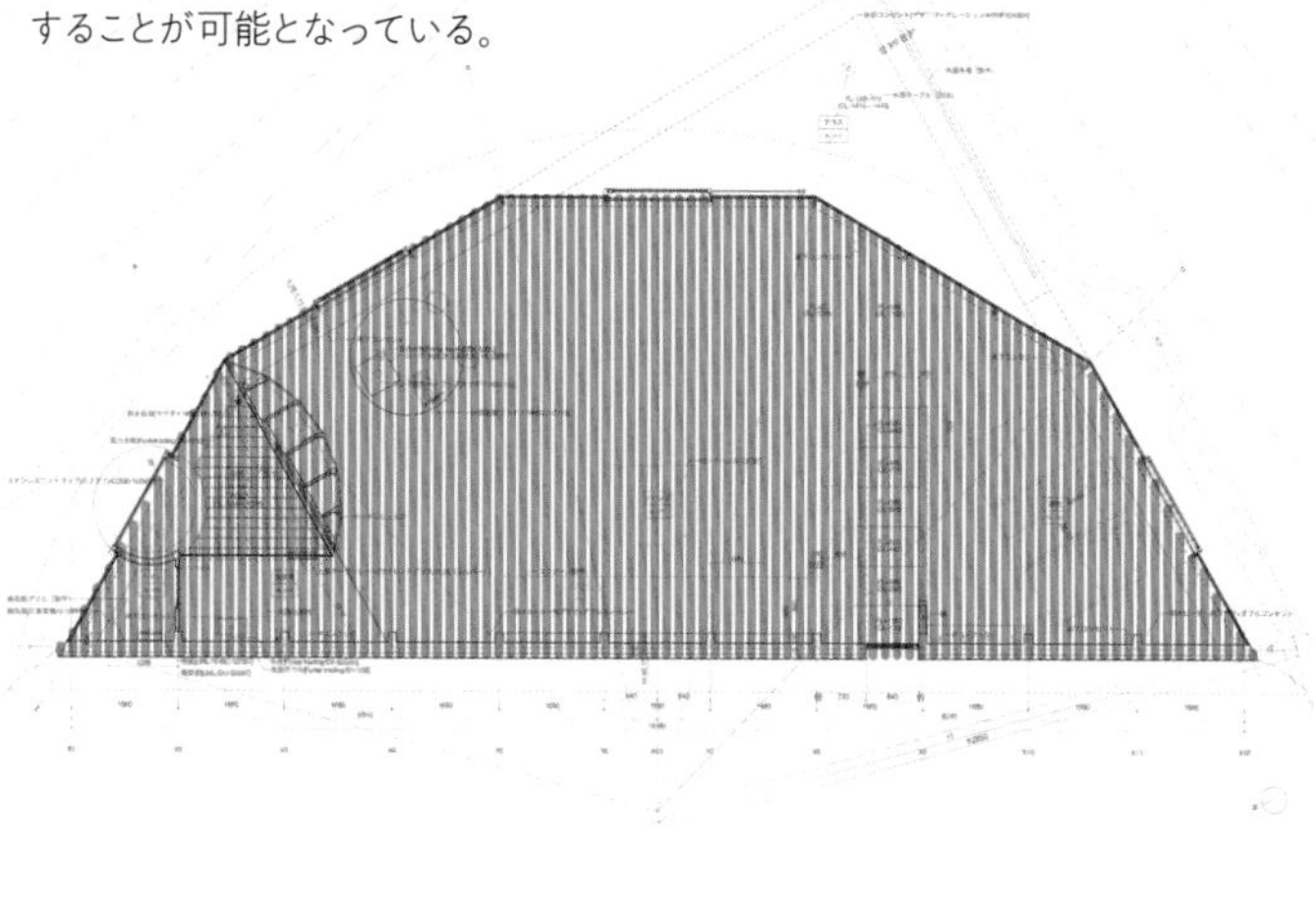

マッシブホルツ施工中

梁を構成するマッシブホルツは中央部のスパンが大きいため210せいで計画され、それが徐々に小さくなっていく。建方は中央部からはじめ、左右に拡張していく方法を採用し、建方精度誤差を最小化するように考えた。

平面図

平面は三日月形状としてまとめられ、片側に土圧を受けるコンクリート壁、崖下側の眺望が開ける方向には全面開口部が計画された。開口部には方立てを兼ねるように鉛直荷重を受ける鉄骨ポスト柱配置している。

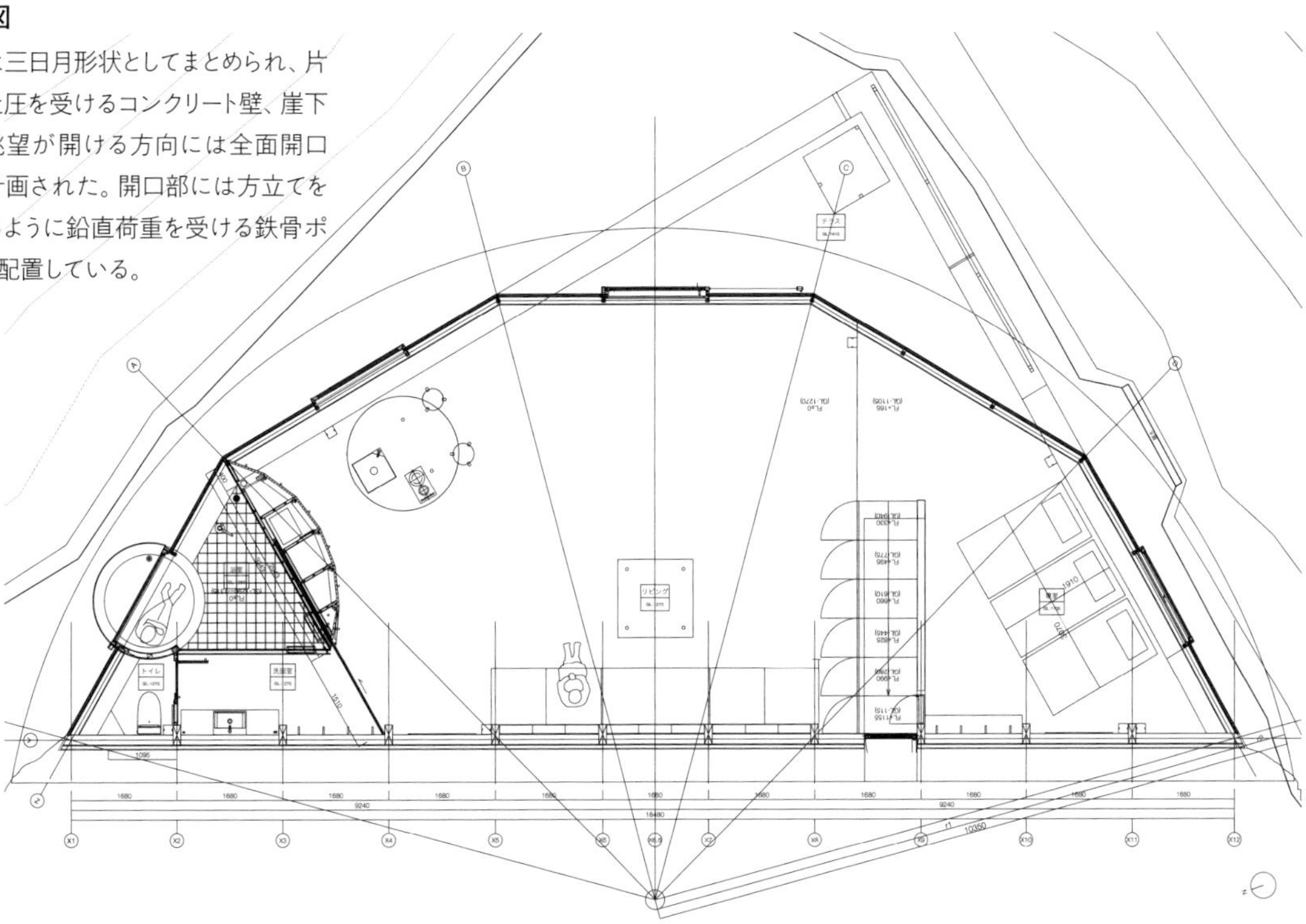

三日月形状の端部

端部にはコンクリート壁、鉄骨梁、マッシブホルツの3要素が集中して配置される。屋根のねじれを抑えるためにも、またケラバを支えるためにも応力が集中するため、アンカーボルトは集中して配置されている。

内観

土圧を受ける壁には1.68m間隔でリブを配置。

リブ厚みを120mmとしてマッシブホルツを構成する梁幅120mmと揃えている。リブは棚の側板、ソファの仕切りともなり内部空間に関与するように設計されている。

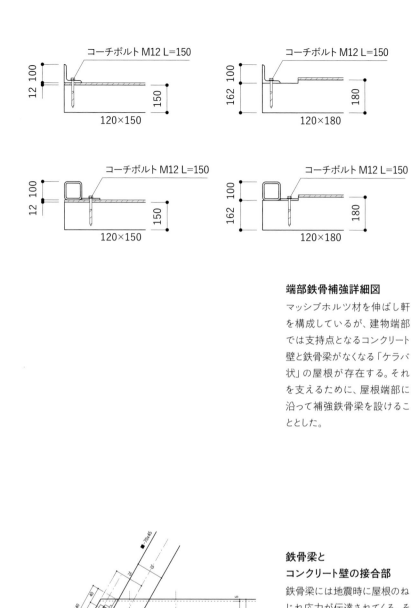

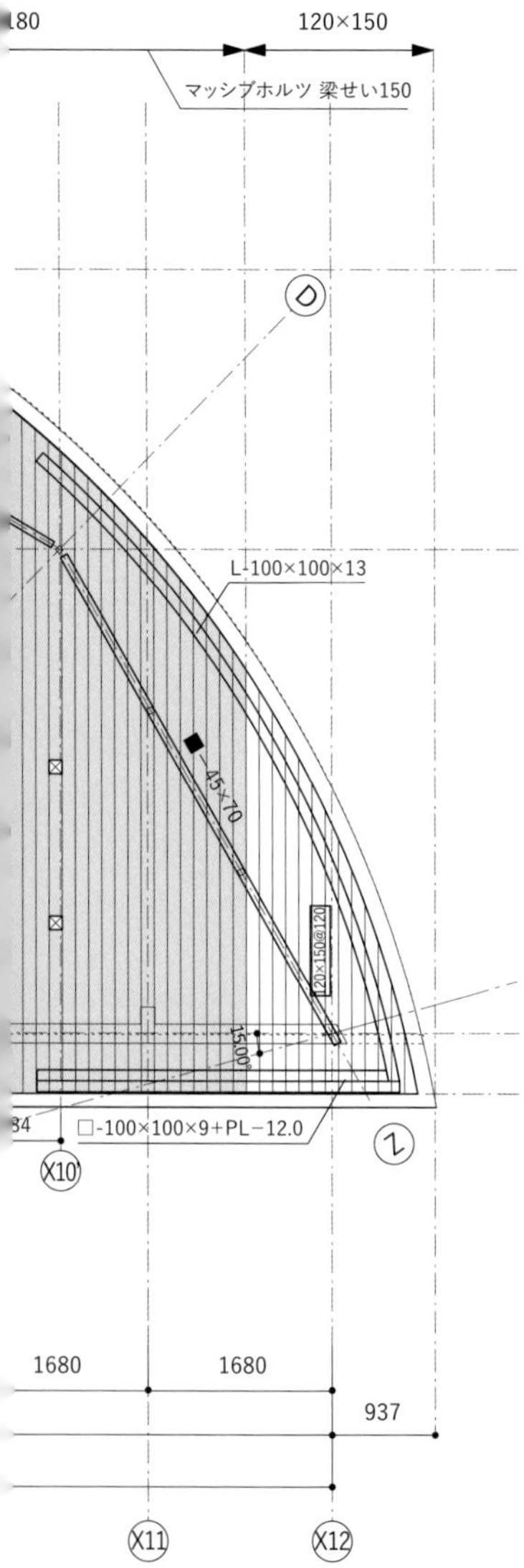

180
120×150
マッシブホルツ 梁せい150
L-100×100×13
45×70
120×150@120
1500
□-100×100×9+PL−12.0
84
X10
D
Z
1680
1680
937
X11
X12

屋根伏図

梁の集合でできたマッシブホルツ屋根は天井の仕上げにもなる。材幅は手に入りやすい105mm幅で検討を進めたが、接合本数が少なくなる120mm幅の方がコストダウンとなることがわかり、すべて120mm幅を採用。開口部には鉄骨ポスト柱と鉄骨梁を架け、そこにマッシブホルツを載せている。

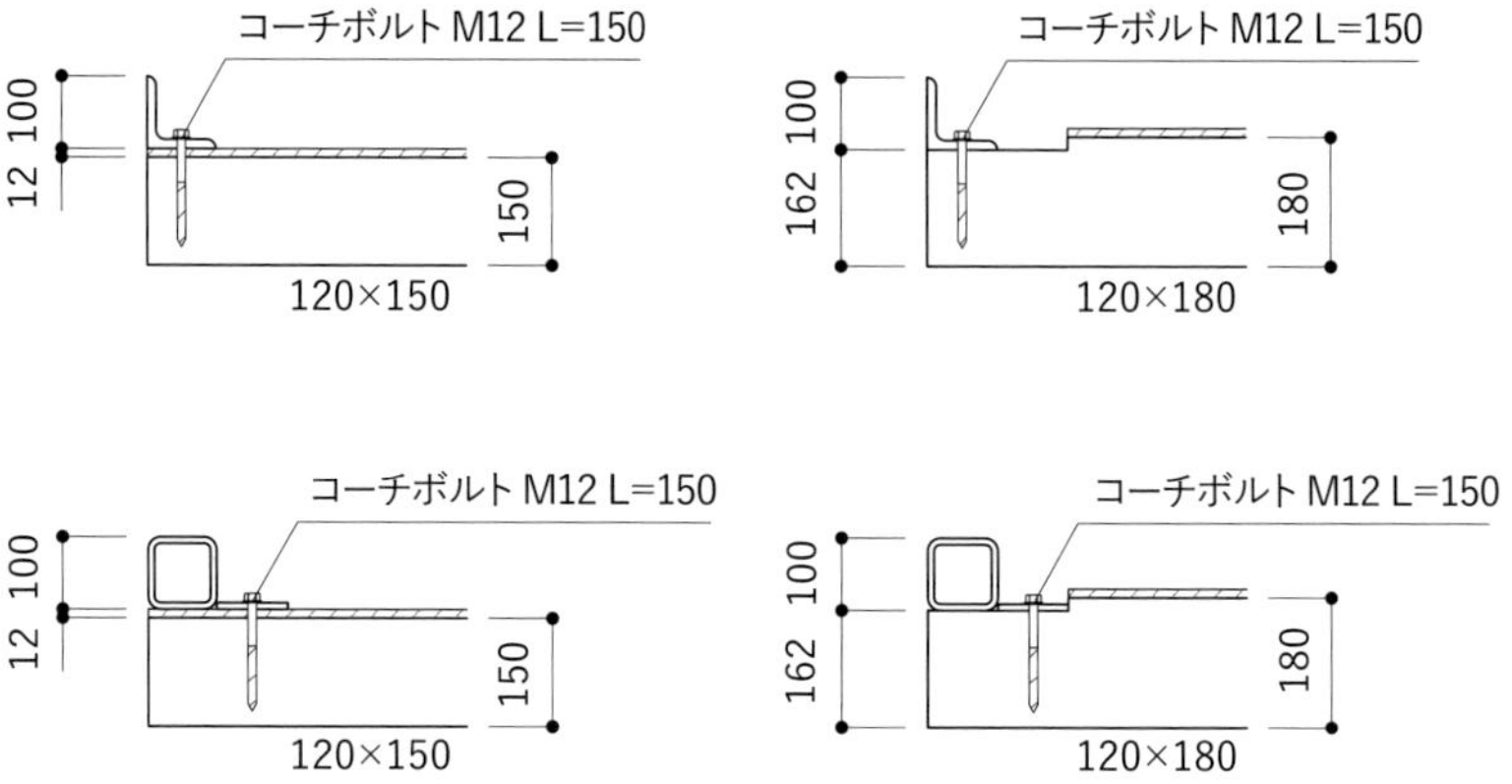

コーチボルト M12 L=150
12 100
150
120×150
コーチボルト M12 L=150
162 100
180
120×180
コーチボルト M12 L=150
12 100
150
120×150
コーチボルト M12 L=150
162 100
180
120×180

端部鉄骨補強詳細図

マッシブホルツ材を伸ばし軒を構成しているが、建物端部では支持点となるコンクリート壁と鉄骨梁がなくなる「ケラバ状」の屋根が存在する。それを支えるために、屋根端部に沿って補強鉄骨梁を設けることとした。

鉄骨梁とコンクリート壁の接合部

鉄骨梁には地震時に屋根のねじれ応力が伝達されてくる。それをコンクリート壁に伝えるために、アンカーボルトでは壁が薄すぎることもあり、L型の金物を用意した。

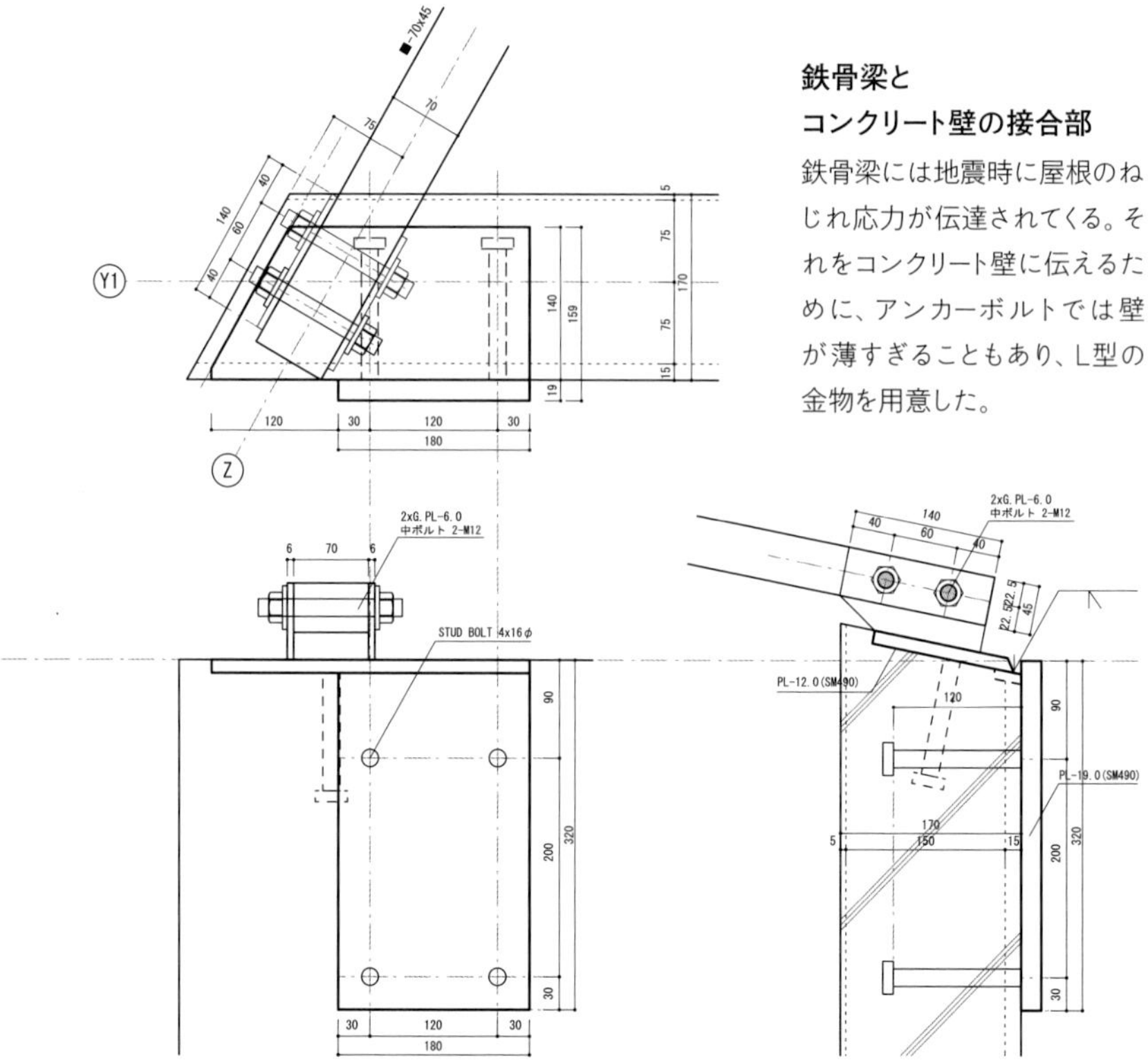

■-70×45
Y1
Z
2xG. PL-6.0
中ボルト 2-M12
STUD BOLT 4x16φ
PL-12.0(SM490)
PL-19.0(SM490)

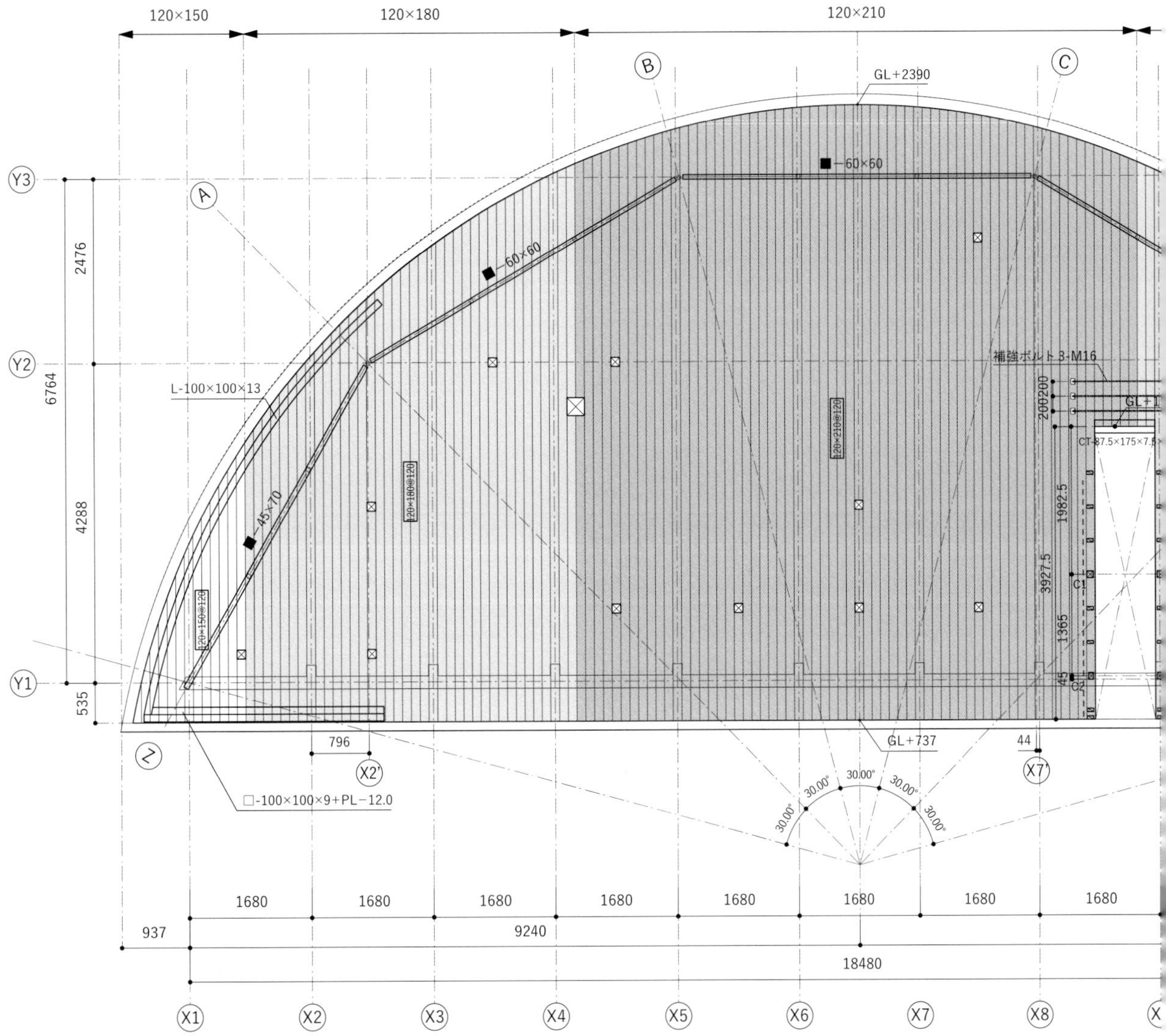
120×150
120×180
120×210
GL+2390
GL+737
■-60×60
■-45×70
L-100×100×13
□-100×100×9+PL-12.0
補強ボルト 3-M16
2476
4288
6764
535
1982.5
3927.5
1365
796
44
30.00°
1680
937
9240
18480
X1
X2
X2'
X3
X4
X5
X6
X7
X7'
X8
Y1
Y2
Y3
A
B
C

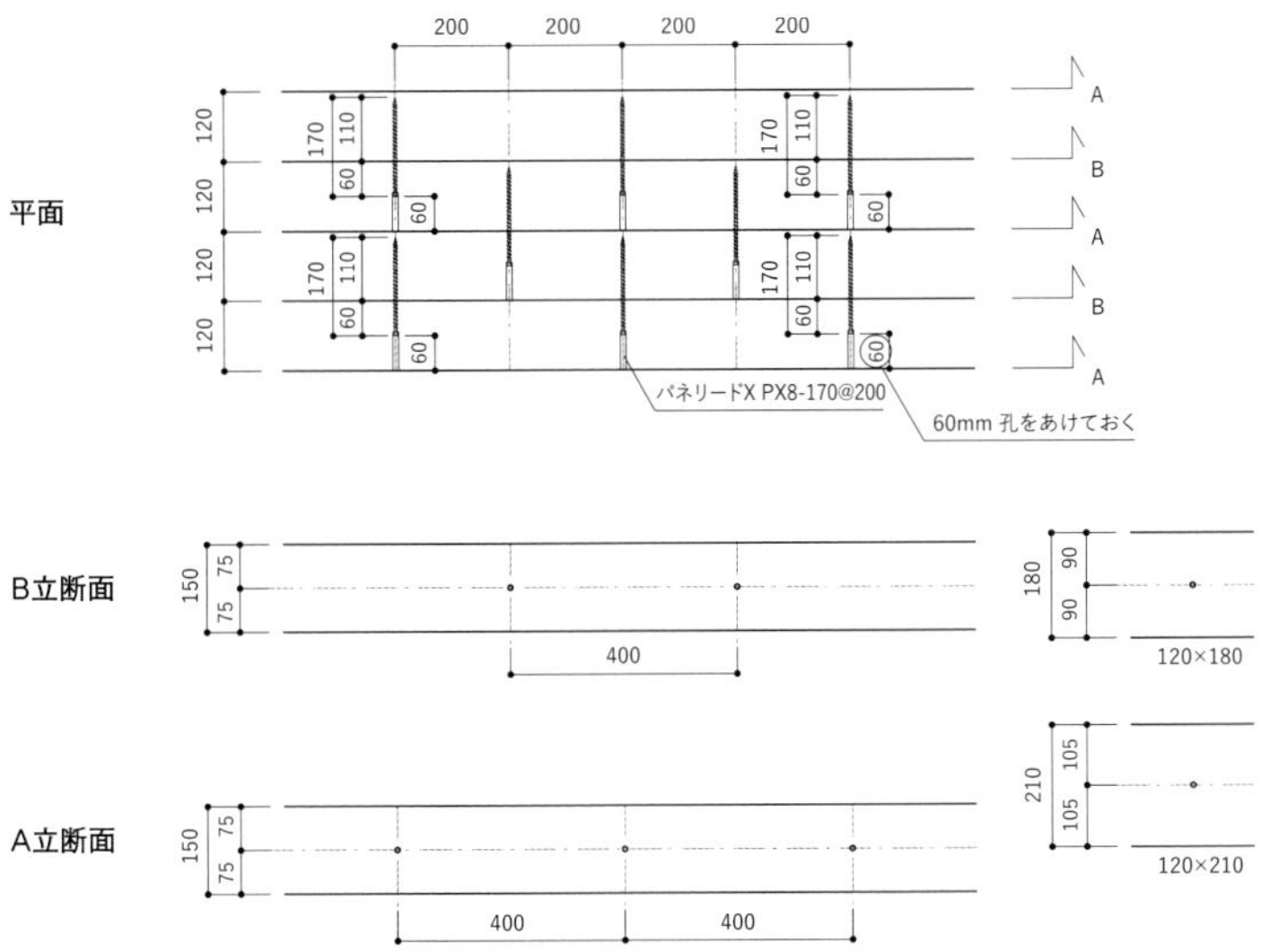
平面
B立断面
A立断面
200
400
120×180
120×210
パネリードX PX8-170@200
60mm 孔をあけておく

マッシブホルツ一体化要領図

マッシブホルツはスパンの大きい中央部が120×210とし、スパンにより180せい、150せいと小さくしていく方法を採用。照明を設けるために梁が切断される部分ではパネリードを増し打ちしている。

右：鉄骨柱と柱脚詳細図

開口部側のマッシブホルツを支持する部材として、50角鋼の鉄骨柱と平鋼50×60の鉄骨梁を配置した。鉄骨柱は、方立てとしても機能させたい。そこで最小の押縁幅をもとに構造部材断面を決定。階高に対して幾分断面性能が足りないため、脚部のコンクリート立ち上がりを固定度確保のために利用し、一端を固定端になるように考えた。

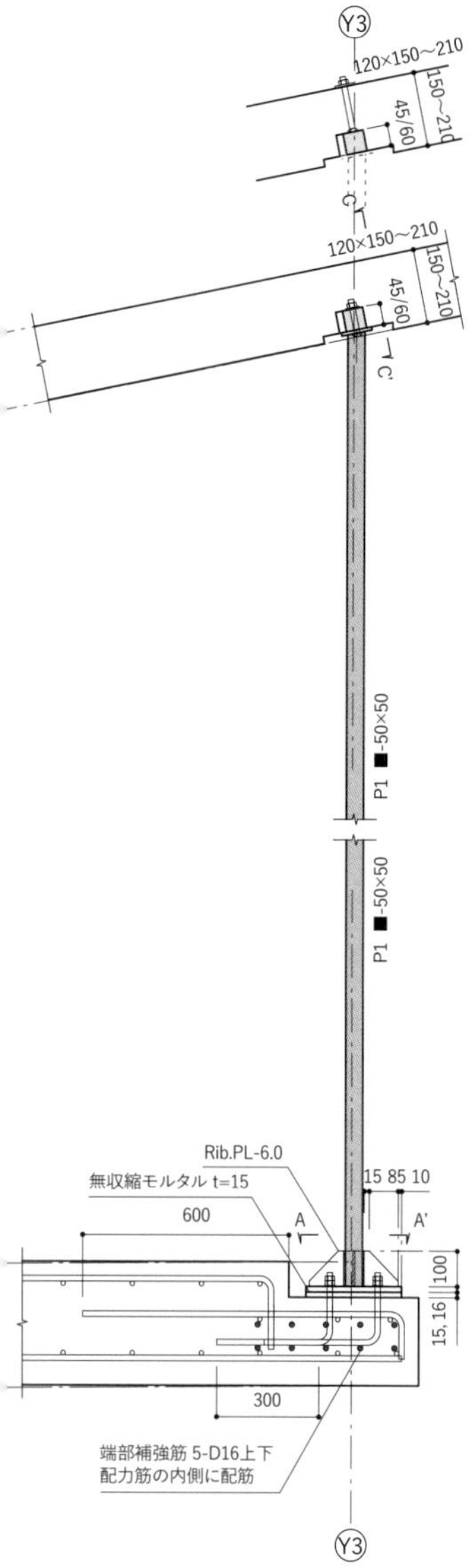

Y3
120×150～210
150～210
45/60
C
120×150～210
150～210
45/60
C'
P1 ■-50×50
P1 ■-50×50
Rib.PL-6.0
無収縮モルタル t=15
600
A
15 85 10
A'
100
15, 16
300
端部補強筋 5-D16上下
配力筋の内側に配筋
Y3

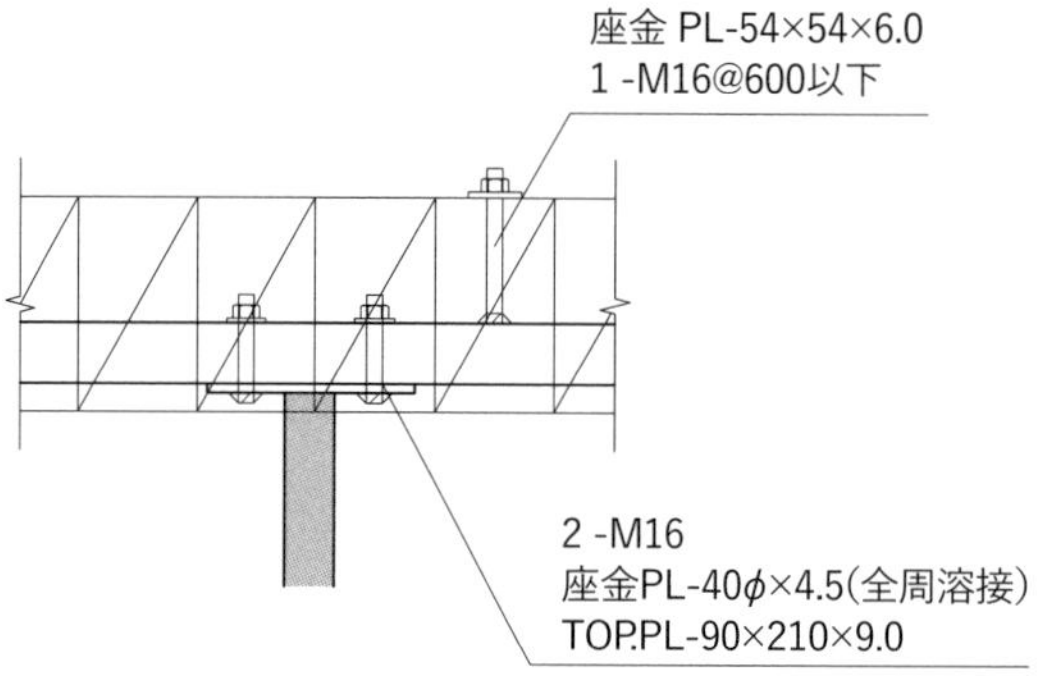

座金 PL-54×54×6.0
1 -M16@600以下
2 -M16
座金PL-40φ×4.5(全周溶接)
TOP.PL-90×210×9.0

C-C′平断面

鉄骨梁の納まり

鉄骨梁は軒をつくる際にマッシブホルツ内に埋め込むことを想定して断面を決定している。軒梁として必要なキャンチレバー根元の木断面と、桁行方向のスパン1.65mの鉄骨梁断面を相互に満足するような断面として平鋼60×60（一部45×70）を梁としている。

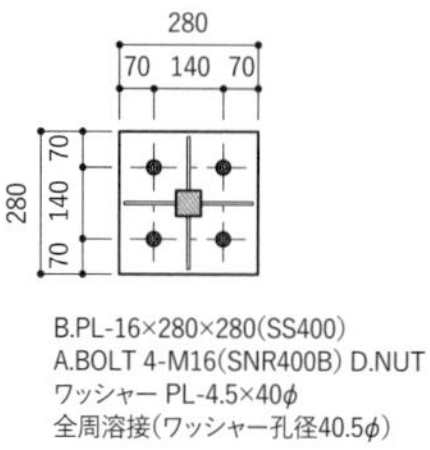

280
70 140 70
280
70 140 70
B.PL-16×280×280(SS400)
A.BOLT 4-M16(SNR400B) D.NUT
ワッシャー PL-4.5×40φ
全周溶接(ワッシャー孔径40.5φ)

A-A′平断面

鉄骨梁とマッシブホルツ

鉄骨梁を軒梁下端に埋め込み開口高さを最大限確保できるように配慮した納まり。サッシの枠の施工クリアランスも含めた必要分を欠損させている。

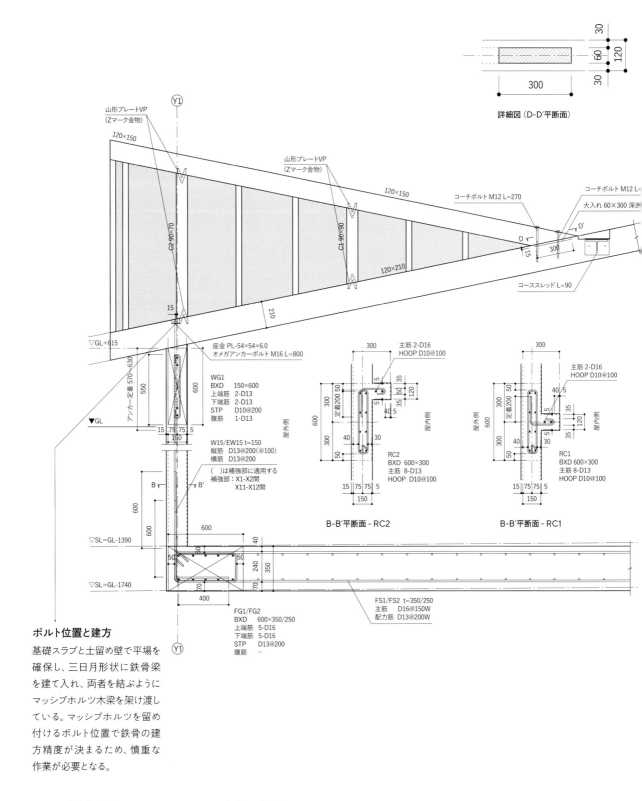

左：鉄筋コンクリート配筋詳細図

独立するL型の土圧壁は、壁厚が厚くなり配筋も多く必要になる。ここでは、リブ形状をもつ壁とすることで、簡易な壁配筋を実現している。具体的にはT字形状のコンクリート柱型を1.68m間隔で設け、その間を150mmの壁でつないでいる。リブがあることで壁の応力が抑えられるため、シングル配筋が可能となる。ねじれ応力が集中する端部には直交方向の壁があることで剛性、耐力を確保している。常時土圧による滑動を防止するため、基礎は350mm厚のマットスラブによるベタ基礎として設計している。

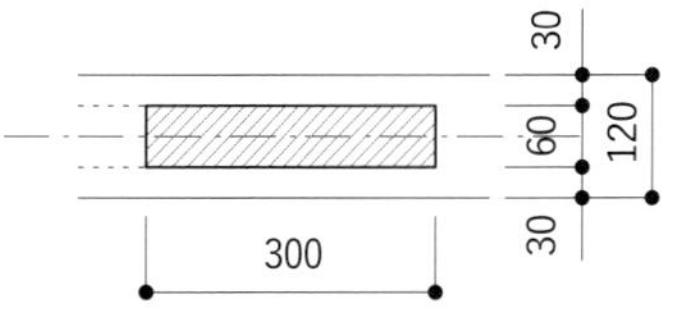

30
60
30
120
300

詳細図（D-D′平断面）

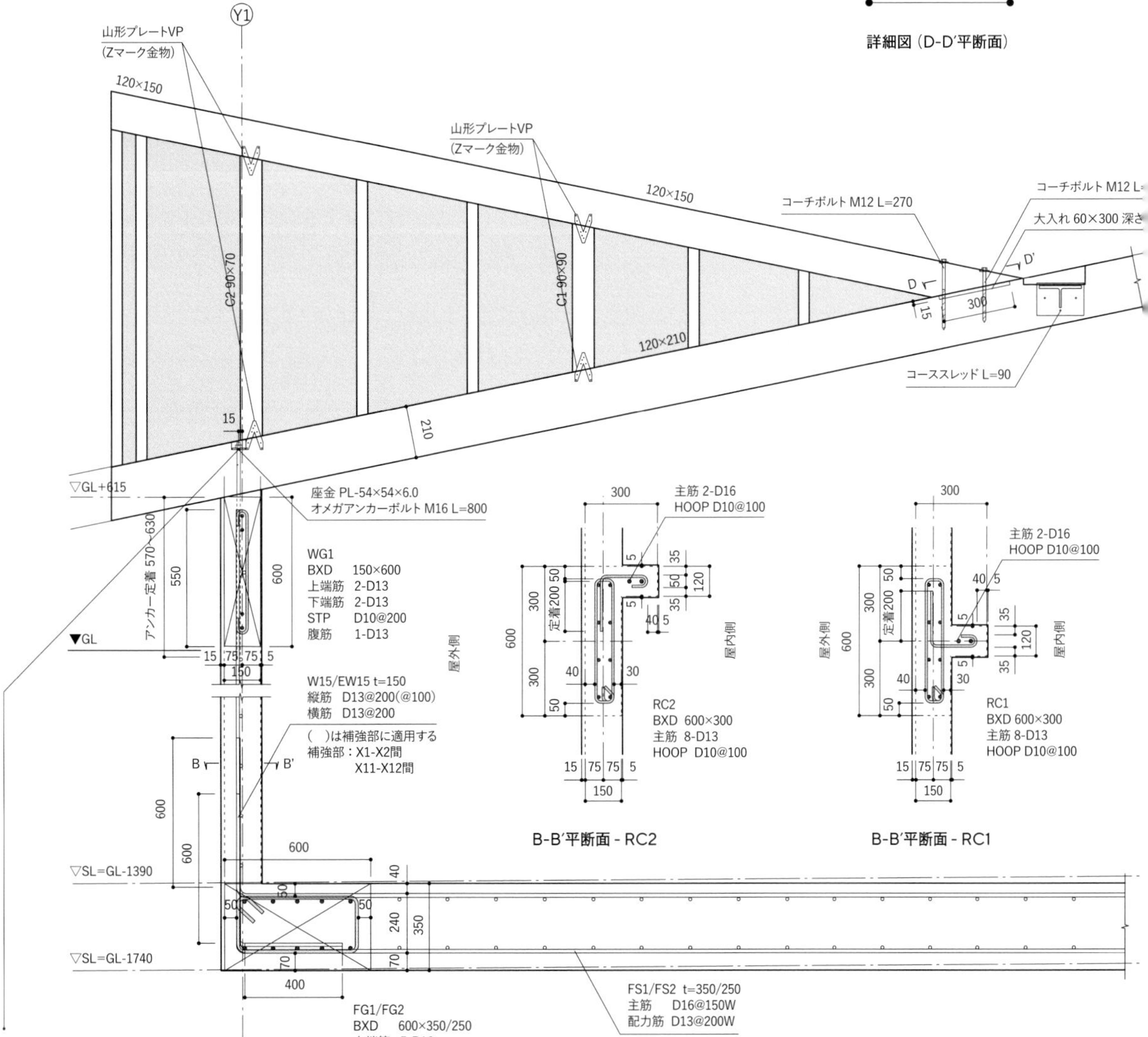

Y1
山形プレートVP
(Zマーク金物)
120×150
C2 90×70
C1 90×90
120×210
210
15
コーチボルト M12 L=270
コーチボルト M12 L=
大入れ 60×300 深さ
D
D'
300
15
コーススレッド L=90
▽GL+615
座金 PL-54×54×6.0
オメガアンカーボルト M16 L=800
アンカー定着 570〜630
550
600
WG1
BXD 150×600
上端筋 2-D13
下端筋 2-D13
STP D10@200
腹筋 1-D13
▼GL
15 75 75 5
150
W15/EW15 t=150
縦筋 D13@200(@100)
横筋 D13@200
( )は補強部に適用する
補強部：X1-X2間
X11-X12間
B
B'
600
600
600
▽SL=GL-1390
40
50
50
50
240
350
70
70
▽SL=GL-1740
400
FS1/FS2 t=350/250
主筋 D16@150W
配力筋 D13@200W
FG1/FG2
BXD 600×350/250
上端筋 5-D16
下端筋 5-D16
STP D13@200
腹筋 -
屋外側
屋内側
300
主筋 2-D16
HOOP D10@100
定着200
RC2
BXD 600×300
主筋 8-D13
HOOP D10@100
B-B′平断面 - RC2
RC1
BXD 600×300
主筋 8-D13
HOOP D10@100
B-B′平断面 - RC1

ボルト位置と建方

基礎スラブと土留め壁で平場を確保し、三日月形状に鉄骨梁を建て入れ、両者を結ぶようにマッシブホルツ木梁を架け渡している。マッシブホルツを留め付けるボルト位置で鉄骨の建方精度が決まるため、慎重な作業が必要となる。

6

萩生田秀之

Hideyuki Hagiuda

萩生田秀之（はぎうだ・ひでゆき）
1977年生まれ
2000年　明治大学理工学部建築学科卒業
2002年　明治大学大学院理工学研究科博士前期課程修了
2003年　空間工学研究所
2010年〜　KAP
2022年〜　共立女子大学建築・デザイン学部准教授

新豊洲 Brillia ランニングスタジアム

ETFEと集成材を高次元で融合させる

建築設計：武松幸治+E.P.A環境変換装置建築研究所
構造設計：KAP
ETFE設計：太陽工業

NISHIO

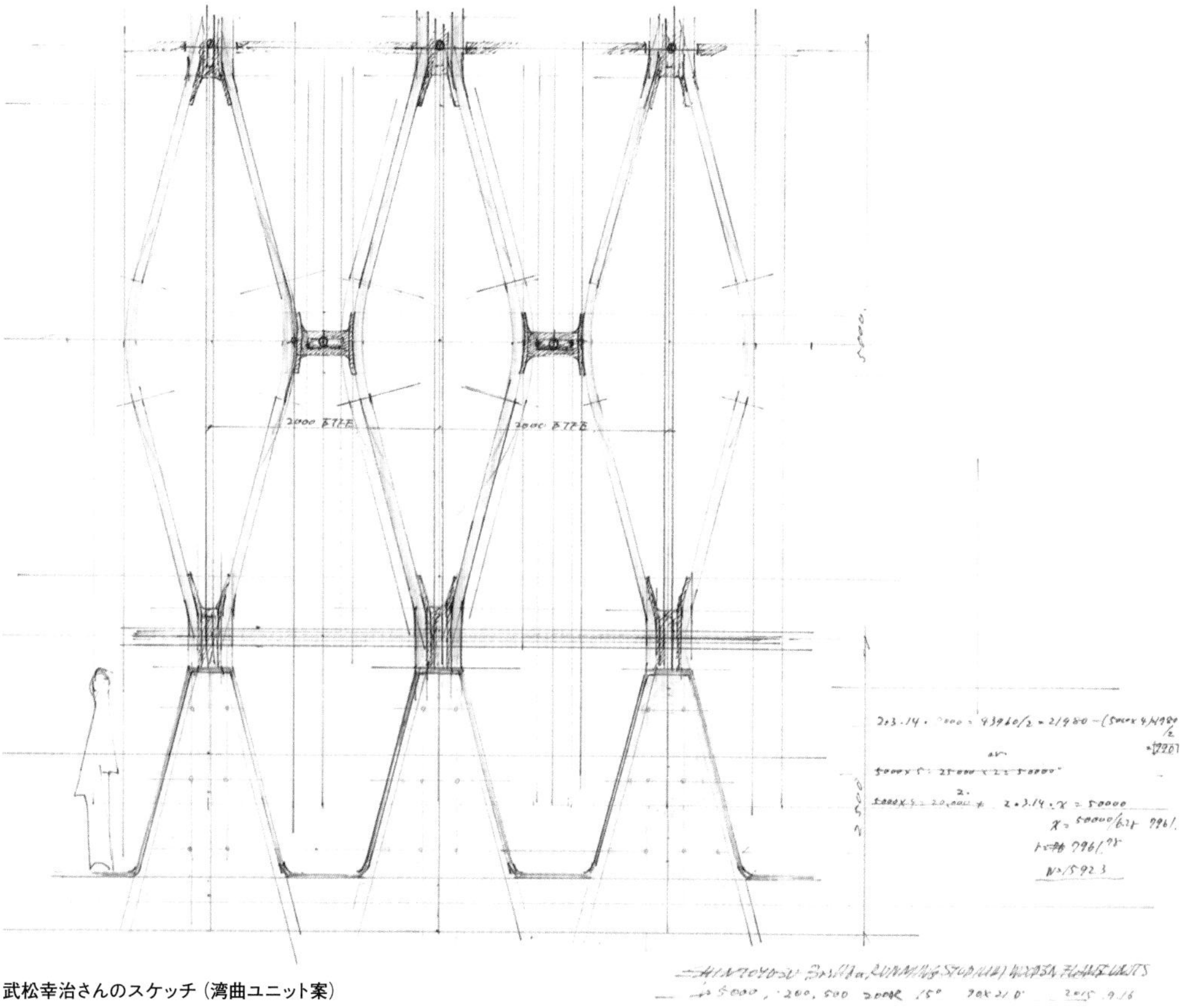

武松幸治さんのスケッチ（湾曲ユニット案）

ETFEと木による架構

「新豊洲Brilliaランニングスタジアム」は、競技用義足の開発および調整室を併設した、パラリンピックをめざす障碍者トップアスリートのためのトレーニング拠点である。元陸上選手の為末さんが館長を務めるこの施設の活動は、かけっこスクールなどのユース世代の育成、義足エンジニアの遠藤さんの研究開発拠点および障碍者トップアスリートの強化訓練を主軸として、クリエイティブディレクターである栗栖さんが主催する障碍者と健常者の共同体「SLOW MOVEMET」が、アートパフォーマンスをつくりあげる。また、この施設の建設にあたっては東京建物株式会社からネーミングライツというスタイルで協力をいただいている。

設計者の武松幸治さんは、規制緩和を自ら国に訴えに行ったり、補助金取得に奔走したり、建築のためとあれば周辺業務を積極的にこなす、通常の建築家像の枠を超えた人である。そしてスケッチが感動的にうまい。建築の方向性にも迷いがなく、設計初期の段階から「ETFEと木による架構」と決めていた。

建築家と構造家のコラボレーションは多様化しており、その仕事のやり方や関係性もプロジェクトごとに微調整できるのが、われわれ世代の構造家の特徴ではないだろうか。このプロジェクトでは、建築の明確なヴィジョンと架構方法を建築家が自ら示してくれたので、架構の合理性を見出し、部材断面の検証をし、ディテールをつくることが私の仕事であった。一方、ETFEは欧州では実績は多いものの、当時の日本は法整備前で大規模建築での使用例がなく、敷地がオリンピック終了後に再開発を予定しており数年後には移転が必要など、特殊与条件を内包するプロジェクトであった。そこで、下記を構造設計上の大きな命題として設定した。

・ETFEを美しく見せる木造架構であること

・将来的な移転に対応できるよう、解体・再構築が容易なディテールとすること

加えて非常に短工期であったことから、施工的な合理性をもった架構システムであることも要求された。日本ではじめて大々的にETFEを使用する建物であるため、建物として美しく、構造システムとしても模範となるような建物でなくてはならない。

木架構の変遷

武松さんの初期のイメージは、小径木によるラチス（シェル）のようなものであったが、将来の移転や施工性を考慮し、ユニット架構の集積に変わっていった。小断面湾曲集成材を縦長の六角形状のユニットに組み、これをずらしながら組み上げていくハニカムユニット案やつづみ状ユニット案などを検討した。

これらの案には、直角に近く薄い木材同士の接合部に大きな課題があることが明らかになり、架構の再検討を行った。その結果が冒頭に示した「湾曲ユニット案」である。２つの相対する集成材の両端をゆるやかに絞り込み、金物で接合することで上下の木材を省略した。

共同設計者である太陽工業の喜多村淳さんから、ＥＴＦＥの合理的なスパンは、その厚みや風圧力を鑑みて「２・０ｍ」と提案された。コストを考えると、湾曲ユニット幅をこのスパンに合わせる必要がある。ユニット長は半円を四分割した約５・０ｍであり、幅２・０ｍではスレンダーとは程遠いプロポーションであった。そこで、幅を１・５ｍとして間に５００㎜の結合材を配置することにした。

武松さんによる
初期の架構イメージ図

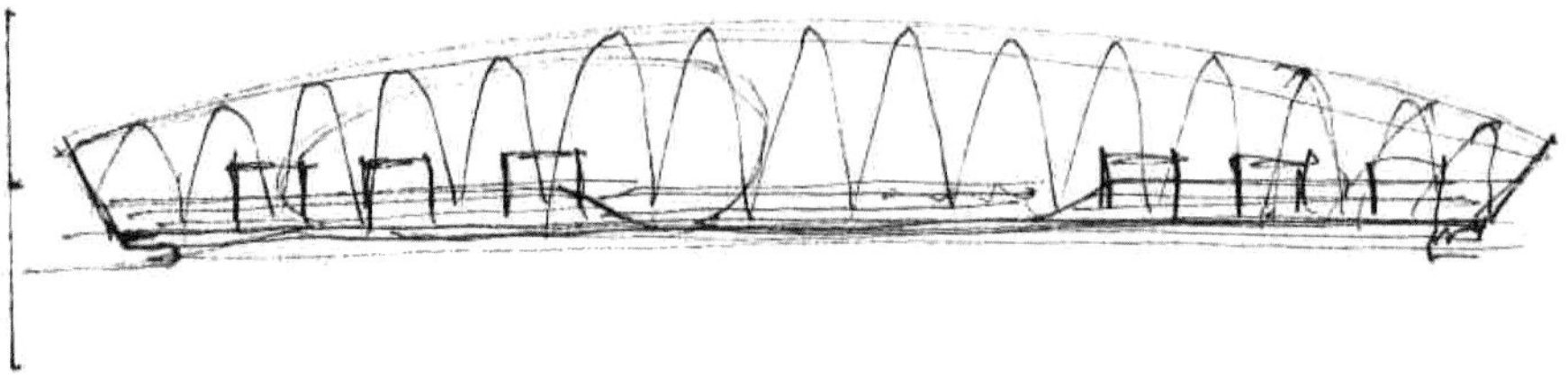

武松さんによる
ユニット案の初期スケッチ

部材量が最小になるようハニカム状の架構を検討していた。長手方向端部の木同士の接合部が直角に近くなる。工場で接着接合されることが理想だが、木口に接着剤を塗布することになるため、耐力確保が困難であった。また、ビス等による接合も同様のことが懸念されたため、ユニット形状の見直しを行った。

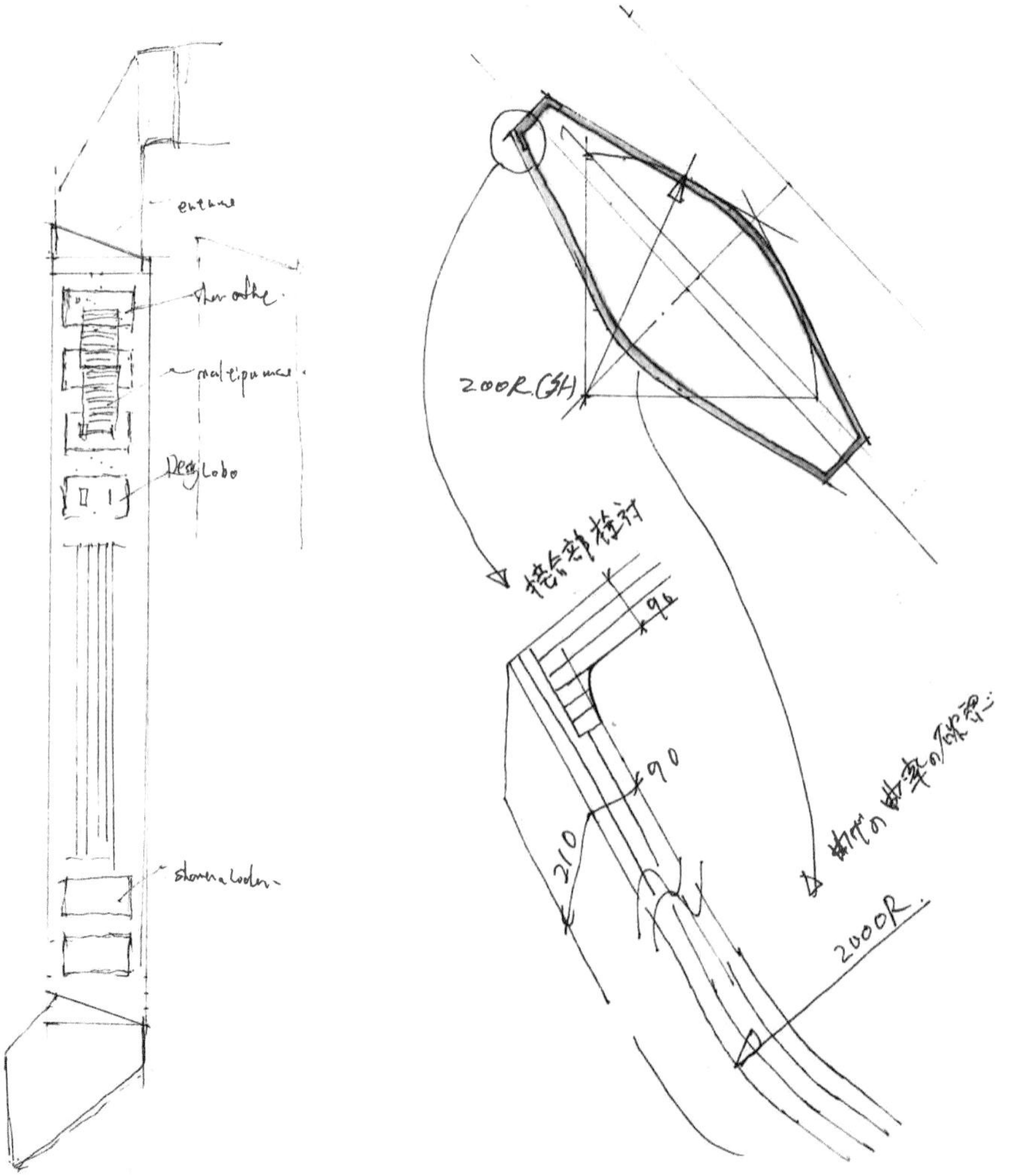

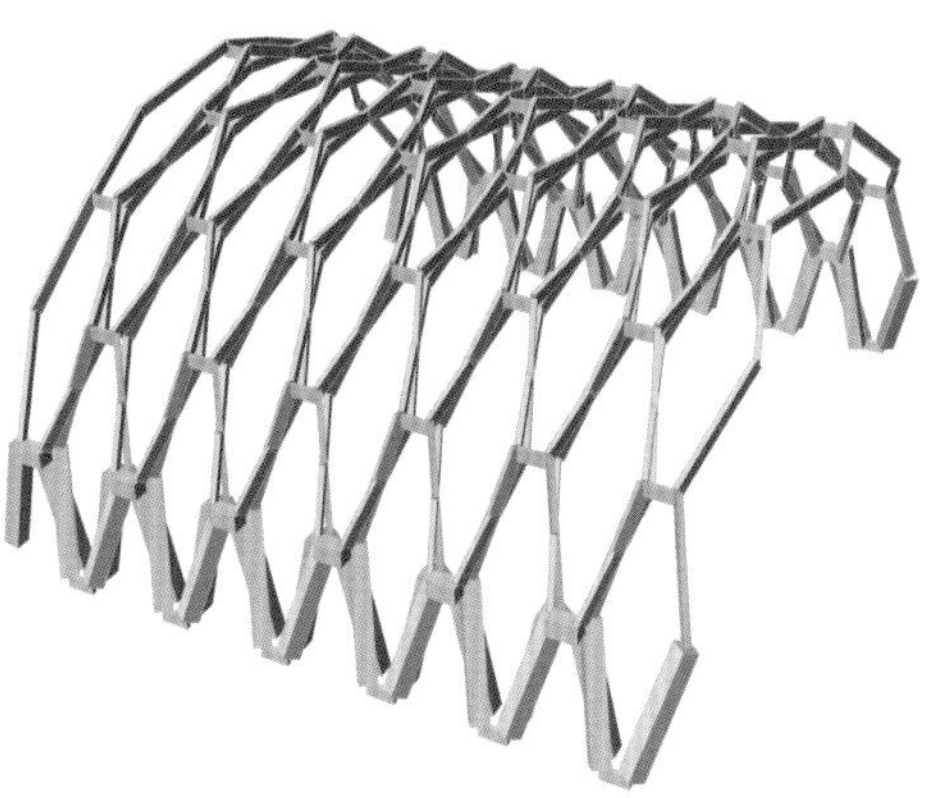

中央を絞ったつづみ状ユニット案

上下の直線材を太くすることで、ボルト接合することを考えた。積み上げたときに上下部材が二重になり、太く見えるというデメリットがあった。

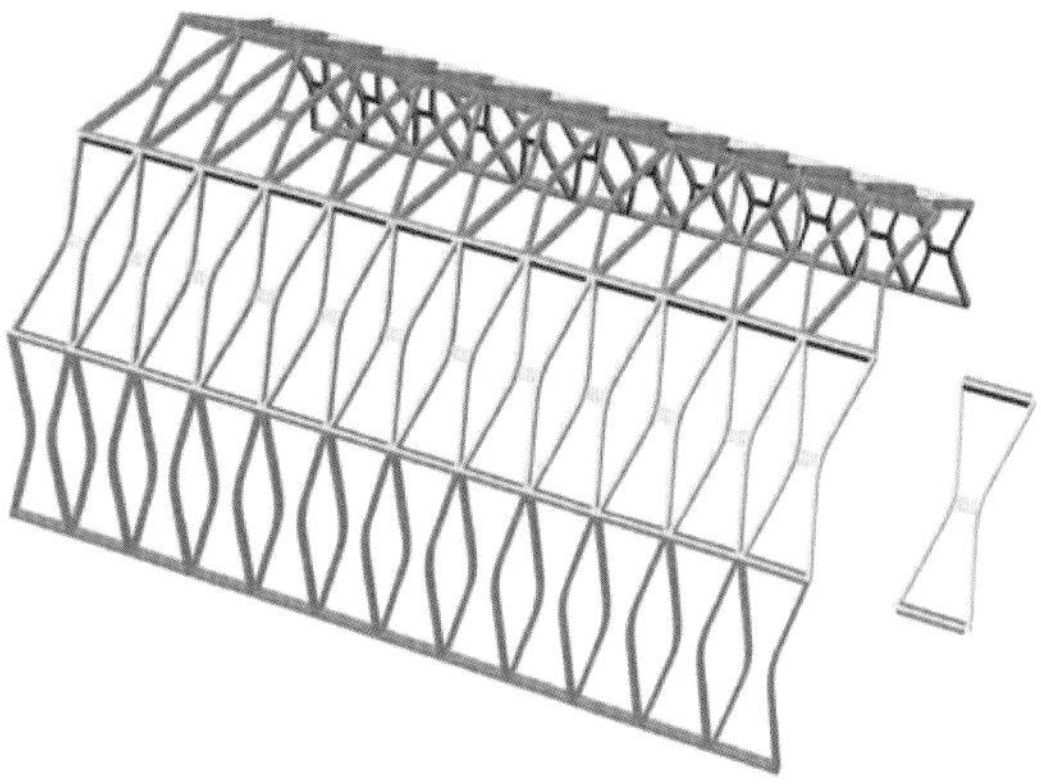

ハニカムユニット案

ユニットを積むことで架構が形成できるため、ユニット同士の接合部が簡素化できることがメリットである。

端部を直線とした集成材

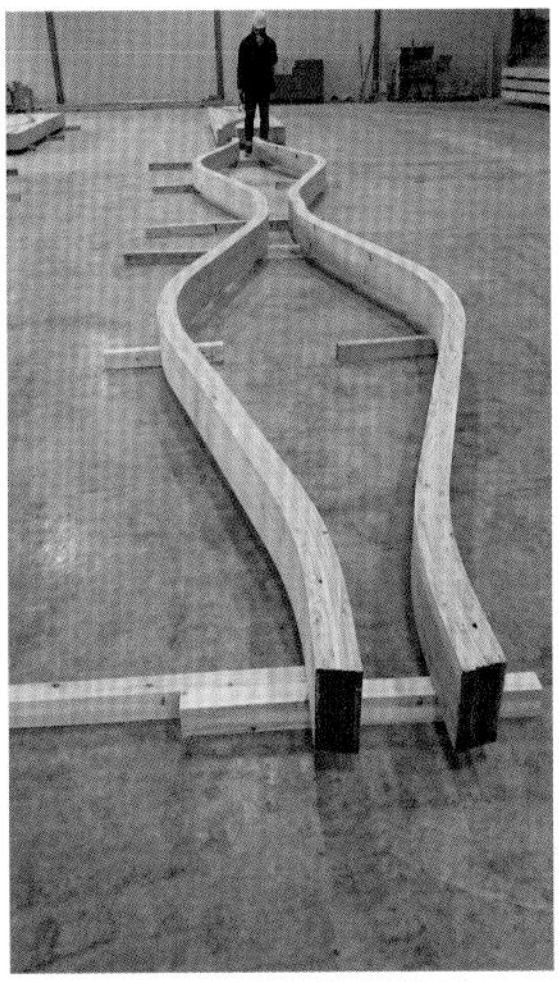

端部も湾曲させた集成材（最終案）

湾曲集成材の最終案

1.5m幅と決めたユニットの湾曲形状は2案まで絞り、モックアップにより確認した。武松さんも最後まで迷っていたようであった。「萩生田くん、どう思う?」と聞かれたが、私も甲乙つけがたかった。最終的に直感で「端部も湾曲させた方が架構が単調にならずによいと思います」というようなことをいったと記憶している。武松さんは「私もそう思う」といい、右側の最終案に決まった。

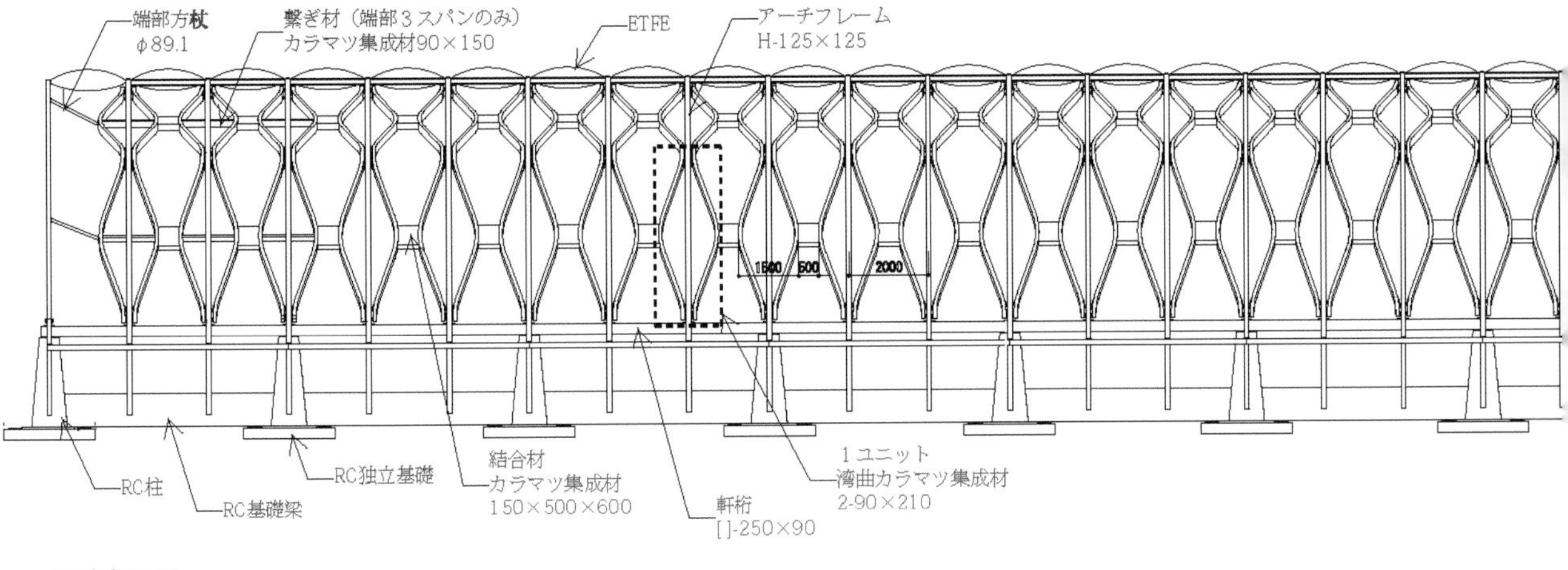

長手立面図

構造の基本フレームは、ETFEの厚みと風荷重に対する合理性から@2.0m（ユニット幅1.5m+結合材0.5m）と決まった。

ETFEを美しく見せるためのアーチフレーム

湾曲集成材ユニットは立面で見ると直線であり、ユニット同士の接合部をピンと仮定すると木架構のみでは4ヒンジの不安定構造となる。このため、設計当初は補剛のための鉄骨方杖を配置していたが、架構の不純性に納得していなかった。そこでまず、ETFEを支持する「上部アーチフレームを一体化したモデルで解析」することで、接合部がピンであっても完全な不安定になることを回避した。

さらに、ユニット同士の接合部にある程度の曲げ剛性（モーメント抵抗）を付与することを考えた。日本の伝統木造建築を現代の技術の視点で見ると、RC造やS造なら力学モデルとしてピンとみなす接合部の剛性を木造独自の視点で評価し、小さな剛性の集合体として構造が成立している。この発想をヒントに、接合部の剛性を適正に評価することで、部材断面を無用に大きくすることを回避した。

剛性を確保するため“方杖”を配置した架構

この時点ではETFEを支持する鉄骨アーチフレームは、あくまで二次部材として扱うため、主構造の解析モデルからは外していた。

上部の鉄骨アーチフレーム配置した架構

鉄骨アーチと木が不完全トラスとして挙動し、短辺方向の水平・鉛直ともに剛性が増大した。これにより、視覚的な影響の大きい“方杖”を撤去することが可能となった。

接合部の検討

確実に応力を伝達するために最初に考えた接合部は、木部材をコ字型の組立プレートにより抱え込み、鉛直方向にボルトで貫通するという無骨なディテールであった。ただ、これではせっかく方杖を撤去した甲斐がなくなる。そこで、集成材の内側面にスリット加工を施し、羽プレートを挿入し、2本のドリフトピンを縦貫通させるディテールを考案した。

モーメントに対しては、「上下羽プレートの偶力で抵抗する」という原理である。これにより、性能を維持しながら接合部の存在感を消し、ETFEと木架構を浮き立たせることができた。この時点では、木材のユニットを接合する金物は「X型」をしている。

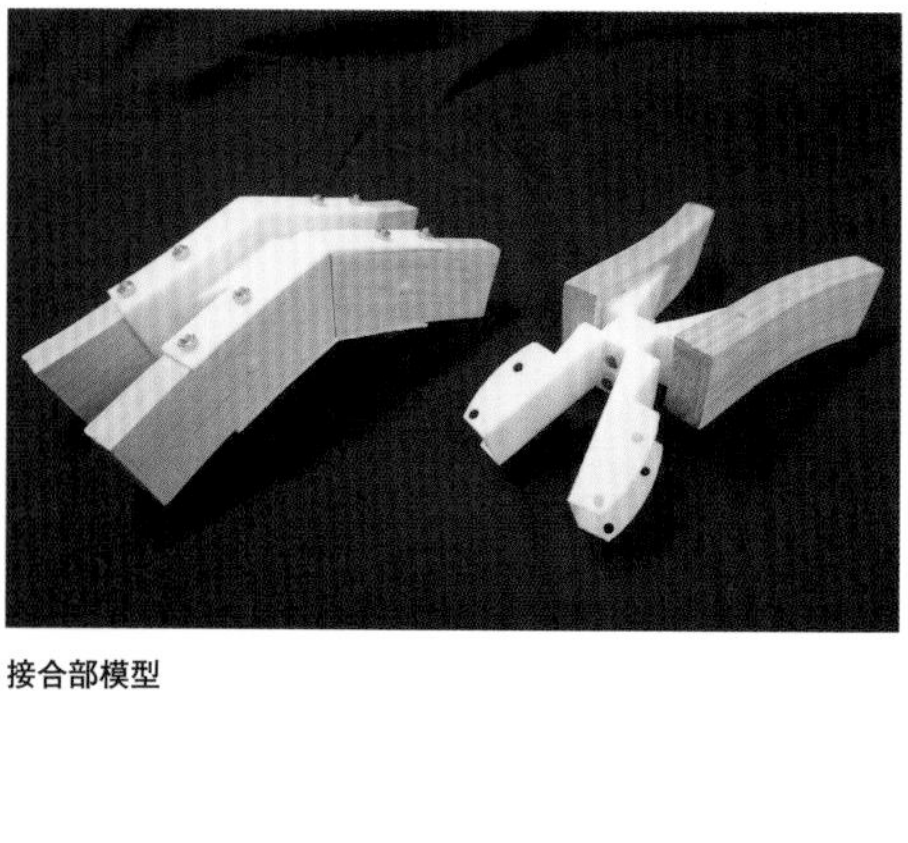

接合部模型

解体・移転のための接合部のディテール

接合部のディテール検討には続きがある。

この建物は数年後に移転するため、解体↓搬送↓再構築をスムーズに行えるようにする必要があった。一般的に釘やドリフトピンなどを使用した接合部を無傷で解体することは難しいことから、「接合部を含めた木造部分に手を入れることなく解体可能」で、「そのままトラックに積載可能な寸法に分割できる」ことが求められた。さらに工期が限られたため、合理的な建方計画も設計要件となった。

そこで、X型接合金物を「V型」に二分割し、上下2本の高力ボルトで一体化するディテールとした。これにより「2本の湾曲集成材と両端のV型金物によるユニット」が完成した。

ユニットの外形は1・5m×5・0m（結合材と一体でも2・0m）であるから、金物自体が分割できれば、木部を傷めることなく搬送可能となる。建方・解体のサイクルは下記のようにすんなりと決まった。

①工場で湾曲集成材とV型金物Aをユニット化して現場に搬入する。
②ユニットは金物A同士を上下2本のHTBで留めることで接合される。
③このとき、金物BをA−A間にはさむことで、アーチフレームとの接合を同時に行えることになる。
④現場ではユニット4体とアーチフレーム2本を1／4円弧状に地組↓中央架台で仮受け↓頂部で接合↓仮受け撤去、とした。

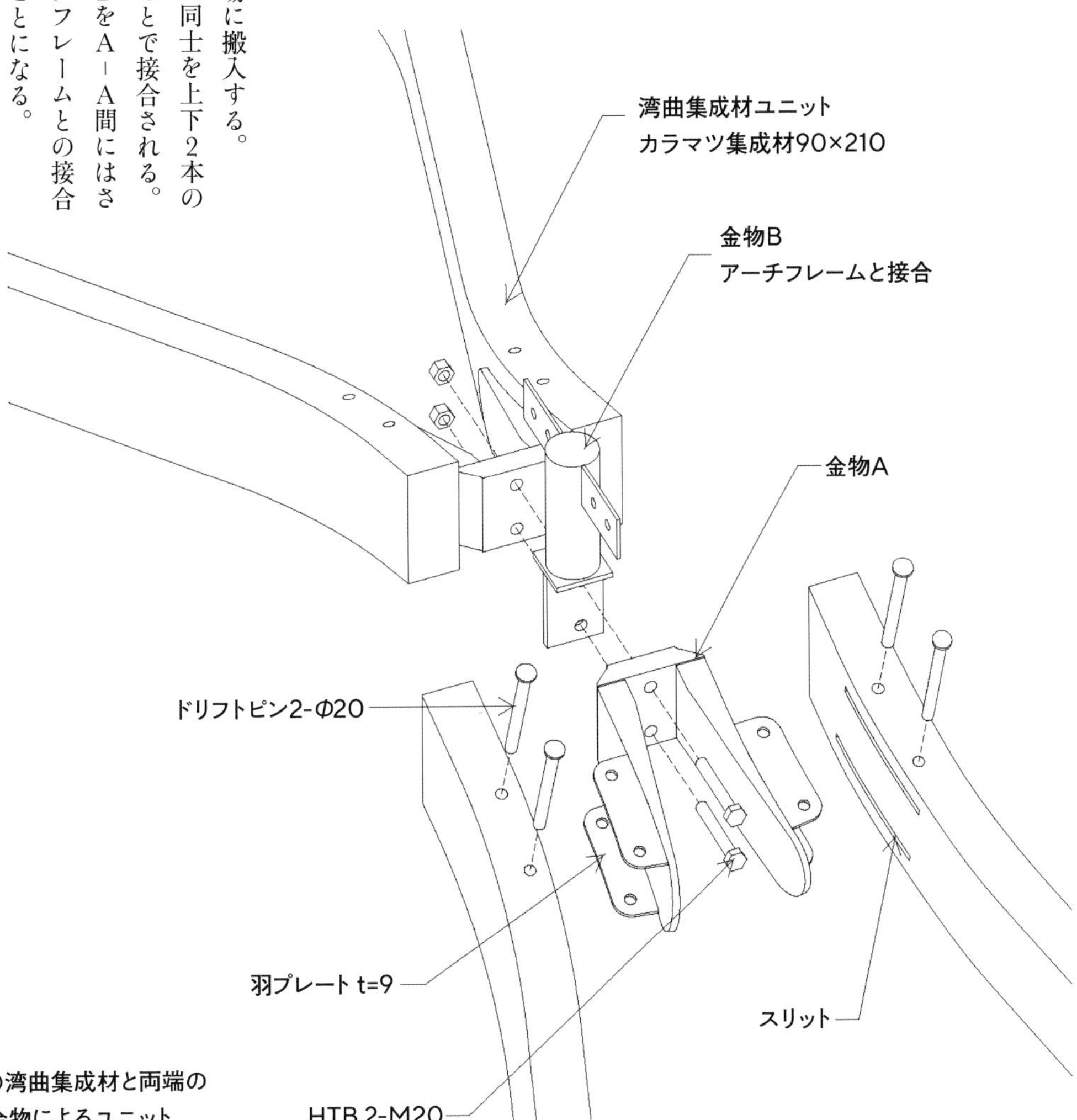

湾曲集成材ユニット
カラマツ集成材90×210
金物B
アーチフレームと接合
金物A
ドリフトピン2-Φ20
羽プレート t=9
スリット
HTB 2-M20

2本の湾曲集成材と両端の
V型金物によるユニット

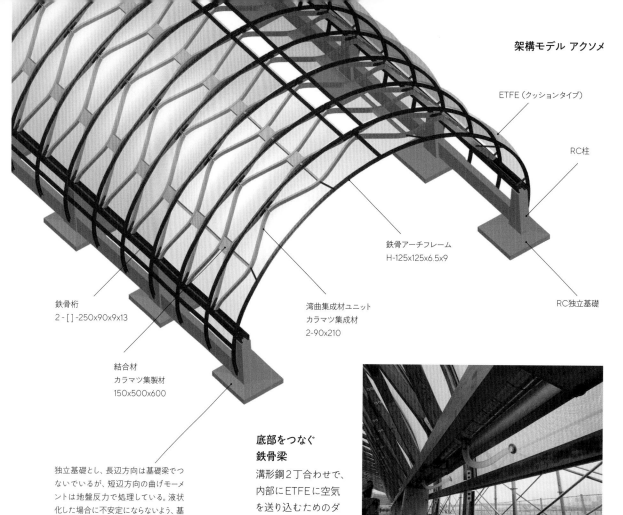

架構モデル アクソメ

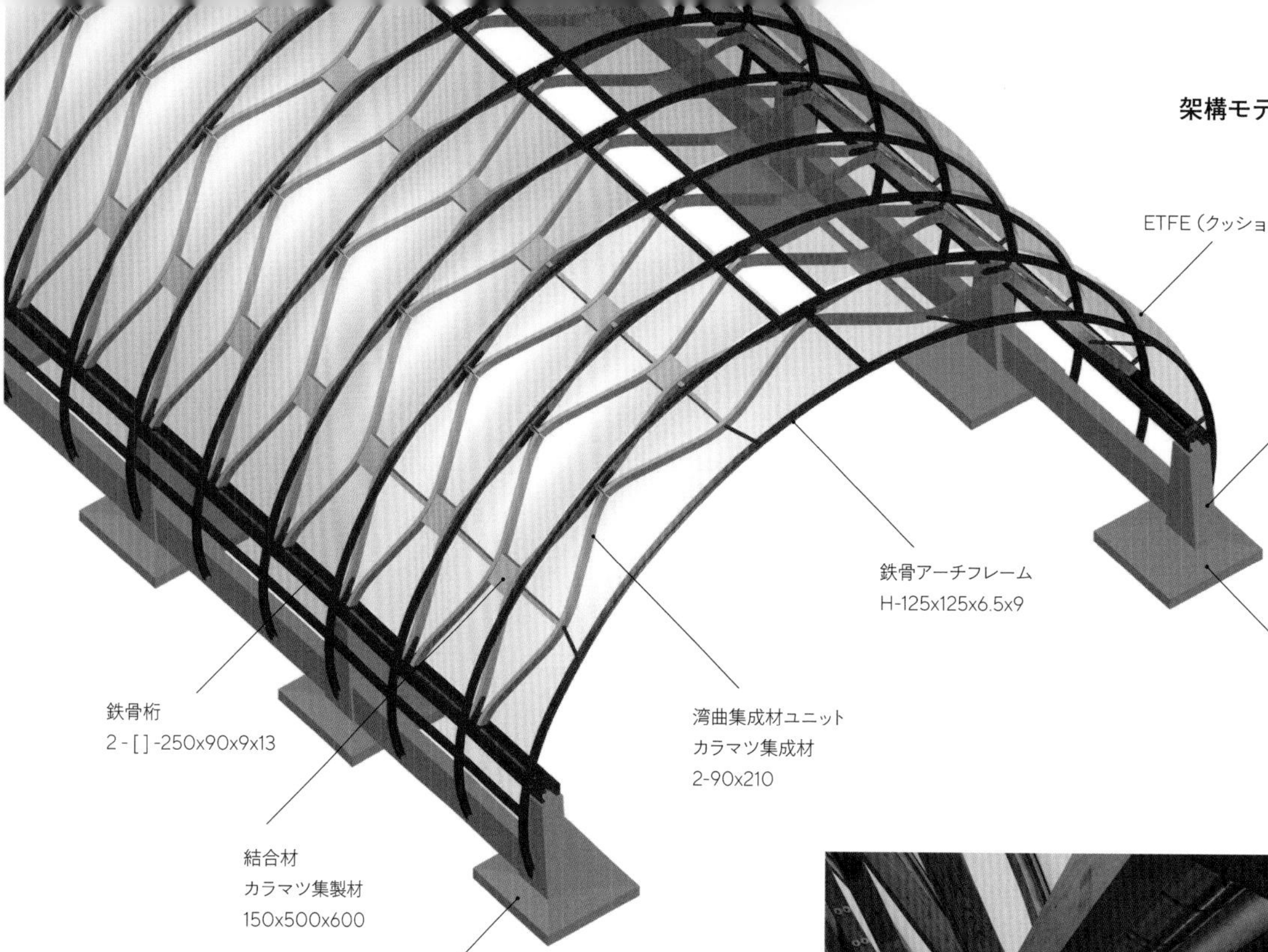
ETFE（クッションタイプ）
RC柱
鉄骨アーチフレーム
H-125x125x6.5x9
RC独立基礎
鉄骨桁
2-[ ]-250x90x9x13
湾曲集成材ユニット
カラマツ集成材
2-90x210
結合材
カラマツ集製材
150x500x600

独立基礎とし、長辺方向は基礎梁でつないでいるが、短辺方向の曲げモーメントは地盤反力で処理している。液状化した場合に不安定にならないよう、基礎間を土間スラブでつないでいる。

底部をつなぐ鉄骨梁

溝形鋼2丁合わせで、内部にETFEに空気を送り込むためのダクトを配置している。

架構システム

構造種別はRC造であり、独立基礎から片持ちとしたテーパー柱を6．0mピッチで配置している。マンサード断面の腰折れ型木屋根架構は、2本のカラマツ湾曲集成材90㎜×210㎜で構成する平面ユニットを円弧状に配置。二つの曲率をもつ湾曲集成材は平面展開すると網目状になり、集成材の曲げ剛性により、屋根の水平剛性を確保している。ユニット幅は1．5mとし、鉄骨アーチフレーム間隔はETFEの最適スパンの2．0mとなったため、この500㎜のギャップを集成材による「結合材」で埋めている。この部材は、湾曲集成材の可撓長さを短くして補剛することと、面外方向ねじれを補剛することの2つの役割を果たしている。

建方の順序

①鉄骨桁設置完了

②アーチフレームを含む地組したユニット

③揚重開始

④中央ベントに仮受けされるユニット

⑤ユニット同士の連結

⑥ETFE展張

⑦ETFE仮送風

⑧中央ベント撤去

建方直後のフレーム

溶接が完了したV型接合金物

結合材

結合材は500mm×600mm、厚さ150mmのカラマツ集成材。わずかではあるがねじれ剛性を付与するため、厚さ方向に2段、計4本のボルトで両側の湾曲集成材と緊結している。ソリッドな集成材が架構の軽やかさを軽減させるのではないかという懸念もあり、スチールも検討したが、軽量化、コスト、施工性を考慮して最終的には集成材とした。

あらかじめ解体を考慮した設計が将来につながる

設計の終盤では、ＥＴＦＥと屋根架構の実大モックアップを製作し、ユニット工法の施工性、部材精度の確認を行った。前述の通り、移設を前提とした解体容易なディテールとしているが、設計当初はイニシャルコスト増大を懸念し、これに異議が挙がることもあった。しかし、解体を容易にしておくことで「建方も容易になる」という確信があったため、粘り強く提案し続けた。施工者である中央建設、太陽工業、齋藤木材工業とは何度も協議し、この合理性を理解していただいた。そして、施工手順検討に相当な時間を割いていただいたおかげで、建方は想定していた以上にスムーズに進み、工期内に完成させることができた。

新素材である「ＥＴＦＥ」と復権をめざす「木」という2つの素材が、パラリンピアのための練習場という社会的意義に後押しされ、そこに人のエネルギーが集約されて昇華していった、まさにそんなプロジェクトだったと感じている。物事の決定理由が政治的な力学や人間関係ではなく、「モノ」の良し悪しで決めることができたことは、公共性の高い建物においては希少かもしれない。

新豊洲Brilliaランニングスタジアム | ETFEと集成材を高次元で融合させる

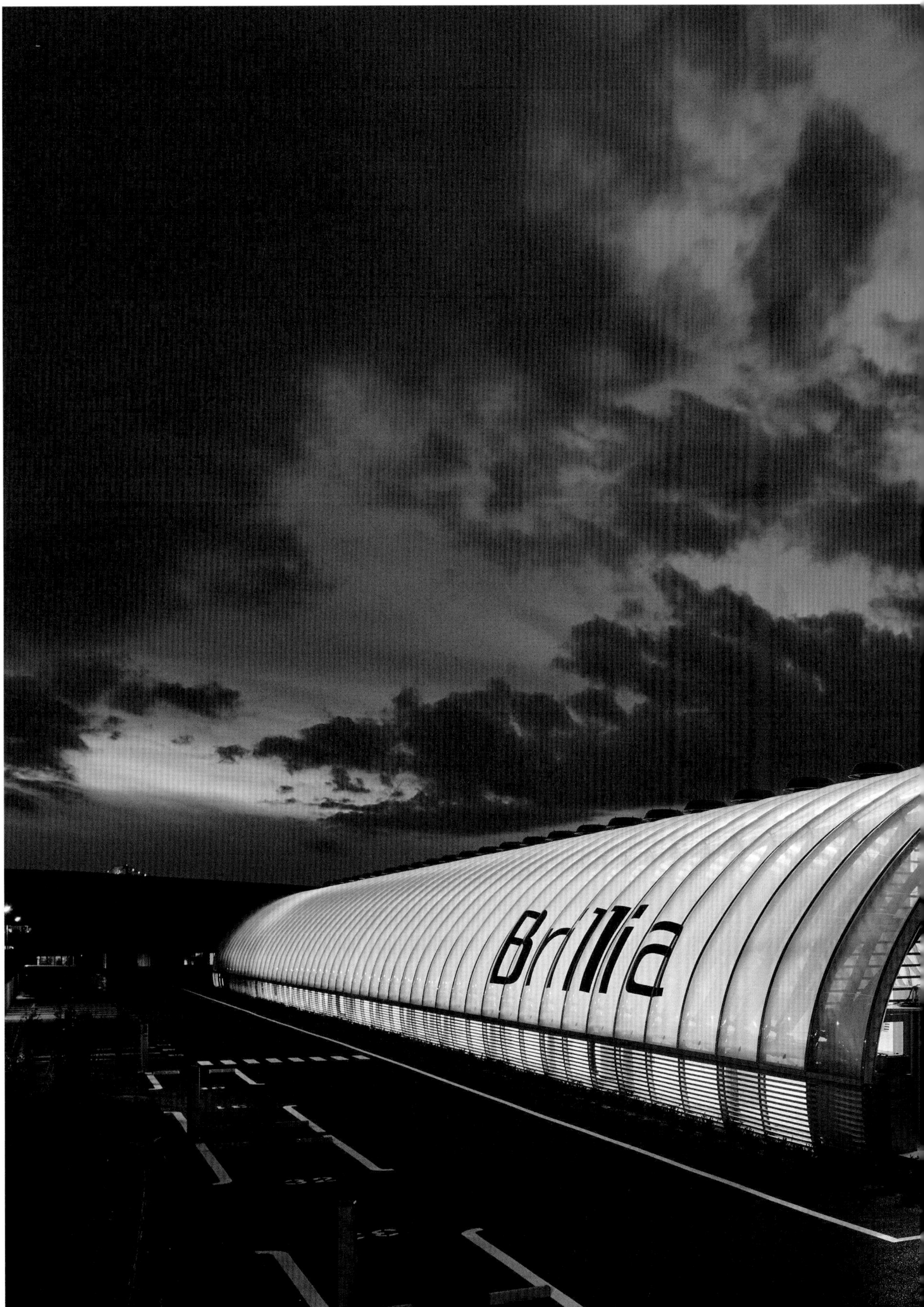

森のクラブハウス・馬主クラブ

木立と連続する300㎜のRC柱梁

建築設計：古谷デザイン建築設計事務所
構造設計：KAP

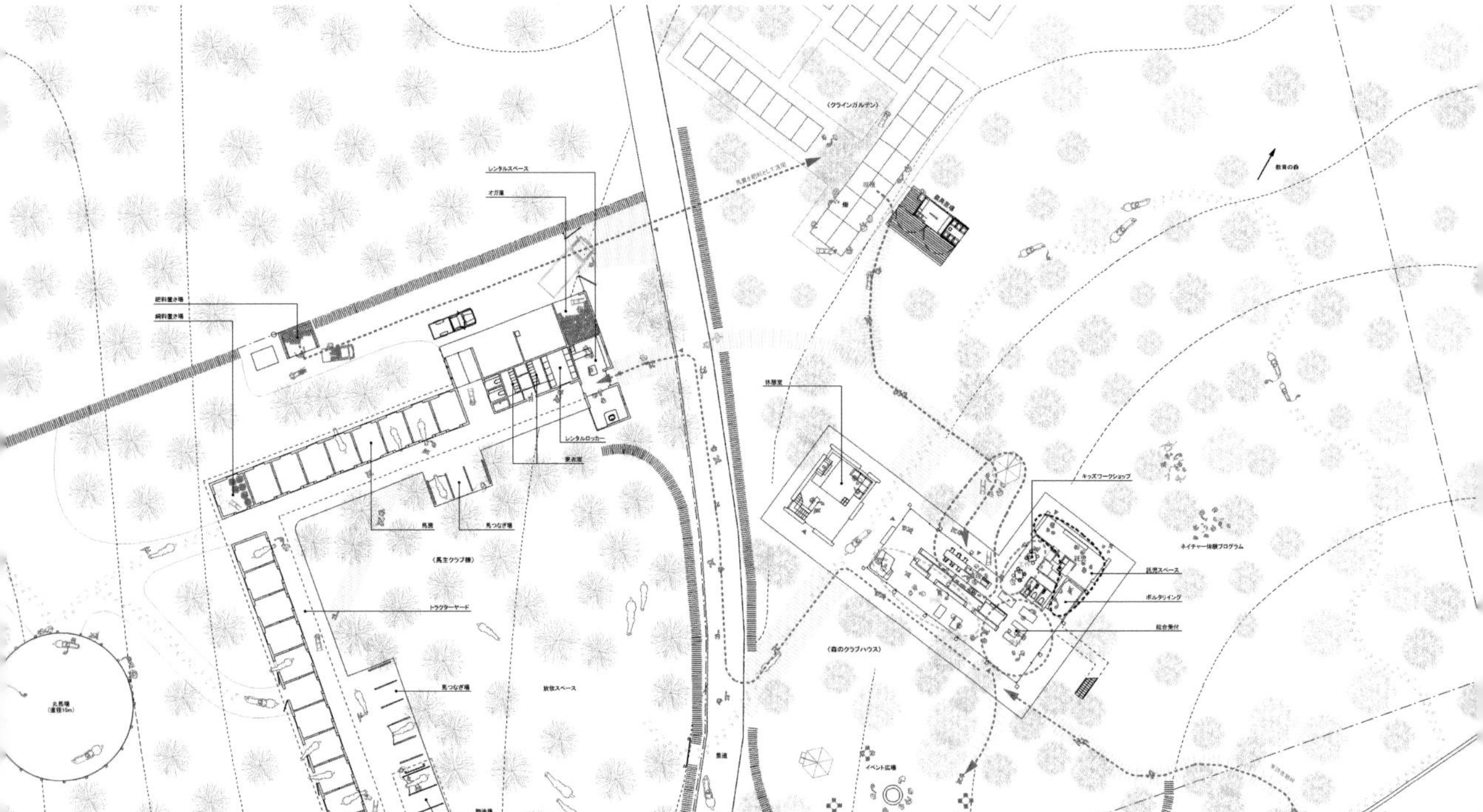

全体配置図

プリミティブな美しさを纏った透明な箱

親子三代が楽しめるクラブライフをめざし、ゴルフクラブの付帯アクティビティコンテンツとして東京クラシック「森のクラブハウス」と「馬主厩舎」が計画された。緑豊かな敷地の中央には里道があり、この里道の東のシラカシ植林帯にクラブハウスを、西側の杉植林帯に厩舎および馬場を配置している。

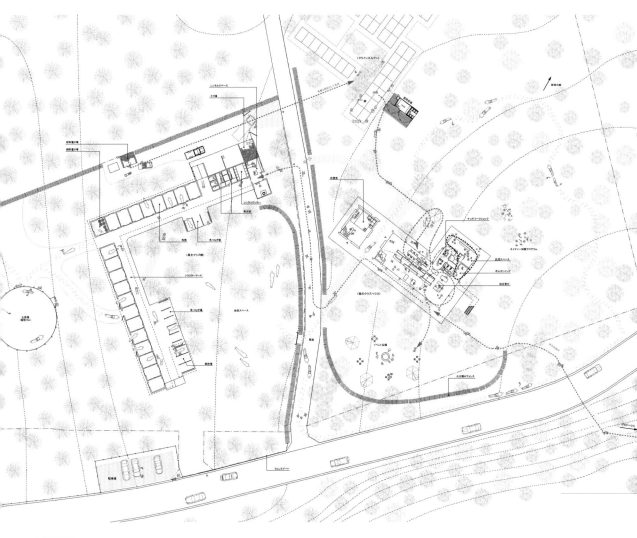

余暇を楽しむ施設であるから、森のクラブハウスには必要な受付、物販、休憩、調理、託児などの機能・諸室が比較的大らかに配置されている。建築家の古谷俊一さんは、これらの諸機能が森の中に透け浮かび上がるような透明な箱をつくりたいと考えた。

建築家とのコラボレーションにおいてもっとも心躍る瞬間は、その構想や設計の考え方を最初に聞くときである。彼らの美的感覚や思想に直に触れる貴重な機会であり、こちらの知的好奇心

がくすぐられる瞬間でもある。深淵な思慮に基づいたものや、抽象的なもの、非論理的ながら何か新しい価値観を予感させるものまで、千差万別である。そして、建築家の言葉の中からその「真意」や、彼らの頭の中にあるであろう「カタチ」を探求し引き出すことも、エンジニアの仕事だと思っている。彼らとの会話の中から得られた手がかりを咀嚼し、自分の中の工学的な引き出しに照らし合わせることで構造架構として具現化し、建築に新しい価値やカタチを付与することが構造家の職能である。

「森のクラブハウス」の打合せの中で、古谷さんから「プリミティブな美しさを纏ったものにしたい」という言葉が出てきた。この言葉に反応して私の記憶の中から出てきたイメージは、南米コロンビアで見た荒々しいテクスチャながらも繊細なプロポーションをもった建築であった。

地震国である日本に比較して、部材プロポーションが細い。工学的な側面からは違和感があるその繊細さには儚ささえ覚えるが、純粋に美しいとも感じる。プリミティブという言葉を、異文化のテクスチャの荒さと部材プロポーションにひもづけ、「徹底的に透明な箱をつくる」ことをめざした。

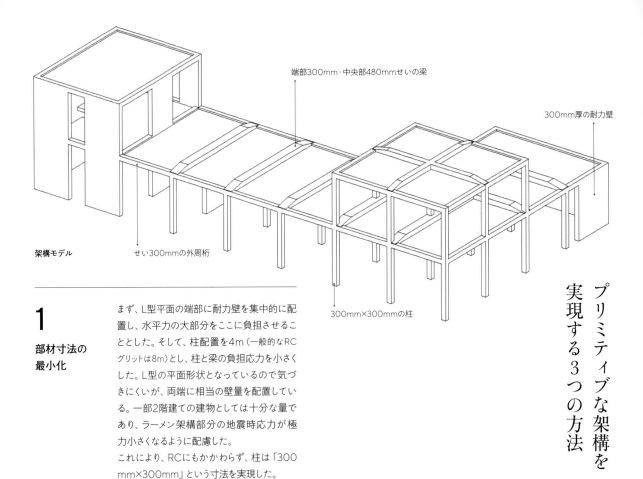

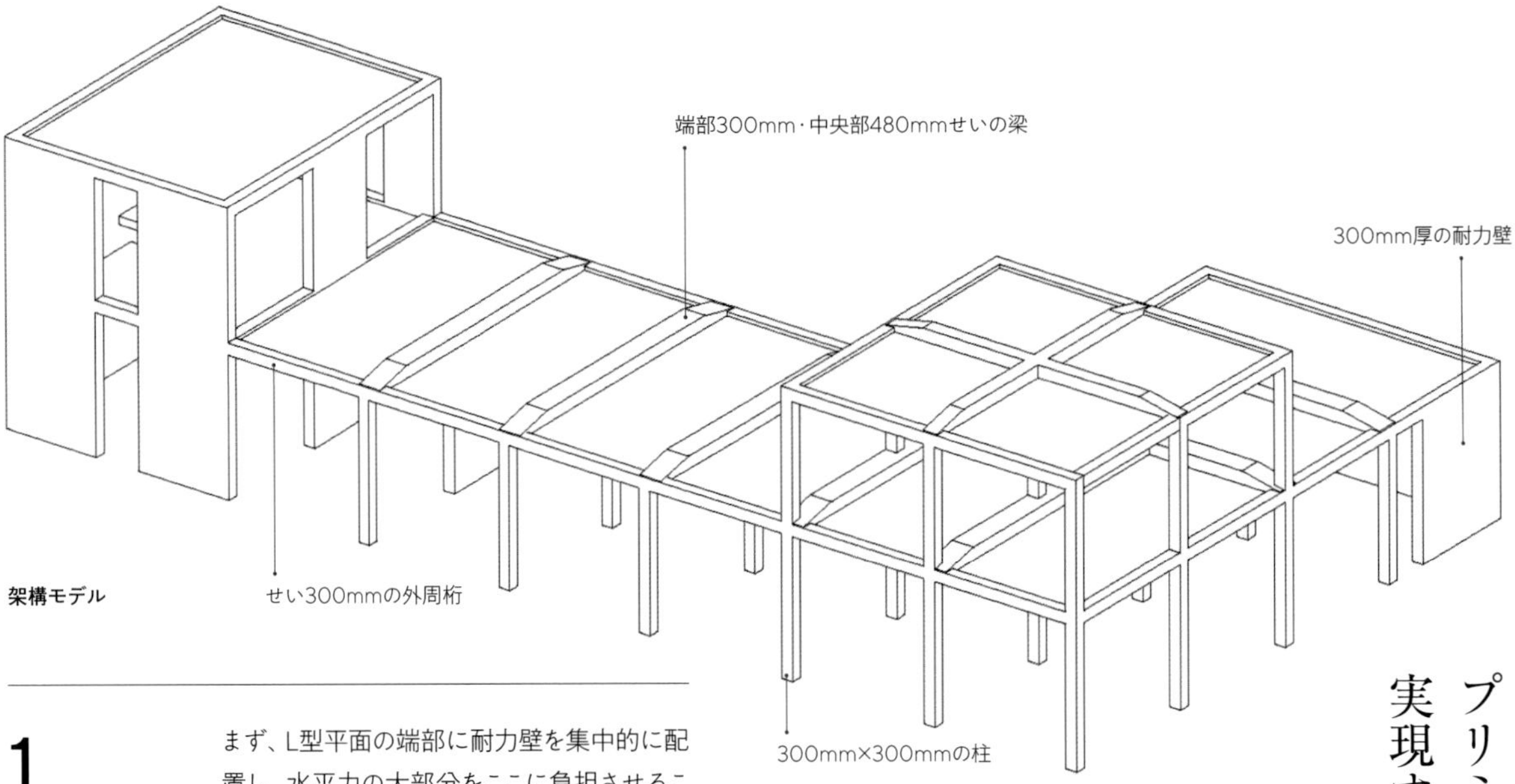
端部300mm・中央部480mmせいの梁
300mm厚の耐力壁
せい300mmの外周桁
300mm×300mmの柱

架構モデル

プリミティブな架構を実現する3つの方法

1 部材寸法の最小化

まず、L型平面の端部に耐力壁を集中的に配置し、水平力の大部分をここに負担させることとした。そして、柱配置を4m（一般的なRCグリットは8m）とし、柱と梁の負担応力を小さくした。L型の平面形状となっているので気づきにくいが、両端に相当の壁量を配置している。一部2階建ての建物としては十分な量であり、ラーメン架構部分の地震時応力が極力小さくなるように配慮した。
これにより、RCにもかかわらず、柱は「300mm×300mm」という寸法を実現した。

梁は連続梁となるため「中央部で応力が最大」となる。これに対応するため、梁せいを端部では「300mm」、中央付近では「480mm」として応力に応じて梁せいを変化させた。

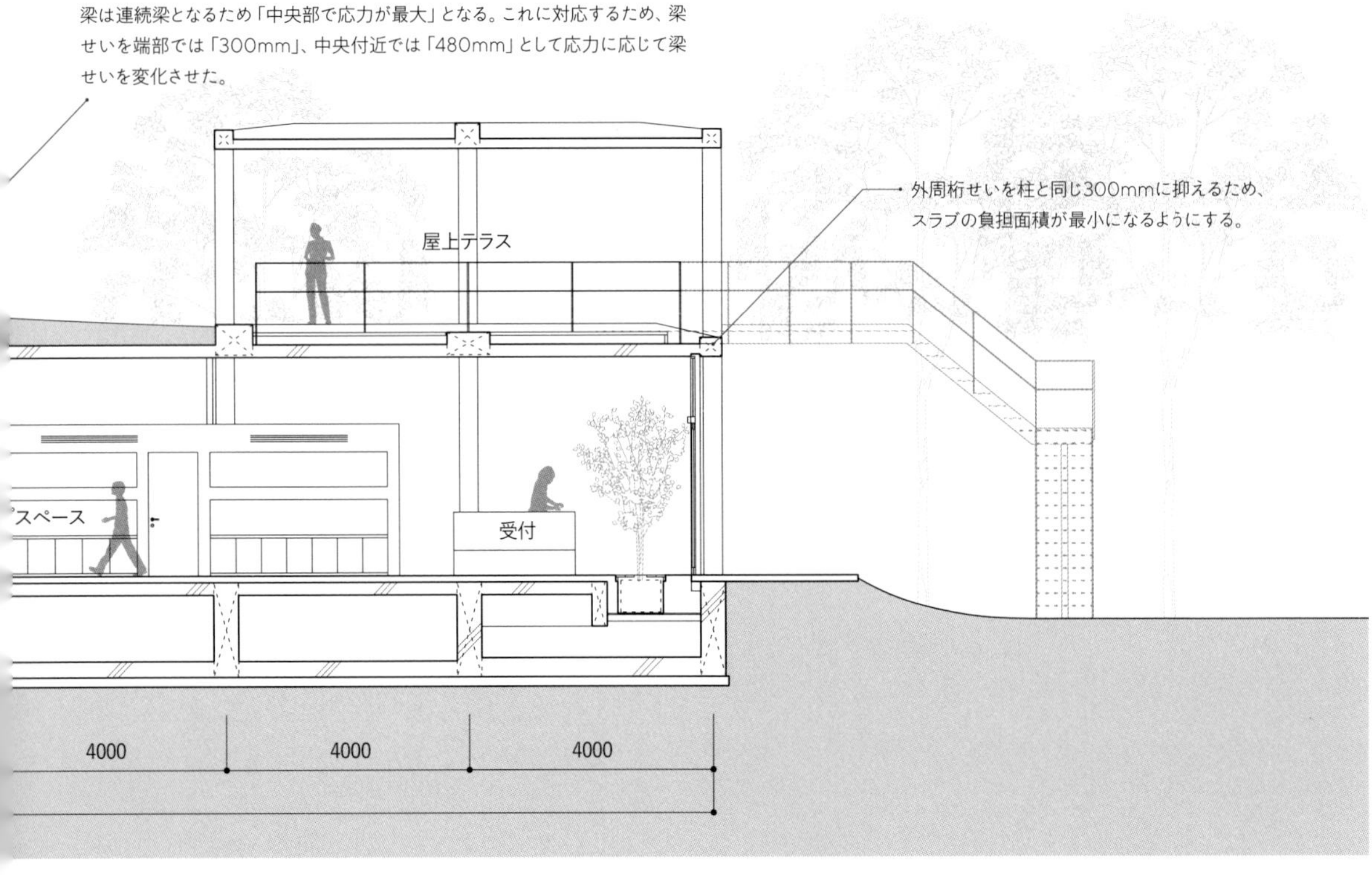
外周桁せいを柱と同じ300mmに抑えるため、スラブの負担面積が最小になるようにする。
屋上テラス
スペース
受付
4000
4000
4000

Pコンを使用しない型枠

型枠撤去直後の躯体の様子

3

RCテクスチャの純粋化

300mm幅の部材に対して30mmのPコン跡は小さくない。さらに割付も難しい。中央に配置するとかなり目立ってしまうことは想像に難くない。そこで「Pコンを使用しない」方針とした。部材が薄く打設時のコンクリート側圧が大きくないため、施工上問題ないと考えた。ゼネコンの丁寧な検討と施工により実現した。

もうひとつは「杉板型枠」の採用である。化粧型枠に比べてより原始的な雰囲気をつくることができる。この2つの操作により、RCのテクスチャをより純粋に表現することが可能になった。

2

視覚的記号の整理

建築は機能が多様化しており、躯体は単純でも、これらの機能を満たすためのさまざまな付帯物が取り付く。これを可能な限りそぎ落としたり、または目立たないように工夫をした。躯体は、柱が300mm×300mmが可能になったので、「桁の見付厚さも300mm」とした。さらに梁は「逆梁」とし、フラットスラブのような内観とすることで、視覚的な稜線を可能な限り排除した。

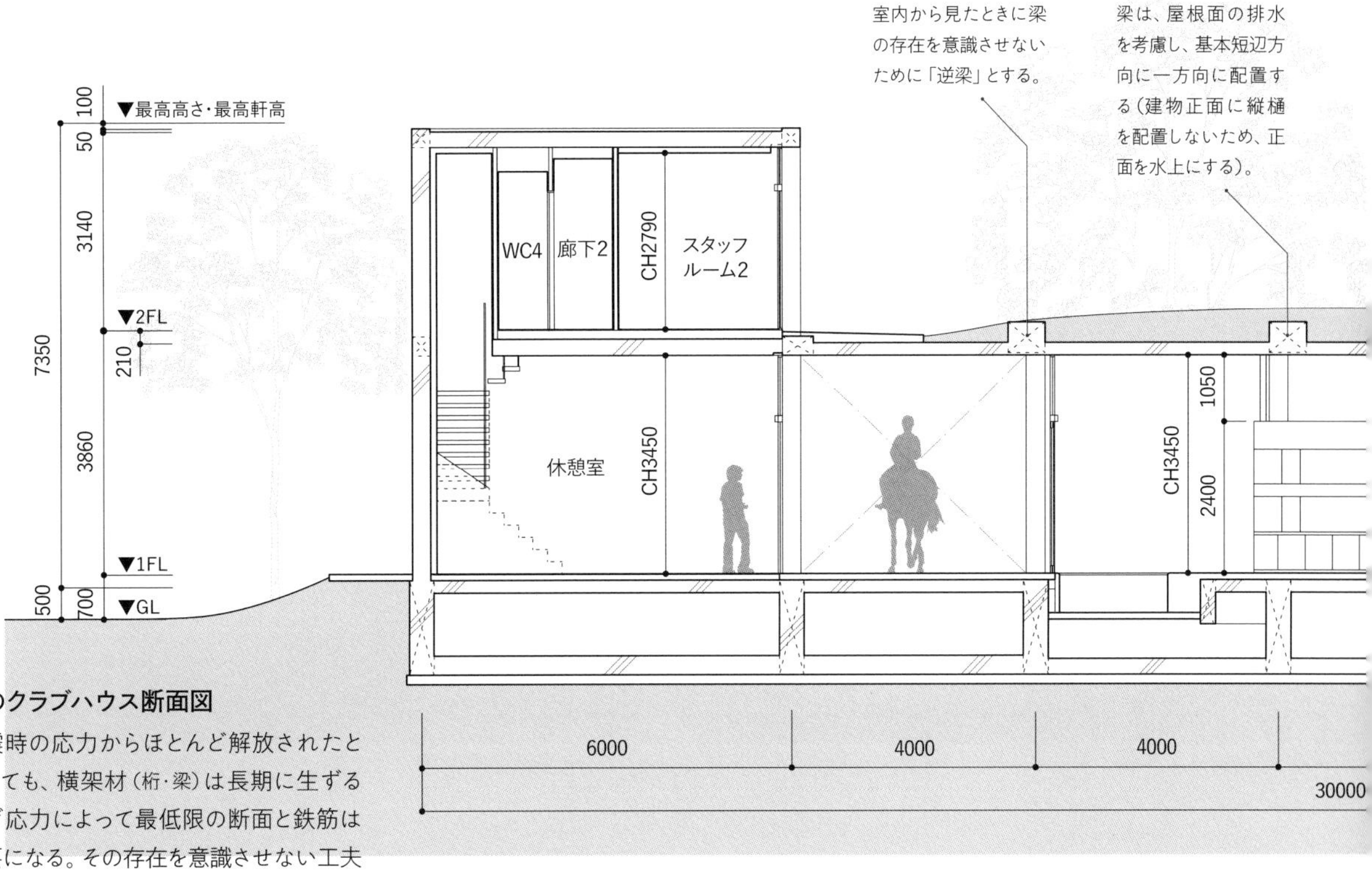

室内から見たときに梁の存在を意識させないために「逆梁」とする。
梁は、屋根面の排水を考慮し、基本短辺方向に一方向に配置する（建物正面に縦樋を配置しないため、正面を水上にする）。
▼最高高さ・最高軒高
▼2FL
▼1FL
▼GL
100
50
3140
7350
210
3860
500
700
WC4
廊下2
CH2790
スタッフルーム2
休憩室
CH3450
CH3450
1050
2400
6000
4000
4000
30000

森のクラブハウス断面図

地震時の応力からほとんど解放されたといっても、横架材（桁·梁）は長期に生ずる曲げ応力によって最低限の断面と鉄筋は必要になる。その存在を意識させない工夫により、プリミティブな架構が生まれた。

森のクラブハウス・馬主クラブ（東京クラシック）｜木立と連続する300mmのRC柱梁

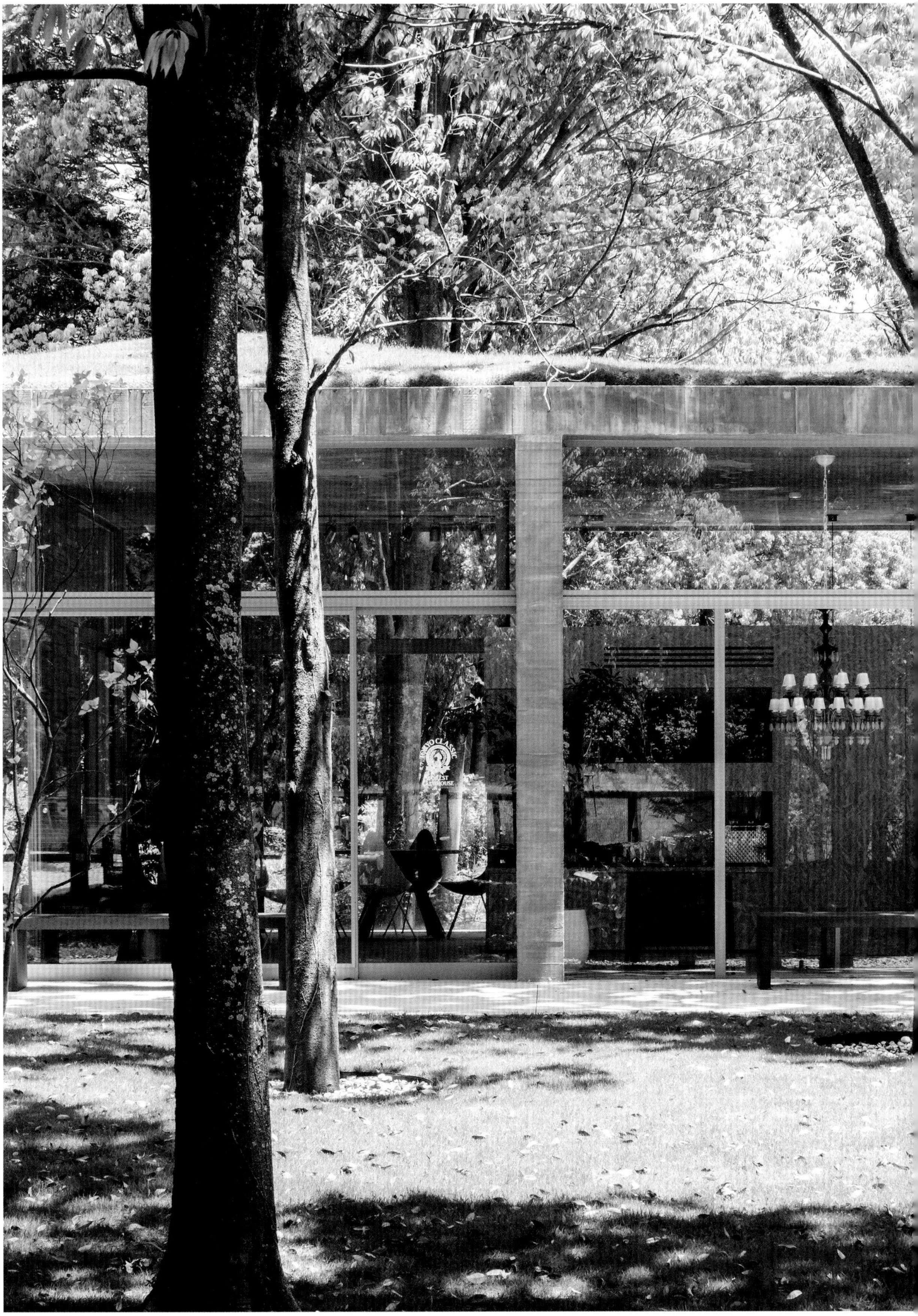

すっきり見せる柱梁ディテール

サッシュラインを柱の内側に後退させ、躯体を浮かび上がらせることで記号性を際立たせた。サッシュの上下枠もスラブに埋め込むことでその存在感を消している。これは古谷さんおよびそのスタッフの方々の執念がなせる業であった。視覚に入る部材の線をひとつひとつ消していき、整理することで、建築を透明化・記号化させている。

サッシをスラブに埋め込むディテールによって
柱とスラブをすっきり見せ、透明性を際立たせている

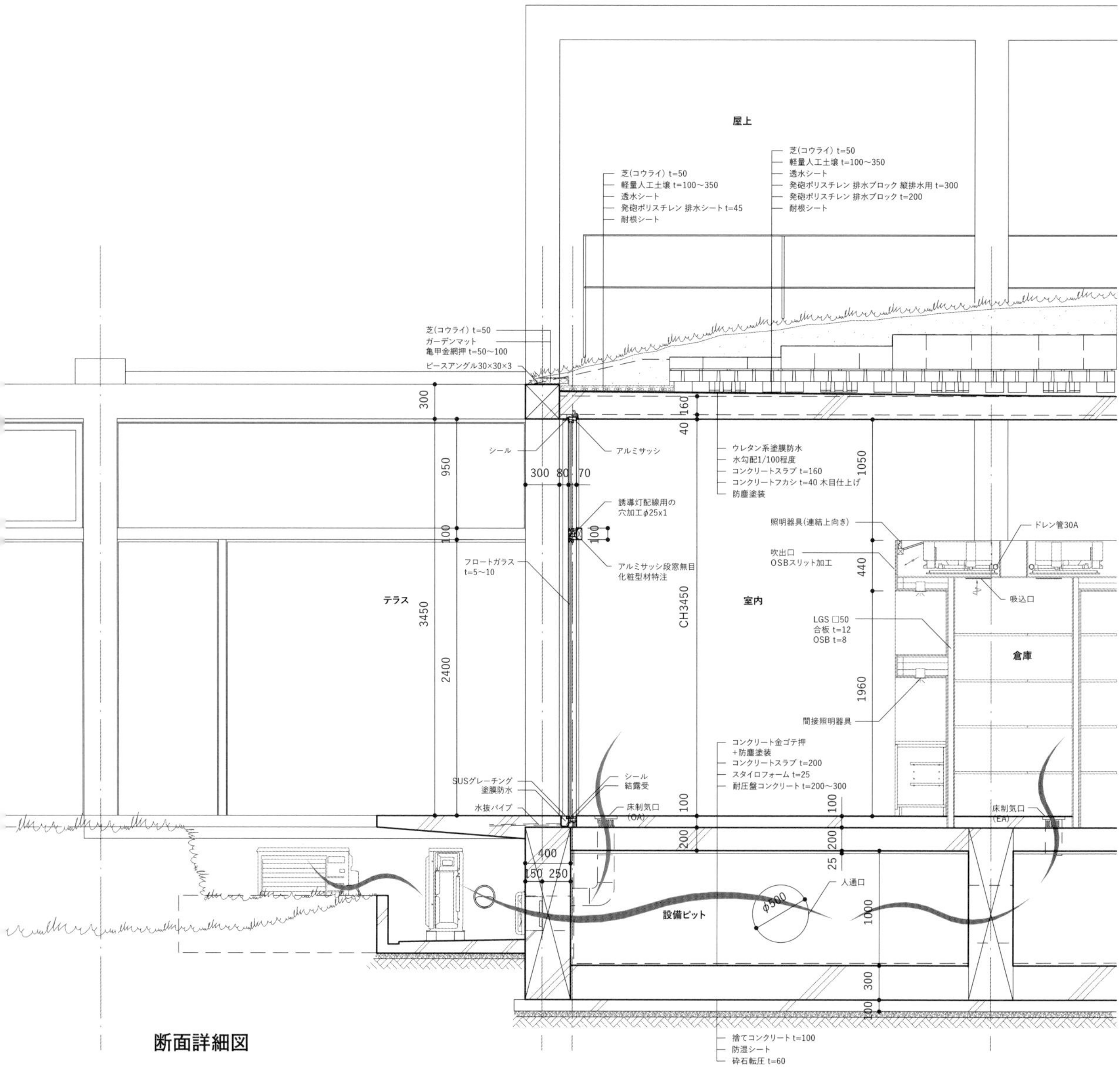

屋上
芝(コウライ) t=50
軽量人工土壌 t=100〜350
透水シート
発砲ポリスチレン 排水ブロック 縦排水用 t=300
発砲ポリスチレン 排水ブロック t=200
耐根シート
芝(コウライ) t=50
軽量人工土壌 t=100〜350
透水シート
発砲ポリスチレン 排水シート t=45
耐根シート
芝(コウライ) t=50
ガーデンマット
亀甲金網押 t=50〜100
ピースアングル30×30×3
シール
アルミサッシ
300 80 70
ウレタン系塗膜防水
水勾配1/100程度
コンクリートスラブ t=160
コンクリートフカシ t=40 木目仕上げ
防塵塗装
誘導灯配線用の
穴加工φ25x1
照明器具(連結上向き)
ドレン管30A
吹出口
OSBスリット加工
フロートガラス
t=5〜10
アルミサッシ段窓無目
化粧型材特注
吸込口
テラス
室内
CH3450
LGS □50
合板 t=12
OSB t=8
倉庫
間接照明器具
コンクリート金ゴテ押
+防塵塗装
コンクリートスラブ t=200
スタイロフォーム t=25
耐圧盤コンクリート t=200〜300
SUSグレーチング
塗膜防水
シール
結露受
水抜パイプ
床制気口
(OA)
床制気口
(EA)
400
150 250
人通口
φ500
設備ピット
捨てコンクリート t=100
防湿シート
砕石転圧 t=60
300
950
100
3450
2400
160
40
1050
440
1960
100
200
25
1000
300
100

断面詳細図

森のクラブハウスに隣接する馬主クラブ。L字プランに厩舎が並び、屋根は緑化されている

隣接する厩舎

「馬主クラブ（厩舎）」は、半屋外のヨーロッパ式厩舎であり、20室の馬房と倉庫やトイレなどの諸室が配されている。「森のクラブハウス」では透明性を追求したが、この建物では、「馬のいる風景が森の中に溶け込むこと」を古谷さんはイメージした。屋根を芝生により緑化し、建物の局所に曲線を取り入れてエッジを中和していくことでそれを実現している。

この2つの建物は同じ敷地内に隣接して建つが、用途もコンセプトも異なるから建築家との接し方は同じではない。構造が積極的に介入する必要がなければ余計な提案はせず、シンプルに応答する。唯一提案したのは、屋根の梁材に枠組壁工法で使用されるディメンションランバー（2×10）を用いたこと。屋根の先端まで緑化されているから基本的に梁材は目立たないが、38㎜幅の部材とすることで存在感は希釈される。

馬が顔を出す愛らしい光景

７

三原悠子＋荒木美香

Yuko Mihara / Mika Araki

三原悠子（みはら・ゆうこ）
１９８３年生まれ
２００５年　東京理科大学理工学部建築学科卒業
２００７年　同大学大学院理工学研究科建築学専攻修士課程修了
２００７年～２０１７年　佐藤淳構造設計事務所
２０１７年～２０２０年　三原悠子構造設計事務所
２０２０年　Graph Studio 共同代表

荒木美香（あらき・みか）
１９８４年生まれ
２００６年　東京大学工学部建築学科卒業
２００８年　同大学大学院工学系研究科建築学専攻修士課程修了
２００８年～２０１９年　佐藤淳構造設計事務所
２０１２年～２０２０年　東京大学大学院学術支援専門職員・特任研究員
２０２０年～２０２３年　荒木美香構造設計事務所
２０２１年～　関西学院大学建築学部建築学科准教授
２０２３年～　Graph Studio 共同代表

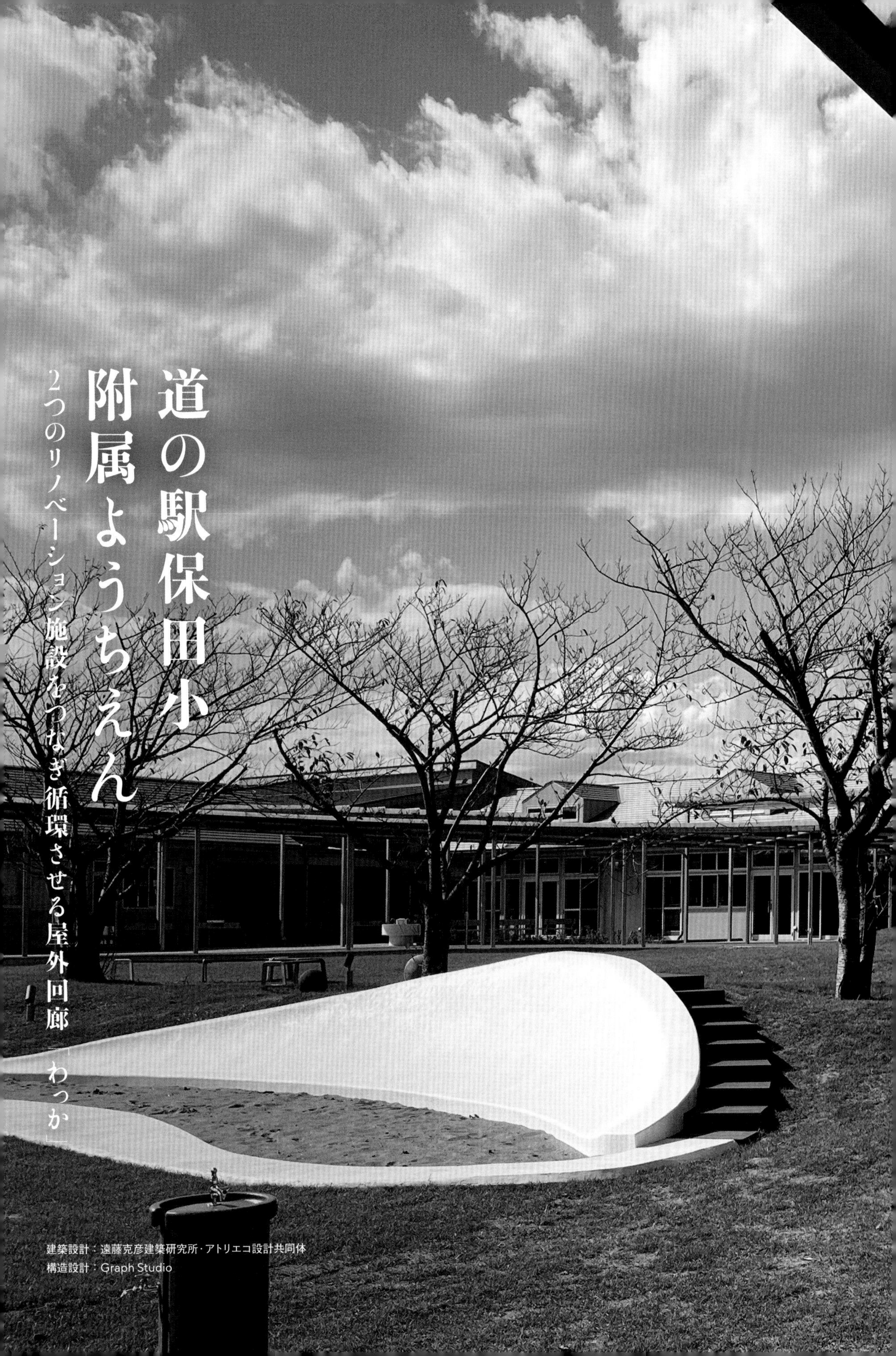

道の駅保田小附属ようちえん

2つのリノベーション施設をつなぎ循環させる屋外回廊「わっか」

建築設計：遠藤克彦建築研究所・アトリエコ設計共同体
構造設計：Graph Studio

屋外回廊「わっか」
廃校となった小学校を道の駅にリノベーションしたユニークな施設「道の駅　保田小学校」。隣地にあった旧・幼稚園とプールを一体化し拡張する計画。それらをつなぐ屋外回廊「わっか」をどうつくるかが計画のカギとなった。

2つのリノベーション施設をつなぐ屋外回廊

敷地は、東京湾と鋸山に囲まれた千葉県鋸南町。廃校となった小学校（旧・鋸南町立保田小学校）を道の駅にリノベーションしたユニークな施設「道の駅　保田小学校」が、2015年にオープンした。このプロジェクトは、その隣地にある同じく廃園になった旧・鋸南幼稚園と、旧小学校のプール等があった空き地を一体で改修し、道の駅の拡張施設をつくるものである。

「保田小」は、N.A.S.A設計共同体によって設計され、旧校舎の前面ファサードを覆うように鉄骨造フレームを増築することで、店先の居場所となる屋外スペースがつくり出されており、体育館を改修した物販スペースとは金属製の折板屋根で覆われた渡り廊下で連結されている。既存の建物にシンプルな構造物を付加した構成は、房総の穏やかな気候や山海の風景と調和している。

私たちは、2020年に行われたプロポーザルに意匠設計の遠藤克彦建築事務所・アトリエコ設計共同体を主体とする設計チームとして参加し、この拡張計画に携わることとなった。

計画の中心となったのは、「保田小」と新しく生まれ変わる「ようちえん」をつなぎ、活動を循環させる大きな屋外回廊「わっか」である。構造的には、この「わっか」をどのような形で実現するかが一番の課題であった。

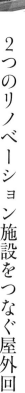

折板下地としての格子梁と円環状縁梁による屋根

「わっか」は、「保田小」と「ようちえん」をつなぐものとして、「保田小」のシンプルなデザインを踏襲しながら経済的でやわらかさや明るさのあるデザイン　とすることが建築家のイメージであった。設計中には、プロポーザル時に提案した鉄骨造に加え、木造も候補に挙がり、屋根仕上材は「保田小」と同じ金属製折板屋根や、明るさのある膜屋根などが検討された。最終案では、仕上材を半透明のポリカ折板、鉄骨造を基本としながら、木造を組み合わせた構造を採用し、鉄骨造で改修された「保田小」と木造の「ようちえん」をつなぐような構造体とした。

円環状の屋根をつくるとき、真っ先にイメージしたのは、円に対して放射状に梁を架け、放射方向に水勾配をとること。しかし、折板屋根の場合、仕上材の歩止まりが悪く不経済である上、放射方向に水勾配をとると必ず折板の溝同士がぶつかる部分ができてしまい、内側に水下をとると水がうまく流れず梁上に樋が必要になるし、外側に水下をとるのは計画上避ける必要があった。

そこで、折板の下地材としてはもっともシンプルな「格子状」に梁を架け、片流れ水勾配とすることを考えた。円環の構成としては不合理に思えたが、検討を進めると格子梁のみでは水平剛性が小さなフレームとなるところ、自由な形の円環状の縁梁が取り付くことにより、格子梁に対して水平ブレースのような効果を発揮し、水平剛性を確保できることがわかった。

この効果により水平ブレースをなくし、屋根面の透明性を確保することが可能となった。

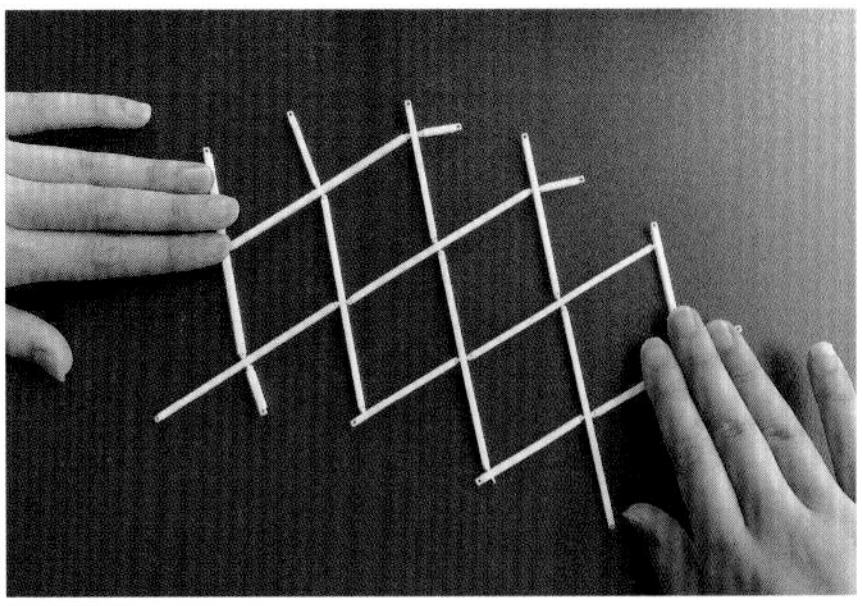

格子梁のみの場合
水平剛性は小さい。

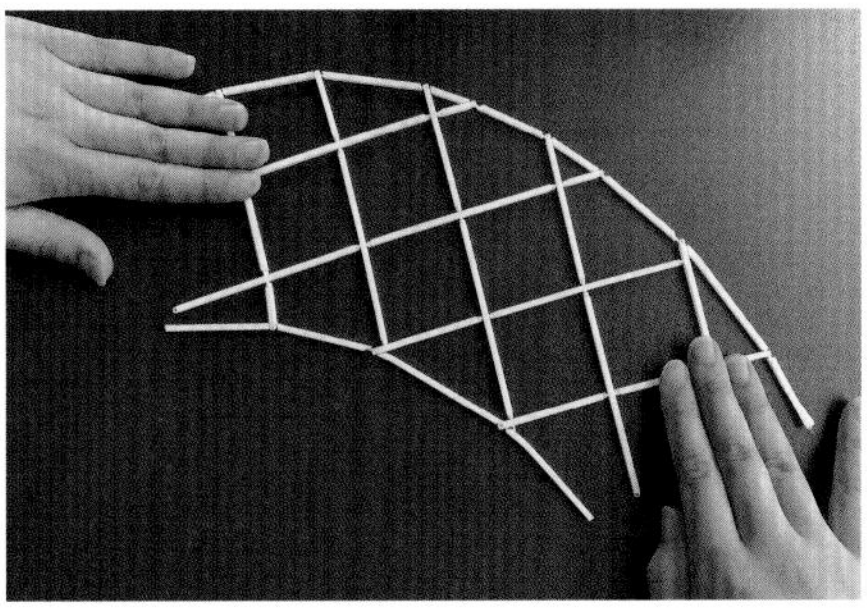

格子梁+円環状の縁梁の場合
縁梁が水平ブレースのような役割を果たし、水平剛性を確保できる。

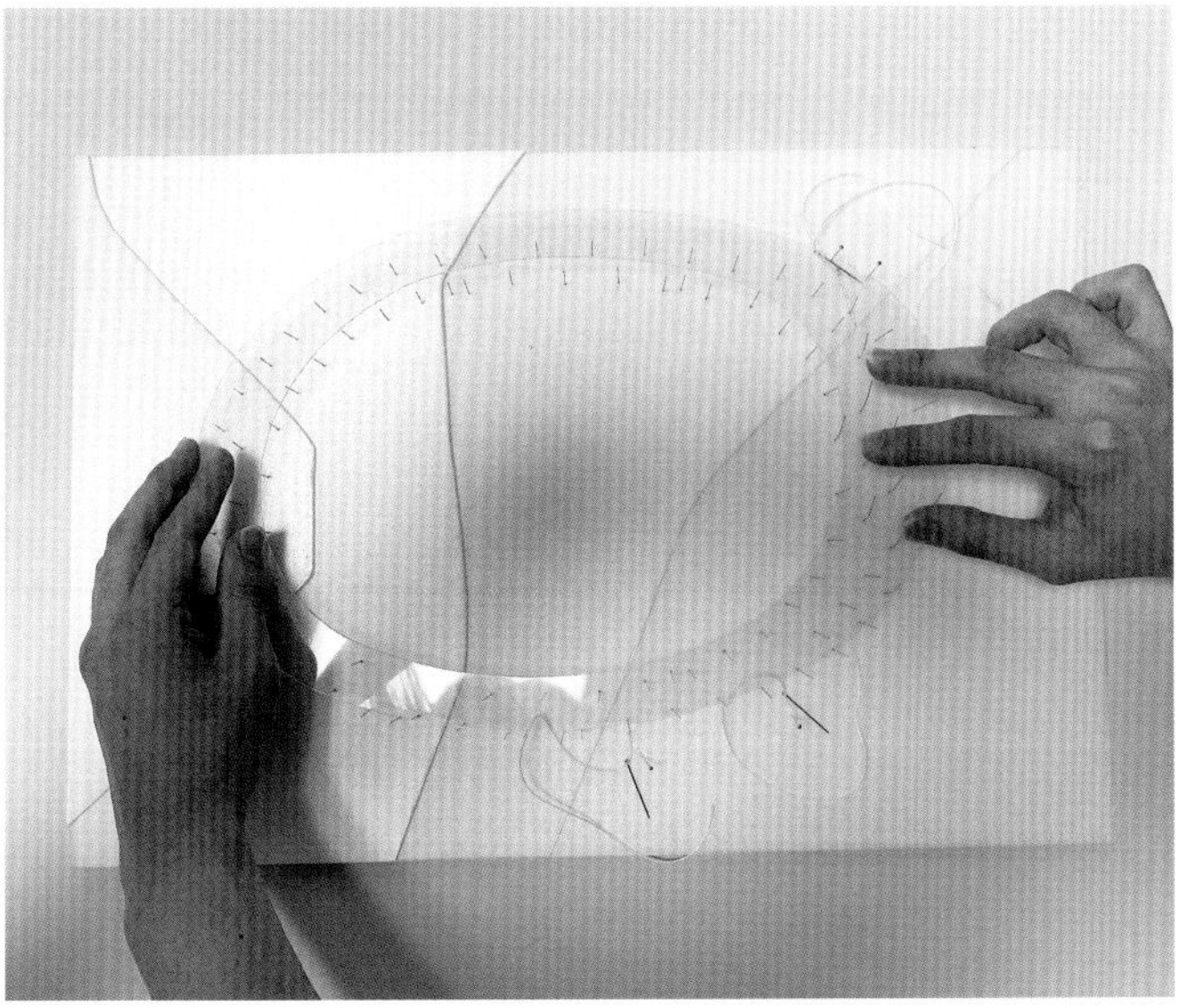

模型写真
水平剛性のある屋根により、フレームが一体的に挙動することができる。

屋根面剛性を活かし、短い柱で長い柱の変形を低減する

屋根の水勾配は、屋外トイレのある「南西方向が水上となる片流れ」で設定された。一方で、敷地にも傾斜があり、こちらは南西方向ほど下がるような形になっているため、柱の長さに約2・7m〜5・7mの長短が生まれている。当然、構造的には敷地の勾配と水勾配を並行させ、柱の長さを一定にした方がバランスがよいのだが、計画的には逆転させる必要があった。

そこで、「格子円環屋根」の水平剛性を考慮した解析を行うと、東西方向には屋根剛性が生かされ、柱の短い場所と長い場所の変形が均される一方、南北方向には屋根面による一体化の効果が低く、柱が長い西側が大きく変形することがわかった。そのため、変形の大きい西側南北方向のみ、変形を抑えるための最小限のバックステイ材を設けて対応することとした。

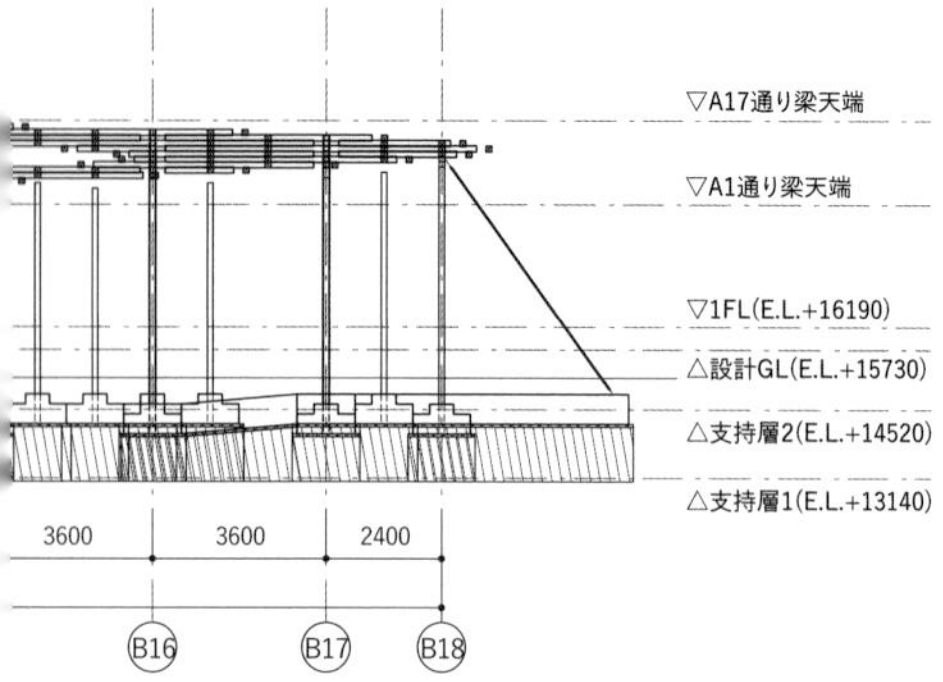

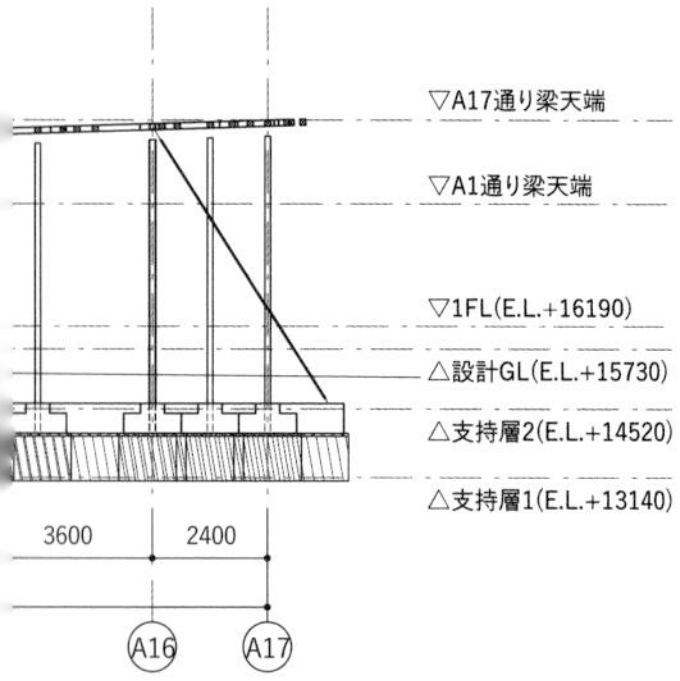

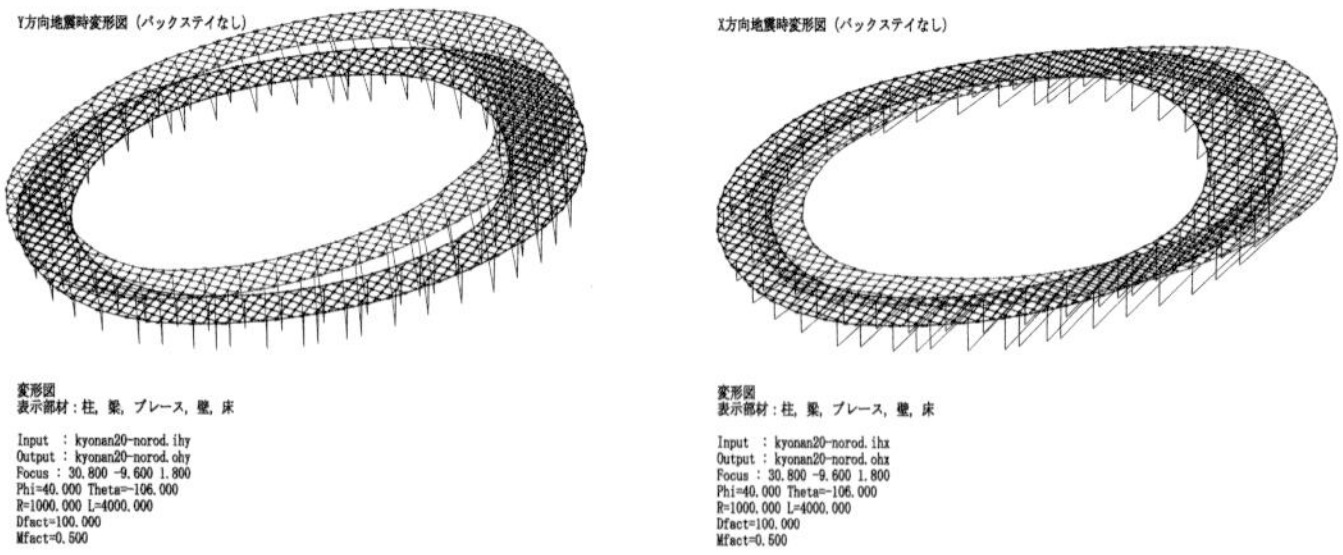

バックステイなし

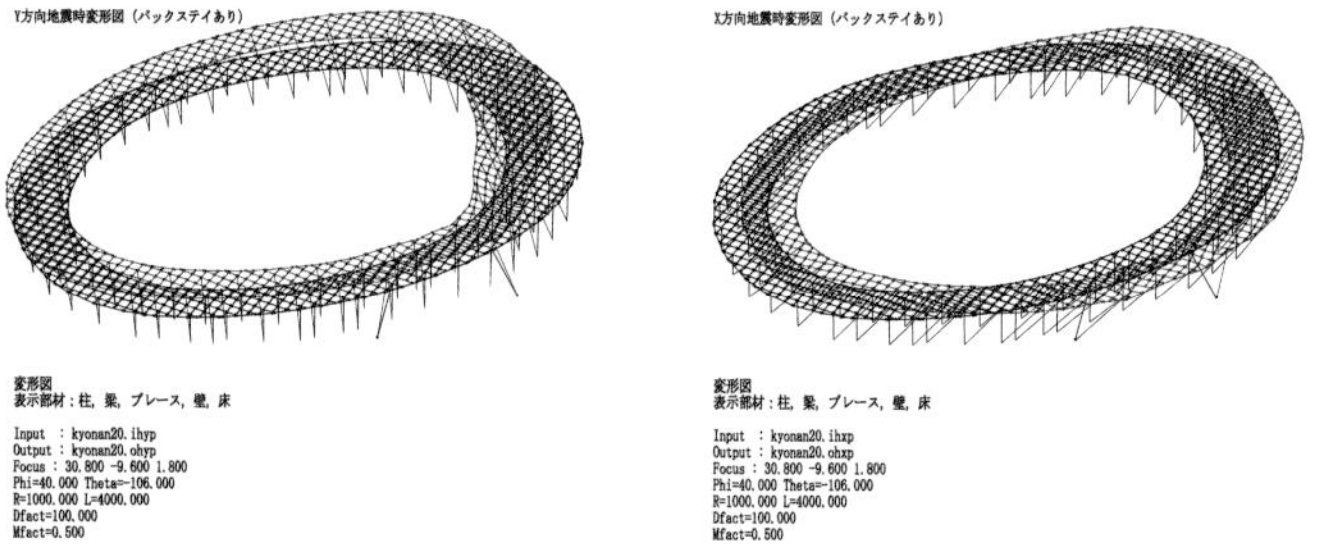

バックステイあり

変形図

向かって左側の「ようちえん」と右側の「保田小」をつなぐ「わっか」

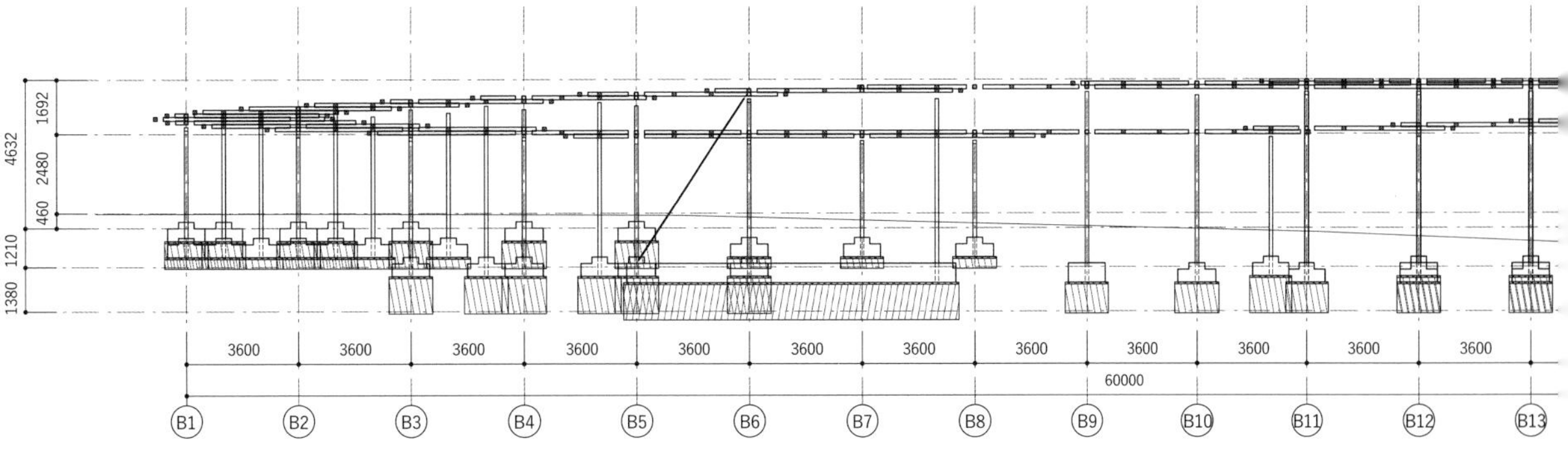

A通り軸組図

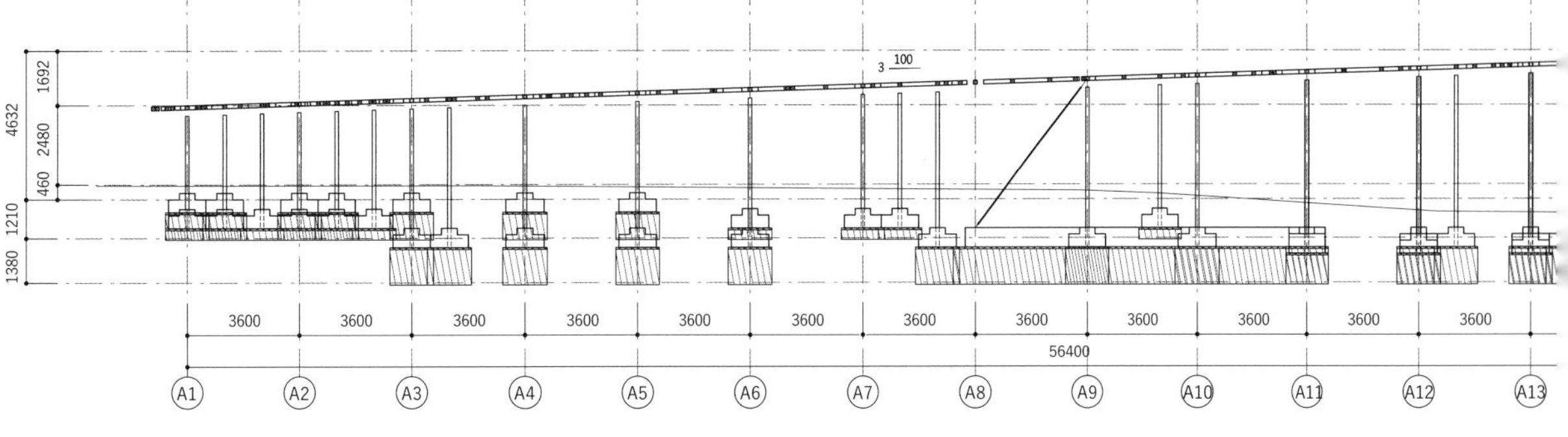

B通り軸組図

構造アクソメ

格子梁は、楕円に近い自由形状の「わっか」に対し、平面的に45°の角度をもつように配置している。そうすると、円環状の縁梁が格子梁に対して斜めに取り付くこととなり面剛性を発揮することが可能となる。屋根はB通り軸方向に沿って3%の勾配で、A1通りがもっとも低く、A17通りがもっとも高い片流れになっている。

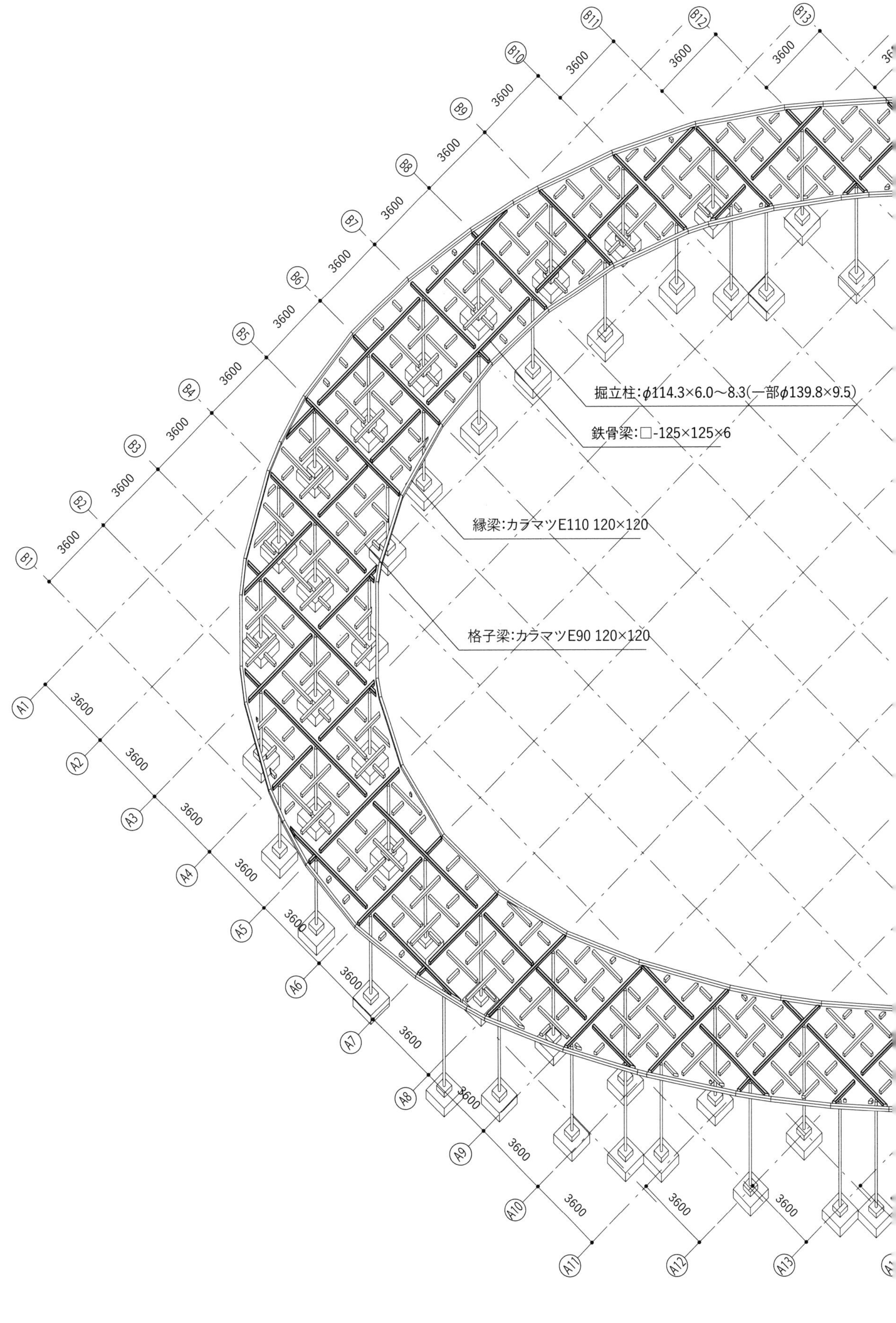
掘立柱:φ114.3×6.0〜8.3(一部φ139.8×9.5)
鉄骨梁:□-125×125×6
縁梁:カラマツE110 120×120
格子梁:カラマツE90 120×120
B1
B2
B3
B4
B5
B6
B7
B8
B9
B10
B11
B12
B13
A1
A2
A3
A4
A5
A6
A7
A8
A9
A10
A11
A12
A13
3600

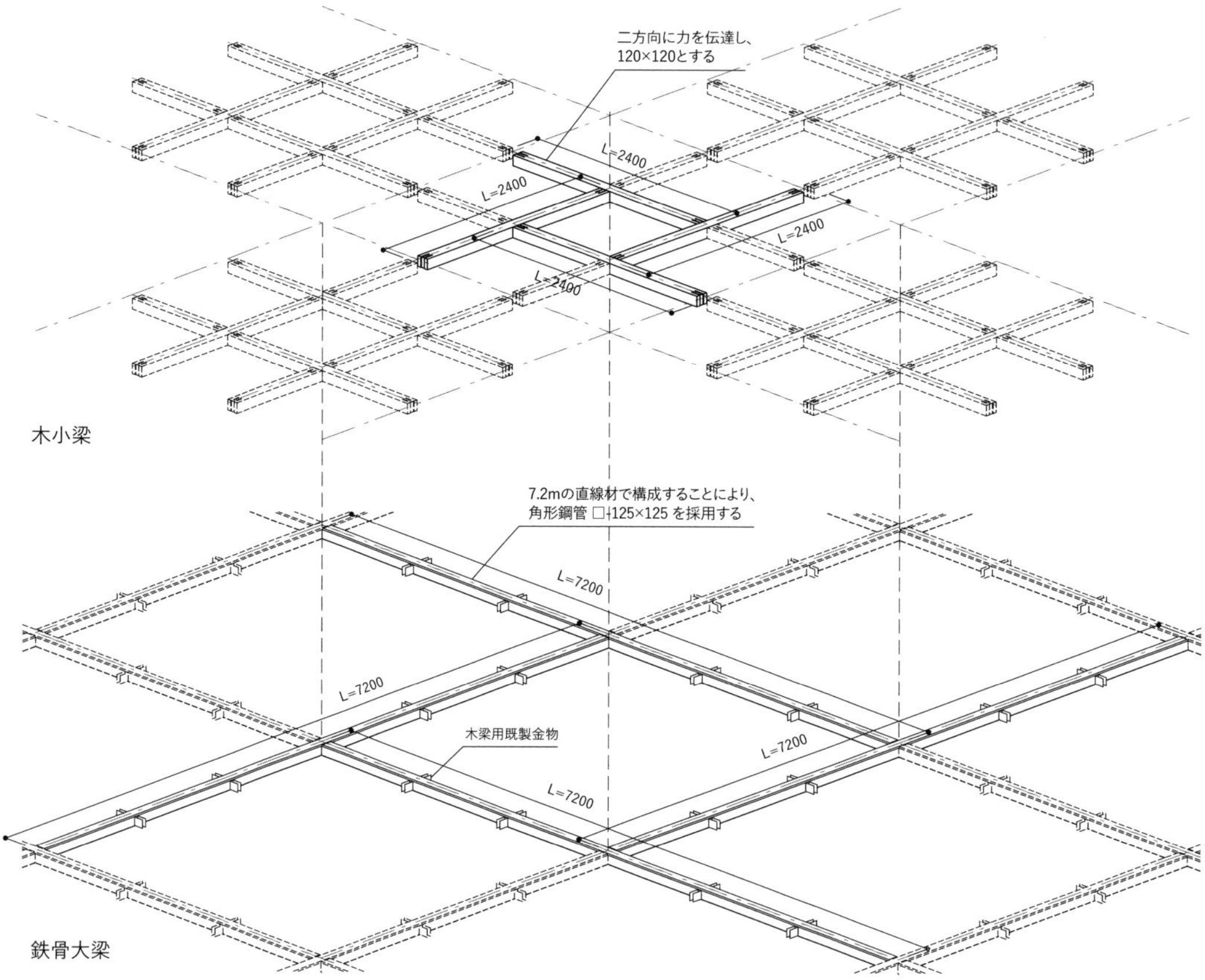
二方向に力を伝達し、
120×120とする
L=2400
L=2400
L=2400
L=2400
木小梁
7.2mの直線材で構成することにより、
角形鋼管 □-125×125 を採用する
L=7200
L=7200
木梁用既製金物
L=7200
L=7200
鉄骨大梁

レシプロカル配列

レシプロカル構造は、材を互いに支え合うように配置することで、応力を分散させながら短い材で架構を構成できる特徴がある。これにより木梁は材長を2.4m以下に、鉄骨梁は7.2m以下に抑えることができ、現場継手が不要になった。

鉄骨と木の レシプロカル構造

格子梁は、３・６ｍ×３・６ｍピッチで「鉄骨の大梁」を設け、その間に１・２ｍ×１・２ｍピッチで「木の小梁」を架ける計画とし、鉄骨梁の下を支えるように「円形鋼管柱」を配置した。鉄骨造のシンプルな架構を基本としつつ、負担の小さい部分に木造を組み合わせ、コストを抑えながらやわらかい雰囲気の構造体をめざした。

鉄骨と木材を組み合わせるとき、両者のスケール感や工法に統一性をもたせることを考え、その手段として鉄骨、木梁とも「レシプロカル構造」を採用することとした。

上図のように、各部材を互いに支え合うように配置すると、二方向に力が分散させながら短い材で架構を構成することが可能となる。

この効果により、木梁に対しては材長を「２・４ｍ以下」という入手が容易な長さに抑えつつ、１２０㎜×１２０㎜の断面とすることができた。

鉄骨梁は、すべての材を「７・２ｍ以下」に抑えることが可能となるため、現場継手が不要となり、現場継手をつくりずらい角形鋼管梁を採用すること

レシプロカル配列で組まれた鉄骨梁と木梁

セットされた梁ユニットに
次の梁ユニットを差し込む

木梁と鉄骨梁の金物を統一している

が可能となった。その外形は125㎜×125㎜と、木梁とほぼ同じ断面形状とすることができた。

現場継手をなくす工夫は、建方コストの低減や潮風の強い場所でのサビの起点となりうるディテールを減らすことにもつながっている。

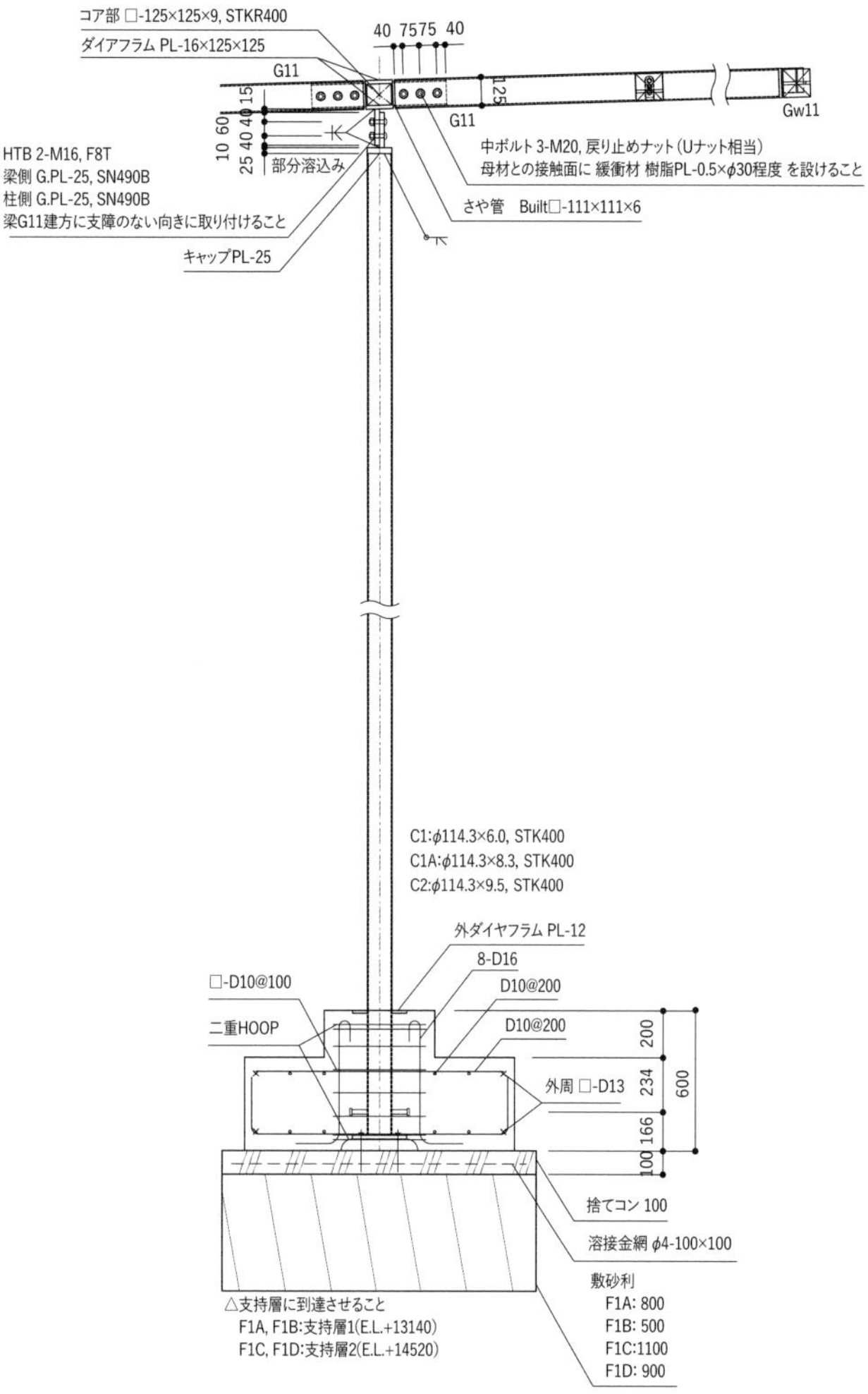
コア部 □-125×125×9, STKR400
ダイアフラム PL-16×125×125
40 7575 40
G11
G11
Gw11
125
10 60
25 40 40 15
HTB 2-M16, F8T
梁側 G.PL-25, SN490B
柱側 G.PL-25, SN490B
梁G11建方に支障のない向きに取り付けること
部分溶込み
キャップPL-25
中ボルト 3-M20, 戻り止めナット(Uナット相当)
母材との接触面に 緩衝材 樹脂PL-0.5×φ30程度 を設けること
さや管 Built□-111×111×6
C1:φ114.3×6.0, STK400
C1A:φ114.3×8.3, STK400
C2:φ114.3×9.5, STK400
外ダイヤフラム PL-12
8-D16
□-D10@100
D10@200
二重HOOP
D10@200
外周 □-D13
200
234
166
100
600
捨てコン 100
溶接金網 φ4-100×100
敷砂利
F1A: 800
F1B: 500
F1C:1100
F1D: 900
△支持層に到達させること
F1A, F1B:支持層1(E.L.+13140)
F1C, F1D:支持層2(E.L.+14520)

柱梁接合部詳細図（軸組図）

木梁と鉄骨梁の外形を統一することにより、既製金物を採用でき、接合部のパターンを減らした。これにより、大部分をプレカット加工とすることが可能となった。

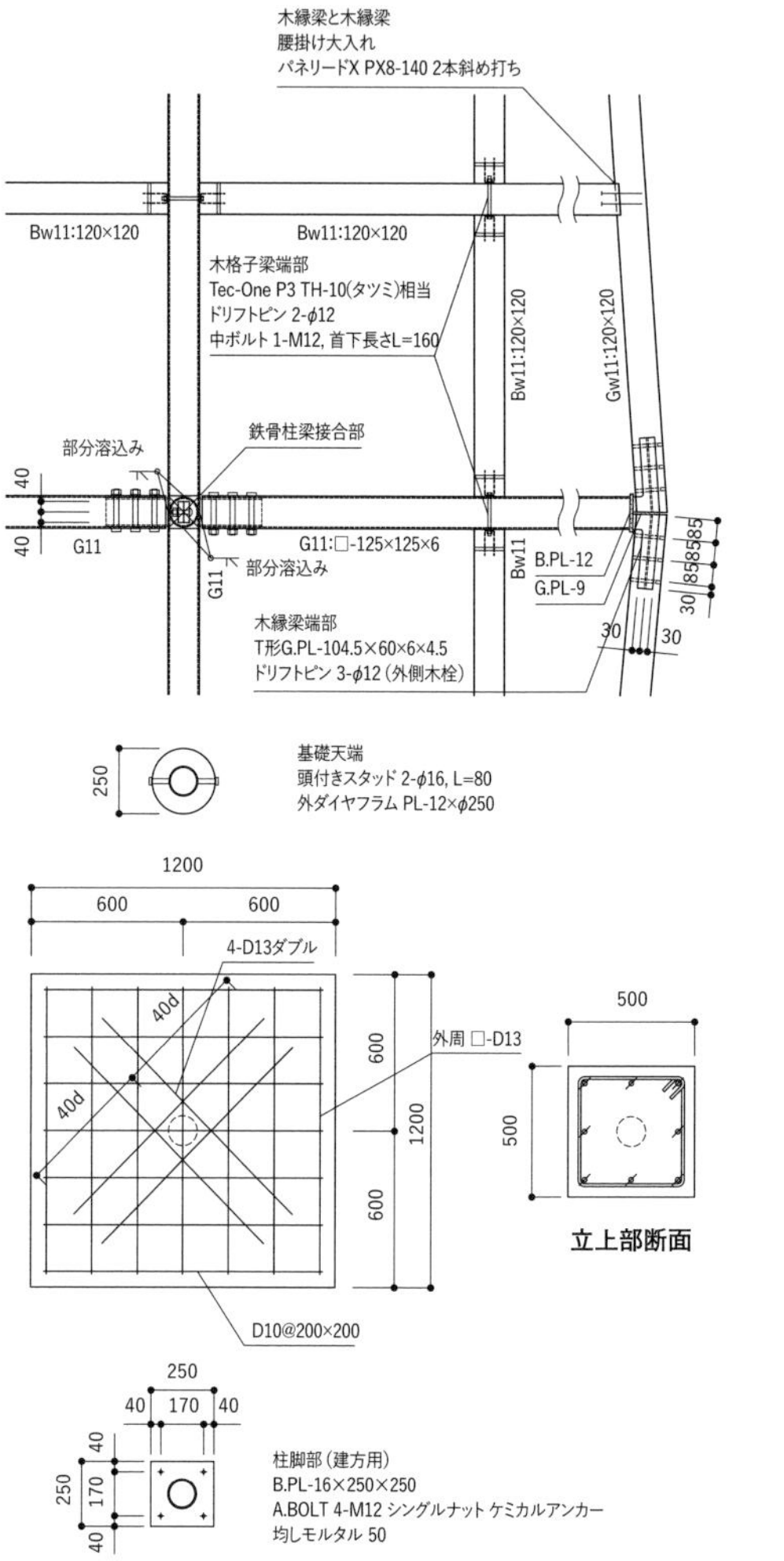
木縁梁と木縁梁
腰掛け大入れ
パネリードX PX8-140 2本斜め打ち
Bw11:120×120
Bw11:120×120
木格子梁端部
Tec-One P3 TH-10(タツミ)相当
ドリフトピン 2-φ12
中ボルト 1-M12, 首下長さL=160
Bw11:120×120
Gw11:120×120
鉄骨柱梁接合部
部分溶込み
40
40
G11
G11
部分溶込み
G11:□-125×125×6
Bw11
B.PL-12
G.PL-9
30
30
30
85 85 85
木縁梁端部
T形G.PL-104.5×60×6×4.5
ドリフトピン 3-φ12 (外側木栓)
250
基礎天端
頭付きスタッド 2-φ16, L=80
外ダイヤフラム PL-12×φ250
1200
600
600
4-D13ダブル
40d
40d
600
1200
600
外周 □-D13
D10@200×200
500
500
立上部断面
250
40 170 40
40
170
40
250
柱脚部(建方用)
B.PL-16×250×250
A.BOLT 4-M12 シングルナット ケミカルアンカー
均しモルタル 50

柱梁接合部詳細図（伏図）

ディテールと建方

「木格子梁の接合」は、レシプロカル構造を採用したことにより、上から落とし込む形では建方ができない。そのため、木梁端部にスリットを設けてドリフトピンで固定することで、上下から部材を振り込むことが可能な既製金物工法を採用している。また、「鉄骨梁と木格子梁の接合」でも、木梁と同じ矩形の角形鋼管であることを活かし、鉄骨側に金物用のボルト孔を開けて同じ既製金物を採用した。

木梁と鉄骨梁の外形を統一することにより、接合部のパターンを減らし、大部分を「プレカット加工」とすることが可能となった。

角形鋼管梁同士の接合は、角形鋼管の中に一回り小さな角パイプを挿入しボルトで固定する「さや管接合」としている。この接合方法では、部材を長さ方向に移動させてさや管にはめ込む必要があり、通常レシプロカル構造で採用することはできない。しかし、この建物は回廊の幅に限りがあり、相持ちとなる部材ユニットが最大でも「2ユニットしか連続しない」という特徴があり、そのことがさや管接合を可能にしている。

鉄鋼梁に取り付く木梁用既製金物

接合部実験の様子

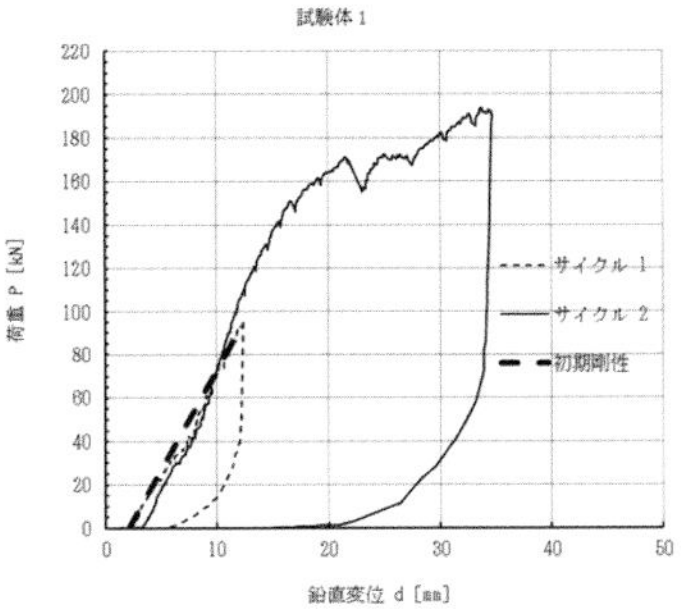

荷重変形曲線

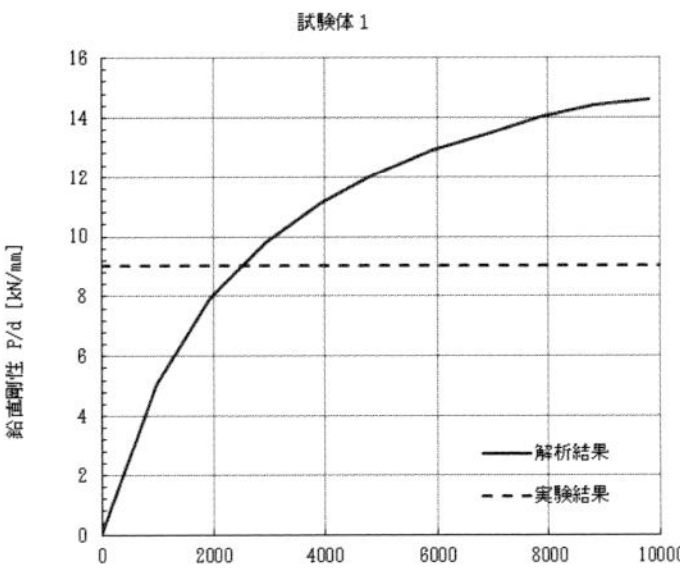

回転バネ定数

基礎と柱の関係

相持ちユニットの反復回数が少ない場合に限っては、あらかじめ2本の梁を「T形」に組んでおいた状態でさや管に向かって平行移動させることにより、すべての材が設置できるのである。

この梁の平行移動による建方を実現するため、柱の頭部は「ピン接合」とし、柱脚で曲げモーメントを負担する片持ち柱構造を採用している。円環状の木縁梁の接合部は、鉄骨梁とは鋼板挿入による「ドリフトピン接合」、格子木梁とは「在来仕口＋木ビス接合」としている。さや管接合部は設計上はピン接合として扱っているが、実際には半剛接合となり、この構造体の冗長性を担保する。実物大の接合部実験を行い、この部分の剛性の確認も行っている。

ようちえんの改修

間取り変更にともなって新たに耐力壁を設けている

柱脚金物の追加

筋交の金物補強

土台の交換および金物の追加

開口部の筋交をブレースに変更

園舎の改修となる「ようちえん」には、「保田小」の機能を補強するようなプレイカフェ、暮らしのステーション、まちのオフィスなどが設けられている。基本的に既存建物の構成を活かしつつも、園舎により隔てられた南西側の住宅地と「わっか」のある「みまもり広場」や「保田小」をつなぐため、建物の一部を屋外通路化した「通り土間」などが新たに設けられている。

また、一部で耐力壁に影響する間取りの変更や、部材の腐朽箇所があった。園舎は既存不適格建物であり、計画的には増改築にはあたらないものであったが、自主的に既存部分の構造耐力上の危険性が増大しないようにするための検討を行うこととした。

間取り変更により耐力壁をなくす箇所では、付近に新たに同等の耐力壁を設け、ガラス開口部に変更する箇所では、木の筋交を丸鋼ブレースに変更。柱を取る箇所には既存梁の下に新設梁を抱かせる補強を行った。

通り土間や木材腐朽箇所では柱・土台の交換や柱脚金物を追加。内装工事中に露出する筋交や柱には補強金物を追加しており、結果的に耐震性の向上が図られている。

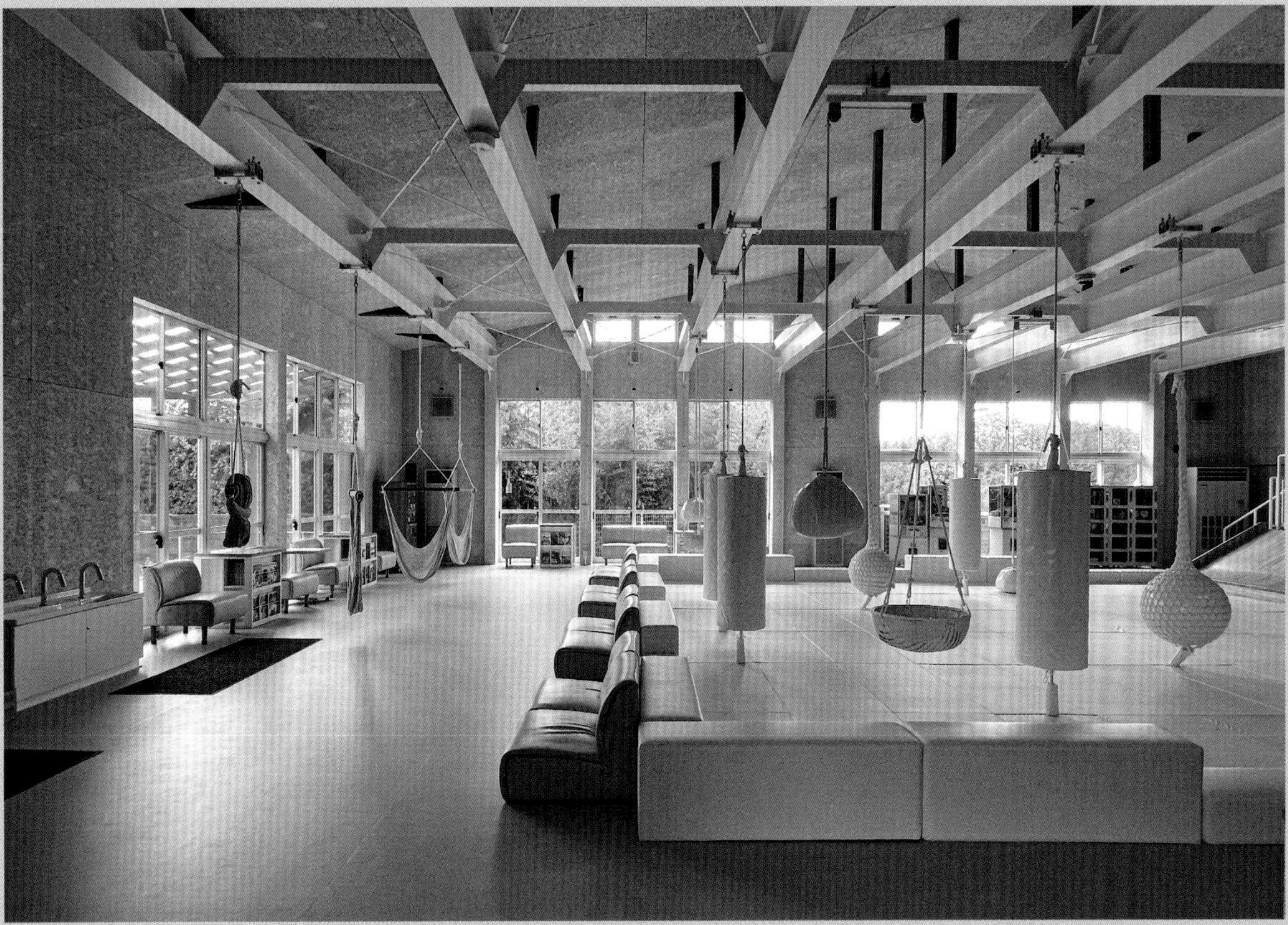

既存梁の下に新設梁を設けたことで既存柱を取り除くことが可能になった

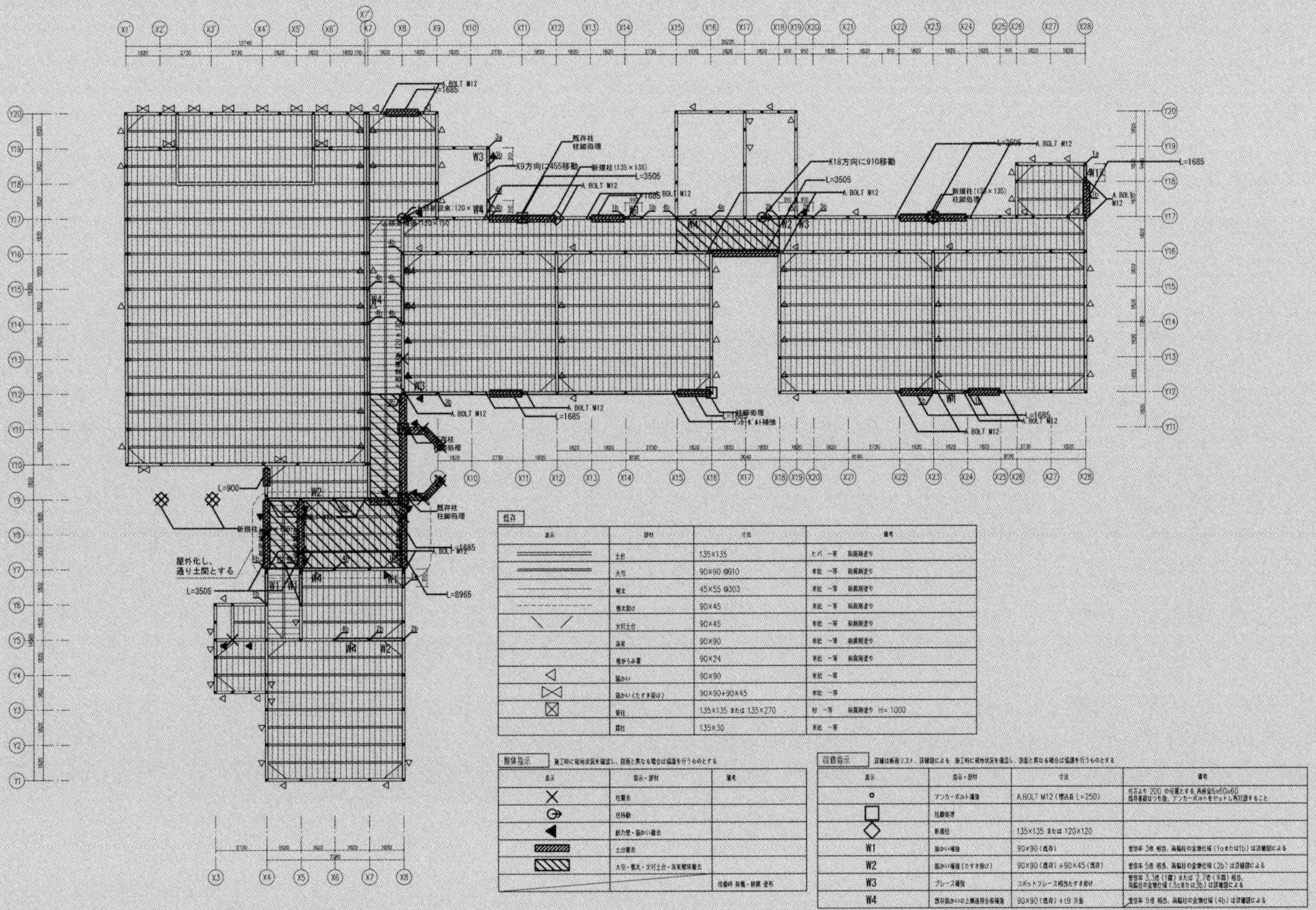

「ようちえん」の改修伏図

小豆島
The GATE LOUNGE
新しいものづくりの可能性

建築設計：VUILD
構造設計：Graph Studio

島内の材料を使い、施主自ら木材加工を行う

小豆島の土庄港から車で10分ほどの丘の上に、スペイン南部のアンダルシアから移植された樹齢千年のオリーブ大樹が立つ。ここに、オリーブ畑全体を体験する入口としての「ゲート」機能と、体験後にくつろぐための「ラウンジ」機能をもった建築として、「小豆島 The GATE LOUNGE」は計画された。施主は小豆島でオリーブに関する事業を手がける企業である。オリーブの森を次の千年に残していくことを目標に、自ら栽培したオリーブを原料に化粧品・健康食品などの開発・製造・販売を行っている。

意匠設計は、「デジタルテクノロジーによって建築産業の変革をめざす設計集団」を標榜するVUILDである。彼らは建築設計だけでなく、自社でデジタルファブリケーション機器を有し、プロジェクトに応じて機器を使い分けて材料の加工や施工を行う。さらには機器の輸入代理販売事業を行って全国に機器導入を展開し、導入後のサポートや人材育成まで行うことで、誰もがものづくりに取り組める環境をつくろ

うとしている。
　デジタルファブリケーション機器を素人が扱うという選択肢が増えるだけで、建築のものづくりの可能性は大きく広がる。今回のプロジェクトはその好例である。3D木材加工機「ShopBot」を持ち込み、島内の材料を島外に出すことなく、施主が自ら木材加工を行ったプロジェクトだ。

条件①
島内産の木材利用
——小豆島土庄町の林業を背景に

土庄町の中央部には大鐸財産区、大部財産区有林があり、優良な人工林が形成されている。しかし林産物は主に四国本土の原木市場へ出材しており、結果的に小豆島で木造を建築する場合には島外から木材を仕入れることが多く、輸送費が高くかかってしまうという。このように、木材に関しては島内での資源循環が十分に実現できていないのが現状である。

そこで今回の設計では、財産区のヒノキ材を島外に出すことなく加工し、丸太のまま余すことなく使うことが目標に定められた。

これをクリアする上での障壁のひとつが、木材の乾燥である。小豆島内には人工乾燥設備がなく、一方、天然乾燥で十分に含水率を下げる時間もない。そこで、農業用ビニールハウスを用いた乾燥技術を利用した。ビニールハウス内に木材を桟積みし、産業用除湿機1台と循環ファン数台を用いてハウス内の湿度を下げる手法で、乾燥期間約2か月間で含水率15%前後まで下げている。

原木を太鼓材・半割材に製材

施主による運搬と皮むき

大鐸財産区のヒノキの調達

施主による木材塗装

施主による木材加工

ビニールハウスを利用した木材乾燥

ShopBotの制約条件
今回使用した機器はShopBot（PRSalpha 120-60-14）で、テーブルの平面は3.05m×1.25m、加工可能な高さは150mmである。

条件②
ShopBotの制約条件

もうひとつの障壁が木材のプレカット工場が少ないことである。これは木材加工機を持ち込むことで解消した。今回、木材の加工に使用した機器はShopBot（PR Salpha120-60-14）で、テーブルの平面は3・05m×1・25m、加工可能な高さは150㎜である。丸太材の長さは、テーブルをはみ出しても支えさせれば加工できるが、原則はテーブル上で取り回しがしやすいよう2・5m以下を基本とした。また機械は3軸加工であるため、水平面から傾斜した面を加工するには、都度ビットを付け替えて5軸加工に対応させる必要がある。しかし、それでは手間も時間もかかるため、今回は傾斜面のない接合部を基本とし、斜め加工が必要な箇所は大工の手加工とすることにした。

丸太の架構形式

平面形状は三つ叉で、それぞれ敷地の入口、オリーブ畑や搾油所・海岸へ抜ける道、海を眺めるラウンジの機能をもつ。建物の中心へ進むほどスパン・高さともに高くなり、内部はオリーブ関連商品のギャラリーショップの機能を備える。

この分岐路のような建築を、丸太を組み合わせてアーチ状の構造でつくることを試みた。丸太の径は山林で得やすい末口150㎜〜200㎜とし、応力の大きい柱脚部に径の大きい材を用いて無駄なく使用する。丸太の長さの基本条件が2・5m以下であることから、短材で曲線状の多角形を構成してアーチの「上弦材」とし、これを同様の多角形で構成した「下弦材」で支えることとした。建物の中心部では三つ叉状の片側アーチが互いに支え合い、妻面では鉛直面の平面アーチとなる構成である。中心部と妻面の間は、平面的にV字に折れ曲がったV字アーチとした。

アーチの形態は、鉛直荷重時の変形が小さくなるように決定した。このとき主に下弦材が「圧縮力」を伝達し、上弦材はそれを「補剛する」役割を果たす。水平荷重に対しては、アーチが一部を負担するほか、外壁〜屋根面に構造用合板24㎜を設けて抵抗させている。

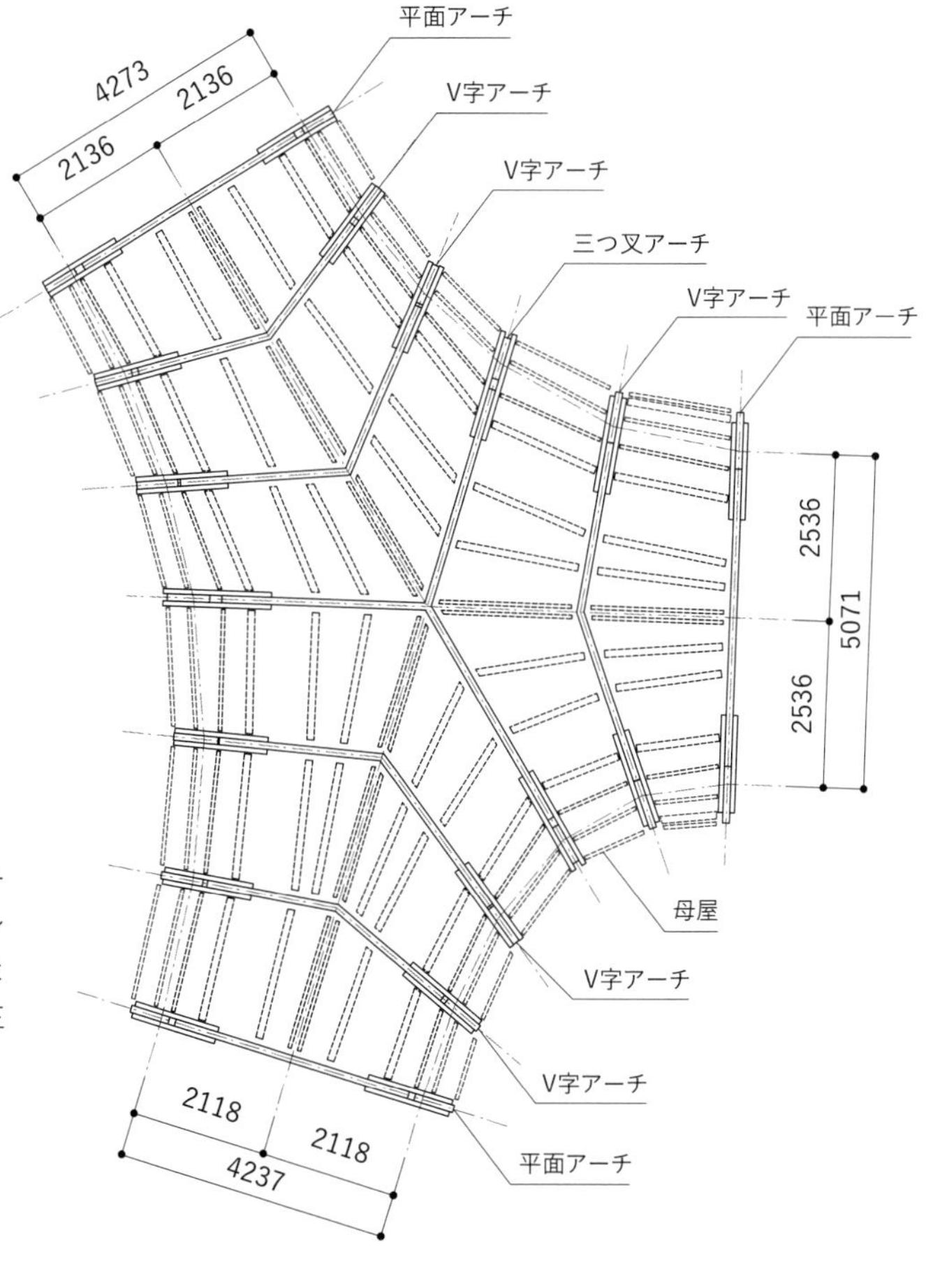
平面アーチ
V字アーチ
V字アーチ
三つ叉アーチ
V字アーチ
平面アーチ
4273
2136
2136
2536
5071
2536
母屋
V字アーチ
V字アーチ
平面アーチ
2118
2118
4237

伏図

各妻面では二次元の3ヒンジアーチで、建物内部ではアーチ頂部のヒンジ部で平面的にV字に折り曲げたような形態となり、建物の中心では三つ叉のアーチが1点で出会う。

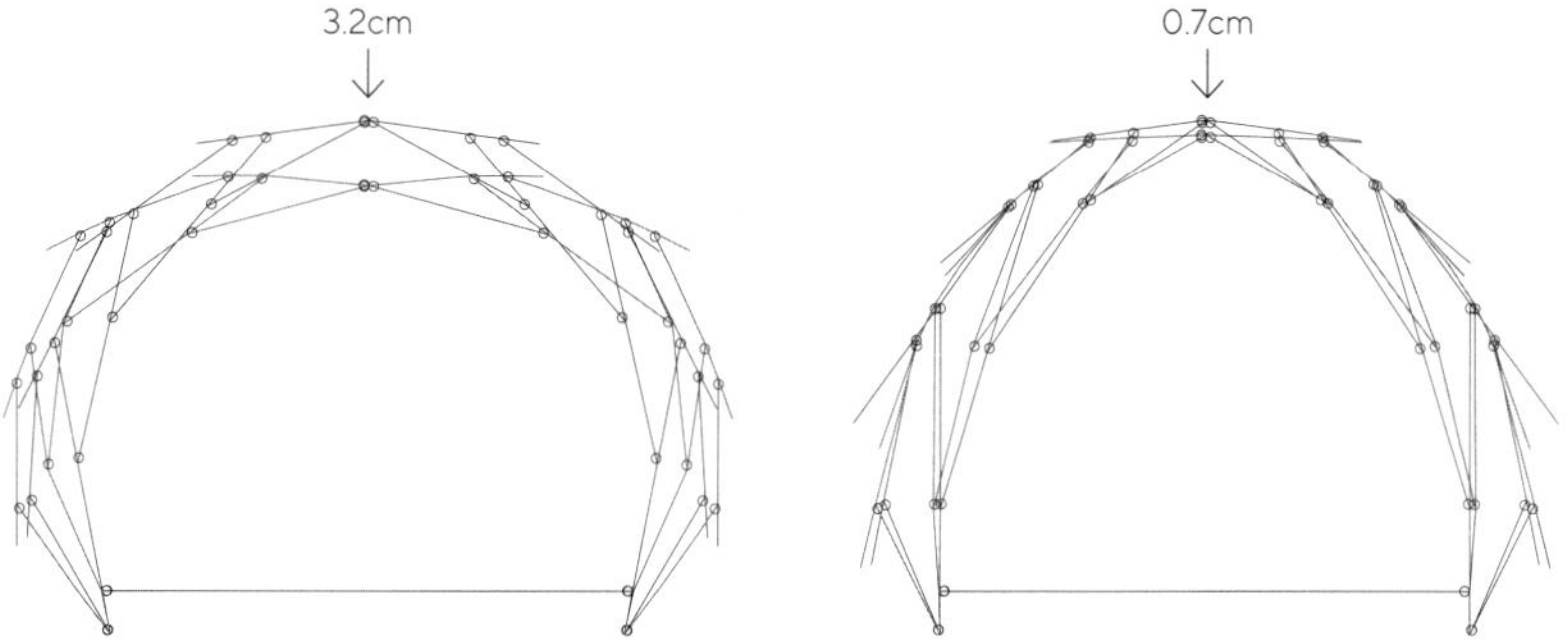
3.2cm
0.7cm

アーチの変形図

固定荷重+積雪荷重時の変形図を拡大表示している。左は調整前、右は変形が小さくなるように形状を調整した後。変形が小さいということは、軸力系となり部材の負担が小さくなることを意味する。最終的に内部の必要な気積を勘案して形状を調整し、変形量を1cm以下に収めた。

1本の太鼓材を2本の半割材ではさみ込むシステム

アーチの部材は、丸太の断面を半分に割った「半割材」と、丸太の両面を削って二面を平面とした「太鼓材」を組み合わせた。1本の太鼓材を2本の半割材ではさみ込んでボルト締めしていくシステムだ。上下弦材を合わせてみると、V字の太鼓材をV字の半割材ではさみ込む形となる。こうすることで、構造計算上は「接合部に偏心曲げの入らない二面せん断となる」ほか、「ShopBotでの加工がしやすくなる」「現場で角度を調整しながらボルト接合が可能となる」といった施工上の効果が期待できる。

アーチ同士の間隔を「2400㎜以下」として母屋を架け、ここにも「太鼓材」を用いて合板の下地としている。平場が弦材の軸と平行になるようにすることで、合板を平場に直接釘止めすることとした。

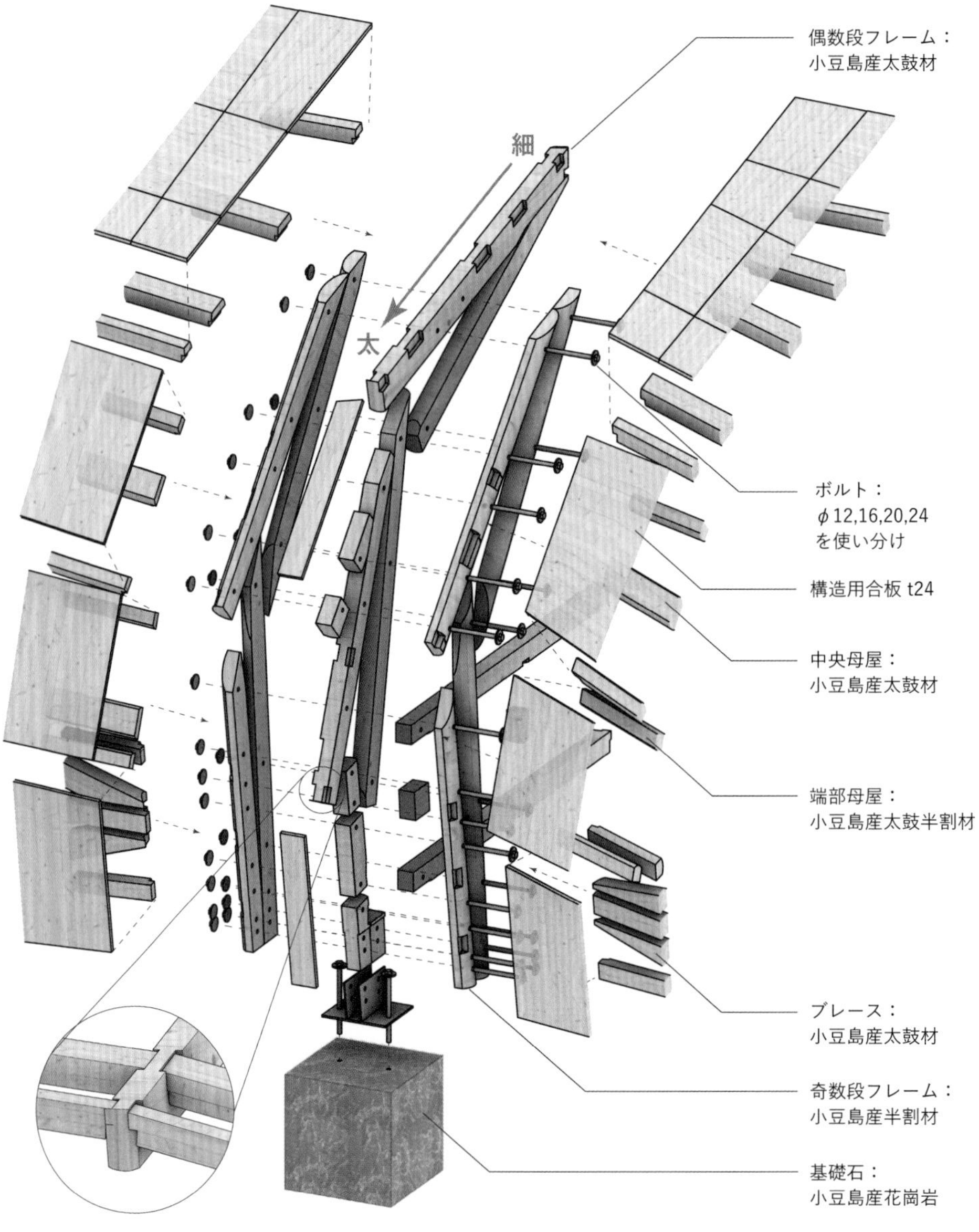
細
太
偶数段フレーム：
小豆島産太鼓材
ボルト：
φ12,16,20,24
を使い分け
構造用合板 t24
中央母屋：
小豆島産太鼓材
端部母屋：
小豆島産太鼓半割材
ブレース：
小豆島産太鼓材
奇数段フレーム：
小豆島産半割材
基礎石：
小豆島産花崗岩

パーツ分解図

アーチの部材は、丸太の断面を半分に割った「半割材」と、丸太の両面を削って二面を平面とした「太鼓材」の組み合わせ。

脚部が外側に開こうとする「スラスト」

アーチには鉛直荷重に対して脚部が外側へ開こうとする「スラスト」が生じる。妻面の3か所は平面アーチのため、互いの脚部を太鼓材で直接接合し、大引を兼ねたタイビームで処理している。しかし、それ以外ではアーチが平面的にV字に折れ曲がっている。タイビームを直線でつなぐと、アーチ柱脚部との接合がしづらい。

そこでタイビームも「アーチと平行」に設けることとし、三つ叉の軸に設けた大梁に接合している。スラストの分力が大梁に伝わり、最終的に大梁の端部を基礎に緊結し、地面との摩擦力で抵抗する。

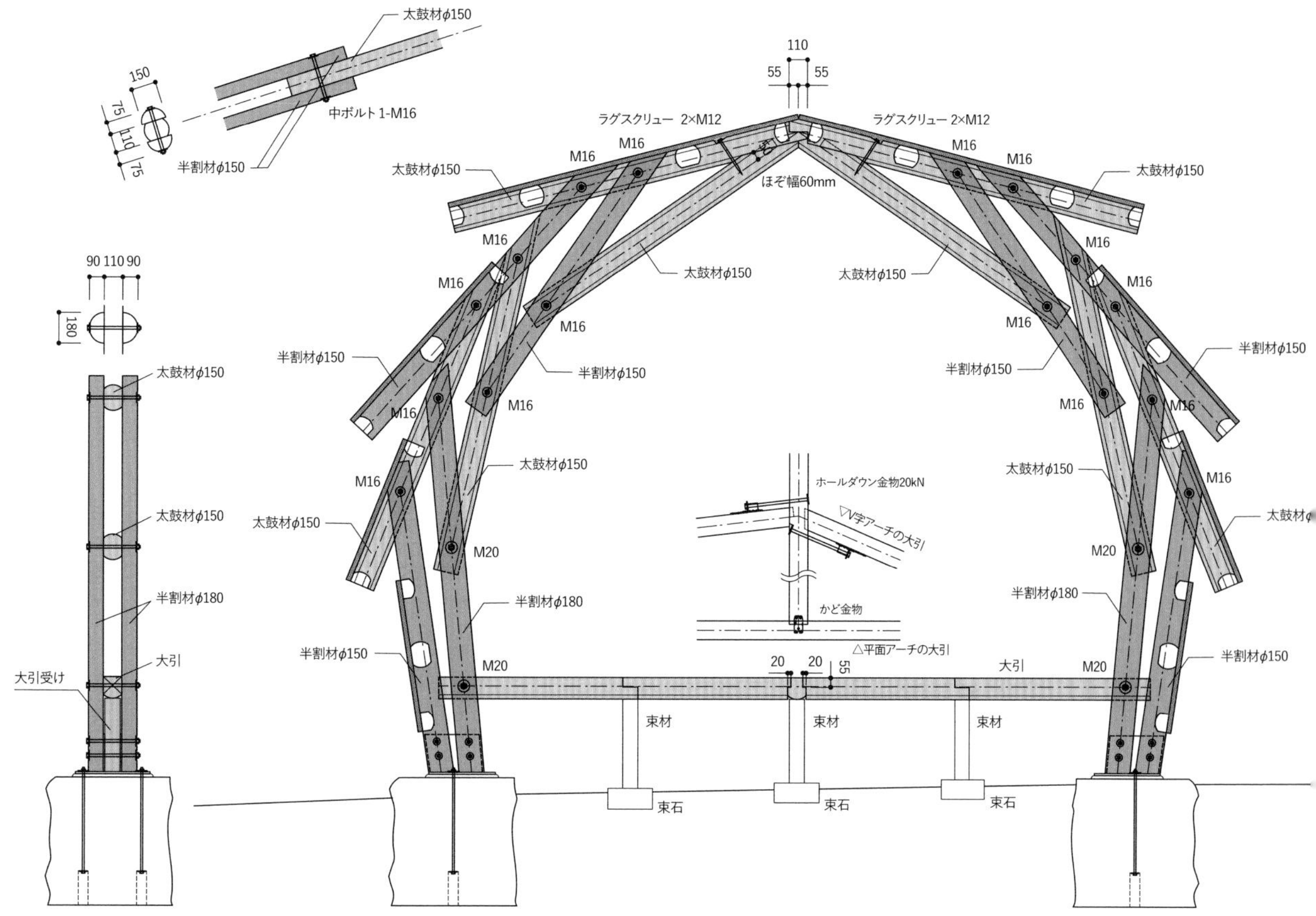

断面詳細図

アーチの下弦材が主に圧縮を負担し、スラストはタイビームを兼ねた大引で処理する。

単純化した接合部

アーチを構成する部材同士の接合は、太鼓材を半割材ではさみ込んでボルト締めする二面せん断接合で部材の軸力を伝達していくシンプルな構造である。ボルト径は、柱脚部に近いところでM20（三つ叉中心のスパンが大きいアーチの柱脚ではM24）、それ以外はM16とした。アーチの頂部では、下弦材を上弦材にほぞ差しとして上から「ラグスリュー接合」し、上弦材同士は「端部を相欠き」として接合している。柱脚は上下弦材とも「半割材」であり、ガセットプレートを2枚立ち上げた柱脚金物を製作してはさみ込み、ボルト接合とした。

アーチと母屋の接合部は、母屋端部を相欠きで載せている。アーチの半割材の部分では、構造用合板と母屋それぞれに切れ目が生じるが、半割材の間に太鼓材と同じ厚みのスペーサーを設けてボルト接合し、スペーサーを介して母屋の軸力を伝達するようにしている。

新しいものづくりの可能性

このように仕口形状を単純化することで、施主が自ら施工のプロセスに加わることができた。600本に及ぶ丸太の皮むき、木材や家具などの塗装だけでなく、約1200パーツある部材の仕口加工まで施主自身が行っている。ShopBotでは加工しにくい仕口は、地元の大工の力を借りる。アーチのフレームを工場で仮組みしてから敷地内へ搬入し、建物中心部から妻面に向かって建てていく。加工精度が高く、すべてのアーチフレームが上棟するのに要した時間はわずか1日である。

一見有機的な形態に見える建築を、シンプルな接合部をもつ単純なアーチの組み合わせで構成する。場所によってスパンや高さが異なるため接合部はひとつひとつ違う寸法であるが、基本となる幾何学を単純化して整理し、デジタルファブリケーションの技術と組み合わせることで、新しいものづくりの可能性を拓いたといえよう。

8

村田龍馬

Ryoma Murata

村田龍馬（むらた・りょうま）
1978年生まれ
2001年　京都大学工学部情報学科卒業
2003年　京都大学工学部建築学科卒業
2003年～2007年　高松伸建築設計事務所
2007年～2014年　川口衞構造設計事務所
2014年　村田龍馬設計所設立
2017年　東京大学大学院農学生命科学研究科生物材料科学専攻修士課程修了

国際鯨類施設

CLT大判パネルによる天井と鉄骨のハイブリッド構造

建築統括監理：阪根宏彦計画設計事務所
構造設計：村田龍馬設計所

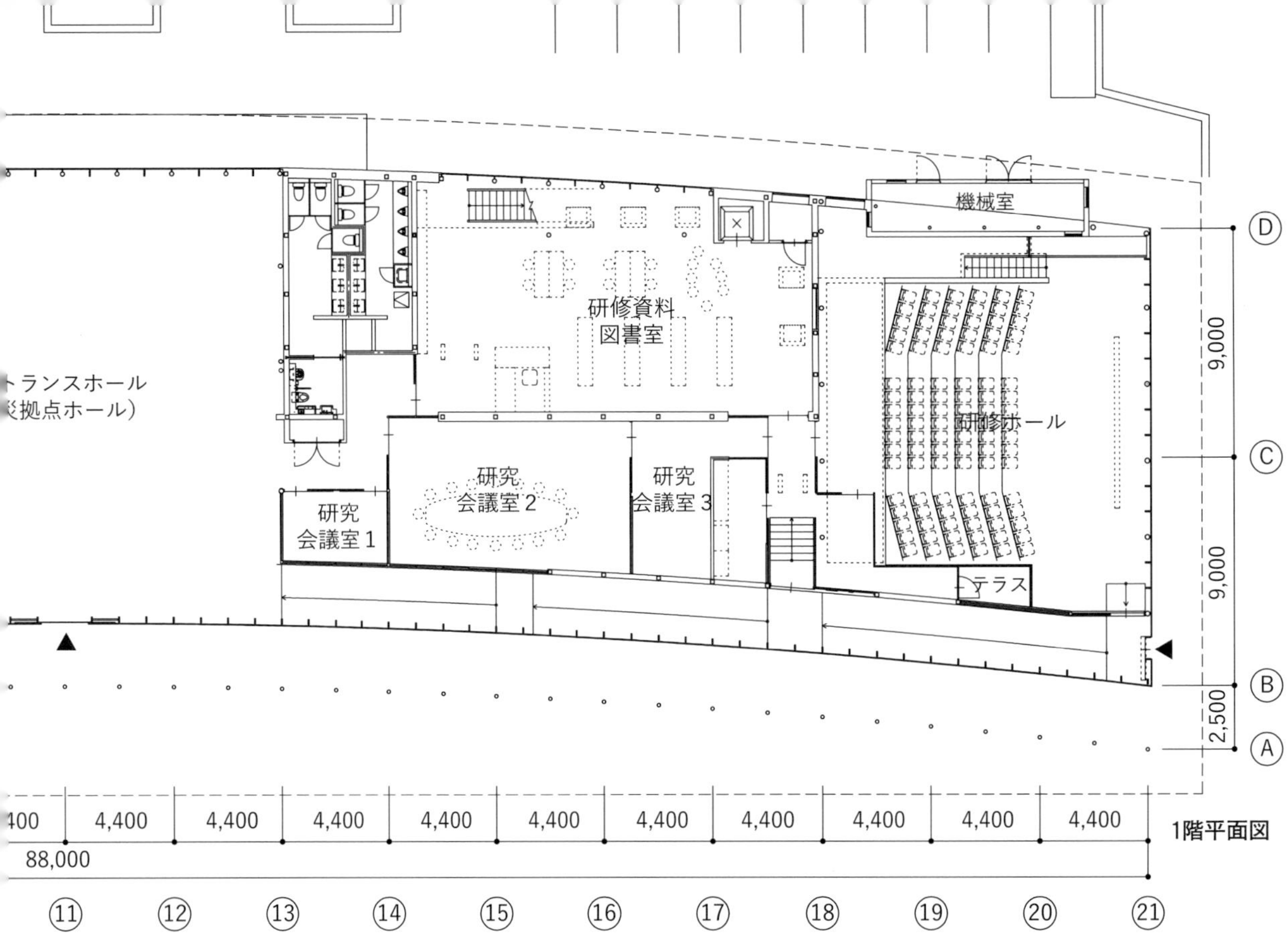

機械室
研修資料
図書室
トランスホール
拠点ホール)
研修ホール
研究
会議室 2
研究
会議室 3
研究
会議室 1
テラス
D
C
B
A
9,000
9,000
2,500
400
4,400
4,400
4,400
4,400
4,400
4,400
4,400
4,400
4,400
4,400
4,400
88,000
11
12
13
14
15
16
17
18
19
20
21

1階平面図

CLT大判パネルによる水平構面を天井として見せる

「国際鯨類施設」(和歌山県太地町)は、88m×20・5mの横に長くゆるやかな円弧状のプランをもつ。2階建てとなっている研修資料図書室部分を除いて大部分は平屋である。建物長手方向の地盤高低差(約3m)に合わせて1階の床レベルを段状に変化させているのに対して、天井レベルは建物全体で一定のため、天井高が4・5m〜7・5mと変化する。また最大で6・8mと大きな軒の出をもち、軒先端の1・5mはCLTパネルによる跳ね出しとしている。構造はX・Y両方向とも鉄骨ブレース構造とし、鉄骨梁の下面

架構模型写真

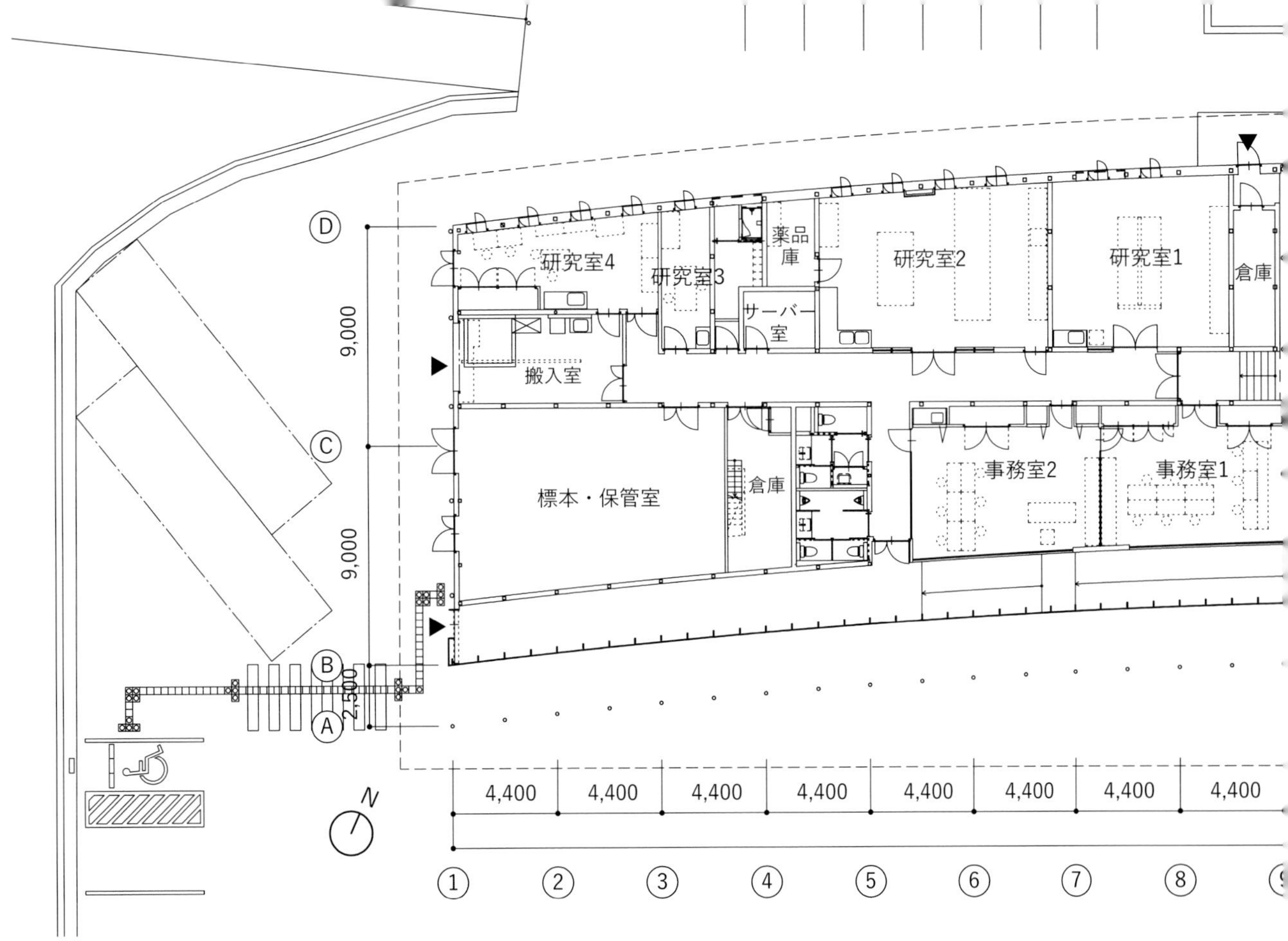

に、屋根を一体化する水平構面としての機能をもつCLTパネルを天井として設けている。CLTは設計上、高い強度や剛性などの構造性能に着目されることが多いが、観点を変えると、3m×12mという大きな1枚のパネルが製作できる点や、寸法精度の高さ、平滑な木材面がもつ美しさも、この材料の特長として挙げることができる。本施設ではCLTがもつこれらの特長を活かし、CLT大判パネルによるゆったりとした美しい天井を現しとして見せることを主題のひとつとした。そのため、鉄骨梁とその下に位置するCLTパネルを、安全に、かつ美しく接合するディテールを開発した。

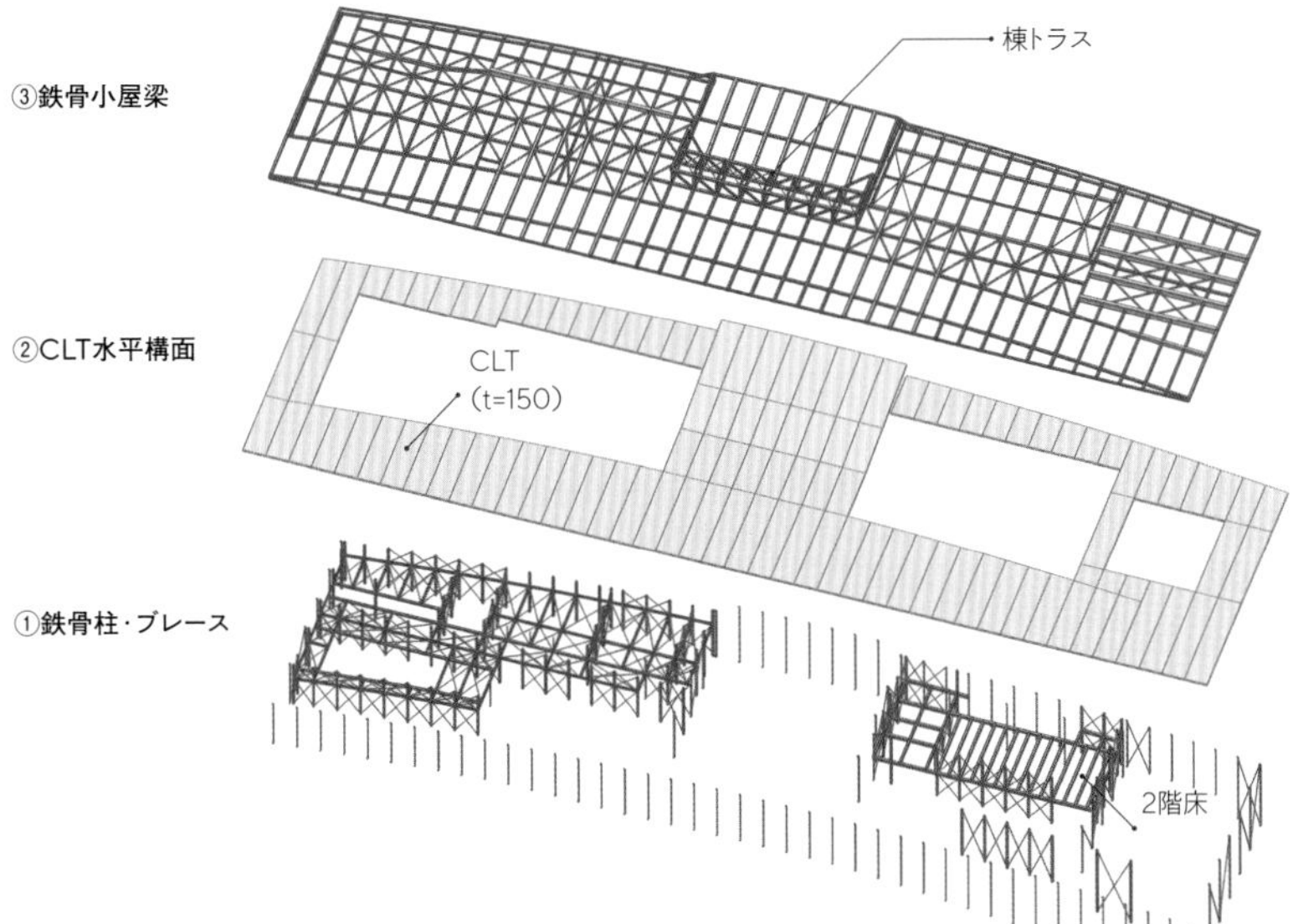

構造の構成と解析方法

構造は、①鉄骨柱・ブレース、②CLT水平構面、③鉄骨小屋梁の3つのレイヤーからなる。②は、建築的あるいは設備的な理由から一部抜けている範囲があり、その範囲には③に水平ブレースを設けることで全体の水平剛性を確保している。構造解析では①と③を線要素、②を等価な剛性ももつ面要素としてモデル化した。CLT水平構面の剛性と耐力は、接合部による影響が大きいことから、木造水平構面の詳細計算法（「木造軸組工法住宅の許容応力度設計」）の考え方に準じて、接合部の剛性を考慮した計算を行った。

鉄骨とCLTの接合部

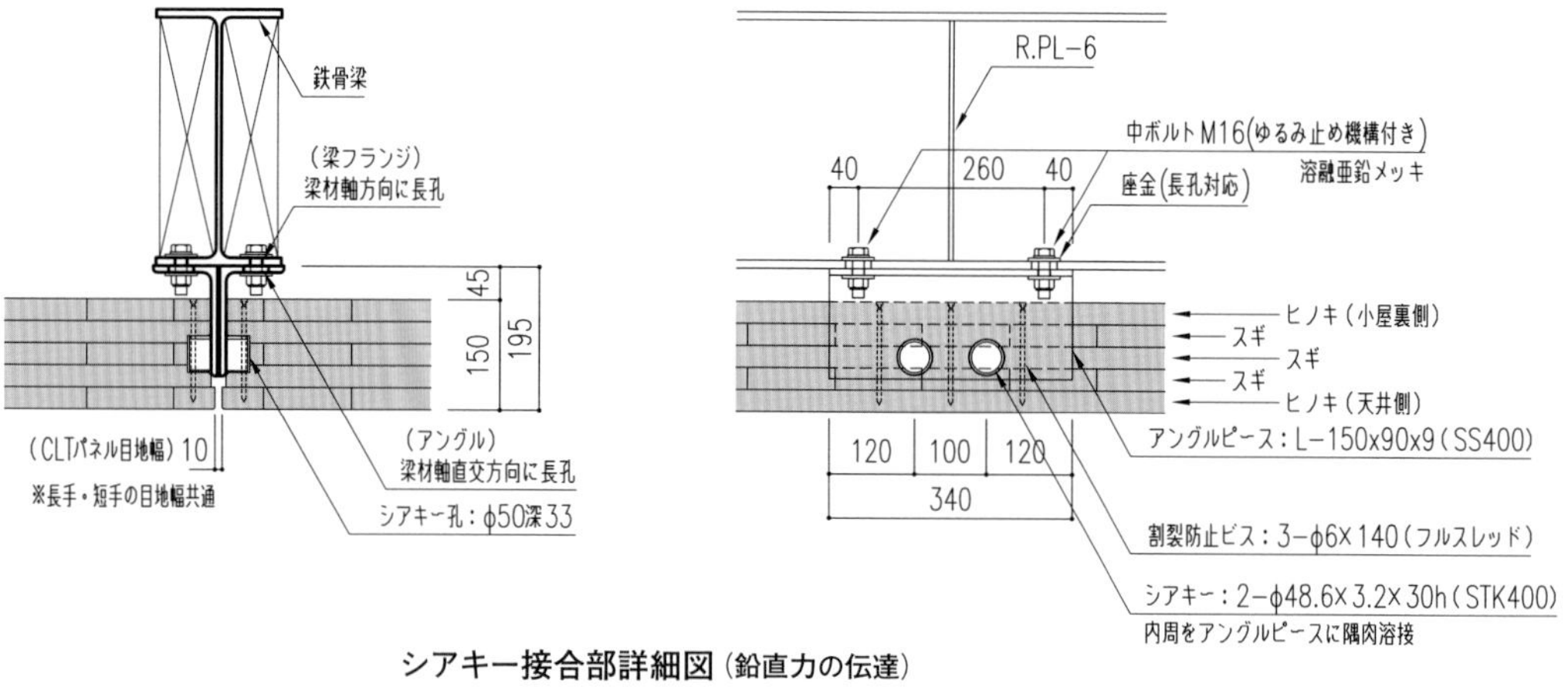
鉄骨梁
（梁フランジ）
梁材軸方向に長孔
45
150
195
（CLTパネル目地幅）10
※長手・短手の目地幅共通
（アングル）
梁材軸直交方向に長孔
シアキー孔：φ50深33
R.PL−6
中ボルトM16（ゆるみ止め機構付き）
溶融亜鉛メッキ
40
260
40
座金（長孔対応）
ヒノキ（小屋裏側）
スギ
スギ
スギ
ヒノキ（天井側）
120
100
120
340
アングルピース：L−150x90x9（SS400）
割裂防止ビス：3−φ6×140（フルスレッド）
シアキー：2−φ48.6×3.2×30h（STK400）
内周をアングルピースに隅肉溶接

シアキー接合部詳細図（鉛直力の伝達）

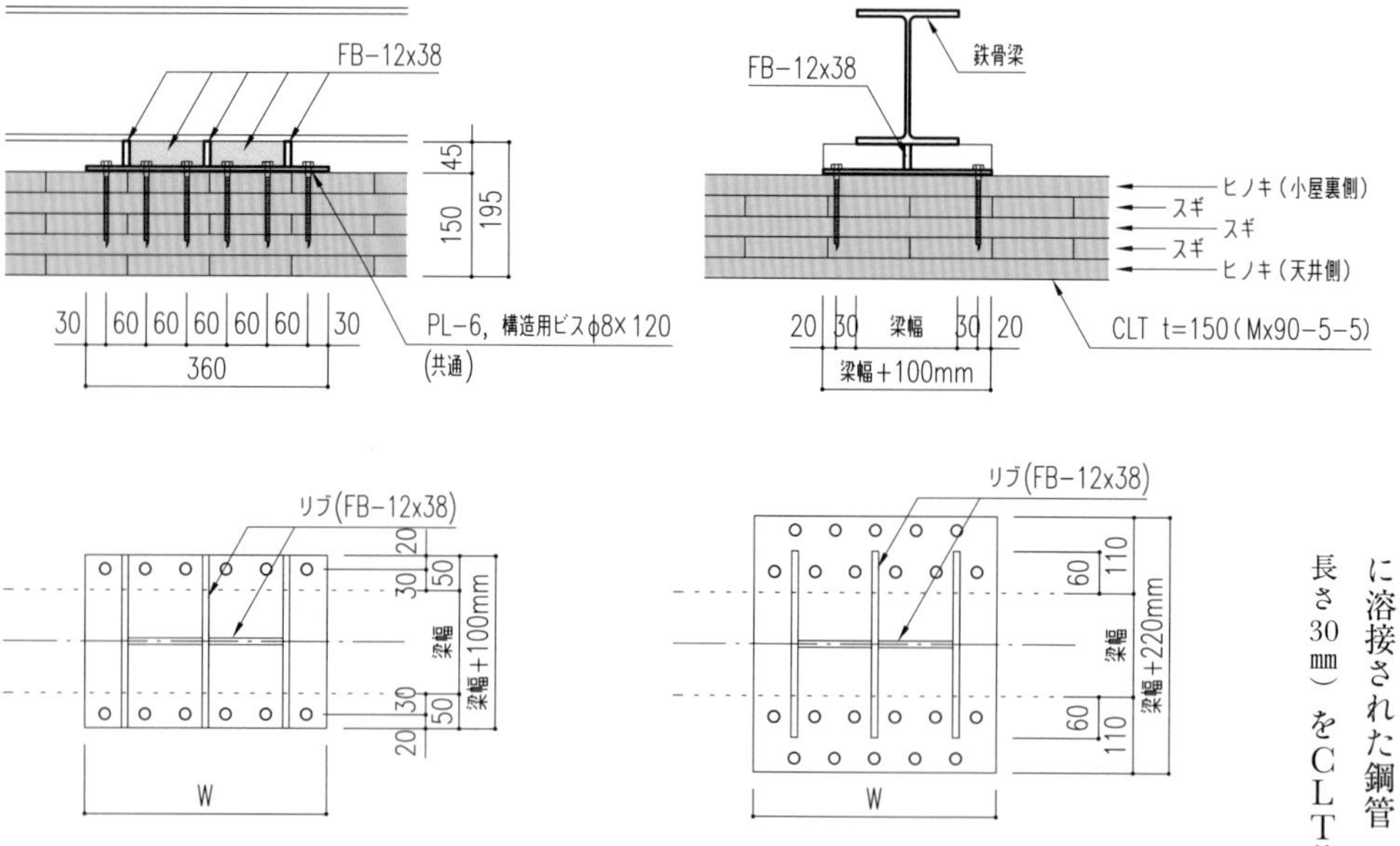
FB−12x38
45
150
195
30
60
60
60
60
60
30
360
PL−6，構造用ビスφ8×120
（共通）
鉄骨梁
FB−12x38
ヒノキ（小屋裏側）
スギ
スギ
スギ
ヒノキ（天井側）
20
30
梁幅
30
20
梁幅＋100mm
CLT t=150（Mx90−5−5）
リブ（FB−12x38）
20
30
50
梁幅
梁幅＋100mm
30
50
20
W
リブ（FB−12x38）
60
110
梁幅
梁幅＋220mm
60
110
W

(a) ビス1列配置の場合（b1A〜b5）

(b) ビス2列（千鳥）配置の場合（b11〜b33S）

ビス接合部詳細図（水平力の伝達）

鉄骨梁とCLTパネルの接合は、鉄骨梁の下フランジに取り付ける「シアキー接合部」および「ビス接合部」によった。

「シアキー接合部」は、アングル材に溶接された鋼管（φ48・6×3・2㎜、長さ30㎜）をCLT積層面に空けた孔に差し込み、アングル材の上辺と鉄骨梁の下フランジをボルト接合することによってCLTの鉛直荷重を鉄骨梁に伝えるディテールである。鋼管とCLT接触面の支圧によりCLT面外方向のせん断力を伝達する。

積層面に差し込まれた鋼管がCLTの面外方向に力を受ける際の許容荷重については、既往研究が見当たらなかったため、要素試験を行って荷重変形関係を確認し、許容荷重を定めた。また、それに加えて施工性の検証として、CLT1パネル分の実大モックアップによる検証も行った。要素試験およびモックアップは、山長商店（和歌山県）の開発事業による林野庁補助事業の性能・建築設計実証の一環として、木質環境建築・川原重明さんの指導のもとで実施した。

一方、「ビス接合部」は、鉄骨梁下フランジの下面に取り付けた鋼板とCLTパネルを上からのビス打ちによって一体化するものである。CLTパネルと鉄骨梁の間でCLT面内方向のせん断力を伝達することで、CLT天井に水平構面の役割をもたせている。CLTと鋼板のビス接合部は、既往研究から剛性と耐力を設定した。

鉄骨とCLTパネルの施工

CLTパネルが鉄骨梁の下に位置するため、鉄骨の建方完了後にCLTを上からクレーンで吊り込むことはできない。そのため、柱の建方後に一旦CLTパネルを仮置きする足場を設けた（写真手前側のCLTパネルは仮置きされた状態）。その後、梁を取り付けてからCLTパネルを柱に沿って吊り上げ、CLT積層面に工場であらかじめセットされた「シアキー接合部」のボルトを締める手順とした。

シアキー接合部の試験状況

シアキー接合部

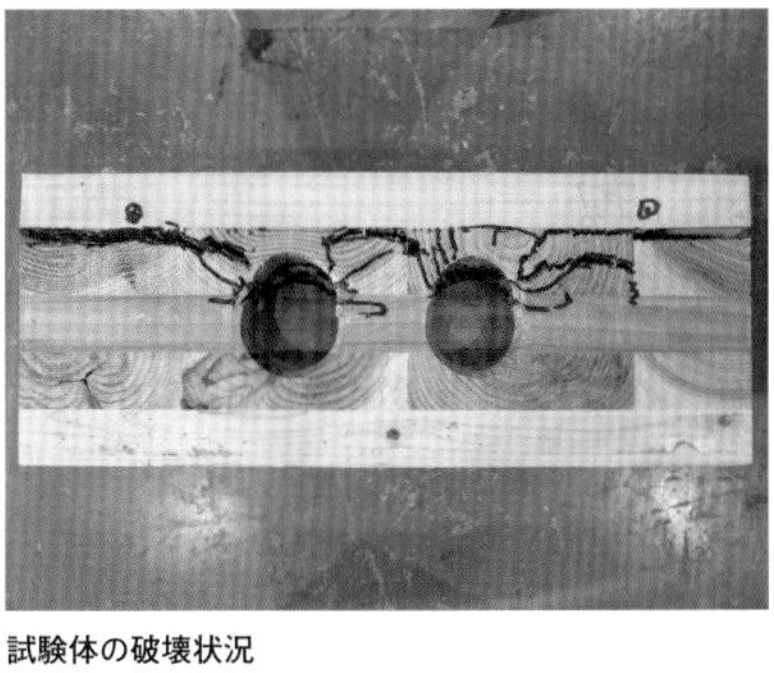

試験体の破壊状況

ビス接合部

モックアップによる接合部の施工性と天井イメージの確認

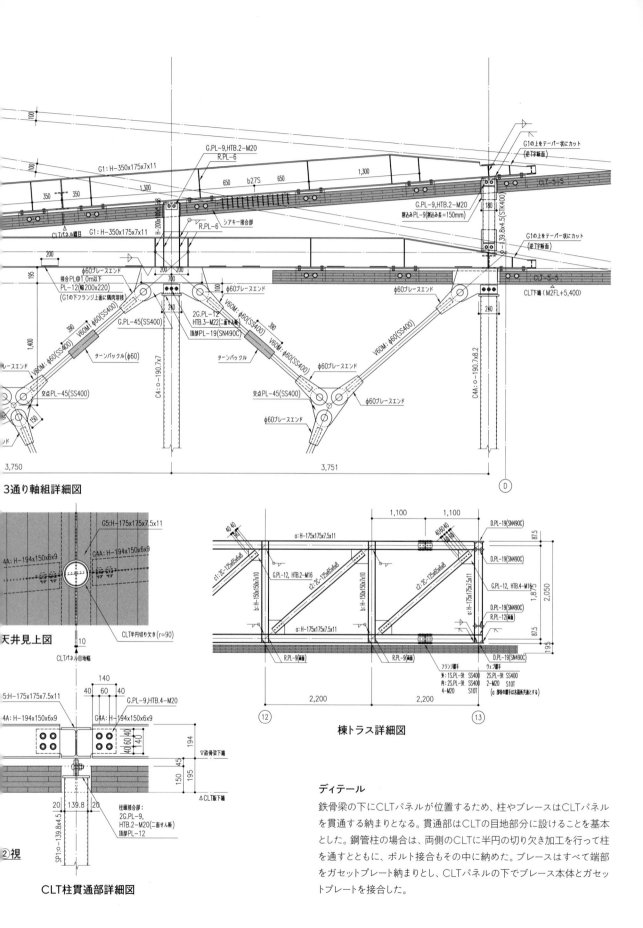

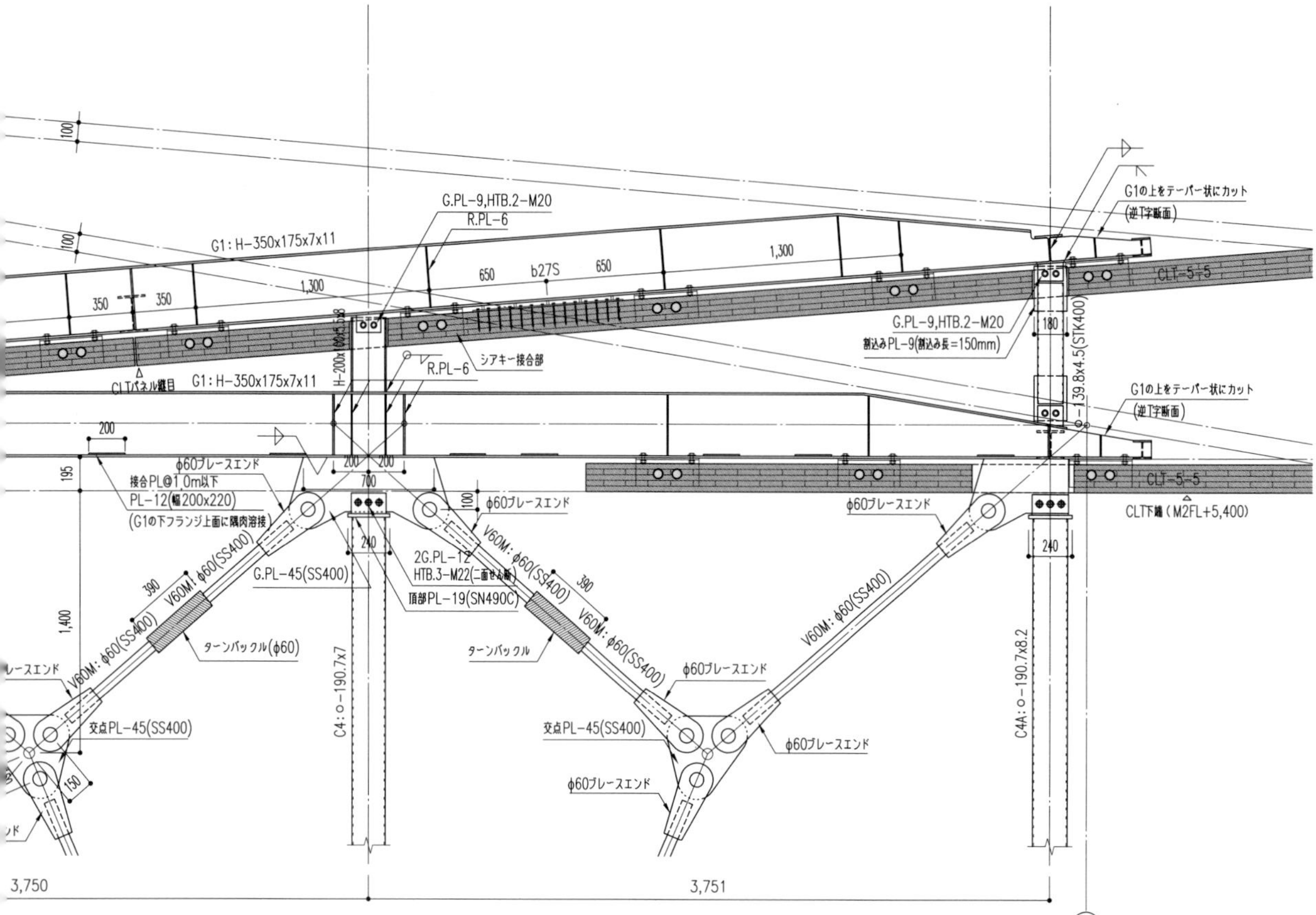

G.PL-9,HTB.2-M20
R.PL-6
G1：H-350x175x7x11
1,300
650
b27S
350
G1：H-350x175x7x11
CLTパネル継目
シアキー接合部
R.PL-6
G1の上をテーパー状にカット
(逆T字断面)
CLT-5-5
G.PL-9,HTB.2-M20
割込みPL-9(割込み長=150mm)
139.8x4.5(STK400)
200
195
700
φ60ブレースエンド
接合PL@1.0m以下
PL-12(幅200x220)
(G1の下フランジ上面に隅肉溶接)
G.PL-45(SS400)
2G.PL-12
HTB.3-M22(二面せん断)
頂部PL-19(SN490C)
V60M：φ60(SS400)
390
1,400
ターンバックル(φ60)
ターンバックル
交点PL-45(SS400)
150
C4：○-190.7x7
C4A：○-190.7x8.2
240
CLT下端(M2FL+5,400)
3,750
3,751
D

3通り軸組詳細図

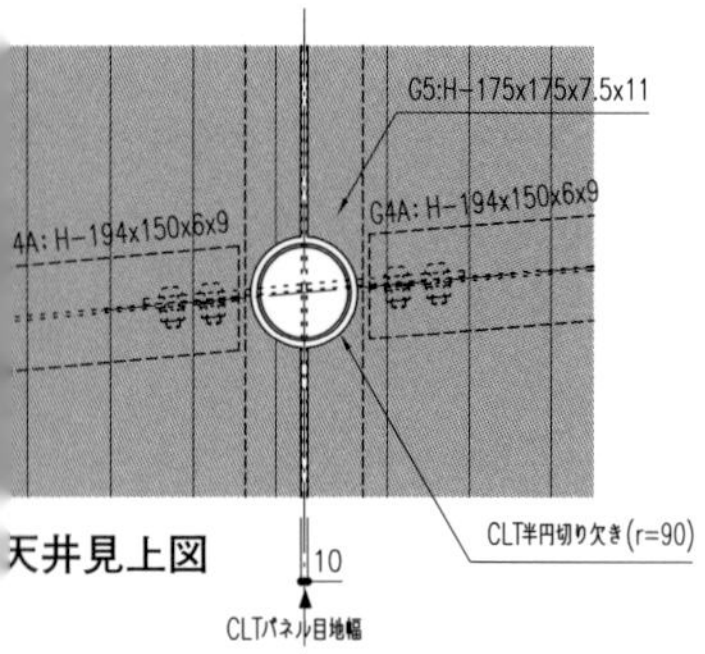

G5:H-175x175x7.5x11
G4A：H-194x150x6x9
CLT半円切り欠き(r=90)
10
CLTパネル目地幅

天井見上図

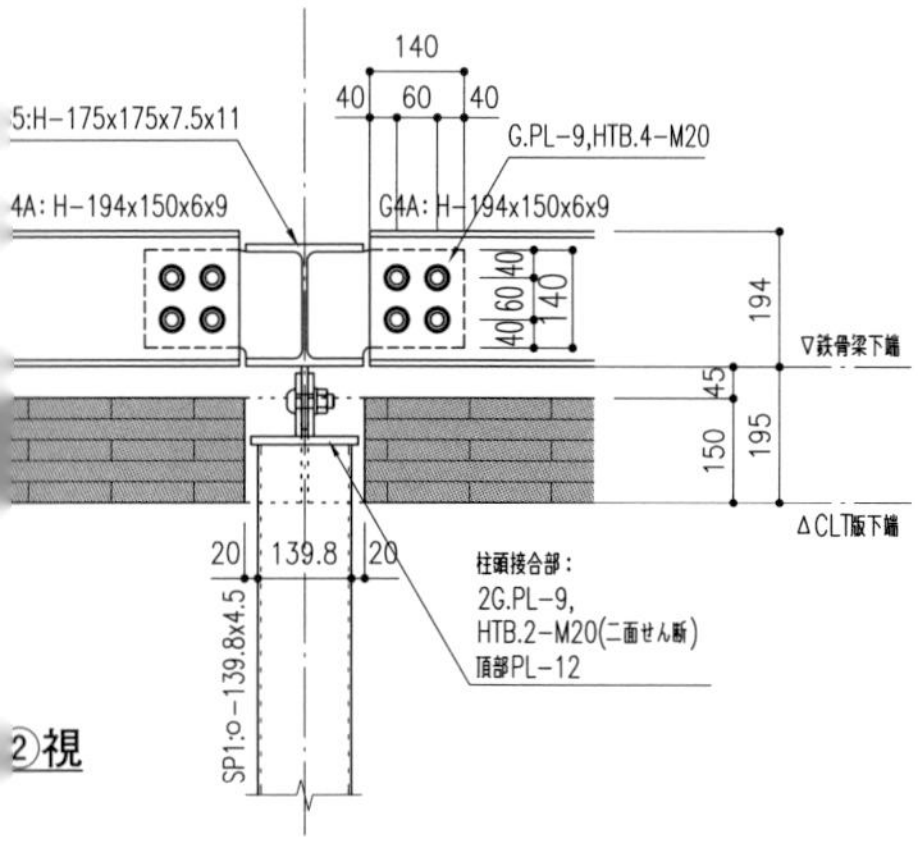

140
40 60 40
G.PL-9,HTB.4-M20
G5:H-175x175x7.5x11
G4A：H-194x150x6x9
194
▽鉄骨梁下端
45
150
195
△CLT版下端
20 139.8 20
柱頭接合部：
2G.PL-9,
HTB.2-M20(二面せん断)
頂部PL-12
SP1:○-139.8x4.5

②視

CLT柱貫通部詳細図

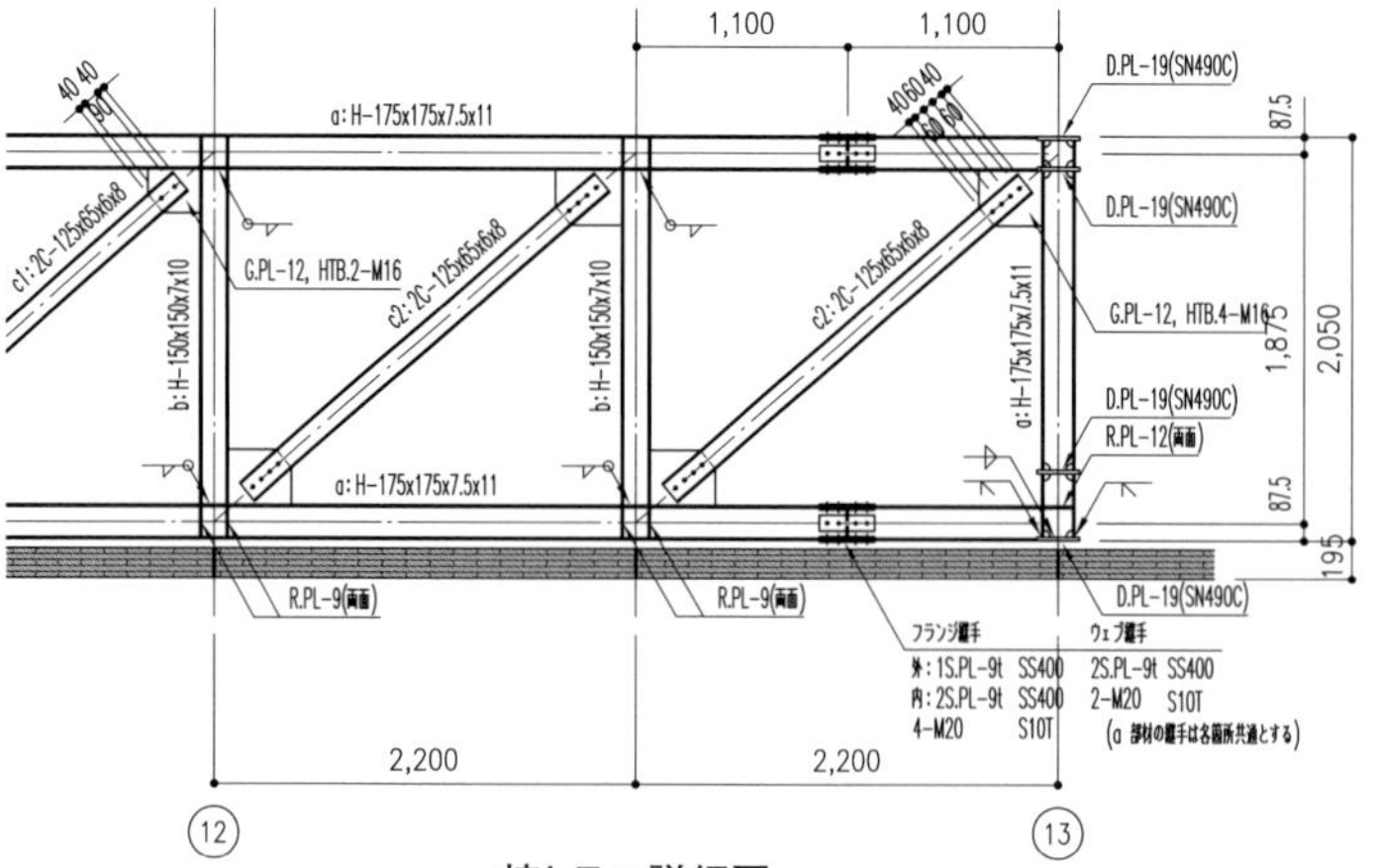

1,100
1,100
a：H-175x175x7.5x11
D.PL-19(SN490C)
c1：2C-125x65x6x8
c2：2C-125x65x6x8
G.PL-12, HTB.2-M16
G.PL-12, HTB.4-M16
b：H-150x150x7x10
a：H-175x175x7.5x11
R.PL-12(両面)
R.PL-9(両面)
フランジ継手
外：1S.PL-9t SS400
内：2S.PL-9t SS400
4-M20 S10T
ウェブ継手
2S.PL-9t SS400
2-M20 S10T
(a 部材の継手は各箇所共通とする)
87.5
1,875
2,050
195
2,200
2,200
12
13

棟トラス詳細図

ディテール

鉄骨梁の下にCLTパネルが位置するため、柱やブレースはCLTパネルを貫通する納まりとなる。貫通部はCLTの目地部分に設けることを基本とした。鋼管柱の場合は、両側のCLTに半円の切り欠き加工を行って柱を通すとともに、ボルト接合もその中に納めた。ブレースはすべて端部をガセットプレート納まりとし、CLTパネルの下でブレース本体とガセットプレートを接合した。

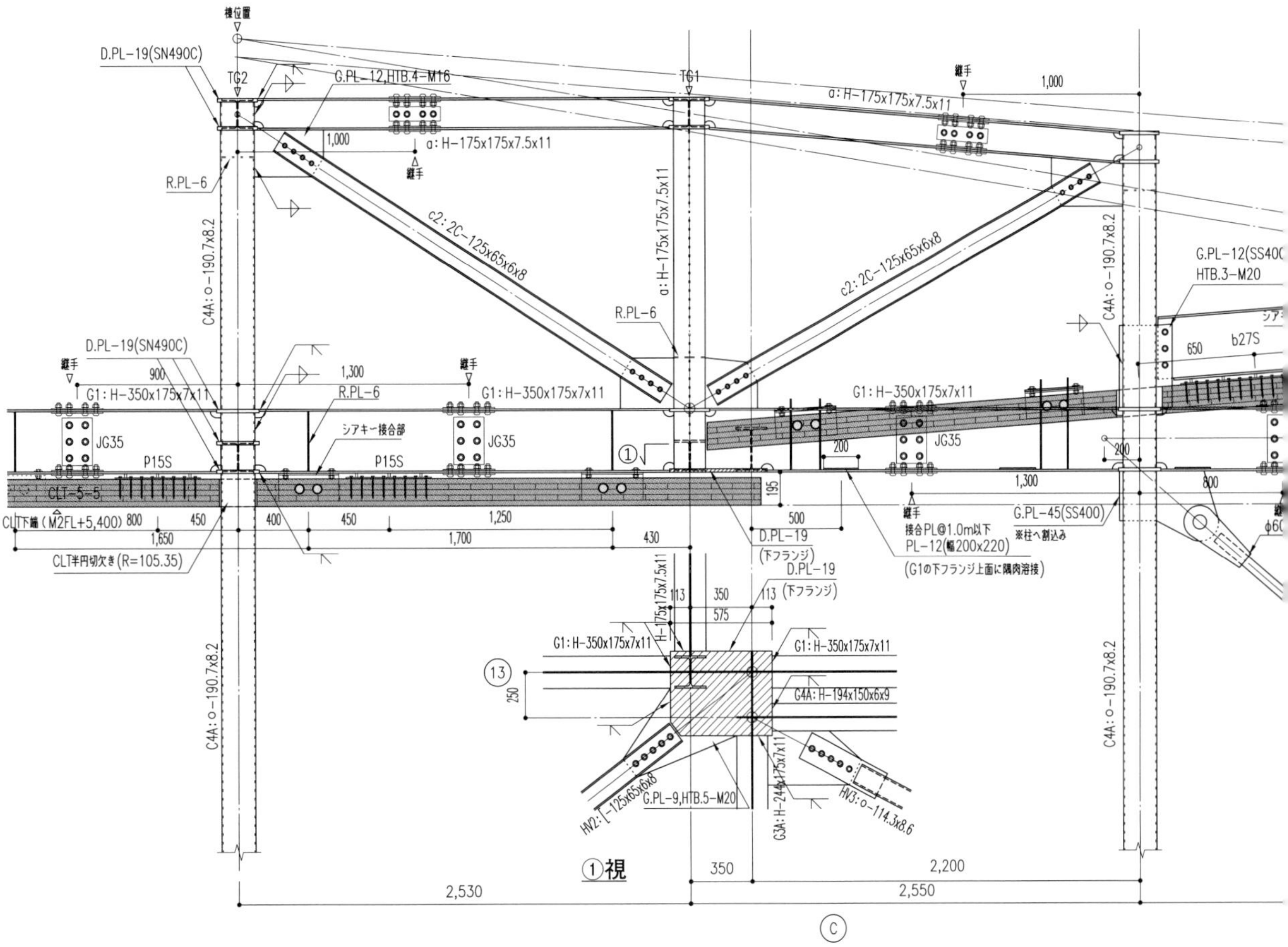
棟位置
D.PL-19(SN490C)
TG2
G.PL-12,HTB.4-M16
TG1
継手
1,000
a:H-175x175x7.5x11
R.PL-6
C4A:○-190.7x8.2
c2:2C-125x65x6x8
a:H-175x175x7.5x11
G.PL-12(SS400)
HTB.3-M20
650
b27S
D.PL-19(SN490C)
900
1,300
R.PL-6
G1:H-350x175x7x11
JG35
シアキー接合部
P15S
CLT-5-5
CLT下端(M2FL+5,400)
800
450
400
1,250
1,650
1,700
430
CLT半円切欠き(R=105.35)
200
195
500
D.PL-19
(下フランジ)
接合PL@1.0m以下
PL-12(幅200x220)
(G1の下フランジ上面に隅肉溶接)
G.PL-45(SS400)
※柱へ割込み
113
350
575
G4A:H-194x150x6x9
G.PL-9,HTB.5-M20
G3A:H-244x175x7x11
HV2:[-125x65x6x8
HV3:○-114.3x8.6
250
13
①視
2,200
2,530
2,550
C

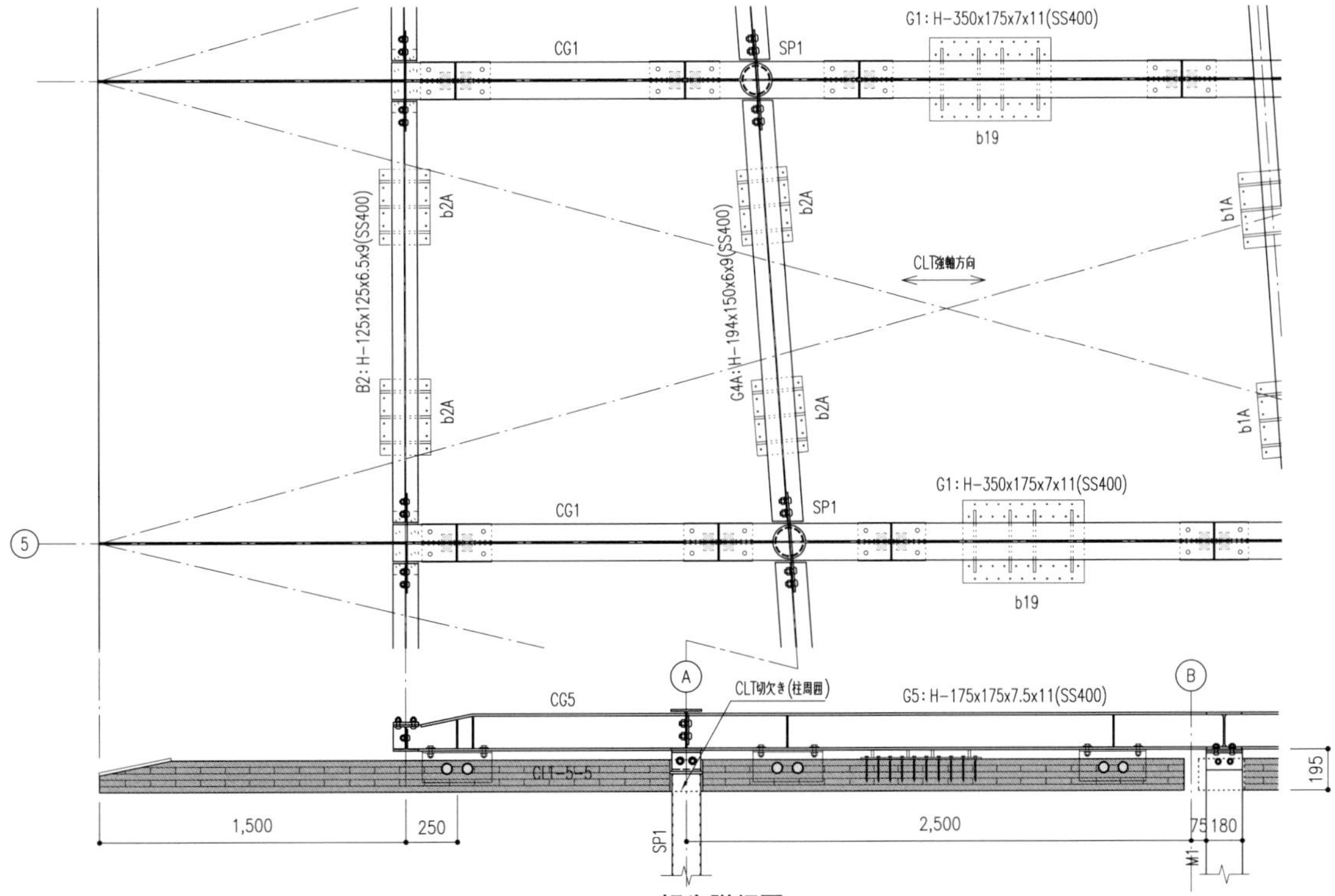
CG1
SP1
G1:H-350x175x7x11(SS400)
b19
B2:H-125x125x6.5x9(SS400)
b2A
G4A:H-194x150x6x9(SS400)
CLT強軸方向
b1A
5
A
B
CG5
CLT切欠き(柱周囲)
G5:H-175x175x7.5x11(SS400)
CLT-5-5
195
1,500
250
2,500
75
180
SP1
M1

軒先詳細図

呉市海事歴史科学館
大型旋盤展示施設

鉄骨とCLTによるハイブリッド屋根架構

建築統括監理：阪根宏彦計画設計事務所
構造設計：村田龍馬設計所

戦艦大和の歴史を伝える大型旋盤

「大和ミュージアム」の愛称をもつ呉市海事歴史科学館は、戦艦大和の10分の1スケールモデルを中心として、明治以降の日本近代化を支えた造船・製鋼・航空機をはじめとする科学技術を紹介する博物館である。

本施設は、戦艦大和の主砲である46cm砲の切削に実際に使用された歴史的な大型旋盤（外形は幅約4m×高さ4m×長さ16m、重量219t）の収蔵・展示を目的として、ミュージアム敷地内に増築された。

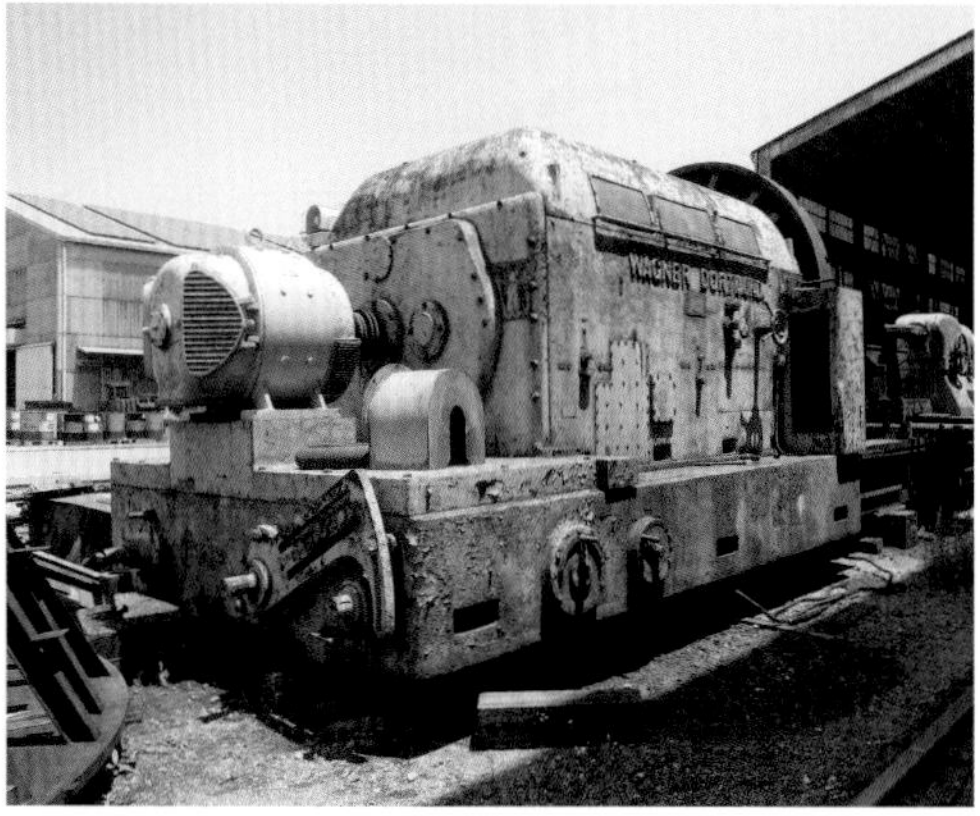

半世紀を超えて現役使用されたドイツ製大型旋盤

大型旋盤は1938年にドイツ・ドルトムント市のワグナー社から輸入、呉海軍工廠砲熕部砲身工場に設置された。戦後は、神戸製鋼所高砂製作所と兵庫県の機械部品製造会社「きしろ」にて2013年まで現役で稼働した後、展示のため大和ミュージアムへと寄贈された。

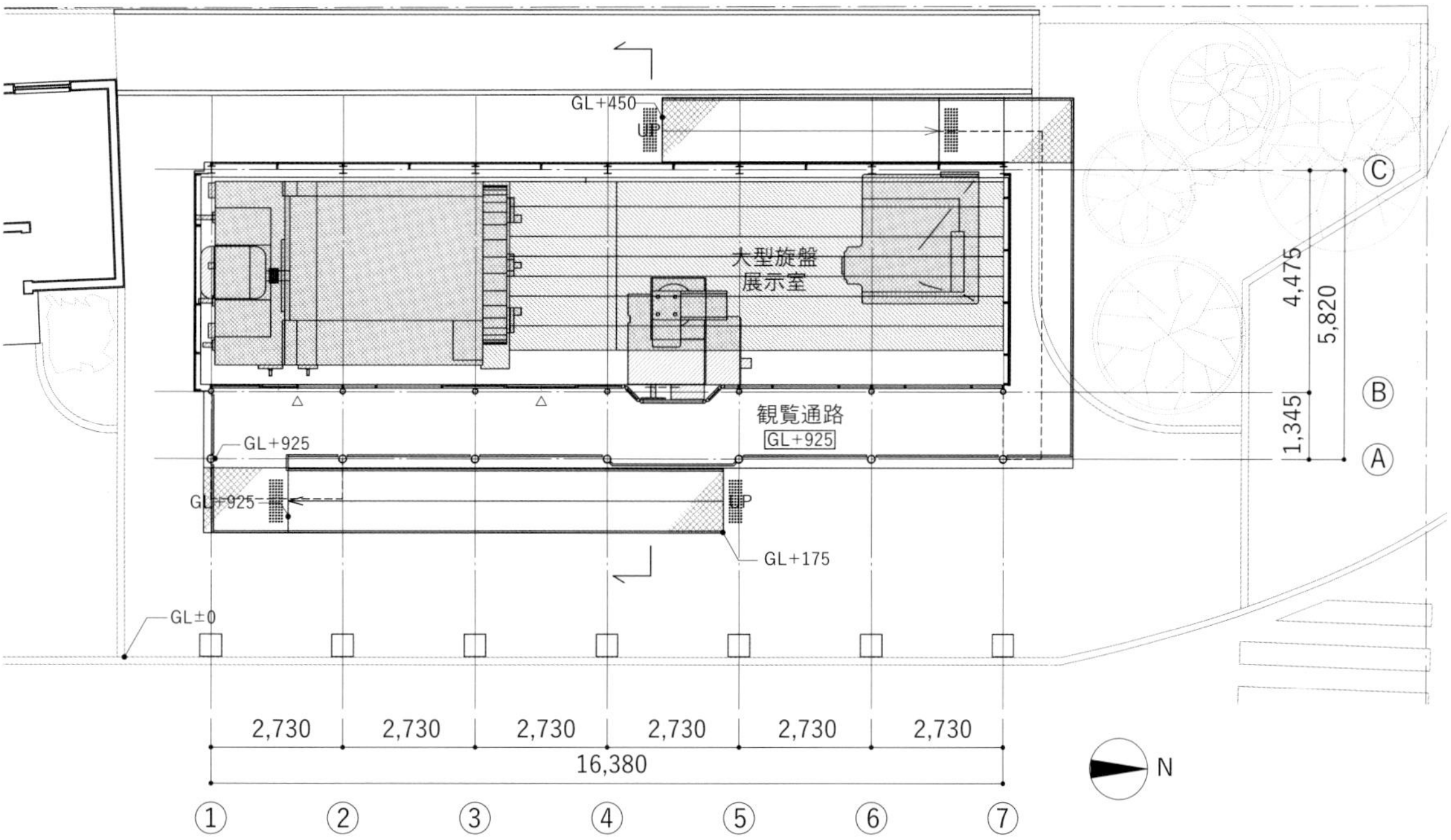
GL+450
UP
大型旋盤
展示室
観覧通路
GL+925
GL+925
GL+925
UP
GL+175
GL±0
4,475
5,820
1,345
Ⓒ
Ⓑ
Ⓐ
2,730
2,730
2,730
2,730
2,730
2,730
16,380
N
①
②
③
④
⑤
⑥
⑦

平面図

見学者は大型旋盤展示室を取り巻くように配置された観覧通路からガラス越しに大型旋盤を見学する。

断面図

高さのある大型旋盤が見やすいように、観覧通路はGLからスロープで約90cm上がった高さに設けられている。

全方向から直近に見渡せる

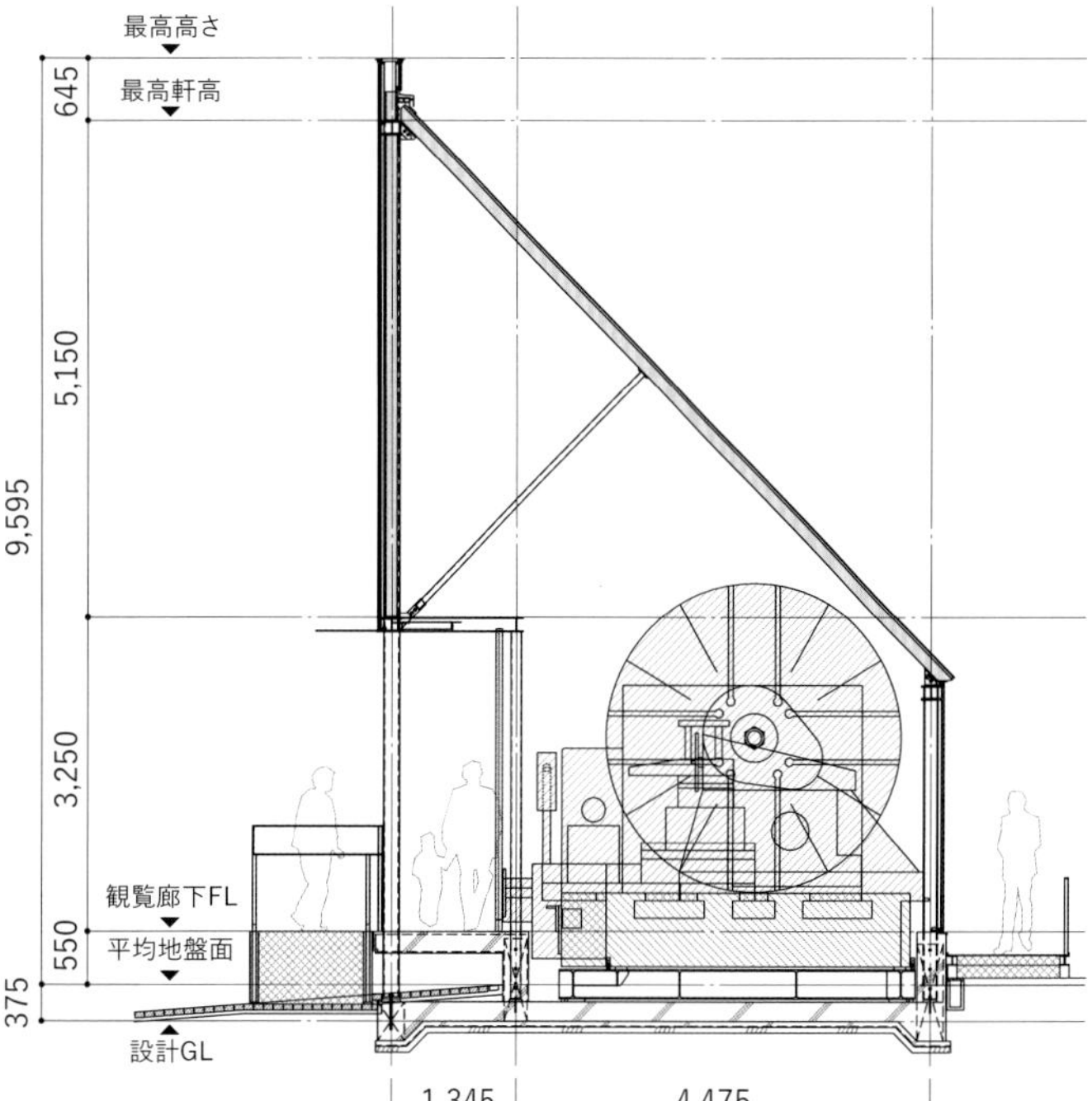
最高高さ
最高軒高
645
5,150
9,595
3,250
観覧廊下FL
平均地盤面
550
375
設計GL
1,345
4,475
5,820
Ⓐ
Ⓑ
Ⓒ

プランは大型旋盤展示室とそれを取り巻く観覧通路からなる。全方向から大型旋盤を望めるように、壁やブレースは設けず鉄骨柱だけで屋根を支えた。屋根は矩勾配の片流れとし、大型旋盤を圧迫感なく包み込む高さのある空間とした。東に向かって開かれたガラスファサードは、展示室への採光に加え、大きなガラスカーテンウォールが特徴的な既存ミュージアムの外観との調和を意図して設けられた。

鉄骨とCLTのハイブリッド屋根架構

屋根は短辺方向5・82mのスパンを120㎜厚のCLT（CLT-R）で架け渡し、スパン中央を方杖（P1）で支えた。方杖のピッチはCLT幅と同じ1・365mとした。本建物のデザインビルドJVである阪根宏彦計画設計事務所と大和興業による先行事例として、鉄骨造による柱梁フレームにCLT壁・床・屋根パネルを組み込んだ「大和ビル新社屋」＊がある。本建物ではその発展形として、勾配屋根を方杖付き無梁CLTパネルにより架構する構造に取り組み、林野庁補助事業（R3年度CLTを活用した建築物等実証事業）の採択を受けて建築実証を行った。

水平力としては、Y方向（短手方向）の風荷重が支配的となる。Y方向水平力に対しては、基礎からの片持ち柱構造として計画した。片持ち柱とするため、B通りおよびC通りの柱（C2・C3）は柱脚を基礎立上り壁内に埋め込んで固定した。A通りの柱（C1）は、基礎レベルのピン柱脚に加えて、観覧通路床スラブによって水平拘束することで片持ち柱とした。またA通りの小屋組みでは、X方向水平力時の振れ止めとしてCLTを壁使いで用いた（CLT-W）。

＊ 林野庁補助事業CLTを活用した建築物等実証事業H30年度（設計・性能実証）・R2年度（建築実証）

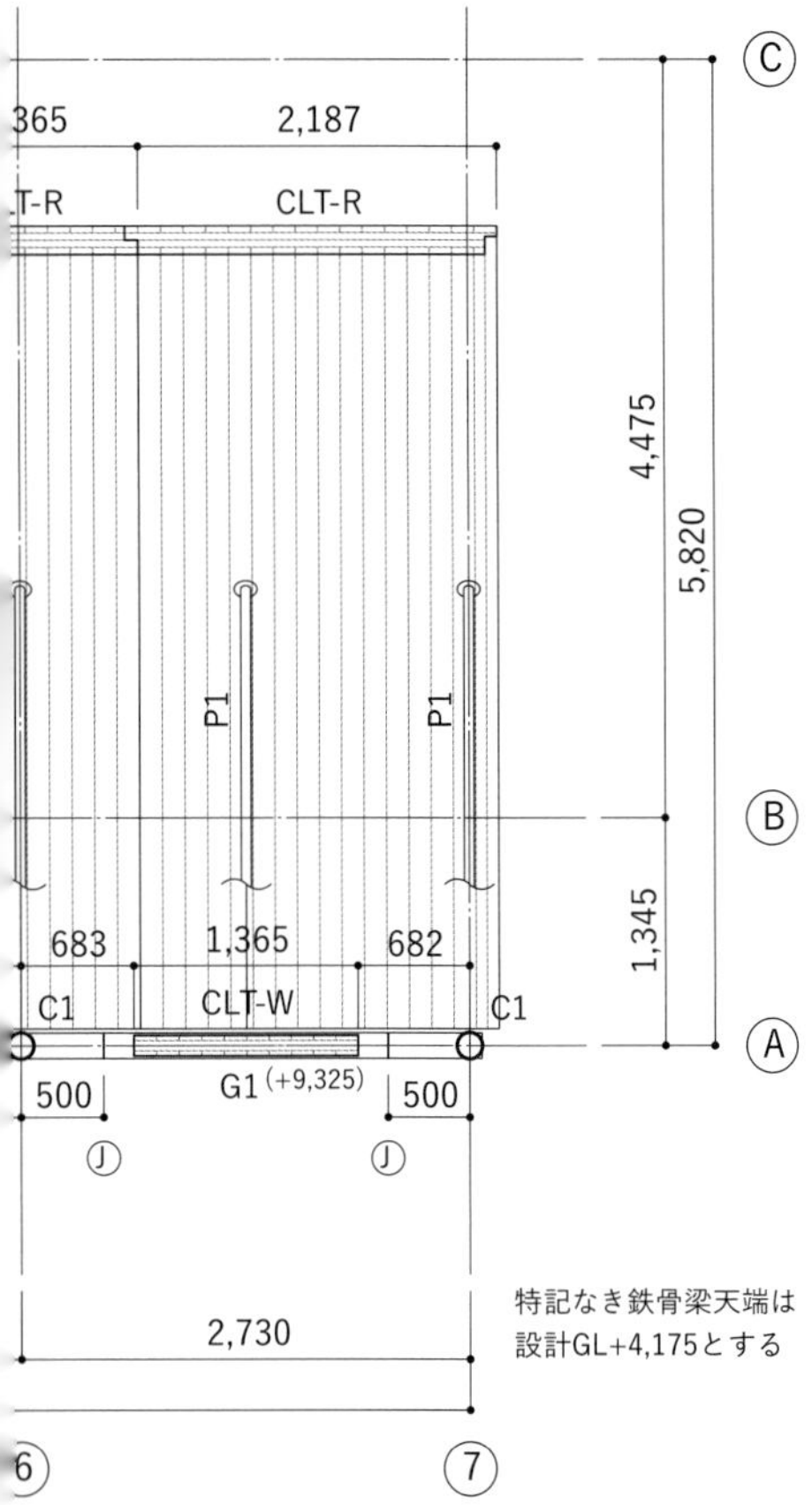

C
365
2,187
T-R
CLT-R
4,475
5,820
P1
P1
B
683
1,365
682
1,345
C1
CLT-W
C1
A
G1 (+9,325)
500
500
2,730
特記なき鉄骨梁天端は
設計GL+4,175とする
6
7

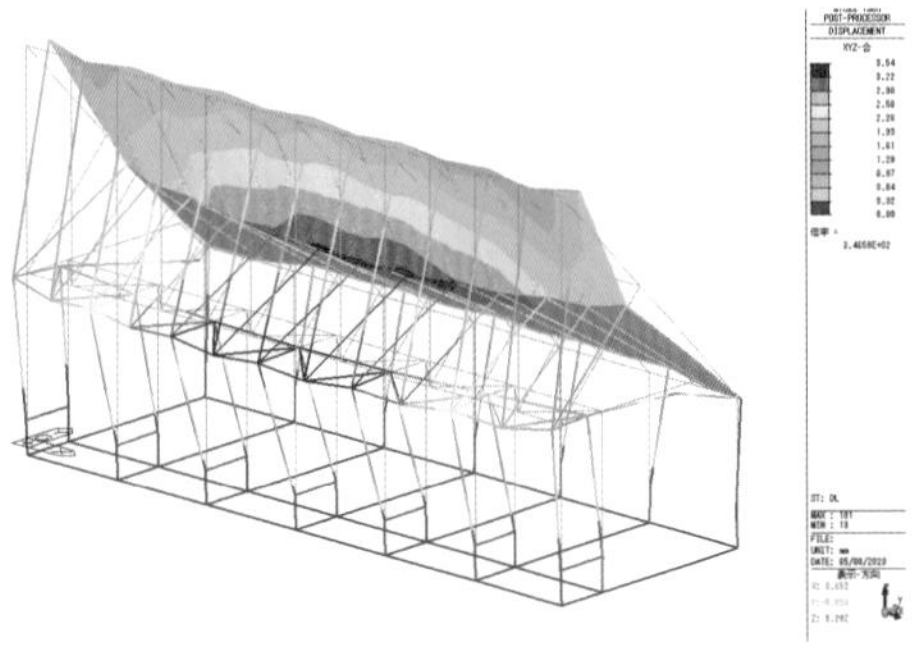

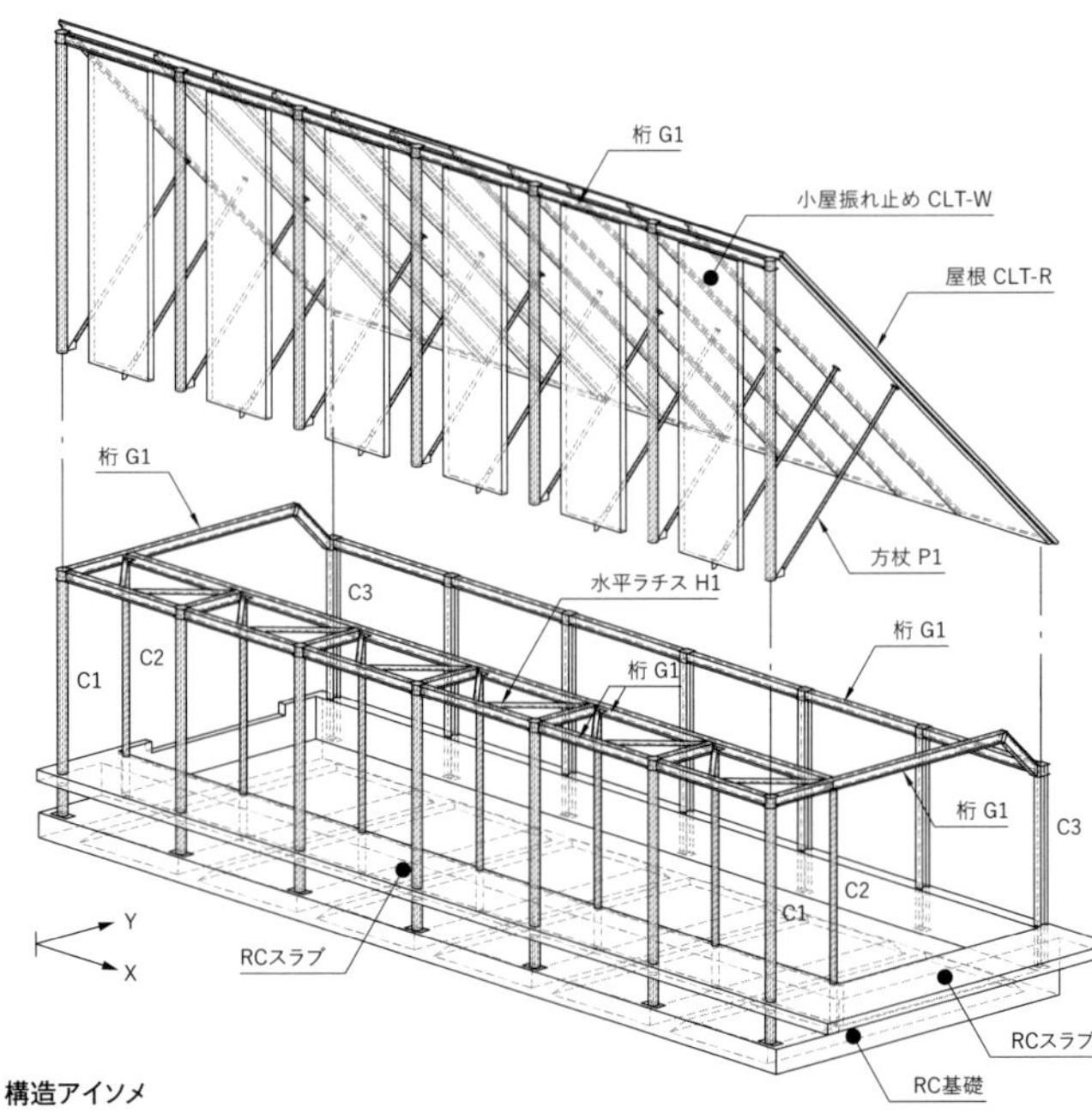

桁 G1
小屋振れ止め CLT-W
屋根 CLT-R
桁 G1
方杖 P1
C3
水平ラチス H1
桁 G1
C1
C2
桁 G1
桁 G1
C3
C2
C1
Y
X
RCスラブ
RCスラブ
RC基礎

構造アイソメ

屋根を支えるつり合いシステム

方杖によるスラストを処理するタイは、展示室内部に設けることを避け、両妻面のみに集約した。そのため、スラストを両妻面まで伝えるための水平ラチスを観覧通路上部の天井部分に設置した。小屋組みは、屋根CLT・方杖・水平ラチス・両妻面の桁によるつり合いシステムによって支持されている。上図に示す水平ラチスの変形（鉛直荷重時）の計算値は最大約4mmであった。

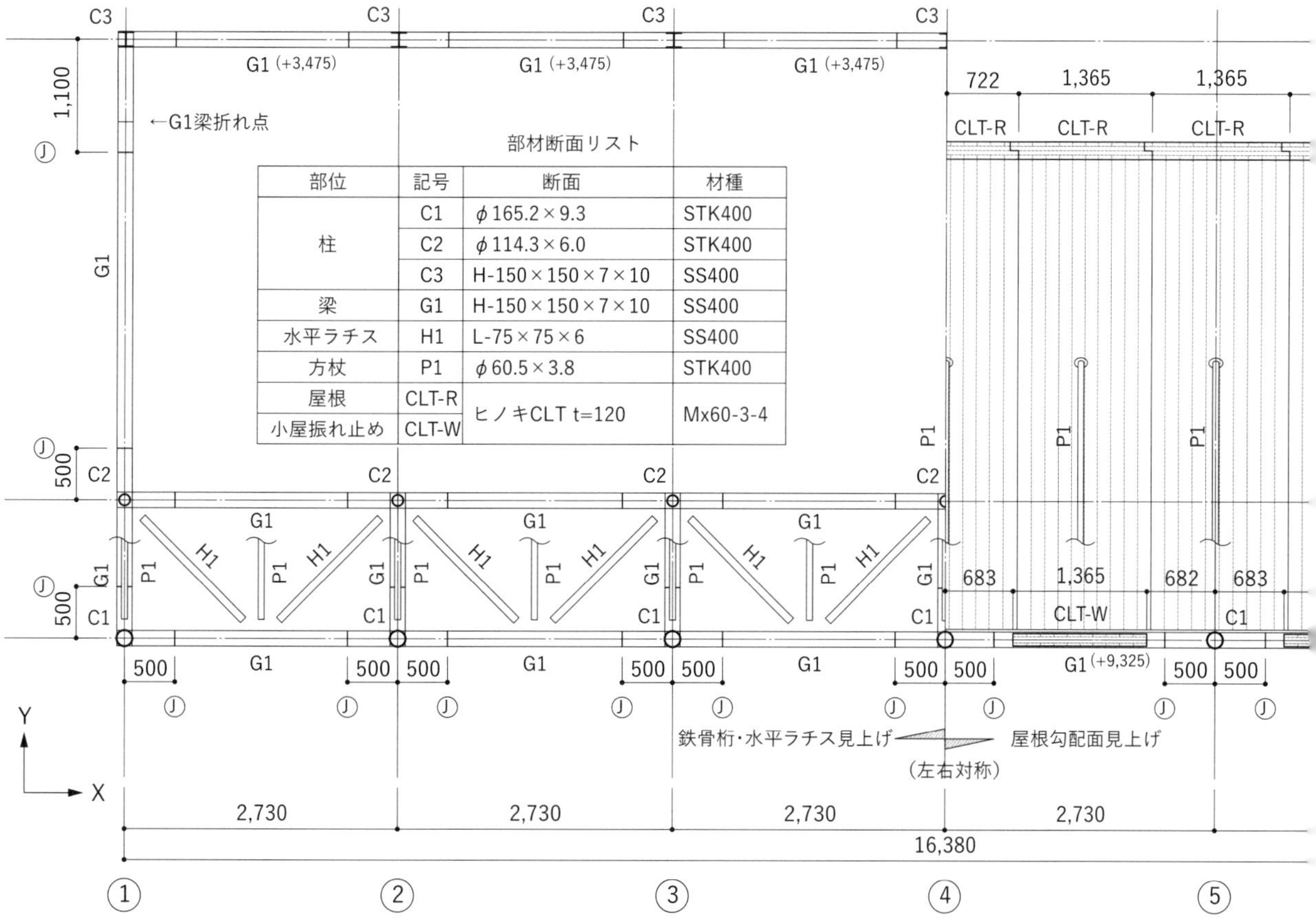

部材断面リスト

部位	記号	断面	材種
柱	C1	ϕ165.2×9.3	STK400
	C2	ϕ114.3×6.0	STK400
	C3	H-150×150×7×10	SS400
梁	G1	H-150×150×7×10	SS400
水平ラチス	H1	L-75×75×6	SS400
方杖	P1	ϕ60.5×3.8	STK400
屋根	CLT-R	ヒノキCLT t=120	Mx60-3-4
小屋振れ止め	CLT-W		

小屋伏図

水平スパン5.82mを架けるCLT版の中央を、方杖（P1）が支える。桁行方向の柱スパン（2.73m）は、CLTマザーボードの歩留まりを考慮して決定した。

大型旋盤の先行設置を前提とした施工計画

一般的には建築工事終了後に展示物が搬入されるが、200tを超える重量がある大型旋盤を屋根設置後に搬入することは困難と判断された。そのため施工は、基礎底盤打設→大型旋盤設置→鉄骨・CLT建方→基礎立上り打設→仕上げ工事の順に行った。大型旋盤は兵庫県から海上輸送された後、起重機船のクレーンによって基礎底盤の上に吊り込まれた。基礎立上り打設を鉄骨建方の後に行った理由は、柱脚を埋め込むためである。鉄骨・CLTの建方では、方杖（P1）をあらかじめ屋根CLTに取り付けた状態で吊り込むことで、内部は無足場による施工とした。

CLTの吊り込み

起重機船を用いた大型旋盤の吊り込み

鉄骨・CLTの建方

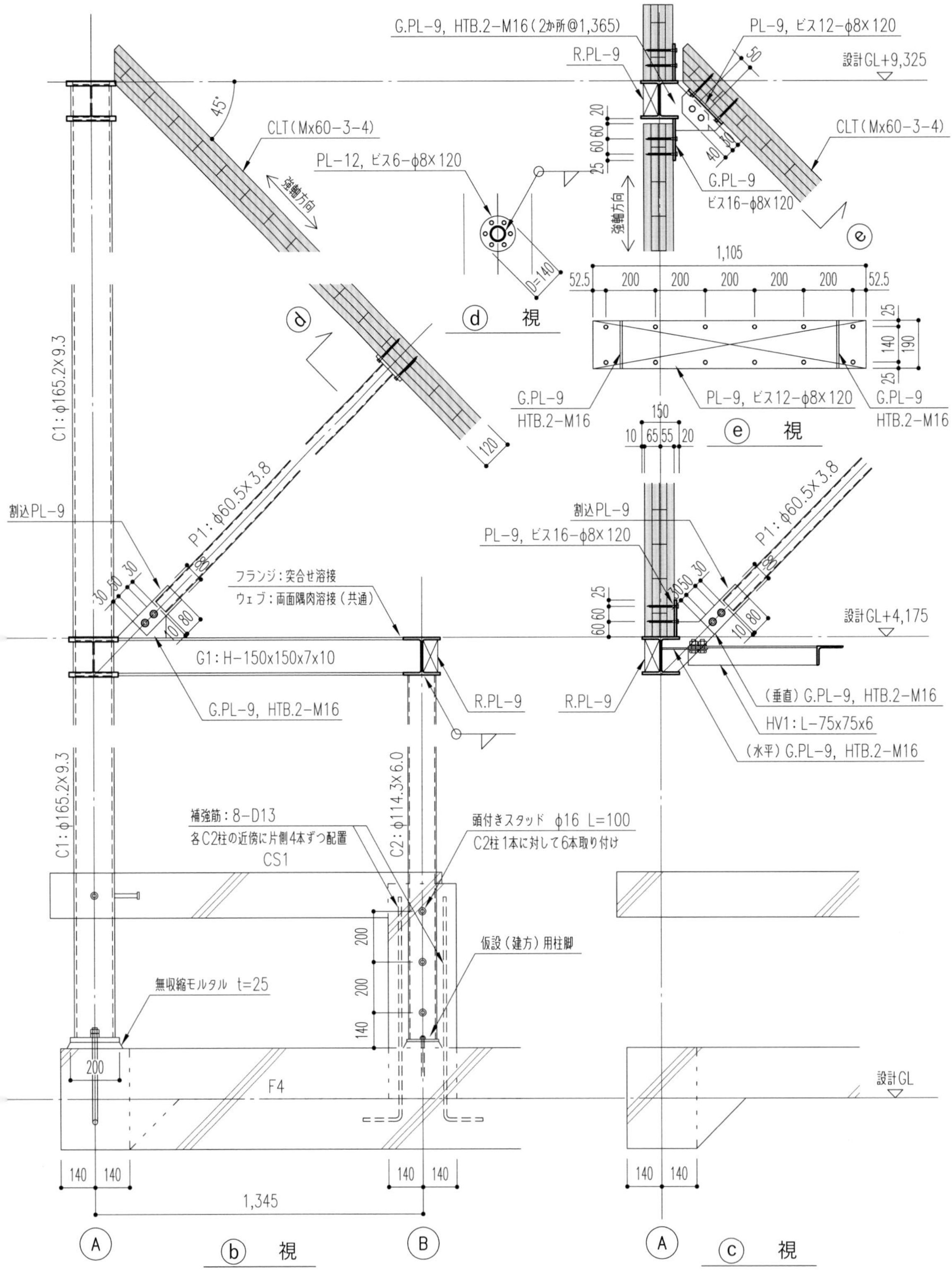
G.PL-9, HTB.2-M16(2か所@1,365)
R.PL-9
PL-9, ビス12-φ8×120
設計GL+9,325
45°
CLT(Mx60-3-4)
PL-12, ビス6-φ8×120
強軸方向
G.PL-9
ビス16-φ8×120
CLT(Mx60-3-4)
D=140
d 視
1,105
52.5
200
200
200
200
200
52.5
G.PL-9
HTB.2-M16
PL-9, ビス12-φ8×120
G.PL-9
HTB.2-M16
e 視
C1:φ165.2×9.3
割込PL-9
P1:φ60.5×3.8
フランジ:突合せ溶接
ウェブ:両面隅肉溶接(共通)
G1:H-150x150x7x10
G.PL-9, HTB.2-M16
R.PL-9
割込PL-9
PL-9, ビス16-φ8×120
P1:φ60.5×3.8
設計GL+4,175
R.PL-9
(垂直)G.PL-9, HTB.2-M16
HV1:L-75x75x6
(水平)G.PL-9, HTB.2-M16
C1:φ165.2×9.3
補強筋:8-D13
各C2柱の近傍に片側4本ずつ配置
CS1
C2:φ114.3×6.0
頭付きスタッド φ16 L=100
C2柱1本に対して6本取り付け
仮設(建方)用柱脚
無収縮モルタル t=25
F4
設計GL
1,345
A
b 視
B
A
c 視

鉄骨のジョイントは、溶融亜鉛メッキのためすべて高力ボルト接合とした。CLTと鉄骨の取り合いは、CLTと接合用プレート(鋼板t=9mm)をビス(φ8mm)により接合した。屋根CLTは、接合用プレートをあらかじめ工場で取り付けておき、現場施工は高力ボルトの締め付けのみとした。

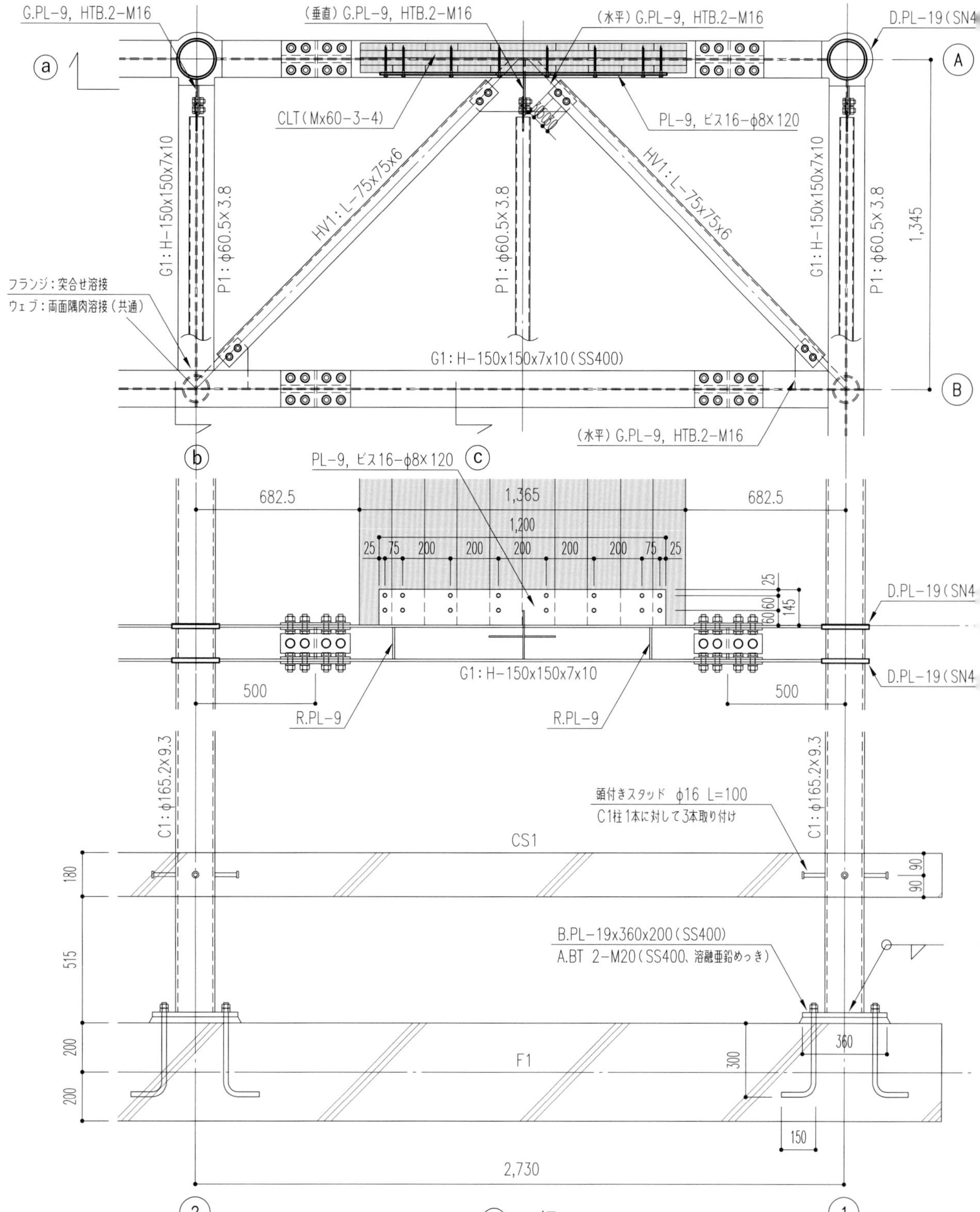
G.PL-9, HTB.2-M16
(垂直) G.PL-9, HTB.2-M16
(水平) G.PL-9, HTB.2-M16
D.PL-19 (SN4
ⓐ
Ⓐ
CLT (Mx60-3-4)
PL-9, ビス16-φ8x120
HV1: L-75x75x6
G1: H-150x150x7x10
P1: φ60.5x3.8
1,345
フランジ: 突合せ溶接
ウェブ: 両面隅肉溶接 (共通)
G1: H-150x150x7x10 (SS400)
Ⓑ
(水平) G.PL-9, HTB.2-M16
ⓑ
ⓒ
PL-9, ビス16-φ8x120
682.5
1,365
1,200
25 75 200 200 200 200 200 75 25
25
60 60
145
D.PL-19 (SN4
G1: H-150x150x7x10
500
R.PL-9
C1: φ165.2x9.3
頭付きスタッド φ16 L=100
C1柱1本に対して3本取り付け
CS1
180
90 90
515
B.PL-19x360x200 (SS400)
A.BT 2-M20 (SS400、溶融亜鉛めっき)
360
200
F1
300
150
2,730
②
①

ⓐ 視

□特記なきG.PL, リブPL類はSS400とする。
□特記なき高力ボルトはF8T (溶融亜鉛めっきボルト) とする。

鉄骨／CLT接合詳細図

A通り（C1柱）の鉄骨柱脚は、基礎に対してベースプレートとアンカーボルトによる露出柱脚（ピン支持）、観覧通路床レベルでは頭付きスタッドによりスラブと一体化し、2点支持とした。B通り（C2柱）は、基礎立上り内に埋め込む形式の柱脚とした。

長源寺プロジェクト

木栓＋嵌合接合による 合わせ柱式の木造ラーメン構造

建築設計：蘆田暢人建築設計事務所・川上聡建築設計事務所・河津恭平
構造設計：村田龍馬設計所

直交する壁柱を二棟間の視線制御に利用する

大阪市内の街中に建つ寺院の庫裡の改築計画である。もともと建っていた庫裡（木造平屋）の一部を解体・撤去し、新たに二棟の庫裡を建築する。一棟は現住職の居所となる「親世帯棟（木造平屋）」、もう一棟は「子世帯棟（木造3階建て）」である。

工事は寺院および庫裡の機能を維持した状態で行う必要があったため、①既存一部解体→②親世帯新築→③既存残り解体→④子世帯新築の順に工期を分けて進められた。

完成後は、敷地の北に既存寺院、東に親世帯棟、南に子世帯棟が配置され、3つの棟が中庭を囲む配置となる。計画初期段階に親世帯棟と子世帯棟の関係性について検討される中で、親世帯棟・子世帯棟それぞれの中庭に面するファサードに細長い断面の「壁柱」を繰り返し配置する案が生まれた。その意図は、壁柱がルーバーとして視線を制御することで、両方の棟から中庭がよく見える一方で、親世帯と子世帯相互の視線は見えすぎることがないようにコントロールすることであった。

敷地は準防火地域であるため、木造3階建てを建築するにあたり、準延焼防止建築物とした。準延焼防止建築物は、イ準耐火建築物とは異なり、燃えしろ設計を行わなくても柱・梁を120㎜幅以上とすることで室内に現しで用いることが可能である。

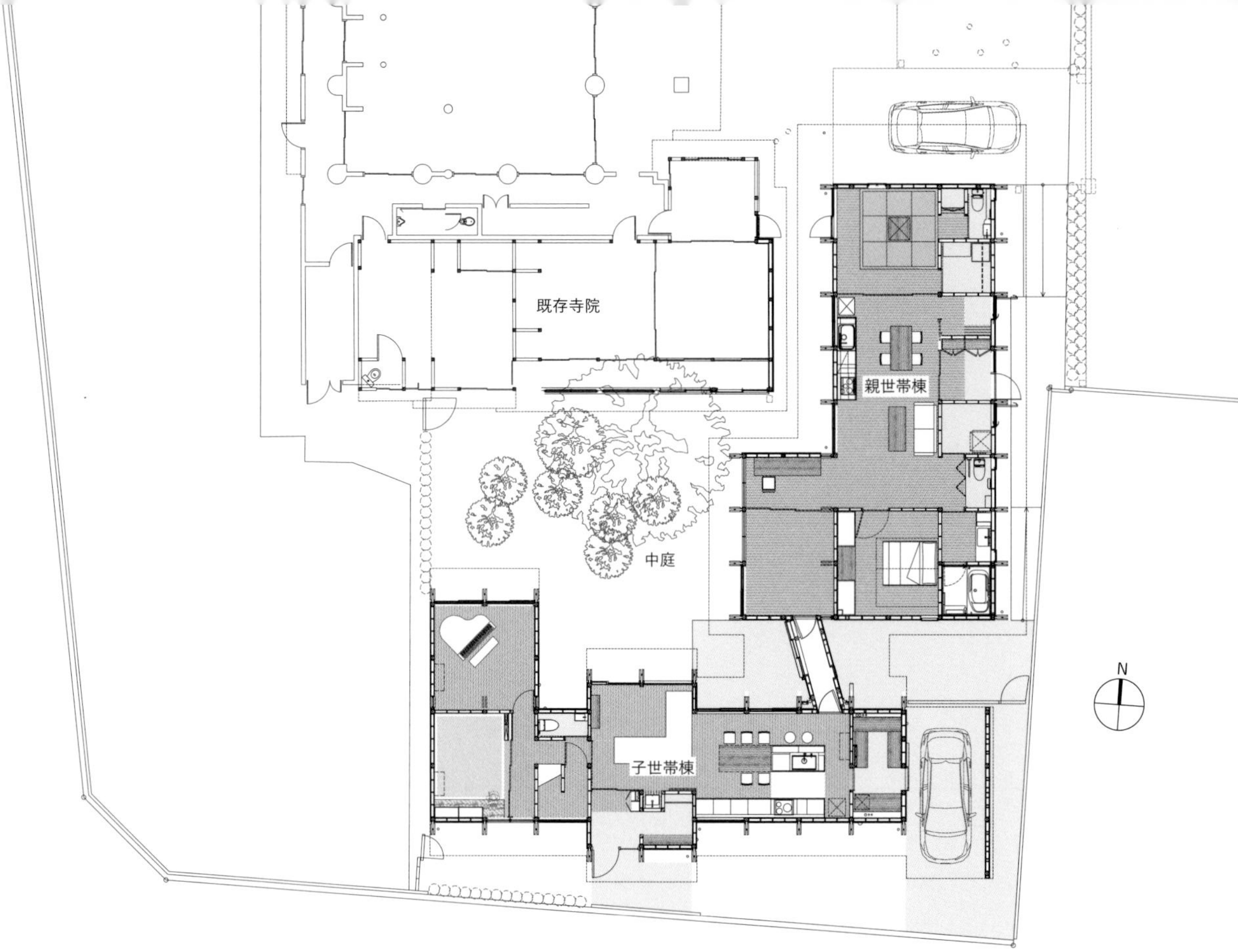

配置図
既存寺院、親世帯、子世帯の3つの建物が、中庭を取り囲むように配置される。

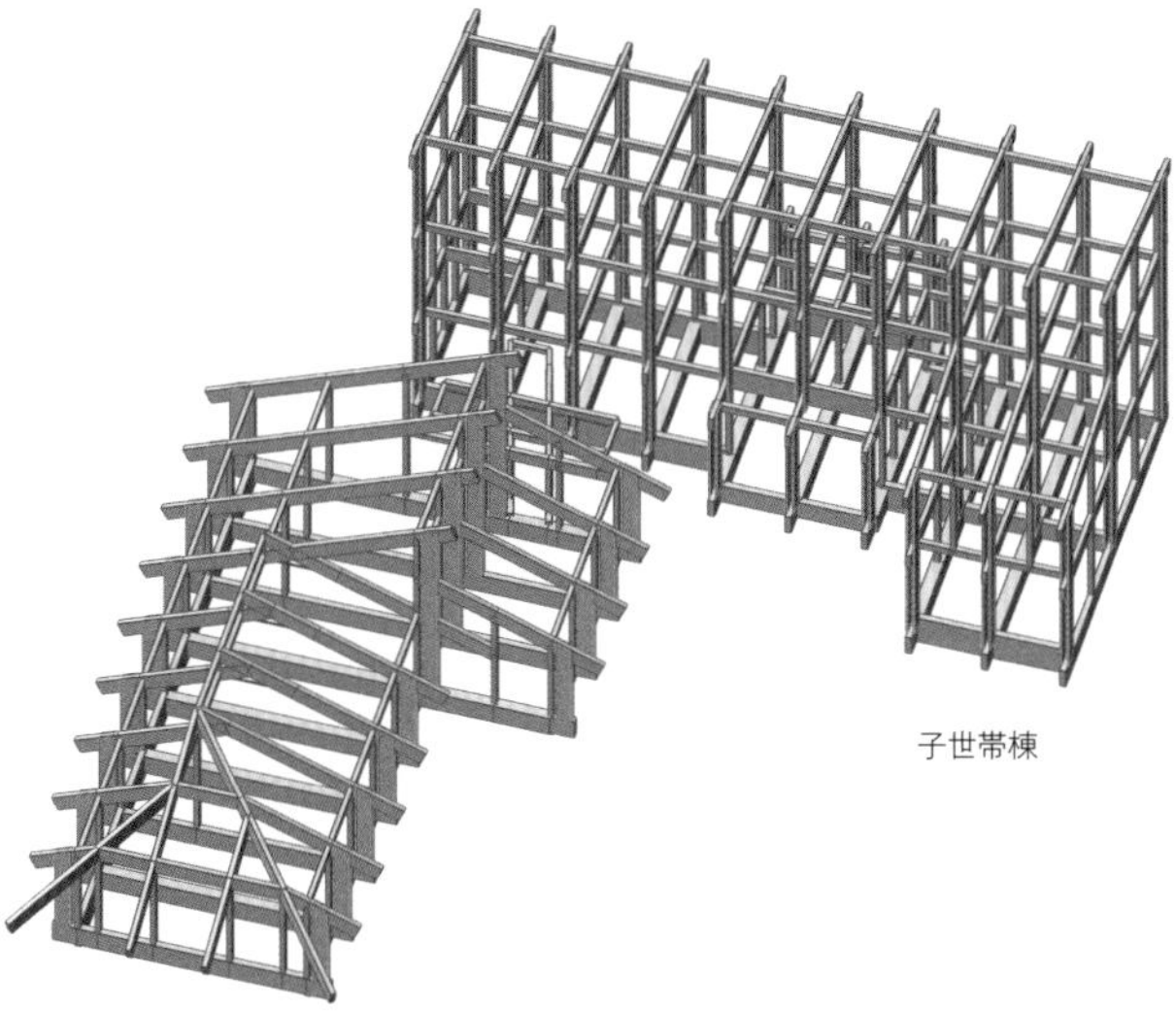

構造モデル

色付きの部材はラーメン柱を示す。親世帯と子世帯はExp.J.によって構造的に分離されるため、実際の構造解析は各棟に分けて行った。

伏図

ラーメン柱は、耐震構造であるとともに、ルーバーとして親世帯⇔子世帯間の視線制御装置の機能も兼ねる。ラーメンフレームと耐力壁による水平抵抗を考慮した。

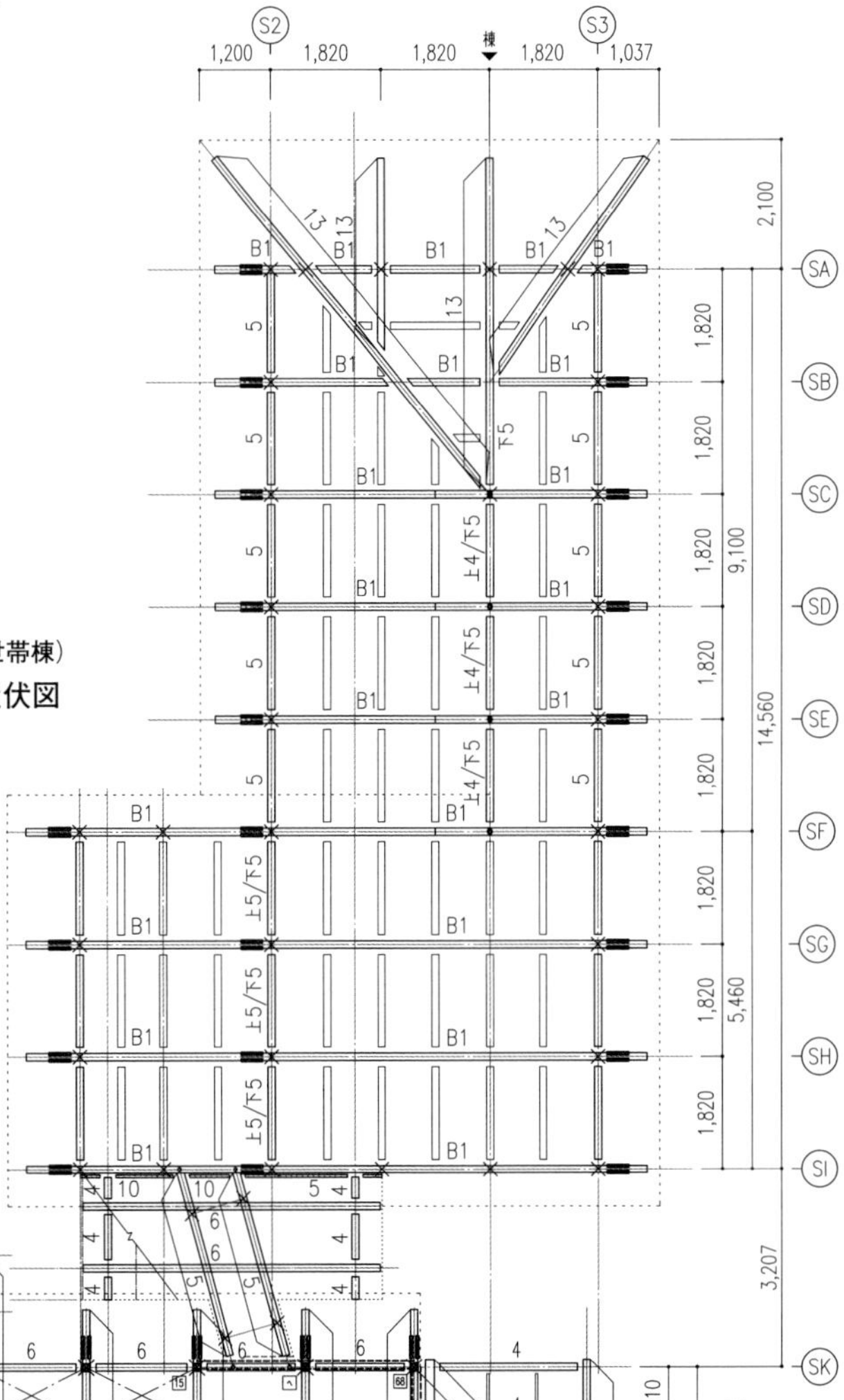

（親世帯棟）
小屋伏図

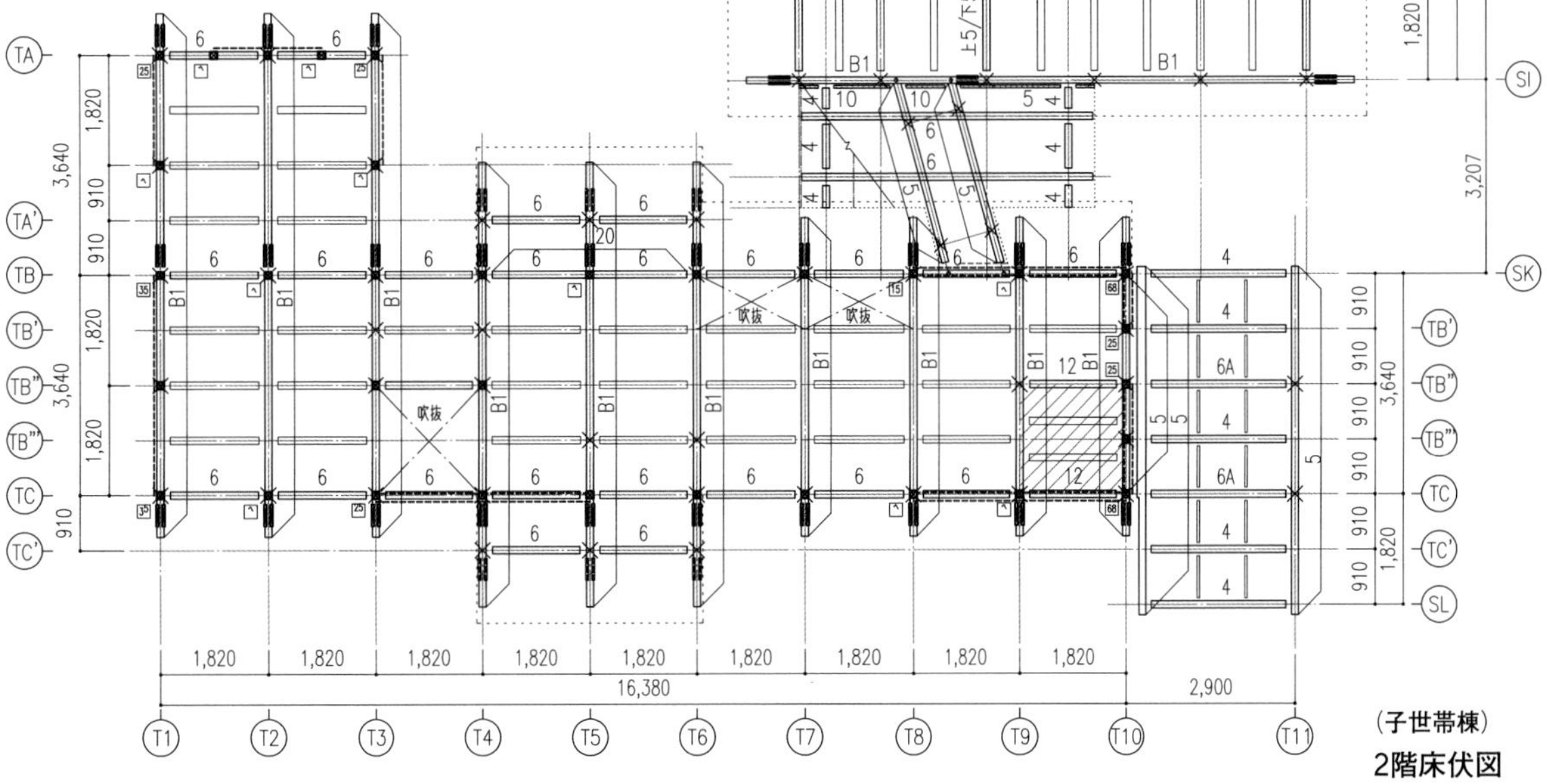

（子世帯棟）
2階床伏図

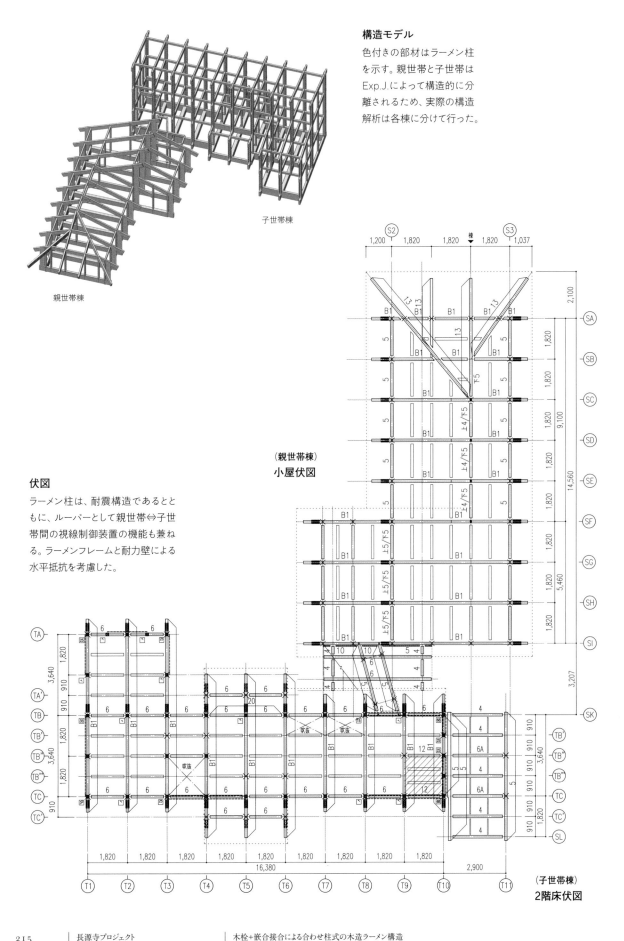

ルーバー状に配置された「壁柱」をどのように構造に活かすかが最初の検討課題となった。壁柱の両端に柱を配置して面材耐力壁とすることも検討されたが、その場合は120角の柱を芯々間600㎜で配置することになる。これは、見付・見込寸法としてもルーバーとしては大きすぎることがわかった。そのため、もっと薄い材料を使ったラーメンフレームの柱とすることを検討した。

検討を重ねた結果、柱を45㎜×360㎜（LVL）のダブル使いとし、120㎜×360㎜（集成材）の梁を両側からはさみ込むことで、構造上必要な剛性や耐力と、ルーバーとしての機能や意匠性をともに満足することがわかった。ラーメンフレームの接合部としての回転剛性を確保するため、柱と梁を15㎜ずつの相欠きとして嵌合させ、木栓（11－φ15、樫材）を配置した。

なお、45㎜厚の柱（CR1）では準延焼防止建築物に必要な柱寸法が確保できないため、鉛直荷重を支持する120㎜角の柱（C1）を別途設け、セットで用いることで、ラーメン柱は水平力だけを負担する部材として設計する方針とした。

木栓と嵌合接合でつくる木造ラーメン

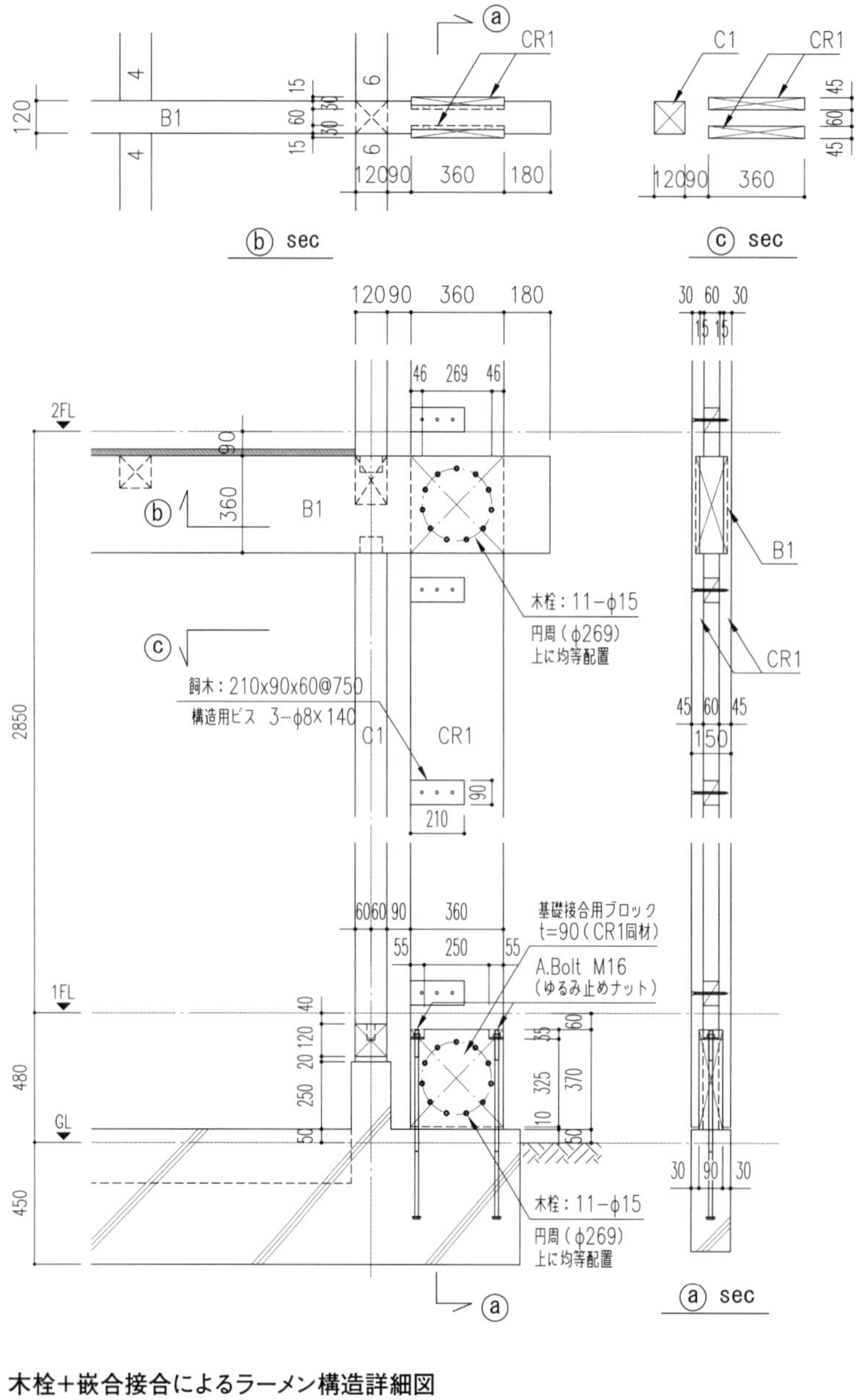

木栓＋嵌合接合によるラーメン構造詳細図

軸組模型

ラーメンフレームを現しとしたゲストルーム（親世帯棟）

木栓+嵌合接合による
合わせ柱式モーメント抵抗接合部

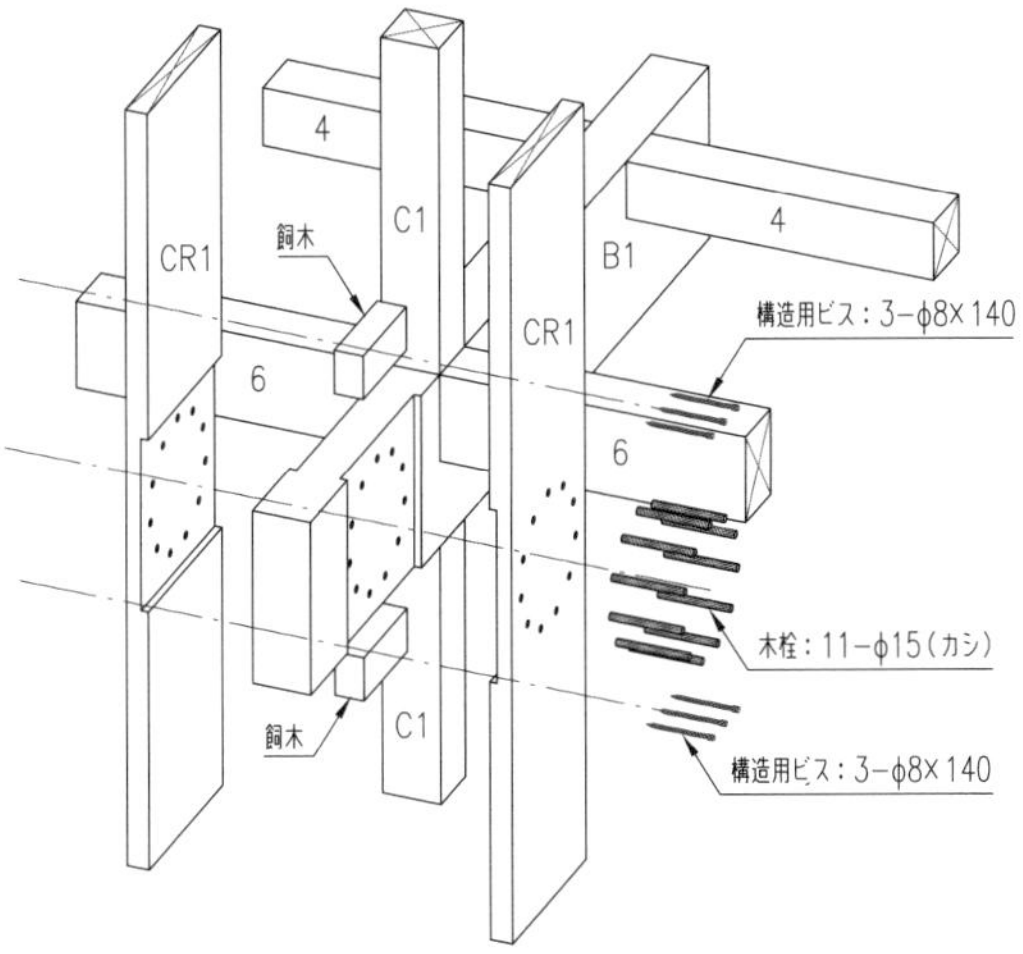

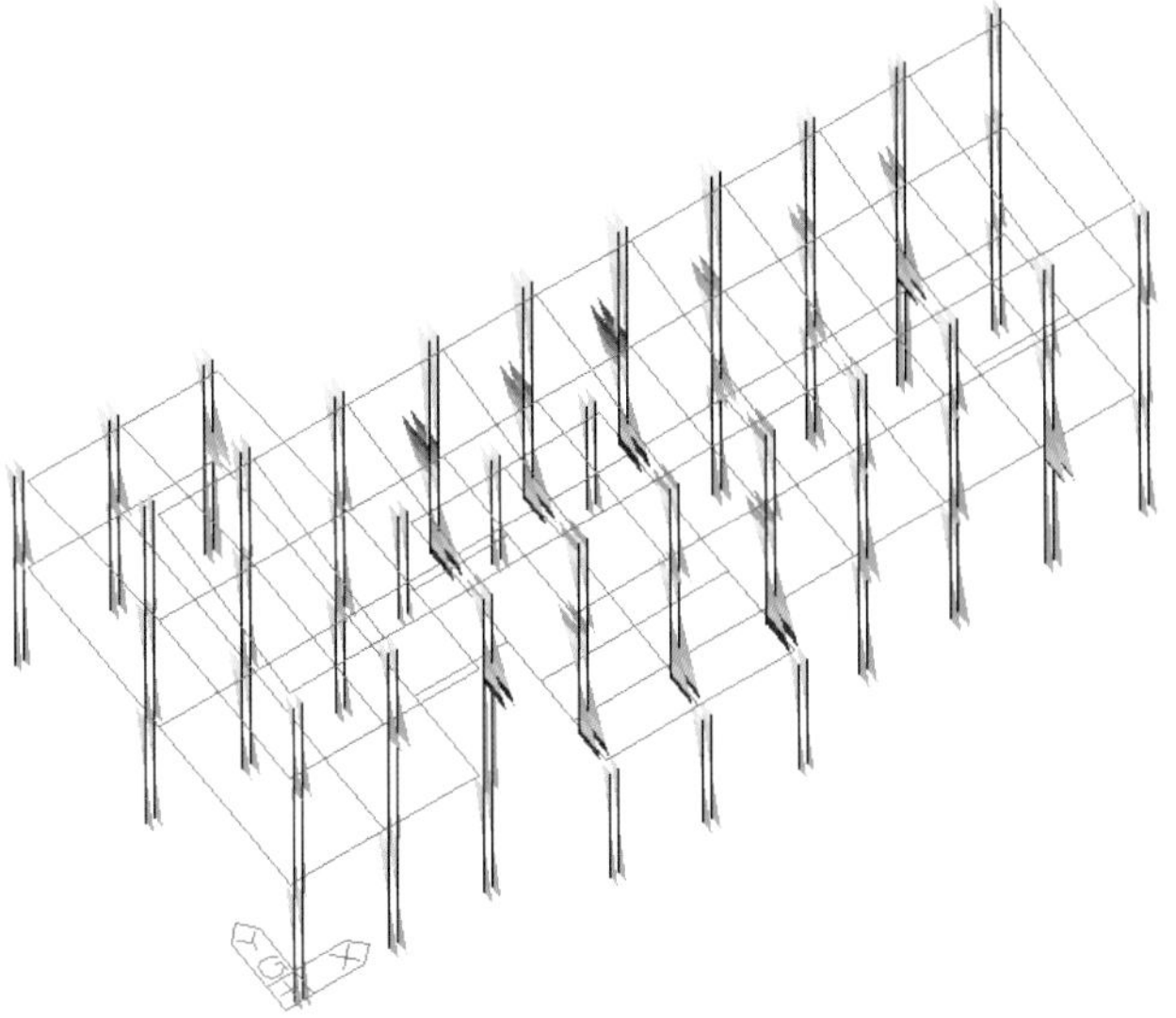

ラーメン柱の地震時曲げモーメント図（子世帯棟）

接合部の回転剛性と許容曲げモーメントは、木栓のせん断抵抗とラーメン柱・梁材の相欠きによる嵌合接合のめりこみ抵抗を足し合わせて算出した。

接合部の計算には「木質構造接合部設計マニュアル」や「中大規模建造物の構造設計の手引き」を参考とした。

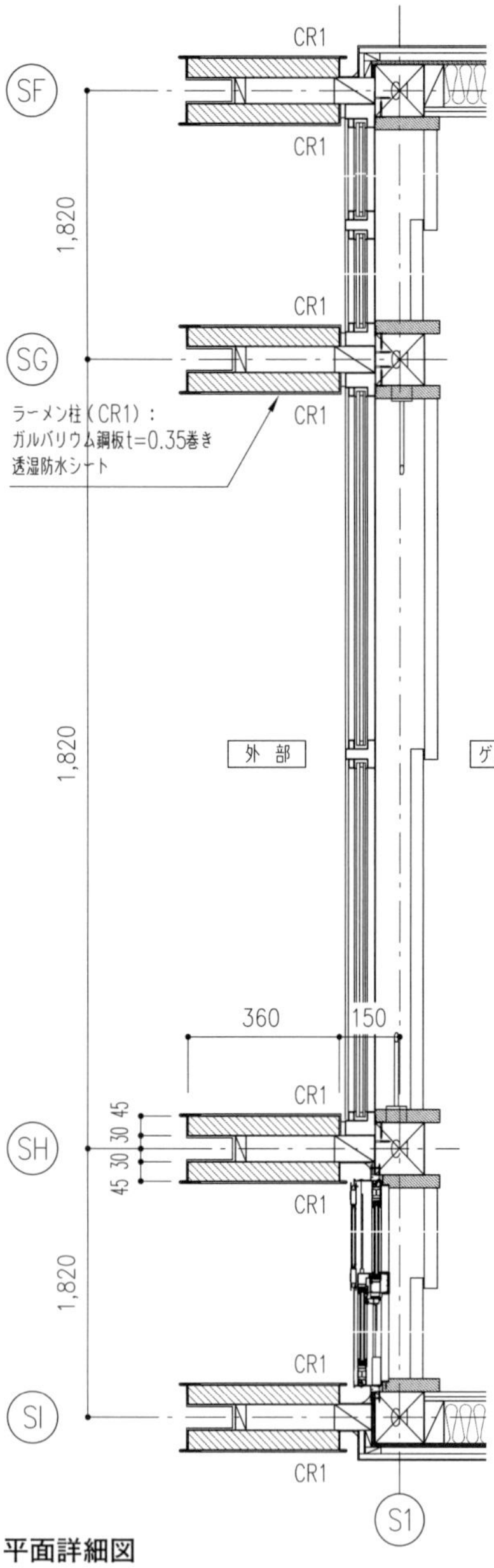
CR1
SF
SG
SH
SI
S1
1,820
1,820
1,820
ラーメン柱（CR1）：
ガルバリウム鋼板t=0.35巻き
透湿防水シート
外部
ゲストルーム
360
150
45
30
30
45

平面詳細図

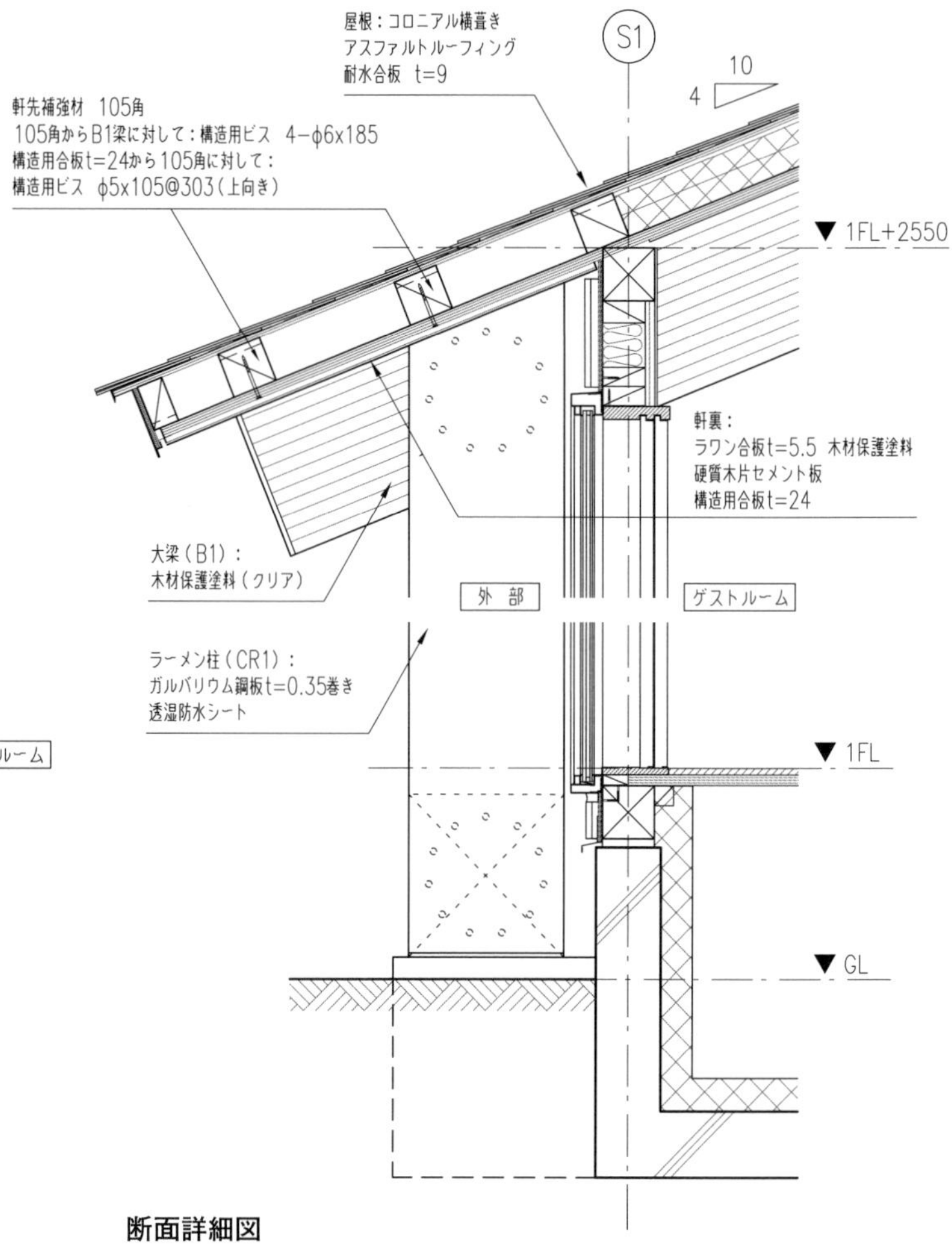
屋根：コロニアル横葺き
アスファルトルーフィング
耐水合板 t=9
S1
10
4
軒先補強材 105角
105角からB1梁に対して：構造用ビス 4−φ6x185
構造用合板t=24から105角に対して：
構造用ビス φ5x105@303（上向き）
1FL+2550
軒裏：
ラワン合板t=5.5 木材保護塗料
硬質木片セメント板
構造用合板t=24
大梁（B1）：
木材保護塗料（クリア）
外部
ゲストルーム
ラーメン柱（CR1）：
ガルバリウム鋼板t=0.35巻き
透湿防水シート
1FL
GL

断面詳細図

ラーメン柱廻りのディテール

外部に設置されるラーメン柱（CR1）は、耐久性を考慮して板金仕上げとし、内部のCR1は塗装の上、室内に現し仕上げとした。鉛直荷重を支持する柱（C1）は真壁納まりとし、ラーメン梁（B1）とともに現しとした。納まりの関係上、CR1よりもサッシ枠の取り付けを先行させる必要があったため、施工は、木軸建方→サッシ取付→CR1建込み・木栓施工の順序で行った。

軒先を薄く見せるための工夫として、野地板（構造用合板t24）の下には受け材を設けず、軒先補強材として野地板の上に設置し、下からビスで固定する納まりとした。

ラーメンフレーム接合部の地組状態での確認

嵌合状態や木栓用孔空けの精度確認に加え、室内現しとなる材は加工に入る前の段階で監理者立会いのもとに材料検査を行い、各材の使用場所を定めた。

ラーメンフレーム柱脚部

基礎にアンカーボルトで緊結されたブロックと柱脚を木栓により接合。

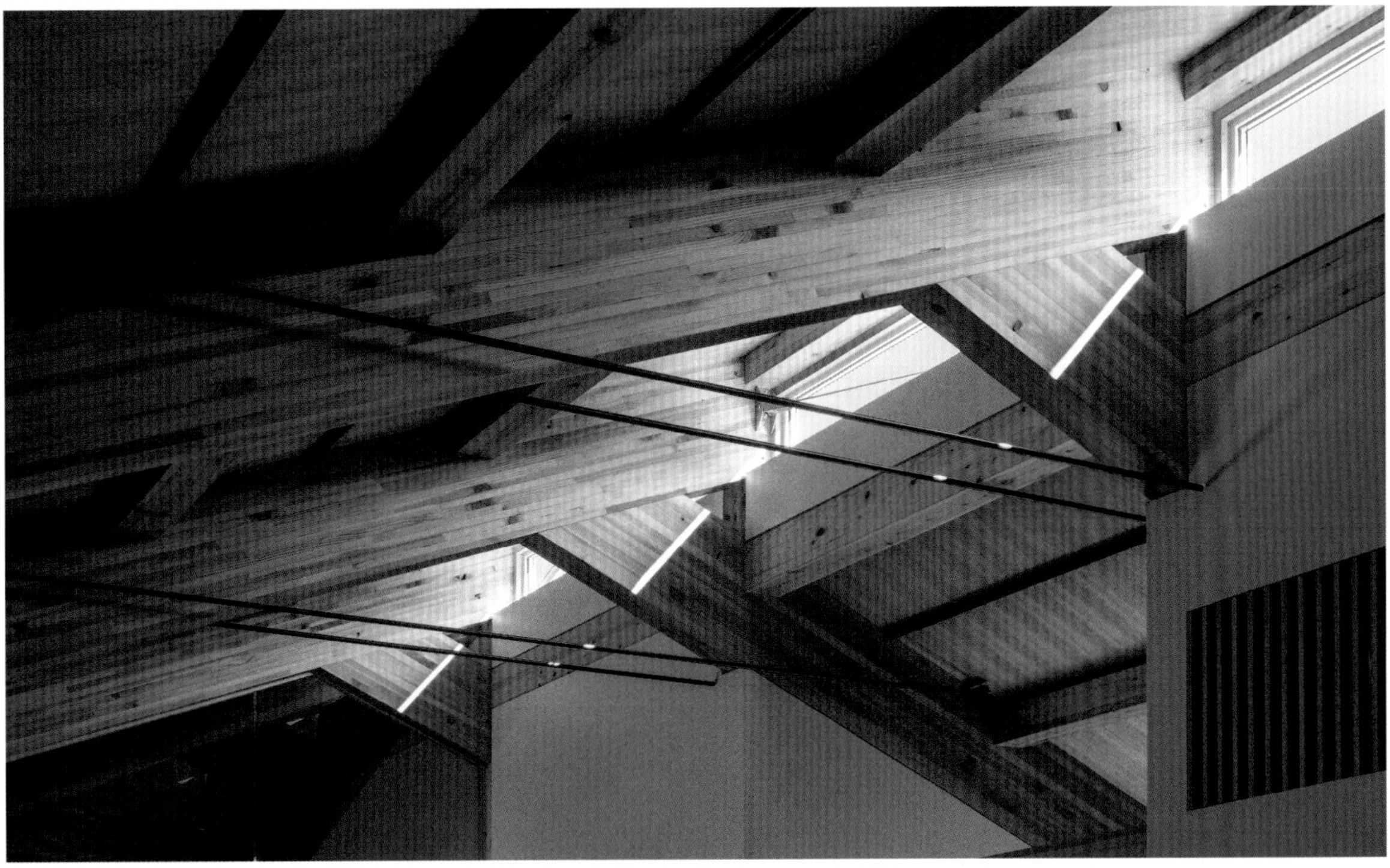

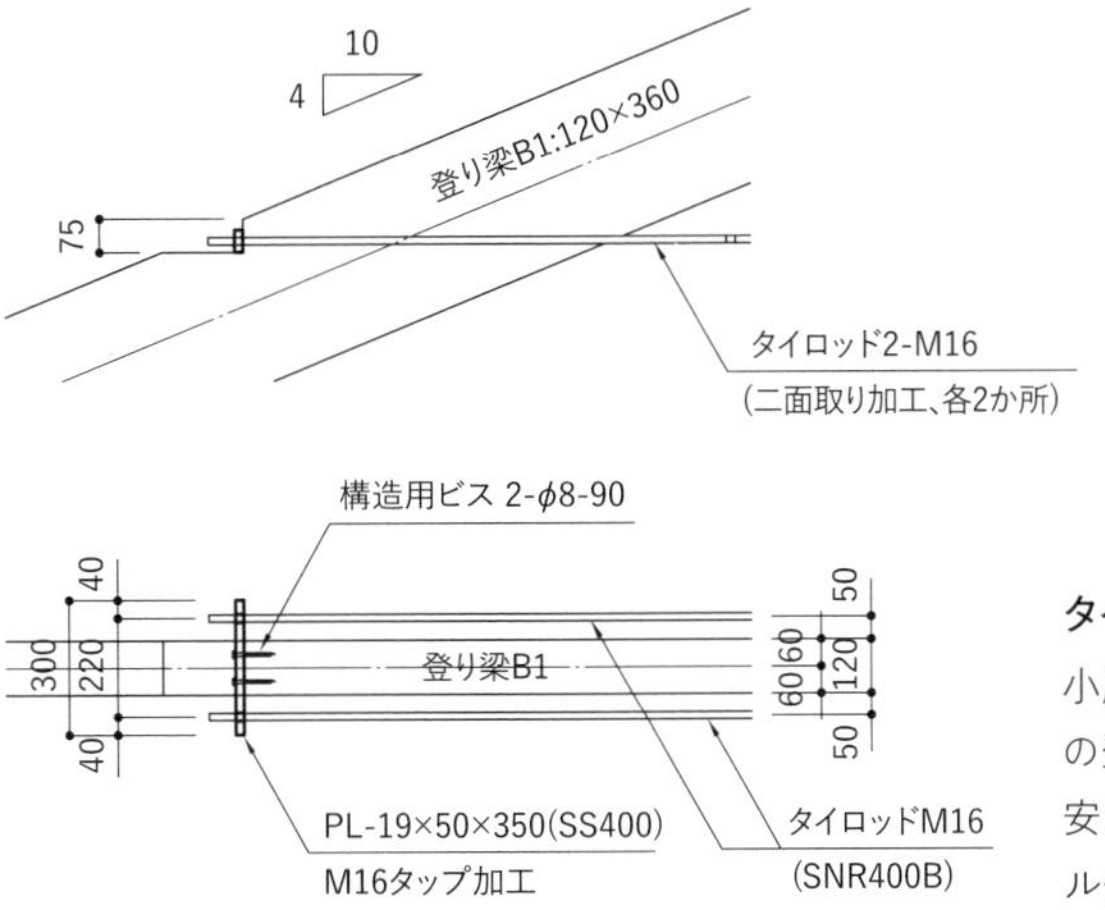

タイロッド詳細図

小屋組は、棟梁を設けず、両サイドの登り梁をタイロッドで引き寄せて安定させている。タイロッドはダブル使いとし、梁の外側に通した。

構造材の見え方を意識した現場監理

ラーメンフレームの柱脚アンカーボルトは、一般的な土台やホールダウン金物による納まりと比べると逃げがきかないため、寸法精度について施工者と事前に入念な打合せを行った。また、多くの構造材が室内に現しとなることから、現場監理では構造性能の確認に加えて見え方に注意を払った。たとえばラーメン柱が室内に現れる箇所ではLVL表層単板の継ぎ目の高さを揃えるなど、それぞれの材を配置する場所と方向を指定した。

明野の高床

設計　建築　能作文徳建築設計事務所
構造　オーノJAPAN
ストローベイル調達・設計・施工アドバイス
日本ストローベイルハウス研究会
施工　小澤建築工房
敷地面積　829.28㎡
建築面積　94.72㎡
延床面積　76.84㎡
階数　地上1階
構造　木造　一部鉄骨造
工期　2020年12月～2021年7月

尾根の屋根

設計　建築　長谷川豪建築設計事務所
構造　オーノJAPAN
外構・造園　Parsley+オリザ
施工　竹花工業
敷地面積　2,029.1㎡
建築面積　94.6㎡
延床面積　92.7㎡
階数　地上1階
構造　鉄筋コンクリート造+木造　一部鉄骨造
工期　2019年12月～2020年9月

新豊洲Brilliaランニングスタジアム

設計　建築　E.P.A環境変換装置建築研究所
構造　KAP
施工　中央建設・太陽工業
敷地面積　4,845.69㎡
建築面積　1,746.32㎡
延床面積　1,713.77㎡
階数　地上1階
構造　鉄筋コンクリート造
一部鉄骨造・木造（屋根下地）
工期　2016年6～2016年11月

森のクラブハウス・馬主クラブ
（東京クラシッククラブ）

（森のクラブハウス）
設計　建築　古谷デザイン建築設計事務所
構造　KAP
施工　松村組
敷地面積　9,261.33㎡
建築面積　333.55㎡
延床面積　352.00㎡
階数　地上2階
構造　鉄筋コンクリート造
工期　2016年6月～2016年12月

（馬主クラブ）
設計　建築　古谷デザイン建築設計事務所
構造　KAP
施工　根本建設
敷地面積　16,116.65㎡
建築面積　466.73㎡
延床面積　385.90㎡
階数　地上1階
構造　木造　一部鉄骨造
工期　2016年5月～2016年10月

道の駅保田小附属ようちえん

設計　建築　遠藤克彦建築研究所・
アトリエコ設計共同体
設計協力　東京工業大学塩崎研究室
中村義人
構造　Graph Studio
設備　MOCHIODA建築設備設計事務所
大瀧設備事務所
ランドスケープ　E-DESIGN
照明　TILe
施工　東海建設　鋸南支店
敷地面積　9,427.50㎡
建築面積　1,538.40㎡
延床面積　848.70㎡
階数　地上1階
構造　木造　一部鉄骨造（改修部）
工期　2022年6月～2023年9月

小豆島The GATE LOUNGE

設計　建築　VUILD
構造　Graph Studio
設備　スタジオノラ
施工　マル喜井上工務店
敷地面積　約39,000㎡
建築面積　81.9㎡
延床面積　81.9㎡
階数　地上1階
構造　木造
工期　2022年12月～2023年7月

国際鯨類施設

建築統括監理　阪根宏彦計画設計事務所
構造設計　村田龍馬設計所
施工　淺川組
敷地面積　23,844.73㎡
建築面積　2,258.32㎡
延床面積　1,941.22㎡
階数　地上2階
構造　鉄骨造　一部木造
工期　2022年7月～2023年10月

呉市海事歴史科学館
大型旋盤展示施設

建築統括監理　阪根宏彦計画設計事務所
構造設計　村田龍馬設計所
施工　大和興業
敷地面積　28,179.73㎡
建築面積　99.94㎡
延床面積　99.94㎡
階数　地上1階
構造　鉄骨造　一部木造
工期　2022年10月～2023年2月

長源寺プロジェクト

設計　建築　蘆田暢人建築設計事務所・
川上聡建築設計事務所・河津恭平
構造　村田龍馬設計所
施工　ヴィーコ
敷地面積　1,481.76㎡
建築面積　220.06㎡
延床面積　331.32㎡
階数　地上3階
構造　木造
工期　（第1期）2023年3月～2023年10月
（第2期）2024年1月～工事中

作品データ

工学院大学 弓道場

設計　建築　福島加津也+冨永祥子建築設計事務所
　　　構造　多田脩二構造設計事務所
施工　建築　大丸ハウス
　　　木材　丸宇木材市売
敷地面積　162,103.06㎡
建築面積　115.80㎡
延床面積　106.00㎡
階数　地上1階
構造　木造
工期　2013年1月〜2013年5月

中国木材 名古屋事業所

設計　建築　福島加津也+冨永祥子建築設計事務所
　　　構造　多田脩二構造設計事務所
　　　設備　環境エンジニアリング
　　　技術指導　岡田章（日本大学理工学部）
施工　竹中工務店
敷地面積　65,600.71㎡
建築面積　1,008.278㎡
延床面積　1,242.971㎡
階数　地上2階
構造　木造　一部鉄筋コンクリート造
工期　2003年7月〜2003年12月

TBM

設計　建築・設備・監理　NIIZEKI STUDIO
　　　構造　多田脩二構造設計事務所
施工　建築　吉田建設
　　　材料加工・建方　志田材木店
　　　衛生・空調　ナガオケ
　　　電気　ユアテック県央営業所
敷地面積　1,896.07㎡
建築面積　656.11㎡
延床面積　610.59㎡
階数　地上1階
構造　木造
工期　2020年3月〜2020年10月

高床の家

設計　建築　福島加津也+中谷礼仁／
　　　　　　千年村計画
　　　　　　福島加津也+冨永祥子建築設計事務所
　　　構造　山田憲明構造設計事務所
　　　環境　中川純／東京都市大学
　　　　　　深和佑／早稲田大学
施工　渡辺建工
敷地面積　342.17㎡
建築面積　82.81㎡
延床面積　82.81㎡
階数　地上2階
構造　木造
工期　2020年9月〜2021年3月

神山まるごと高専 大埜地校舎

設計　建築　shushi architects ／
　　　　　　吉田周一郎・石川静+須磨一清
　　　構造　山田憲明構造設計事務所
　　　環境　ZO設計室
施工　北島コーポレーション
敷地面積　8,252㎡
建築面積　2,199.34㎡
延床面積　1,955.61㎡
階数　地上1階
構造　木造
工期　2022年3月〜2023年2月

弦と弧

設計　建築　中山英之建築設計事務所
　　　構造　小西泰孝建築構造設計
施工　深澤工務店
敷地面積　142.26㎡
建築面積　68.67㎡
延床面積　157.59㎡
階数　地上2階　地下1階
構造　鉄骨造
工期　2014年7月〜2017年3月

上州富岡駅

設計　建築　武井誠+鍋島千恵／TNA
　　　構造　小西泰孝建築構造設計
施工　佐藤産業
敷地面積　1311.81㎡
建築面積　757.42㎡
延床面積　481.48㎡
階数　地上1階
構造　鉄骨造
工期　2013年2月〜2014年3月

カモ井加工紙営業事務所棟

設計　建築　武井誠+鍋島千恵／TNA
　　　構造　満田衛資構造計画研究所
施工　藤木工務店
敷地面積　25,311.97㎡
建築面積　613.41㎡
延床面積　767.30㎡
階数　地上2階
構造　木造
工期　2022年5月〜2023年2月

カモ井加工紙第三攪拌工場史料館

設計　建築　武井誠+鍋島千恵／TNA
　　　構造　満田衛資構造計画研究所
施工　藤木工務店
敷地面積　25,311.97㎡
建築面積　206.60㎡
延床面積　369.07㎡
階数　地上2階
構造　鉄骨造
工期　2011年9月〜2012年1月

カモ井加工紙第二製造工場倉庫

設計　建築　武井誠+鍋島千恵／TNA
　　　構造　満田衛資構造計画研究所
施工　藤木工務店
敷地面積　25,311.97㎡
建築面積　1,100㎡
延床面積　1,100㎡
階数　地上1階
構造　鉄骨造
工期　2013年2月〜2013年6月

カモ井加工紙mt新倉庫

設計　建築　武井誠+鍋島千恵／TNA
　　　構造　満田衛資構造計画研究所
施工　藤木工務店
敷地面積　25,311.97㎡
建築面積　468.00㎡
延床面積　468.00㎡
階数　地上1階
構造　鉄骨造
工期　2016年8月〜2016年12月

カモ井加工紙mt裁断棟

設計　建築　武井誠+鍋島千恵／TNA
　　　構造　満田衛資構造計画研究所
施工　藤木工務店
敷地面積　25,311.97㎡
建築面積　1,004.41㎡
延床面積　996.43㎡
階数　地上1階
構造　鉄骨造
工期　2020年5月〜2020年12月

5

写真撮影

鈴木淳平　pp.114-115、p.116、p.119、p.121、p.122、p.123下、pp.126-127
能作文徳建築設計事務所　p.120
新建築社写真部　pp.128-129

図版提供

能作文徳建築設計事務所　p.117（2点とも）、p.122
長谷川豪建築設計事務所　pp.132-133（2点とも）、p.137

※特記以外はすべてオーノJAPAN提供による。

6

写真撮影

Nacása & Partners　pp.144-145、p.153、pp.156-157
武松幸治+E.P.A環境変換装置建築研究所　p.146
太陽工業株式会社　p.154三段目左・四段目右
山内紀人　pp.158-159、p.161、pp.164-167
古谷デザイン建築設計事務所　p.163（2点とも）

図版提供

武松幸治+E.P.A環境変換装置建築研究所　pp.147-148
古谷デザイン建築設計事務所　p.160、pp.162-163、p.166

※特記以外はすべて KAP 提供 による。

7

写真撮影

新建築社写真部　pp.184-185
太田拓実　pp.186-187（2点とも）
VUILD　p.188（7点とも）、pp.192-193（4点とも）

図版提供

VUILD　p.190

※特記以外はすべて Graph Studio 提供 による。

8

写真撮影

河野博之　pp.196-197
ヴィブラフォト　浅田美浩　p.198
阪根宏彦計画設計事務所　pp.204-205、p.206下、p.209左
笹倉洋平　pp.212-213、p.217、p.219下
川上聡建築設計事務所　p.216

図版提供

阪根宏彦計画設計事務所　pp.198-199、p.207（2点とも）
蘆田暢人建築設計事務所・川上聡建築設計事務所・河津恭平　p.214、p.218（2点とも）

※特記以外はすべて村田龍馬設計所提供による。

図版クレジット

1

写真撮影

小川重雄　pp.10-11、p.16下、p.17
福島加津也+冨永祥子建築設計事務所　pp.12-13、p.16上・中央、p.20、p.22左、p.24上・下左・下中央、p.25下左・下中央
新建築社写真部　pp.18–19
坂口裕康　p.21（3点とも）、p.25上
NIIZEKI STUDIO　pp.26-27、p.32左上・左下、p.33上
井上登　pp.28-29（4点とも）

図版提供

福島加津也+冨永祥子建築設計事務所　p.13下、p.20上・左、p.22
NIIZEKI STUDIO　p.32

※特記以外はすべて多田脩二構造設計事務所提供による。

2

写真撮影

小川重雄　pp.36-39、p.46
福島加津也+冨永祥子建築設計事務所　p.41（2点とも）、p.42
Koji Fujii / TOREAL Inc.　pp.50-51、p.53、p.54（2点とも）、pp.56-57、pp.60-61
shushi architects　p.55下

図版提供

福島加津也+冨永祥子建築設計事務所　p.39、pp.42-43、p.47
shushi architects　pp.52-53

※特記以外はすべて山田憲明構造設計事務所提供による。

3

写真撮影

岡本充男　pp.64–65、p.75上
中山英之建築設計事務所　p.66、p.69、pp.72-73（4点とも）、p.75下
阿野太一　pp.76-77、p.83、pp.84-85
富岡市　p.79
武井誠+鍋島千恵／TNA　p.81（2点とも）、p.82右下

図版提供

中山英之建築設計事務所　p.67（2点とも）、p.68、p.74
武井誠+鍋島千恵／TNA　p.78

※特記以外はすべて小西泰孝建築構造設計提供による。

4

写真撮影

京都工芸繊維大学村本研究室　p.92（2点とも）
阿野太一　pp.94-95、p.96下、p.98右下、pp.100-101、p.102上、pp.104-105、p.107（2点とも）、pp.109-111
武井誠+鍋島千恵／TNA　p.96上・中、p.98上・左下、p.99、p.102下

図版提供

武井誠+鍋島千恵／TNA　p.90（4点とも）、p.106（3点とも）

※特記以外はすべて満田衛資構造計画研究所提供による。

デザイン　北岡誠吾
企画・編集　三井 渉（グラフィック社）

構造《こうぞう》デザインの現場《げんば》

2024年3月25日　初版第1刷発行

著者　多田脩二・山田憲明・小西泰孝・満田衛資・大野博史・萩生田秀之・三原悠子＋荒木美香・村田龍馬・小澤雄樹

発行者　西川正伸
発行所　株式会社グラフィック社
〒102-0073　東京都千代田区九段北1-14-17
tel. 03-3263-4318（代表）　tel. 03-3263-4579（編集）
https://www.graphicsha.co.jp/

印刷・製本　図書印刷株式会社

・定価はカバーに表示してあります。
・乱丁・落丁本は、小社業務部宛にお送りください。小社送料負担にてお取り替え致します。
・著作権法上、本書掲載の写真・図・文の無断転載・借用・複製は禁じられています。
・本書のコピー、スキャン、デジタル化等の第三者に依頼してスキャンやデジタル化することは、たとえ個人や家族内での利用であっても著作権法上認められておりません。

ISBN 978-4-7661-3835-1　C0052　2024　Printed in Japan